政府采购全流程百案精析

第2版

ZHENGFU CAIGOU QUANLIUCHENG
BAI'AN JINGXI

张志军 主编
白如银 冯君 副主编

中国法制出版社
CHINA LEGAL PUBLISHING HOUSE

本书编委会

主　编　张志军
副主编　白如银　冯　君
成　员　孙　逊　黄　超　王　赟　邬洪明
　　　　刘　畅　刘　晨　邵月娥　成秀荣
　　　　罗　坚　王　一

再版序言
Preface

《政府采购全流程百案精析》一书自2019年3月出版以来，广受读者好评，已连续加印13次，保持着畅销不衰的势头。一些单位还要求所有员工人手一本，作为常备业务工具书经常学习，以不断提高政府采购业务水平，提高处理疑难问题的能力和水平；一些审计机构也经常援引本书中的观点，参考本书的论证过程和论证逻辑开展审计监督；一些政府采购培训机构和授课老师，也经常引用本书的经典案例、分析过程和研究结论辅导学员；还有一些国有企业的采购操作和监督管理人员，也把本书作为开展国有企业采购实操和内部监督的参考用书。在此，笔者代表本书编委会对公共采购领域对本书的支持和厚爱致以衷心感谢！

近几年来，随着中央深化政府采购改革方案的不断落实和"放管服"改革的不断深入，政府采购相关法律政策迭代频繁，规范政府采购管理举措不断推陈出新，原书中部分法律政策文件已经废止，需要及时更新替换。与此同时，《政府采购法》修订工作也在紧锣密鼓进行中，财政部门多次就《政府采购法（修订草案征求意见稿)》向全社会公开征求意见，征求意见稿体现了立法者对深化我国政府采购改革的诸多新理念新举措，也需要融入本书的相关论述中。此外，本书出版发行后，也收到部分读者来信来函，对个别观点提出了探讨意见，编者在吸纳广大读者的真知灼见后，对相关内容作了完善。

为满足广大政府采购同人的要求，本书经修改完善后再版印刷，希望能继续给广大政府采购同仁提供专业指导，也期待通过此书能与更多的政府采购业界专家一道学习交流探讨。

张志军

2023 年 8 月于上海

序 Preface

近年来，我国政府采购规模持续快速增长。据统计，2017年全国政府采购规模已达3.2万亿元，比上年增长24.8%，占全国GDP的比重达3.9%。在国家推行"放管服"重大举措的背景下，政府采购规模的快速增长，给政府采购行业带来了两个显著变化：一是政府采购项目数量增长迅猛。据不完全统计，2017年全国共发布采购信息公告187.5万条，较上年增加3.6万条。二是政府采购从业队伍增长迅猛。2015年1月，政府采购代理资质审批取消，政府采购代理机构数量"井喷"，从业队伍快速扩张。截至2016年年底，全国政府采购代理机构已达7525家，比2015年前翻了一番。[①]

政府采购项目数量与从业人员同时出现迅猛增长的局面，导致一些地方代理机构水平参差不齐、业务不专、恶性竞争等问题日益凸显，也对政府采购工作的质量造成一定影响。政府采购从业队伍素质建设，日渐受

---

① 参考"中华人民共和国中央人民政府"官网，网址http://www.gov.cn/xinwen/2018-10/02/content_5327403.htm，最后访问时间2018年5月18日。

到社会各界关注。对此,各地财政部门通过建章立制规范执业行为、建立常态化监督检查机制、加强社会监督、推行行业自律管理等方式,加强了政府采购项目事中事后监管工作。在市场需求和监管要求的双重"呼唤"下,政府采购从业人员自身能力已成为一个重要课题。

本书主编是我非常熟悉的一名业界专家,在政府采购和工程招标领域从业多年,笔耕不辍,拥有丰富的实践经验,对招标采购领域也有诸多独特见解和研究成果。本书选取了上百个政府采购典型案例逐一进行剖析,分析争议焦点,揭示争议根源,研究处理对策,提出防范建议,兼顾了指导性和实用性。书中有对政府采购实践经验的总结,也有对政府采购理论问题的探讨,一些经验做法和理论观点阅后颇受启发,是政府采购一线实操人员快速掌握从业基础知识,提高专业能力和水平的重要帮手,也是政府采购监管人员学习、参考和借鉴的重要工具书。

相信《政府采购全流程百案精析》(第二版)一书能给广大政府采购从业人员带来专业知识的启迪和享受,也希冀作者能一如既往地勤于创作,多出佳作!

2018 年 11 月于北京

前言
Preface

政府采购活动是一项集法律性、程序性、技术性、管理性于一体的工作。政府采购活动的规范性、合法性，事关国家宏观经济调控手段的有效落实，事关社会公共利益的维护，事关政府采购当事人合法权益的维护，几乎与每一位公民都息息相关。

近年来，政府采购法律制度更替频繁。在政府采购实践中，由于对《政府采购法》相关法律法规、政策文件的把握不准或操作不慎，导致违背《政府采购法》立法目的和原则，违反政府采购经济效益要求，侵害社会公共利益和当事人合法权益的事件时有发生，由此也产生了大量的纠纷案例。分析这些案例的争议焦点和产生原因，可以举一反三，达到揭示法律风险隐患，提炼风险控制经验，提高当事人法律和业务水平，提高从业人员分析和解决问题的能力的效果。

本书作者大多系多年从事政府采购理论研究、实践操作和管理监督的人员，对政府采购有着深刻而独到的理解，针对政府采购实践中的常见争议事项，依据《政府采购法》的相关规定，以案释法、以法析案，从发现争议焦点入手，揭示争议事项产生的根源，研究争议处理对策，提出风险防范建议，供采购人、供应商、采购代理机构及政府采购监管部门学习、参考和借鉴。

本书共收录政府采购典型案例评析102篇，案例选题突出研究成果的实践性、可操作性和实用性，有对实际案例的精微解析，有对法律条文的深入诠释，也有法律实务专家的经验阐述。全书依据其内容要点，分为招标投标典型案例、非招标采购案例、质疑投诉案例和其他重点案例四部分编排。每篇案例统一按照"实践案例""法律解析""合规指引"三部分的体例编写：先简述案情发展、主要观点或裁判结果，使读者对案例有清晰的感性认识；后阐释案例涉及的争议焦点和主要法律关系，解析适用的主要法律规定，使读者理解重点法条内涵，掌握运用这些法条分析、解决实务问题的思路和方法；最后结合实践经验，就政府采购活动中需要重点关注、改进或防范的关键环节提出措施建议，指导政府采购当事人规避实操风险，改进政府采购管理，提高政府采购的效益和效率。此外，为便于从业人员查阅，本书还收录了政府采购从业人员常用的法律法规、部门规章和部分规范性文件，以期对一线业务工作者提供更加便捷的帮助。

本书大纲由主编、副主编与中国法制出版社袁笋冰、赵燕两位老师多次商议而定，在此对他们的辛勤劳动表示诚挚感谢。受学识、经验等所限，本书缺点错误在所难免，欢迎广大读者批评指正。我们的联系方式：702287032@qq.com。特此致谢！

2018年12月

目录
Contents

第一篇　招标投标典型案例

第一部分　招标　003
- 采购主体不合法将导致招标活动无效　004
- 自行招标须依法组织　007
- 政府采购项目必须是使用财政性资金的项目　012
- 零预算项目该不该走政府采购程序　017
- 公立医院维修属于依法必须招标的项目　020
- 政府采购信息须依法在指定媒体上发布　026
- 招标文件的提供期限不得少于5个工作日　029
- 购买招标文件不应设置条件　032
- 国内设备采购项目不得要求国外制造许可证　036
- 无行贿证明是否可作为资格条件要求　040
- 生产厂家授权是否可以作为评审因素　043
- 非单一产品采购项目应确定唯一核心产品　047
- 招标文件不得含有倾向性、排斥性内容　051
- 禁止以不合理条件对供应商实行差别或歧视待遇　054
- 招标文件不宜把办公面积大小设定为评标因素　057

| 不可违法设置政府采购项目保证金类型 | 060 |
| 邀请招标项目应遵循《政府采购法》体系的特别规定 | 063 |

▶ 第二部分　投标　067

资信证书颁发权限转移不影响证书的有效性	068
夫妻注册不同公司参加同一项目投标是否允许	071
母子公司能否参加同一项目的投标	074
数额较小的罚款不属于重大违法行为	077
分支机构有重大违法记录的无投标资格	081
联合体投标必须提交合格的联合体协议和投标授权书	084
分支机构负责人签署履约承诺函是否无效	088
无合法事由不得扣留投标保证金	091
演示样机不符合要求并不必然导致其投标无效	095

▶ 第三部分　开标评标　099

资格审查权不可委托给评标委员会	100
代理机构工作人员能否进入评审现场	104
资格审查复核应在评标之前进行	109
评标结束后发现资格审查错误怎么办	112
评标委员会组建不合法评审结果无效	115
漏编页码被判投标无效是否合理	120
规定合同金额的业绩不得作为供应商的资格条件要求	124
适用兜底情形认定无效投标应慎重	127
评审过程不得违背招标文件的实质性内容	131
组织重新评审不可任性而为	135
投标报价是否合理应由评标委员会依法认定	141
未严格按照评标标准评标可重新组织评审	145
评标专家违规评标应担责	149
未依法独立评审应视具体情况作出相应处理	153
评审时应严格区分实质性要求和非实质性要求	157

评标委员会违法评标导致中标无效　　160
　　评标结果有误应视情形分别处理　　164

▶ 第四部分　中标和合同　　169

　　未提交履约保证金，中标资格会被取消吗　　170
　　供应商注册地与经营地不符能否取消其中标资格　　174
　　联合体一方放弃中标怎么办　　177
　　有"前科"的企业可以中标吗　　180
　　0元中标不可取　　183
　　第一中标候选人被查实有违法情形必须按序递补吗　　186
　　第二中标候选人依序递补中标，合同价不得变更　　189
　　提供虚假信用状况将导致中标无效　　193
　　投标有效期届满后发出的中标通知书无效　　196
　　中标通知书下发后合同何时成立　　199
　　招标人应在定标后及时发出中标通知书　　203
　　拒签政府采购合同应承担相应法律责任　　206
　　修改招标文件实质性内容的合同条款无效　　210
　　背离合同实质性内容应如何认定　　214
　　合同可以约定提交履约保证金之后生效　　218

第二篇　非招标采购案例

▶ 第一部分　竞争性谈判　　225

　　公开招标失败不得现场转为竞争性谈判　　226
　　竞争性谈判项目必须进行商务技术谈判吗　　230
　　竞争性谈判项目评审办法须严谨　　235
　　不得虚构业绩证明材料参加竞争性谈判　　239
　　未满足谈判文件要求的响应文件无效　　243

二次竞争性谈判只有两家供应商可否继续进行　　　　　　　　246

谈判小组组建不合法将导致成交结果无效　　　　　　　　　249

竞争性谈判项目最低报价并非必然成交　　　　　　　　　　252

公开招标项目擅自采用竞争性谈判，合同无效　　　　　　　256

变更合同实质性内容签约违法　　　　　　　　　　　　　　261

第二部分　竞争性磋商　　　　　　　　　　　　　　　　265

竞争性磋商澄清修改文件应在什么时限发出　　　　　　　　266

采购文件澄清修改须按规定程序进行　　　　　　　　　　　269

竞争性磋商项目响应文件异常一致怎么办　　　　　　　　　272

只有两家供应商响应磋商是否可以继续　　　　　　　　　　275

第三部分　单一来源采购　　　　　　　　　　　　　　　279

竞争性谈判失败改为单一来源采购惹争议　　　　　　　　　280

单一来源采购项目是否必须经过公示程序　　　　　　　　　283

单一来源采购项目预算不应当公开　　　　　　　　　　　　287

合同履行完毕添购标的适用单一来源采购　　　　　　　　　291

第四部分　询价　　　　　　　　　　　　　　　　　　　295

询价采购不得采用综合评分法　　　　　　　　　　　　　　296

询价采购文件具有倾向性应当重新组织采购　　　　　　　　299

弄虚作假谋取成交的，成交结果被撤销　　　　　　　　　　303

询价采购项目最低报价相同可依据立法精神推荐成交候选人　306

第三篇　质疑投诉案例

第一部分　询问　　　　　　　　　　　　　　　　　　　311

区分询问和质疑须把握关键要素　　　　　　　　　　　　　312

| 目 录 |

供应商的"质询函"是询问还是质疑 315

▶ 第二部分　质疑 319

参与政府采购活动的供应商才有权质疑投诉 320
"自伤"式的质疑该如何处理 324
供应商质疑应在法定期限内提出 328
质疑期限的起算时间如何确定 332
采购代理机构不得拒收供应商在法定期限内提出的质疑 335
诋毁竞争对手将构成不正当竞争行为 338
竞争性谈判结果有误，采购人可依法维权 342

▶ 第三部分　投诉 345

政府采购工程项目招投标监督应由谁负责 346
超过质疑范围的投诉可不予受理 349
以非法证据为依据的投诉应予驳回 353
不对中标候选供应商进行排序不合法 356
对供应商的投诉依法应作出处理 360
供应商投诉处理决定应当依法公告 363

第四篇　其他重点案例

国企采购人可参照政府采购法组织采购活动 369
国企采购项目招标公告的发布不受《政府采购法》制约 372
交易条件应符合市场通行规则 375
多包件采购项目废标后应视具体情形作出相应处理 379
合同解除后招标代理服务费由谁支付 382
优先承租权须在同等条件下才享有 385
追加"相同标的"的货物该如何理解 388

附录 政府采购常用法律法规和政策性文件

中华人民共和国政府采购法
　　（2014 年 8 月 31 日） 393
中华人民共和国政府采购法实施条例
　　（2015 年 1 月 30 日） 407
政府采购货物和服务招标投标管理办法
　　（2017 年 7 月 11 日） 423
政府采购非招标采购方式管理办法
　　（2013 年 12 月 19 日） 443
政府采购信息发布管理办法
　　（2019 年 11 月 27 日） 458
政府采购框架协议采购方式管理暂行办法
　　（2022 年 1 月 14 日） 461
政府采购质疑和投诉办法
　　（2017 年 12 月 26 日） 474
政府采购竞争性磋商采购方式管理暂行办法
　　（2014 年 12 月 31 日） 483
政府采购评审专家管理办法
　　（2016 年 11 月 18 日） 492
政府采购促进中小企业发展管理办法
　　（2020 年 12 月 18 日） 499
财政部关于做好政府采购信息公开工作的通知
　　（2015 年 7 月 17 日） 505
政府购买服务管理办法
　　（2020 年 1 月 3 日） 511
财政部关于进一步规范政府采购评审工作有关问题的通知
　　（2012 年 6 月 11 日） 516

财政部关于政府采购竞争性磋商采购方式管理暂行办法有关问题的

  补充通知

    （2015年6月30日）   520

财政部关于开展政府采购意向公开工作的通知

    （2020年3月2日）   521

政府采购需求管理办法

    （2021年4月30日）   525

国家发展改革委等部门关于严格执行招标投标法规制度进一步规范

  招标投标主体行为的若干意见

    （2022年7月18日）   534

第一篇

CHAPTER 1

招标投标典型案例

第一部分　招标

- 采购主体不合法将导致招标活动无效
- 自行招标须依法组织
- 政府采购项目必须是使用财政性资金的项目
- 零预算项目该不该走政府采购程序
- 公立医院维修属于依法必须招标的项目
- 政府采购信息须依法在指定媒体上发布
- 招标文件的提供期限不得少于 5 个工作日
- 购买招标文件不应设置条件
- 国内设备采购项目不得要求国外制造许可证
- 无行贿证明是否可作为资格条件要求
- 生产厂家授权是否可以作为评审因素
- 非单一产品采购项目应确定唯一核心产品
- 招标文件不得含有倾向性、排斥性内容
- 禁止以不合理条件对供应商实行差别或歧视待遇
- 招标文件不宜把办公面积大小设定为评标因素
- 不可违法设置政府采购项目保证金类型
- 邀请招标项目应遵循《政府采购法》体系的特别规定

采购主体不合法将导致招标活动无效

实践案例

某单位委托 Z 采购代理公司，就该单位"专用设备采购项目"进行公开招标；2016 年 8 月 19 日，Z 采购代理公司发布招标公告；9 月 13 日开标，经过评标委员会的评审、采购人的确定，Z 采购代理公司于当日发布中标结果公告。

中标结果公告发布后不久，财政部门收到实名检举，检举人反映该项目采购设备主要是计算机、服务器类设备，属于本地区集中采购目录内的货物，应由集中采购机构代理采购。本地区设有集中采购机构，而采购人擅自将集中采购目录内的项目委托给其他采购代理机构的，请求财政部门介入调查并作出相应处理。

财政部门收到检举后，对该采购项目相关资料进行了调阅。发现该项目采购的产品主要是台式计算机、服务器、存储设备、信息安全设备，属于本地区集中采购目录内集中采购机构采购的项目范围。而采购人将本应委托集中采购机构代理的项目委托给社会采购代理机构采购，检举人举报事项属实。《政府采购法》第七条第三款规定，"纳入集中采购目录的政府采购项目，应当实行集中采购"；第十八条第一款规定，"采购人采购纳入集中采购目录的政府采购项目，必须委托集中采购机构代理采购"；第三十六条第一款规定，"在招标采购中，出现下列情形之一的，应予废标：……（二）出现影响采购公正的违法、违规行为的"；第七十四条规定，"采购人对应当实行集中采购的政府采购项目，不委托集中采购机构实行集中采购的，由政府采购监督管理部门责令改正"。综上，财政部门作出责令采购人废标，并委托集中采购机构重新开展采购活动的处理决定。①

法律解析

1. 依法设立集中采购机构的地区，集中采购目录内项目应当委托集中采购机构代理采购。

集中采购机构作为依法设立的事业法人，其职责具有法定性。该项目采购主要产品属于集中采购目录内项目，采购人应当依法委托本地区集中采购机构代理采购，双方的代理关系为法定代理，具有不可选择的强制性，区别于一般的委托（意定）代理关系。《政府采购法实施条例》第十二条规定，集中采购机构"不得将集中采购项目转委托"。2015年国务院办公厅《关于印发整合建立统一的公共资源交易平台工作方案的通知》（国办发〔2015〕63号）文件进一步提出："各级公共资源交易平台不得取代依法设立的政府集中采购机构的法人地位、法定代理权"，因此无论是采购人擅自将应当委托给集中采购代理机构的项目委托给其他代理机构，还是集中采购机构将项目转委托给其他代理机构都属于违法行为，被法律明令禁止。采购代理机构作为政府采购活动中的重要当事人，一旦采购主体不合法，无论采购过程和结果如何，都将导致采购活动无效。该项目采购合同尚未签订，可以采取措施进行纠正。因此，财政部门依法责令废标，要求采购人委托集中采购机构重新开展采购活动。

2. 未设立集中采购机构的地区，集中采购项目应依法选择采购代理机构。

根据《政府采购法》第十六条的规定，设立集中采购机构有两个前提，一是设区的市、自治州以上地区；二是当地人民政府根据本级政府采购项目组织集中采购的需要设立，这意味着并非所有地区都设有集中采购机构。《政府采购法》《政府采购法实施条例》明确了省、自治区、直辖市人民政府或其授权的机构可以确定分别适用于本行政区域省级、设区的市级、县级的集中采购目录和采购限额标准。而省级以下的地方政府没有制定集中采购目录的权限，在未依法设立集

---

① 本案例精选于中国裁判文书网。

中采购机构的市县，无法通过制定、缩小集中采购目录来解决本地区的集中采购项目无法委托给法定集中采购机构实施的问题。为此，财政部再《关于贯彻落实整合建立统一的公共资源交易平台工作方案有关问题的通知》（财库〔2015〕163号）一文中，给出了相应解决措施："未依法独立设置集中采购机构的地区，可以将集中采购项目委托给上级或其他地区集中采购机构代理采购，也可以引入市场竞争机制，将集中采购项目择优委托给集中采购机构以外的采购代理机构代理采购。"

合规指引

1. 设区的市、自治州以上人民政府根据本级政府采购项目组织集中采购的需要，决定是否设立集中采购机构。对于设立集中采购机构的地区，集中采购目录内项目应委托集中采购机构组织采购活动，目录内较为复杂的部门集中采购项目由部门内设的采购执行机构（部门集中采购机构）组织采购活动，部门没有内设采购执行机构的，也应当按照《政府采购法》第十八条的规定委托集中采购机构代理采购。采购人依法选择采购代理机构，确保采购主体合法是依法实施政府采购的重要一步。

2. 法定职责必须为，集中采购机构对于其职责内依法代理的集中采购项目不得以任何形式转委托给其他代理机构，否则将承担《政府采购法实施条例》第六十九条所规定的责任。

自行招标须依法组织

实践案例

某市房管局就"机房动力设备采购项目"编制了采购实施计划并报市财政局备案,采购组织形式为自行采购。随后某市房管局委托了A代理公司就该项目进行公开招标,房管局经办人员向A代理公司提出房管局机房现有动力设备已经损坏,需要压缩采购周期,在保证质量的前提下尽快将采购程序走完。

A代理公司采纳了采购人提出的上述要求,采购文件自2019年11月12日在电子交易系统中提供下载。投标截止时间为2019年11月25日9时整。B公司下载采购文件后认为:本项目自采购文件发出之日至投标截止时间少于20日,周期过短影响投标文件编制,违反了《政府采购法》第三十五条"货物和服务项目实行招标方式采购的,自招标文件开始发出之日起至投标人提交投标文件截止之日止,不得少于二十日"的规定,于是向采购人及A代理公司提出质疑。采购人、A代理公司认为该项目已经由市财政局批准为自行采购,也不是依法必须招标的工程建设项目,因此不违背《政府采购法》和《招标投标法》的规定,并据此向B公司作出了书面答复。B公司对此答复内容不满意,向市财政局提出投诉,请求认定采购文件内容违法。

市财政局认为:该项目为政府采购货物项目,应适用《政府采购法》的有关规定,根据《政府采购法》第三十五条"货物和服务项目实行招标方式采购的,自招标文件开始发出之日起至投标人提交投标文件截止之日止,不得少于二十日"之规定,投诉事项成立。处理投诉时,市财政局发现采购公告并未在指定媒体发布、采购文件把注册资本作为投标人的特定资格条件等其他问题，违背了《政府采购法》第十一条"政府采购的信息应当在政府采购监督管理部门指定的媒体上及时向社会公开发布"以及《政府采购货物和服务招标投标管理办法》（财政部令第87号）第十七条"采购人、采购代理机构不得将投标人的注册资本、资产总额、营业收入、从业人员、利润、纳税额等规模条件作为资格要求或者评审因素，也不得通过将除进口货物以外的生产厂家授权、承诺、证明、背书等作为资格要求，对投标人实行差别待遇或者歧视待遇"的强制性规定。

综上，市财政局依据《政府采购质疑和投诉投诉办法》（财政部令第94号）第三十一条"投诉人对采购文件提起的投诉事项，财政部门经查证属实的，应当认定投诉事项成立……影响或者可能影响采购结果的，财政部门按照下列情况处理：（一）未确定中标或者成交供应商的，责令重新开展采购活动……"之规定，责令采购人重新开展采购活动。

法律解析

1. 政府采购中的自行采购项目，应当遵循《政府采购法》的相关规定。

本项目采购人对于自行采购项目的属性认知有误，错误地将自行采购项目理解为非政府采购项目，甚至认为本项目经过财政部门备案后，即表示该项目属性已转为非政府采购项目，不受《政府采购法》管辖。毫无疑问，这一认识是不正确的。需要指出的是，自行采购是政府采购组织形式中的一种，是相对于委托代理采购而言的，即由采购人自行组织该项目的政府采购活动。

《政府采购法》第二条第一款规定："在中华人民共和国境内进行的政府采购适用本法。"因此，无论集中采购项目、分散采购项目中的自行采购项目，还是委托社会代理机构组织实施的采购项目，均属于《政府采购法》的调整范围，必须按照政府采购法律制度的规定开展采购活动。《政府采购法》第三十五条规定："货物和服务项目实行招标方式采购的，自招标文件开始发出之日起至投标人提交投标文件截止之日止，不得少于二十日。"该规定属于强制性规定，不能以工作需要、时间紧急等任何理由进行压缩。采购人将自行采购理解为政府采购的

"化外之地"，不受约束，属于对法条理解上的严重偏差。

此外，市财政局处理投诉时发现采购信息未在指定媒体发布、设置注册资本金作为资格条件等情况，结合采购人在质疑答复时认为该项目"不违背《政府采购法》和《招标投标法》的规定"，也属于采购人对分散采购项目的法律属性认识错误。

2. 法定的自行采购项目分为两类。

根据政府采购相关法律规范的规定，可以由采购人自行组织采购的政府采购项目有两类：

第一类是未纳入集中采购目录内的分散采购项目。《政府采购法》第十八条第一款规定："采购人采购纳入集中采购目录的政府采购项目，必须委托集中采购机构代理采购；采购未纳入集中采购目录的政府采购项目，可以自行采购，也可以委托集中采购机构在委托的范围内代理采购。"第十九条同时规定："采购人可以委托集中采购机构以外的采购代理机构，在委托的范围内办理政府采购事宜。采购人有权自行选择采购代理机构，任何单位和个人不得以任何方式为采购人指定采购代理机构。"《政府采购货物和服务招标投标管理办法》（财政部令第87号）第九条第一款规定："未纳入集中采购目录的政府采购项目，采购人可以自行招标，也可以委托采购代理机构在委托的范围内代理招标。"因此，对于未纳入集中采购目录的政府采购项目，采购人可以自行采购，也可以委托代理采购。

第二类是有特殊要求的集中采购项目。《政府采购法》第十八条第二款规定："纳入集中采购目录属于通用的政府采购项目的，应当委托集中采购机构代理采购；属于本部门、本系统有特殊要求的项目，应当实行部门集中采购；属于本单位有特殊要求的项目，经省级以上人民政府批准，可以自行采购。"依据这一规定，本单位有特殊要求的集中采购项目，经省级以上人民政府批准后，也可以自行采购。

3. 自行采购的采购人应当符合法定条件。

采购人自行组织采购活动，应当具备一定的条件。《政府采购货物和服务招标投标管理办法》（财政部令第87号）第九条第二款规定："采购人自行组织开展招标活动的，应当符合下列条件：（一）有编制招标文件、组织招标的能力和条件；（二）有与采购项目专业性相适应的专业人员。"如采购人不满足上述基本条件，则应当委托相对专业的社会代理机构组织实施采购活动。

需要特别指出的是：在政府采购实践中，也有少部分采购人明知道采购行为违法，而想通过委托采购的方式规避法律责任。实际上，这一做法不能摆脱采购人自身的法律责任。《民法典》第一百六十七条规定："代理人知道或者应当知道代理事项违法仍然实施代理行为，或者被代理人知道或者应当知道代理人的代理行为违法未作反对表示的，被代理人和代理人应当承担连带责任。"而对于采购代理机构而言，明知违法而代理的，也应当承担相应的法律责任。

4. 需要正确区分自行采购与可以直接采购的情形。

《政府采购法》第二条第二款对政府采购项目作出了界定，该条款规定："本法所称政府采购，是指各级国家机关、事业单位和团体组织，使用财政性资金采购依法制定的集中采购目录以内的或者采购限额标准以上的货物、工程和服务的行为。"因此，区分一个项目是否属于政府采购法管辖，应当从采购主体、采购资金、采购标的和采购项目属性四个维度去衡量，如同时满足四个方面的要素，则属于政府采购法管辖的政府采购行为。

在此规定之外的采购行为，如某国家机关使用财政性资金采购集中采购目录外且采购限额以下的货物时，虽然属于预算单位使用财政性资金的购买行为，但不是法律规定的"政府采购项目"，其采购行为不属于《政府采购法》调整。对于该项目来说，采购人可以选择直接采购，也可以参照《政府采购法》的有关程序组织采购活动。

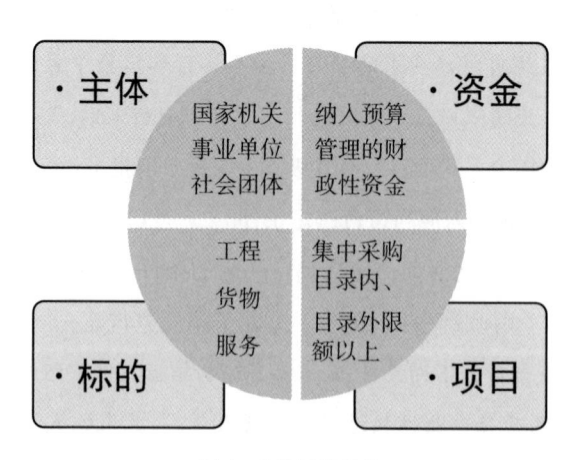

图1：政府采购定义

合规指引

自行采购是政府采购的一种组织形式,与非政府采购项目中的预算单位使用财政性资金的非政府采购行为应加以区分,不得混淆。在《政府采购法》管辖的采购项目中,分散采购项目如符合规定条件,采购人可以选择自行采购,无须事先报财政部门审批;对于本单位有特殊要求的集中采购项目,经省级以上人民政府批准后,采购人也可以自行采购。但不管是自行采购还是委托采购的政府采购项目,其采购活动均须遵循政府采购相关法律制度的规定。

政府采购项目必须是使用财政性资金的项目

实践案例

2010年11月28日,某大学为该校网络中心机房环境动力设备项目以公开招标方式采购70kW机房精密空调和在线式UPS等设备。招标公告发布后,某信息技术公司向某大学发出质疑书,提出"精密空调技术性能和参数要求指向A品牌,UPS包中推荐的电池品牌不在同一档次,合法性存疑"。该大学收到该质疑书后,对原招标文件中的设备技术参数进行了修改。2010年12月12日,某信息技术公司等10家公司参加投标,某电子工程公司中标。

2010年12月15日,某信息技术公司再次向该大学发出质疑书,提出"第一中标人提供的电池为非法产品,投标产品质量稍差,却以超高价中标",该大学书面回复:"1.关于电池是否为非法产品的问题,经核实,中标公司提供的产品的生产日期在生产许可证有效期内。2.关于中标产品质量稍差,却以超高价中标的问题:贵公司提供的材料无法证明中标公司的产品质量稍差。同时,根据招标文件规定,我校的评标标准是综合评估,评委选择性价比最优的产品,而不是只选择低价产品。"某信息技术公司收到答复后向多个有关部门发出"举报信",市质量技术监督局书面回复:"××电器公司提供的蓄电池生产日期为2010年8月26日,是该公司在全国工业产品生产许可证有效期内生产的产品","生产许可证于2010年9月期满,某电子工程公司为该公司授权的蓄电池产品特约经销商"。财政部国库司作出《不予受理告知书》,并明确"本次招标项目资金来源不属于财政性资金。根据《政府采购法》第二条的规定,本项目不属于政府采购活动"。

某信息技术公司认为该大学在招标文件、评标过程和评标结果中存在倾向性、无评分标准、串通投标、非法产品中标、低质高价中标、照顾关系户中标等违规现象，使其中标权益和经济利益受到损害，向法院起诉请求判令该大学赔偿投标费用823元。

法院认为，第一，因财政部国库司《不予受理告知书》已明确"本次招标项目资金来源不属于财政性资金。根据《政府采购法》第二条的规定，本项目不属于政府采购活动"，故本次招标活动不应适用有关政府采购的法律规定。

第二，关于某信息技术公司认为非法产品中标的问题，因其所提交的市质监局举报回复已明确电子工程公司为××电器公司授权的蓄电池产品特约经销商，且××电器公司为本次招标提供的产品生产日期为2010年8月26日，是该公司在生产许可证有效期内生产的产品，故某信息技术公司认为非法产品中标的说法，不予认定。

第三，某信息技术公司称某大学在招标文件、评标过程和评标结果中存在倾向性、无评分标准、串通投标、低质高价中标、照顾关系户中标等违规现象，其未能提交有效证据，故对此不予认定。

第四，某信息技术公司主张某大学赔偿其投标费用823元，但其在庭审中仅提交了其公司内部凭证及相关票据复印件，违反了《民事诉讼法》第七十条的规定，对方当事人对此亦不予认可，故对其此项主张亦不予认定。

综上所述，某信息技术公司依据《政府采购法》第七十条的规定要求某大学赔偿投标费用823元的诉请，不予支持。法院判决：驳回某信息技术公司的诉讼请求。[①]

法律解析

1.《政府采购法》适用于使用财政性资金采购的项目。

关于《政府采购法》的适用范围，该法第二条规定："在中华人民共和国境

[①] 本案例来自中国裁判文书网。

内进行的政府采购适用本法。本法所称政府采购，是指各级国家机关、事业单位和团体组织，使用财政性资金采购依法制定的集中采购目录以内的或者采购限额标准以上的货物、工程和服务的行为……"也就是说，《政府采购法》只适用于政府采购项目，构成"政府采购项目"，需同时具备以下条件：一是采购主体是各级国家机关、事业单位和团体组织；二是采购资金来源必须是财政性资金；三是采购标的必须是货物、工程或者服务项目；四是采购项目的属性必须是集中采购目录以内或者集中采购目录以外采购限额标准以上的项目。上述四个条件必须同时具备，如有一项不符合，则该项目不属于政府采购项目，不纳入《政府采购法》的管辖范围。本案财政部国库司明确"本次招标项目资金来源不属于财政性资金。根据《政府采购法》第二条规定，本项目不属于政府采购活动，招标活动不适用《政府采购法》"。

2. 2011年后事业单位自有资金纳入预算管理。

《政府采购法实施条例》第二条第一款规定："政府采购法第二条所称财政性资金是指纳入预算管理的资金。"依据《关于将预算外资金管理的收入纳入预算管理的通知》（财预〔2010〕88号）的规定，自2011年1月1日起，全部预算外收支均纳入预算管理，取消了预算外资金，"预算外资金"一词已成为历史。2015年施行的新《预算法》把一般公共预算、政府性基金预算、国有资本经营预算和社会保险基金预算均纳入预算管理。《行政单位财务规则（2023）》（财政部令第113号）和《事业单位财务规则（2021）》（财政部令第108号）进一步对单位预算管理作出了规定，明确行政单位、事业单位的各项收入和各项支出应当全部纳入单位预算，统一核算，统一管理。事业单位为开展业务及其他活动依法取得的非偿还性资金收入为事业单位的收入，包括财政补助收入、事业收入、上级补助收入、附属单位上缴收入、经营收入和其他收入。

因此，自2011年以后，特别是《政府采购法实施条例》颁布施行和2014年《预算法》修订后，凡使用纳入部门预算管理的资金，不论来源，包括部分事业收入、经营性收入和其他收入等"自有收入"，都应当纳入政府采购管理范畴。因此，依据《政府采购法实施条例》和新《预算法》的规定，只要是预算单位进行的采购活动，都应依法纳入政府采购范围。如本项目发生在2011年以后，特别是《预算法》修订和《政府采购法实施条例》实施以后，由于该类资金已纳入预算管理，则本项目应属于政府采购项目，归《政府采购法》管辖。

3. 质疑、投诉必须提供明确证据。

供应商对政府采购活动有异议的，可以向采购人提出询问、质疑；还有权进行投诉，申请行政复议或者提起行政诉讼。《政府采购法》第五十二条规定："供应商认为采购文件、采购过程和中标、成交结果使自己的权益受到损害的，可以在知道或者应知其权益受到损害之日起七个工作日内，以书面形式向采购人提出质疑。"第五十五条规定："质疑供应商对采购人、采购代理机构的答复不满意或者采购人、采购代理机构未在规定的时间内作出答复的，可以在答复期满后十五个工作日内向同级政府采购监督管理部门投诉。"第五十八条规定："投诉人对政府采购监督管理部门的投诉处理决定不服或者政府采购监督管理部门逾期未作处理的，可以依法申请行政复议或者向人民法院提起行政诉讼。"可见，《政府采购法》赋予供应商完善的救济措施，给予其全面周到的保护。

但是，供应商在提出质疑投诉时，不得滥用法律赋予的权利，质疑投诉应在法律规定的时限内行使，质疑或者投诉须有必要的证明材料，不得凭空想象、恶意质疑或投诉，甚至杜撰"事实"、伪造证据。近几年来，相关法律对此作了进一步明确，2015年3月1日起实施的《政府采购法实施条例》第五十五条规定："供应商质疑、投诉应当有明确的请求和必要的证明材料。供应商投诉的事项不得超出已质疑事项的范围。"《政府采购质疑和投诉办法》（财政部令第94号）第十二条第一款规定："供应商提出质疑应当提交质疑函和必要的证明材料"。该办法第十八条还规定，"投诉人投诉时，应当提交投诉书和必要的证明材料，并按照被投诉采购人、采购代理机构（以下简称被投诉人）和与投诉事项有关的供应商数量提供投诉书的副本"。此外，该办法第二十一条第一项同时规定："投诉书内容不符合本办法第十八条规定的，应当在收到投诉书5个工作日内一次性书面通知投诉人补正。补正通知应当载明需要补正的事项和合理的补正期限。未按照补正期限进行补正或者补正后仍不符合规定的，不予受理。"也就是说，质疑或者投诉必须提供相应的证明材料而非臆想杜撰，如果缺乏相应证据或者没有事实依据的，其质疑、投诉将不予受理或被驳回。本案发生在《政府采购法实施条例》和《政府采购质疑和投诉办法》颁布实施之前，应适用《政府采购供应商投诉处理办法》[①]（财政部令第 20 号）中第六条、第八条、第十一条和第十七条等相关规定，投诉人某信息技术公司称某大学在招标文件、评标过程和评标结果中存在倾向性、无评分标准、串通投标、低质高价中标、照顾关系户中标等违规现象，但其未能提交有效证据，故其主张不能成立。

合规指引

1. 供应商认为政府采购活动违法并侵害了自己合法权益的，有权向采购人提出质疑；未收到答复或者对答复不满意的，可以向政府采购监管部门投诉；对投诉处理决定不服的，还可以申请行政复议或者提起行政诉讼。

2. 供应商认为采购文件、采购过程、中标和成交结果使自己的合法权益受到损害的，应当首先依法向采购人、采购代理机构提出质疑。对质疑答复不满意，或者采购人、采购代理机构未在规定期限内作出答复的，供应商可以在答复期届满后 15 个工作日内向同级财政部门提起投诉，投诉时应当提交投诉书。供应商质疑、投诉应当有明确的请求和必要的证明材料；投诉的事项不得超出已质疑事项的范围。

---

① 该办法已失效。

零预算项目该不该走政府采购程序

实践案例

2018年2月,某市经济和信息化委员会政务云平台采购项目挂网招标,采购内容为政府政务服务云系统架构设计服务、基础设施服务、支撑软件服务、应用功能服务、信息安全服务、应用部署迁移服务、运行维护保障服务等相关服务。平台整体架构按照"市级平台、多级应用"模式建设,须满足市、县两级云服务需求。服务要求为:云平台可用性不低于99.95%,平均无故障时间不低于8000小时,数据可靠性指标比例不低于99.999%,安全等级达到等保三级要求,能够根据用户实际需求定制和调整CPU核心数、内存容量、硬盘空间及配套的基础软件、安全软件等。

招标文件显示,该项目预算金额为0元。供应商的投标报价≤预算金额的为有效报价,如供应商的投标报价低于成本价或高于预算金额,其投标文件将被拒绝。

2018年3月,该项目采购结果公布,某网络通信有限公司成功中标,中标金额为"0.0000000万元人民币"。项目中标价0元,意味着政府一分不出,即可免费获得服务。那么,预算金额为0元,不需要政府支付采购资金的项目,该不该走政府采购程序?算不算政府采购项目?

法律解析

1. 零预算采购不是一种采购行为。

预算金额为 0 元的项目该不该走政府采购程序？针对这个问题，业内目前有两种完全不同的观点：

第一种观点认为：零预算定价是否合理在云平台服务采购上很难解释。理由是互联网思维是一种免费服务思维，社会上大多数互联网企业为占领市场，为用户提供免费服务甚至采用补贴用户等方式，这一做法已经被越来越多的政务云采购人所接受。至于有人说 0 元中标有低价中标、恶意中标之嫌，但在实践中确实为采购人节约了资金，而且目前市场上很多供应商都敢报这个价，而且都做到了诚信履约，这一行为难以区分是恶意还是善意，不应该武断拒绝。

第二种观点认为：零预算项目本身就不属于政府采购项目，在政府采购领域应该坚决取缔。理由是按照《政府采购法》的定义，政府采购是指各级国家机关、事业单位和团体组织，使用财政性资金采购依法制定的集中采购目录以内的或者采购限额标准以上的货物、工程和服务的行为。此外，该法第二条还明确了《政府采购法》中的采购，是指以合同方式有偿取得货物、工程和服务的行为。换句话说，政府采购是使用财政性资金进行购买的有偿行为。该项目预算资金为 0 元，意味着该项目：一是没有使用财政性资金，甚至连财政预算都没有；二是该合同的获得不是采用有偿方式购买，从这两点来判断，其不符合政府采购项目的定义。

上述两种观点中，第二种观点更符合《政府采购法》的立法精神。

2. "0 元中标"本质上是一种赠予行为。

《政府采购法》第二条第四款明确规定："本法所称采购，是指以合同方式有偿取得货物、工程和服务的行为，包括购买、租赁、委托、雇用等。"零预算采购，0 元中标很明显不是一种"有偿取得"货物、工程和服务的行为，与《政府采购法》相违背。

《政府采购货物和服务招标投标管理办法》（财政部令第 87 号），也明令禁止采购人接受免费的商品和服务。该办法第六条第二款规定："采购人不得向供应商索要或者接受其给予的赠品、回扣或者与采购无关的其他商品、服务。"0 元中标，本质上是一种赠予行为。在政府采购过程中，采购人依法不得接受供应商提供的赠品。

3. 零预算采购不符合《政务信息系统政府采购管理暂行办法》的规定。

《政务信息系统政府采购管理暂行办法》（财库〔2017〕210 号）第九条规定："政务信息系统采用招标方式采购的，应当采用综合评分法；采用非招标方式采购的，应当采用竞争性磋商或单一来源采购方式。除单一来源采购方式外，政务信息系统采购货物的，价格分值占总分值比重应当为 30%；采购服务的，价格分值占总分值比重应当为 10%。无法确定项目属于货物或服务的，由采购人按照有利于采购项目实施的原则确定项目属性。"该暂行办法第十一条同时规定："政务信息系统采购评审中，评标委员会或者竞争性磋商小组认为供应商报价明显低于其他合格供应商的报价，有可能影响产品质量或者不能诚信履约的，应当要求其在评审现场合理时间内提供书面说明，必要时提供相关证明材料；供应商不能证明其报价合理性的，评标委员会或竞争性磋商小组应当将其作为无效投标或者无效响应处理。"

《政务信息系统政府采购管理暂行办法》是财政部专门针对政务信息系统采购的规范性文件，对政务信息系统项目采购主体、采购标的、采购需求、采购方式、评审办法和履约验收都提出了详细要求。如项目采购预算为零，一方面在编制采购文件时，无法依据该文件第九条的规定设定价格分值占比；另一方面在评审过程中，也无法依据该文件第十一条的规定判断其"0 元报价"的合理性。可见，依据《政务信息系统政府采购管理暂行办法》的立法初衷，也不赞成零预算采购和 0 元中标。

合规指引

政务信息系统采购项目的采购人，应当严格执行政府采购法律体系的相关规定，维护好正常的市场竞争秩序，而不应让赠予行为和竞争行为一起"比赛"，扰乱政府采购市场秩序。

公立医院维修属于依法必须招标的项目

实践案例

某公立医院对旧有病房大楼、门诊楼等进行维修，该维修项目预算总投资约为1200万元，主要内容为刷涂料、修墙裙、吊顶、拆除原部分隔墙为轻质隔断等。对于该项目的属性和法律适用问题，项目业主内部争议较大，主要有以下几种不同的观点：

第一种观点认为：该项目属于依法必须进行招标的工程建设项目。理由是某公立医院维修项目属于涉及公众安全的公用事业项目，且项目规模较大，项目业主应当按照《招标投标法》及其配套法律规范的相关规定开展施工招标。

第二种观点认为：该项目不属于依法必须招标的工程建设项目。理由是《招标投标法实施条例》第二条规定，"招标投标法第三条所称工程建设项目，是指工程以及与工程建设有关的货物、服务。前款所称工程，是指建设工程，包括建筑物和构筑物的新建、改建、扩建及其相关的装修、拆除、修缮等"。本项目系对旧有楼房进行修缮，不属于与新建、改建和扩建相关的维修项目，不属于《招标投标法》规定的依法必须招标的项目，项目业主可以自行发包。

第三种观点认为：该项目属于政府采购工程项目。理由是《国务院法制办对政府采购工程项目法律适用及申领施工许可证问题的答复》（国法秘财函〔2015〕736号）明确指出："与建筑物和构筑物的新建、改建、扩建无关的单独的装修、拆除、修缮不属于依法必须进行招标的项目。政府采购此类项目时，应当按照政府采购法实施条例第二十五条的规定，采用竞争性谈判或者单一来源方式进行采购。"本项目采购人系事业单位，应依据国务院法制办736号文适用《政府采购法》的相关规定，采用竞争性谈判或者单一来源方式进行采购。

第四种观点认为：该项目既不属于政府采购工程项目，也不属于《招标投标法》管辖的工程建设项目。理由是依据《政府采购法实施条例》第七条第二款和《招标投标法实施条例》第二条第二款的规定，与建筑物和构筑物的新建、改建、扩建无关的单独的装修、拆除、修缮不属于两法的管辖范畴，项目业主可以自行决定采用招标、非招标采购方式或直接发包。

法律解析

概念的厘清是进行分析和研究的基石。本案例出现几种不同的观点，归根结底在于对工程和政府采购工程的定义有着不同的理解。有鉴于此，我们先对相关概念进行分析研究。

1. 法律关于"工程"的定义。

关于工程的定义，不同位阶法律的表述有所不同。2000年施行的《招标投标法》未对工程作出明确定义。2003年施行的《政府采购法》第二条第六款规定："本法所称工程，是指建设工程，包括建筑物和构筑物的新建、改建、扩建、装修、拆除、修缮等。"《政府采购法》中关于工程的定义有以下几个特点：

一是把"工程"的内涵缩小为"建设工程"。依据项目管理相关理论，工程项目的全生命周期可分为决策阶段、实施阶段、运营阶段和报废阶段四个阶段，其中前两个阶段均与项目建设活动紧密相关，而后两个阶段则属于建设期完成后的相关内容。《政府采购法》将工程界定为"建设工程"，系对法律管辖的"工程"内涵作了限缩，意在表明法律管辖的"工程"不包含运营阶段和报废阶段。

二是采用了"概念+列举"的方式进行定义。从定义技术来看，2003年《政府采购法》第二条第六款的表述可细分为两个部分，前一部分表述"本法所称工程，是指建设工程"系概念，被定义项是"工程"，定义项是"建设工程"，这一部分是对工程这一概念的内涵和外延所作的确切表述；后一部分表述"包括建筑物和构筑物的新建、改建、扩建、装修、拆除、修缮等"系列举，即举出一定的现实中存在的鲜活的例子，以增强受众对被定义项的认识。

三是未明确"建设工程"的内涵。该法只简单提及"工程系指建设工程"，但未明确"建设工程"的具体内涵。

2. 行政法规关于"工程"的定义。

《招标投标法实施条例》第二条第二款规定，"前款所称工程，是指建设工程，包括建筑物和构筑物的新建、改建、扩建及其相关的装修、拆除、修缮等"；《政府采购法实施条例》第七条第二款规定，"前款所称工程，是指建设工程，包括建筑物和构筑物的新建、改建、扩建及其相关的装修、拆除、修缮等"。两部法规关于"工程"的表述完全一致。对照相关法律关于"工程"的定义，行政法规层面的定义有如下特点：一是沿袭了法律对"工程"内涵的界定。两部法规沿袭了上位法的规定，依然将"工程"的内涵界定为"建设工程"。二是沿用了法律的定义技术。依然采用"概念+列举"的方式进行定义。三是依然未明确"建设工程"的具体内涵。相关法规在"概念"这一部分全文沿用了法规的表述，未能对"建设工程"的具体内涵进行完善和补充。四是修改了列举内容。将相关法律定义中的列举部分，从"包括建筑物和构筑物的新建、改建、扩建、装修、拆除、修缮等"改为"包括建筑物和构筑物的新建、改建、扩建及其相关的装修、拆除、修缮等"。

3. 列举内容的变化给实践带来诸多困扰。

法律法规关于工程的定义，特别是行政法规中，列举内容的变化给业内人士对"工程""建设工程""政府采购工程"等相关概念的理解和招标采购实践带来诸多困扰。归纳起来，主要有以下一些不同认识：一是认为凡是涉及社会公共利益、公众安全的工程项目，均属于《招标投标法》管辖；二是认为两法管辖的"工程"，仅限于与建筑物和构筑物相关的建设活动；三是认为"建设工程"的内容仅限于新建、改建、扩建工程，与新、改、扩建工程无关的内容，不属于建设工程；四是认为《招标投标法》管辖的工程，仅限于"建筑物和构筑物的新建、改建、扩建及其相关的装修、拆除、修缮"等，与建筑物和构筑物新建、改建、扩建无关的装修、拆除、修缮活动，不属于《招标投标法》管辖，该类项目如主体和资金性质适格，应属于《政府采购法》管辖；五是认为《招标投标法》和

《政府采购法》管辖的工程，仅限于"建筑物和构筑物的新建、改建、扩建及其相关的装修、拆除、修缮"等，与建筑物和构筑物的新建、改建、扩建无关的装修、拆除、修缮活动，既不属于《招标投标法》管辖，也不属于《政府采购法》管辖。

4. 分析"工程"内涵应掌握的方法。

如前所述，不管是法律还是行政法规，在对"工程"作定义时，都采用了"概念＋列举"这一技术。详见下表：

序号	法律法规	工程的定义	概念部分	列举部分
1	《政府采购法》	本法所称工程，是指建设工程，包括建筑物和构筑物的新建、改建、扩建、装修、拆除、修缮等	是指建设工程	包括建筑物和构筑物的新建、改建、扩建、装修、拆除、修缮等
2	《招标投标法实施条例》	前款所称工程，是指建设工程，包括建筑物和构筑物的新建、改建、扩建及其相关的装修、拆除、修缮等	是指建设工程	包括建筑物和构筑物的新建、改建、扩建**及其相关的**装修、拆除、修缮等
3	《政府采购法实施条例》	前款所称工程，是指建设工程，包括建筑物和构筑物的新建、改建、扩建及其相关的装修、拆除、修缮等	是指建设工程	包括建筑物和构筑物的新建、改建、扩建**及其相关**的装修、拆除、修缮等

由上表可知，法律法规对于"工程"的定义，在概念部分完全一致，区别在于列举部分。法律的列举有新建、改建、扩建、装修、拆除、修缮六项内容；行政法规列举的是"建筑物和构筑物的新建、改建、扩建及其相关的装修、拆除、修缮等"，由于新建、改建和扩建工程的工作内容通常已包含与之相关的装修、拆除、修缮等，故实际上法规的列举内容只有"新建、改建、扩建"三项。

在采用"概念＋列举"这一技术进行定义的项中，其概念部分重在锁定被定义项的内涵，该部分内容将对被定义项的内涵产生实质影响；而列举部分则重在通过举例的方式增强受众对相关概念的理解，基于"列举无法穷尽"的共识，通常不把列举内容看成对被定义项的内涵和边界进行界定。因此，从学理上看，相关法律法规对建设工程内容的列举发生变化，不应对工程内涵的界定产生实质性影响。

在前文所述的关于"工程""建设工程"和"政府采购工程"的理解中，很多观点的理论分析依据，均来自对列举部分相关内容的分析。这一做法犯了"把列举当成概念"的错误，导致结论有所偏颇。而从方法论上看，如需对工程的内涵进行科学、合理的界定，应着眼于对"建设工程"这一概念的内涵的研究，而非纠结于对定义中的列举范围进行比较和分析。

5. "工程"内涵辨析。

招标采购法律法规将"工程"解释为"建设工程"，但两法均未对"建设工程"的概念作出解释。在进行学理研究时，只能参考其他相关法律的规定。

综观规制我国工程领域的其他相关法律规范，在法律层面，均未见有对"建设工程"这一概念的明确定义。而在行政法规层面，《建设工程质量管理条例》和《建设工程安全生产管理条例》这两部行政法规均对"建设工程"作了定义，两部行政法规均在第二条第二款规定："本条例所称建设工程，是指土木工程、建筑工程、线路管道和设备安装工程及装修工程。"在部门规章层面，《民航专业工程建设项目招标投标管理办法》第二条第二款亦规定，"本办法所称工程建设项目，是指工程以及与工程建设有关的货物、服务。工程是指建设工程，建设工程是指土木工程、建筑工程、线路管道和设备安装工程及装修工程，包括建筑物和构筑物的新建、改建、扩建及其相关的装修、拆除、修缮等"。

不同法律有各自的管辖范围，对同一名词的内涵一般不能直接引用。但从学理层面来看，构成同一国家法律体系的不同法律应相互关联、内外贯通、互成体系，故《政府采购法》和《招标投标法》中所称的"建设工程"，其内涵应采纳《建设工程质量管理条例》《建设工程安全生产管理条例》和《民航专业工程建设项目招标投标管理办法》中的解释和规定为妥，即建设工程"是指土木工程、建筑工程、线路管道和设备安装工程及装修工程"。结合法律上下文的表述，土木工程、建筑工程、线路管道和设备安装工程及装修工程均应属于两法的管辖范围。

6. 本项目应当依法公开招标。

《招标投标法》第三条规定,"在中华人民共和国境内进行下列工程建设项目……必须进行招标";《招标投标法实施条例》第二条第一款规定:"招标投标法第三条所称工程建设项目,是指工程以及与工程建设有关的货物、服务。"结合《政府采购法》及其实施条例中的相关规定,可以得出如下结论:在两部法律中,工程建设项目＝工程＝建设工程。结合前述分析,"建设工程"的内涵,不随法条中列举内容的变化而产生变化。

本案例属于单独的"维修工程",从采购主体、资金性质和项目属性三个维度综合分析,应属于政府采购工程。由于"政府采购工程"属于"工程",即属于《招标投标法》第三条规定的纳入依法必须招标的工程建设项目,如达到相应的规模标准,依法应当采用公开招标的方式进行采购。依据《政府采购法》第四条和《政府采购法实施条例》第七条之规定,本项目招标活动适用《招标投标法》及其配套法律规范的规定,但在招标采购过程中,应执行政府采购政策。

合规指引

对法律法规中"工程"定义的理解,应区分概念和列举两个不同部分。关于"建设工程"的内涵,宜吸纳《建设工程质量管理条例》《建设工程安全生产管理条例》等相关法律的解释。鉴于招标采购实践操作层面中对"工程"定义的困惑和迷茫,建议在今后修法过程中对其内涵作出明确界定,以定分止争。

政府采购信息须依法在指定媒体上发布

实践案例

某机关单位大楼弱电智能化采购项目进行公开招标，采购预算为人民币900万元。采购代理机构考虑到项目规模较大，设备种类繁杂且技术复杂，专业性太强，遂聘请了多位技术专家、法律专家对采购文件进行论证，并几经修改定稿送交采购人确认后，于2020年5月5日发布了招标公告。从公告发布之日起至5月26日开标，其间未收到潜在供应商提出的任何质疑或其他询问意见，项目评标结束后，采购代理公司按程序将评标报告提交采购人定标，5月27日发布了中标结果公告。

6月2日，采购人和采购代理公司收到一家未参与本项目采购活动的A公司提出的书面质疑，反映该项目采购公告未在"中国政府采购网"上发布，致使A公司未能及时知晓项目情况，错过参与竞争的机会，要求重新招标。采购人经与采购代理公司商议，认为该项目采购公告已在当地政府采购网及省财政厅指定媒体"某某省政府采购网"发布，符合《政府采购法》第十一条及《政府采购信息发布管理办法》第八条的规定，作出不予支持该质疑事项和主张的答复。A公司对答复内容不满，选择向当地财政部门投诉，由于A公司并非参与所投诉项目政府采购活动的供应商，财政部门依据《政府采购质疑和投诉办法》第十一条、第十九条和第二十九条之规定，作出投诉不符合规定条件、不予受理的决定。

A公司并未放弃，通过在当地论坛发布网络信息、向纪检部门提交检举信等方式表达不满，纪检部门转交财政部门处理。财政部门决定受理并调阅了本项目档案资料，查阅了中国政府采购网、《中国政府采购报》等财政部指定媒体，发现 A 公司检举事项属实，认定该项目采购公告未在财政部指定媒体发布，影响了潜在供应商及时了解项目信息和进展，错过参与机会进而可能影响中标结果，属于《政府采购法》第三十六条第一款第二项"出现影响采购公正的违法、违规行为"的情形，责令采购人废标重新开展采购活动，并对采购代理公司作出警告的行政处罚。

法律解析

1. 省级以上财政部门指定媒体因采购预算的不同而有所区别。

《政府采购法》第十一条规定，"政府采购的信息应当在政府采购监督管理部门指定的媒体上及时向社会公开发布"，《政府采购信息发布管理办法》（财政部第101号令）第八条第二款明确了："除中国政府采购网及其省级分网以外，政府采购信息可以在省级以上财政部门指定的其他媒体同步发布。"本案例中采购代理公司按常规将采购公告在当地政府采购网及省财政厅指定媒体"某某省政府采购网"发布，实质上反映了采购代理公司对政府采购法律体系了解的缺失和片面理解。《政府采购法实施条例》施行前，政府采购项目信息在财政部或省级财政部门指定媒体发布即可。而本案例是在 2015 年《政府采购法实施条例》施行后开展的项目，《政府采购法实施条例》第八条规定："……采购项目预算金额达到国务院财政部门规定标准的，政府采购项目信息应当在国务院财政部门指定的媒体上发布。"依据财政部于 2015 年 7 月发布的《关于做好政府采购信息公开工作的通知》（财库〔2015〕135 号）规定，预算金额达到 500 万元以上的地方预算项目，应当在财政部指定的政府采购信息发布媒体发布采购信息。依据该文件规定，财政部指定的政府采购信息发布媒体包括中国政府采购网、《中国财经报》、《中国政府采购报》、《中国政府采购杂志》、《中国财政杂志》。

《政府采购法实施条例》是《政府采购信息发布管理办法》的上位法，法律效力高于部门规章，两部法律对同一内容规定有所不同的，应当按照上位法执行。本案例采购预算达到人民币 900 万元，应当在财政部指定媒体发布信息。然而在实际操作中，本项目采购公告仅在当地及省政府采购网发布，受众大部分是当地或本省区域内的供应商，违背了政府采购法律法规的相关规定，应当予以纠正。

2. 行政监督部门对于发现的问题应当及时处理。

本案例中，财政部门对检举信作出了妥善处理，但在之前处理投诉时较为草率，机械式地驳回投诉而未作进一步调查核实，间接造成了后续的供应商检举，在某种程度上也影响了项目重新采购的及时开展。财政部门作为政府采购的法定行政监督管理部门，不能"民不举官不究"。在日常工作中，财政部门有义务对政府采购项目进行监督检查，发现问题应当及时介入调查。A公司投诉虽然不符合规定的条件，但采购公告未依法发布的客观事实是存在的，财政部门在处理投诉的同时可以查阅相关信息，了解情况，及时依法另行处理。

3. 省级指定媒体应当及时将政府采购信息交互至中国政府采购网。

财政部《关于做好政府采购信息公开工作的通知》（财库〔2015〕135号）规定："为了便于政府采购当事人获取信息，在其他政府采购信息发布媒体公开的政府采购信息应当同时在中国政府采购网发布。对于预算金额在500万元以上的地方采购项目信息，中国政府采购网各地方分网应当通过数据接口同时推送至中央主网发布（相关标准规范和说明详见中国政府采购网）。"需要特别指出的是：本案例采购人在省级财政部门指定发布媒体——"某某省政府采购网"发布了政府采购信息，如该指定发布媒体依据财库〔2015〕135号文件的相关规定，及时将预算金额在500万元以上的政府采购信息推送至中央主网发布，本采购项目亦不至于出现未在财政部指定的政府采购信息发布媒体发布采购信息的情况。

合规指引

政府采购项目信息的发布体现了公开透明原则，对于实现阳光采购、促进廉政建设、避免暗箱操作等发挥着重要作用。随着法律法规、规章文件的不断完善，对于信息发布方面的要求和规定也越发细致。

政府采购项目信息发布指定媒体因项目采购预算的不同而有所区别，采购人、采购代理机构应结合有关规定正确处理，避免信息发布的缺失。

招标文件的提供期限不得少于 5 个工作日

实践案例

2017 年 11 月 17 日，某市政府集中采购中心发布中标公告，该市某信息技术工程采购项目中标单位为某电力科技公司。2017 年 12 月 8 日，某信息科技公司向某市财政局举报，检举涉案项目采购过程中存在没有要求供应商提供具备资格条件的证明材料、公告获取招标文件的时间不足 5 个工作日、招标文件对投标人资格要求前后矛盾等问题。某市财政局受理举报后，通过调查认定检举人举报事项属实。2017 年 12 月 15 日，某市财政局作出监督检查处理决定书，责令采购人某市集中采购中心对本项目作废标处理；对本案调查中发现的问题，责令被举报人进行整改。2017 年 12 月 16 日，某市集中采购中心发布废标公告，采购项目废标。电力科技公司不服，提起行政诉讼。

法院认为，《政府采购法》第三十六条第一款规定："在招标采购中，出现下列情形之一的，应予废标：（一）符合专业条件的供应商或者对招标文件作实质响应的供应商不足三家的；（二）出现影响采购公正的违法、违规行为的；（三）投标人的报价均超过了采购预算，采购人不能支付的；（四）因重大变故，采购任务取消的。"《政府采购法实施条例》第三十一条第一款规定："招标文件的提供期限自招标文件开始发出之日起不得少于 5 个工作日。"本案中，所涉政府采购项目的招标文件，根据该市财政局提供的"××政府采购网"网页截图显示，发布时间为 2017 年 10 月 12 日 17 时 12 分，投标人报名及招标文件出售时间为 2017 年 10 月 12 日至 2017 年 10 月 18 日。《政府采购货物和服务招标投标管理办法》（财政部令第87号）第八十五条规定："本办法规定按日计算期间的，开始当天不计入，从次日开始计算。期限的最后一日是国家法定节假日的，顺延到节假日后的次日为期限的最后一日。"依据这一规定，2017年10月12日当天不计入期间计算，期间计算应从10月13日开始，由于10月14日、15日为周末，至出售招标文件的截止日10月18日，本项目招标文件实际发售时间只有4个工作日，不符合相关法律的要求，判决维持某市市财政局的监督检查处理决定。

法律解析

1. 政府采购项目招标文件的提供期限不得少于5个工作日。

《政府采购法实施条例》第三十一条第一款规定："招标文件的提供期限自招标文件开始发出之日起不得少于5个工作日。"5个工作日的规定是采购人提供招标文件期限的最短时限要求，采购人或者采购代理机构应当根据项目特点和本单位实际情况，按照有利于充分竞争的原则，在满足法定最短期限要求的前提下，规定足够长的招标文件提供期限，以便最大范围的供应商获取招标文件参与投标，促使竞争更为充分。如果招标文件提供期限不足5个工作日，就违反了行政法规的强制性规定，属于《政府采购法》第三十六条第一款第二项所列的"出现影响采购公正的违法、违规行为的"情形，将可能导致废标。

2. 招标文件开始发售当天不计入期间计算。

依据《政府采购货物和服务招标投标管理办法》的规定，政府采购项目计算招标文件提供期限的"工作日"时，开始之日不计入期间计算，期间计算应当从次日开始。本案中，涉案采购项目招标公告发布于2017年10月12日17时12分，招标文件的提供期限截止于2017年10月18日17时，法院查明招标文件的提供期限不足5个工作日，违反了《政府采购法实施条例》第三十一条的相关规定。

合规指引

1. 招标投标和政府采购法律法规的一个重要特点，就是通过严格的程序规定约束招标采购当事人的行为，以程序正义保障实体正义，实现招标采购活动的公开、公平、公正。与此相对应的是，违反程序规定往往也会导致承担相应的法律责任。例如，根据《招标投标法实施条例》第六十四条第一款第二项规定，招标文件、资格预审文件的发售、澄清、修改的时限，或者确定的提交资格预审申请文件、投标文件的时限不符合法律规定，由有关行政监督部门责令改正，对招标人可以处 10 万元以下的罚款。如果由于违反程序规定对中标结果产生实质性影响，且不能采取补救措施予以纠正的，根据《招标投标法实施条例》第八十一条的规定，还有可能导致招标、投标、中标无效，应当依法重新招标或者评标。因此，招标采购活动各参与主体一定要严格遵守相关法律的程序性规定。

2. 政府采购项目招标文件的提供期限自招标文件开始发出之日起不得少于 5 个工作日。如果招标文件的提供期限内包含非工作日，导致实际提供期限不足 5 个工作日的，属违反法定时限要求。

购买招标文件不应设置条件

实践案例

2017年12月26日,某市实验小学发布课桌采购项目采购公告,采购方式为公开招标。招标公告规定,供应商须具有近三年内与本市教育部门签订的课桌采购合同业绩方可参加投标。招标文件发售期间,采购代理机构以潜在供应商甲公司未按招标公告要求提供业绩证明材料,不符合资格条件为由拒绝向其出售招标文件。甲公司认为采购代理机构拒绝出售招标文件的行为损害了其合法权益,并向采购人提出书面质疑,要求采购代理机构依法向其出售招标文件。采购代理机构认为:招标公告要求很明确,甲公司未按公告要求提供业绩证明材料,对甲公司的质疑主张不予支持。

甲公司对答复内容不满意,遂向当地财政部门投诉,要求给予其购买招标文件参与项目竞争的机会。

市财政局经审查后认为:本项目为公开招标项目,且为非资格预审项目,原则上所有潜在供应商都有权购买招标文件。本案采购代理机构要求潜在供应商在购买招标文件时,须出具业绩证明材料,属于以不合理的要求限制或排斥潜在投标人,投诉成立。根据《政府采购供应商投诉处理办法》[①](财政部令第20号)第十八条有关规定,责令采购代理机构修改招标文件内容,并按修改后的招标文件开展采购活动。

---

① 该办法已失效。

法律解析

1. 投标报名审查本质上属于一种资格审查。

《政府采购法》第二十三条规定："采购人可以要求参加政府采购的供应商提供有关资质证明文件和业绩情况，并根据本法规定的供应商条件和采购项目对供应商的特定要求，对供应商的资格进行审查。"在招标采购实践中，很多采购人或采购代理机构会设置投标报名环节，要求潜在供应商在领购招标文件时出具相应的资格证明材料。严格说来，投标报名这一环节系一个非法定程序，其本质上属于一种简易的资格审查程序，即要求潜在供应商出具相关证明材料，方可领购招标文件。

《政府采购货物和服务招标投标管理办法》（财政部令第87号）第四十四条第一款规定："公开招标采购项目开标结束后，采购人或者采购代理机构应当依法对投标人的资格进行审查。"依据该法条，对于非资格预审项目来说，资格审查应当在开标之后、评标之前进行。本案采购代理机构在领购招标文件时设置简易资格审查程序，属违法设置程序。

2. 购买招标文件时进行资格审查属于以不合理条件限制排斥潜在投标人。

对于公开招标项目而言，理论上所有有意参与本项目竞争的潜在供应商均有购买招标文件的资格，采购代理机构在潜在供应商购买招标文件时对其进行资格审查，并以业绩不符为由拒绝出售招标文件，该行为造成的实际后果是限制、排斥了该潜在供应商参与本项目竞争的权利。潜在供应商是否购买招标文件，购买招标文件后是否参与投标，应由潜在供应商依据企业特点和实际情况结合市场竞争情况自行考虑，并自行承担不符合资格条件可能给自己造成的损失。国家发展改革委、财政部等五部委联合发布的《公平竞争审查制度实施细则（暂行）》（发改价监〔2017〕1849号）第十四条第一项规定[①]："不得设置不合理和歧视性的准入和退出条件，包括但不限于：1.设置明显不必要或者超出实际需要的准入和退

[①] 对应2021年6月29日修订后的《公平竞争审查制度实施细则》第十三条第一款第一项。

出条件，排斥或者限制经营者参与市场竞争；2. 没有法律法规依据或者国务院规定，对不同所有制、地区、组织形式的经营者实施差别化待遇，设置不平等的市场准入和退出条件；3. 没有法律法规依据或者国务院规定，以备案、登记、注册、名录、年检、监制、认定、认证、审定、指定、配号、换证、要求设立分支机构等形式，设定或者变相设定市场准入障碍；4. 没有法律法规依据或者国务院规定，设置消除或者减少经营者之间竞争的市场准入或者退出条件。"本案例要求供应商购买招标文件时，须出具相关业绩证明材料，也违背了该实施细则第十四条的规定，属于"设置明显不必要或者超出实际需要的准入和退出条件，排斥或者限制经营者参与市场竞争"。

无独有偶，财政部第483号投诉处理决定也载明，对于公开招标项目而言，原则上所有潜在供应商都有权购买招标文件。代理机构对领取招标文件的潜在供应商进行资格限定，属于以不合理的要求限制或排斥潜在投标人。

3. 设置报名程序不符合优化营商环境相关要求。

《国务院办公厅转发国家发改委关于深化公共资源交易平台整合共享指导意见的通知》（国办函〔2019〕41号）文明确提出："取消没有法律法规依据的投标报名、招标文件审查、原件核对等事项以及能够采用告知承诺制和事中事后监管解决的前置审批或审核环节。"《财政部关于促进政府采购公平竞争优化营商环境的通知》（财库〔2019〕38号）也明确提出，要全面清理政府采购领域妨碍公平竞争的规定和做法，重点清理和纠正"要求供应商在政府采购活动前进行不必要的登记、注册，或者要求设置分支机构，设置或者变相设置进入政府采购市场的障碍"。近年来，国务院和国家有关部门在改善和优化营商环境方面持续发力，出台各项文件不断规范行政监管部门和市场主体的行为。本项目招标人的做法，也违背了国家有关优化营商环境的规定。

4. 资格条件应当依法依规设置。

《政府采购法》第二十二条第二款规定："采购人可以根据采购项目的特殊要求，规定供应商的特定条件，但不得以不合理的条件对供应商实行差别待遇或者歧视待遇。"对于该条款的理解和应用，很多采购人或采购代理机构往往只关心"可以……规定供应商的特定条件"之授权性规定，而忽略了"不得以不合理的条件对供应商实行差别待遇或者歧视待遇"的禁止性规定。关于何谓"以不合理的条件对供应商实行差别待遇或者歧视待遇",《政府采购法实施条例》第二十条规定如下:"采购人或者采购代理机构有下列情形之一的,属于以不合理的条件对供应商实行差别待遇或者歧视待遇:(一)就同一采购项目向供应商提供有差别的项目信息;(二)设定的资格、技术、商务条件与采购项目的具体特点和实际需要不相适应或者与合同履行无关;(三)采购需求中的技术、服务等要求指向特定供应商、特定产品;(四)以特定行政区域或者特定行业的业绩、奖项作为加分条件或者中标、成交条件;(五)对供应商采取不同的资格审查或者评审标准;(六)限定或者指定特定的专利、商标、品牌或者供应商;(七)非法限定供应商的所有制形式、组织形式或者所在地;(八)以其他不合理条件限制或者排斥潜在供应商。"本案例采购代理机构在供应商资格条件设置中,要求供应商提供与本市教育部门签订的课桌采购合同业绩,属于"以特定行政区域或者特定行业的业绩、奖项作为加分条件或者中标、成交条件",违反了《政府采购法实施条例》的相关规定,虽不是甲公司的投诉事项,但也应当予以纠正。

合规指引

潜在供应商有权自行决定是否购买招标文件,采购代理机构不应在法定程序外新设登记、报名、备案、资格审核等程序,限制或阻止采购代理机构、供应商进入本地的政府采购市场。否则属于以不合理的要求对供应商实行差别待遇或者歧视待遇。

国内设备采购项目不得要求国外制造许可证

实践案例

2018年2月，某妇幼保健院中央空调采购与安装项目开始出售投标文件，投标人Y公司对招标文件提出质疑，认为招标文件存在多项排他性条件，因对招标代理机构的质疑答复不满，遂又向当地政府采购监管部门提起投诉。投诉事项有三：一是认为按照招标文件第二章《采购需求》及第四章《评分办法与评分标准》规定，只有麦克维尔品牌满足要求，该两部分存在明显的唯一性和排他性。二是认为招标文件第三章《投标人须知》前附表13.1-2要求"投标人须具备机电工程施工总承包叁级以上（含叁级）资质"与第四章《评分办法与评分标准》二.3—（1）"投标人近三年内完成的单项合同金额在200万元以上（含200万元）空调安装工程或设备供货合同，有1项得1分、没有不得分（满分5分）"的规定不合理。该省范围内具备机电工程施工总承包叁级以上（含叁级）资质的企业极少，具有"单项合同金额在200万元以上（含200万元）空调安装工程或设备供货合同"业绩的企业更是寥寥无几，有限制、排斥潜在投标人之嫌疑。建议将第四章《评分办法与评分标准》二.3—（1）更改为："投标设备生产厂家或投标人近三年内完成的单项合同金额在200万元以上（含200万元）空调安装工程或设备供货合同，有1项得1分、没有不得分（满分5分）。"三是认为第四章《评分办法与评分标准》二.3—（4）"变频螺杆式或螺杆式水冷冷水机组生产厂家的压力容器获得中国压力容器设计制造许可证、美国压力容器制造许可证ASME、欧洲压力容器制造许可证PED、日本压力容器制造许可证KHK，四证齐全的设备生产厂家满分 2 分；每一项得 0.5 分"规定存在问题，国内设备采购却要求国外制造许可证，有明显的排他性。

法律解析

1. 采购需求中的技术要求不得指向特定供应商或特定产品。

《政府采购法实施条例》第二十条规定："采购人或者采购代理机构有下列情形之一的，属于以不合理的条件对供应商实行差别待遇或者歧视待遇：……（三）采购需求中的技术、服务等要求指向特定供应商、特定产品……"依据这一规定，招标文件采购需求书中提出的技术参数和性能指标不能指向特定品牌的产品，否则属于"以不合理的条件对供应商实行差别待遇或者歧视待遇"。政府采购监管部门调查后认为，满足招标文件技术要求的品牌除麦克维尔外，还有顿汉布什、特灵品牌等其他品牌，市场竞争充分，不存在投诉人所称的"存在唯一性和排他性"问题。

2. 招标人不得以特定金额的合同业绩作为加分和中标条件。

本案例中，投标人 Y 公司认为招标人要求"投标人须具有机电工程施工总承包叁级以上（含叁级）资质"的资格条件设定过高，理由是该省范围内具备机电工程施工总承包叁级以上（含叁级）资质的企业极少，同时具有"单项合同金额在 200 万元以上（含 200 万元）空调安装工程或设备供货合同"业绩的企业更是寥寥无几。对于该投诉事项，经政府采购监管部门核查：该省范围内具备机电工程施工总承包叁级以上（含叁级）资质的企业确实数量不多，但足以构成充分竞争，且该项目系面对全国范围内公开招标的项目，潜在投标人数量较多；另外，从该项目招标内容和规模来看，要求投标人"具有机电工程施工总承包叁级以上（含叁级）资质"也符合项目特点和履约要求。故本项目招标人对投标人的资格条件设定合理，不存在以不合理条件排斥、限制潜在投标人的行为。

另据查明，本项目招标文件在《评分办法与评分标准》一章中有如下规定："投标人近三年内完成的单项合同金额在 200 万元以上（含 200 万元）空调安装工程或设备供货合同，有 1 项得 1 分、没有不得分（满分 5 分）。"根据《政府采购货物和服务招标投标管理办法》（财政部令第87号）第十七条规定："采购人、采购代理机构不得将投标人的注册资本、资产总额、营业收入、从业人员、利润、纳税额等规模条件作为资格要求或者评审因素，也不得通过将除进口货物以外的生产厂家授权、承诺、证明、背书等作为资格要求，对投标人实行差别待遇或者歧视待遇。"此外，财政部、工业和信息化部2020年12月联合颁布的《政府采购促进中小企业发展管理办法》（财库〔2020〕46号）第五条也有类似规定。

虽然业绩合同金额的限定不是直接对企业规模的限定，但由于合同金额与营业收入直接相关，本项目招标文件中把供应商特定金额合同业绩作为评审因素，实质是对中小企业营业收入的限制，构成对中小企业实行差别待遇或者歧视待遇，违反了《政府采购法》第二十二条第二款、《政府采购法实施条例》第二十条第二项以及《政府采购货物和服务招标投标管理办法》和《政府采购促进中小企业发展管理办法》的相关规定。

3. 国产设备要求具备别国制造许可证属不合理要求。

本案例招标文件要求："变频螺杆式或螺杆式水冷冷水机组生产厂家的压力容器获得中国压力容器设计制造许可证、美国压力容器制造许可证ASME、欧洲压力容器制造许可证PED、日本压力容器制造许可证KHK，四证齐全的设备生产厂家满分2分；每一项得0.5分。"评审办法中的这一项设定，确有不合理之处。根据《政府采购法》第十条的相关规定，除法定的特殊情形外，政府采购应当采购本国货物、工程和服务。作为一个采购国产设备的国内公开招标项目，满足我国一些强制性标准，要求拥有中国压力容器设计制造许可证可以理解。但是要求满足别国的压力容器制造许可证要求却很牵强，有为特定投标人量身定做资格条件，争取加分的嫌疑。

《政府采购法实施条例》第二十条规定："采购人或者采购代理机构有下列情形之一的，属于以不合理的条件对供应商实行差别待遇或者歧视待遇：……（二）设定的资格、技术、商务条件与采购项目的具体特点和实际需要不相适应或者与合同履行无关；（三）采购需求中的技术、服务等要求指向特定供应商、特定产品……"本项目招标文件设置的评审因素与项目实际需要和合同履行无关，涉嫌指向特定供应商，应当依据《政府采购货物和服务招标投标管理办法》（财政部令第87号）第二十五条"招标文件、资格预审文件的内容不得违反法律、行政法规、强制性标准、政府采购政策，或者违反公开透明、公平竞争、公正和诚实信用原则。有前款规定情形，影响潜在投标人投标或者资格预审结果的，采购人或者采购代理机构应当修改招标文件或者资格预审文件后重新招标"的相关规定，修改招标文件后重新招标。

此外，本案招标文件要求拥有四项压力容器制造许可证的投标商得满分2分，每拥有一项得0.5分，但并未要求必须拥有中国压力容器设计制造许可证。依据我国的相关法律规定，压力容器设备制造单位必须具有国家质量监督检验检疫总局（国家市场监督管理总局）颁发的特种设备压力容器设计制造许可证，该规定属于国家强制性要求。本项目对我国的强制性标准不要求遵守，而刻意追求别国的相关认证，招标文件的编制明显不符合国家有关规定，也不符合常理，应当予以纠正。

合规指引

政府采购的政策功能包括保护环境、扶持不发达地区和少数民族地区，促进中小企业发展等。但是，面对国内公开招标的项目，对各地投标人的要求应该是一致的、公平的，投标人不能以本省企业不满足相关规定就认定招标文件制作有问题。

招标文件制作过程中，国家强制性标准必须遵守，违反国家强制性标准的招标文件应该修改后重新招标。

无行贿证明是否可作为资格条件要求

实践案例

2016年5月,某大学教学仪器设备采购项目挂网公开招标,在采购文件中,采购人要求供应商提供检察机关出具的近三年无行贿犯罪记录的证明材料,并作为资格审查条件之一。招标公告发出后,有供应商对招标文件要求提供的无行贿犯罪记录证明提出质疑称:提供此证明增加了投标成本,且和项目投标无关联性,依据《政府采购法实施条例》第二十条的规定,该要求属于"以不合理的条件对供应商实行差别待遇或者歧视待遇",应该删除。接到该质疑函后,采购人就采购文件能否要求供应商提供无行贿证明并作为资格条件展开了讨论。

法律解析

1. 依法必须进行招标的工程建设项目应对中标人进行行贿犯罪档案查询。

检察机关出具的无行贿犯罪记录证明,全称为"检察机关行贿犯罪档案查询结果告知函",一般需要到单位住所地或项目所在地的基层检察院开具。2015年5月,最高人民检察院、国家发改委联合印发的《关于在招标投标活动中全面开展行贿犯罪档案查询的通知》(高检会〔2015〕3号)第二条第一项规定:"依法必须招标的工程建设项目应当在中标通知书发出前对投标人进行行贿犯罪档案查询。……鼓励不属于依法必须招标的工程建设项目对投标人和招标代理机构进行行贿犯罪档案查询。"该文件第二条第九项同时规定:"行贿犯罪记录应当作为招标的资质审查……

评标专家入库审查、招标代理机构选定、中标人推荐和确定、招标师注册等活动的重要依据。有关行政主管部门、建设单位（业主单位）应当依据有关法律法规和各地有关规定，对有行贿犯罪记录的单位或个人作出一定时期内限制进入市场、取消投标资格等处置，并将处置情况在10个工作日内反馈提供查询结果的人民检察院。"

需要注意的是：从 2018 年 8 月 1 日开始，全国检察机关已经停止提供行贿犯罪档案查询工作，招标人等相关单位（或者其他个人）如有需要查询该类信息，可以通过中国裁判文书网（https://wenshu.court.gov.cn/）自行查询。

2. 政府采购项目要求提供无行贿犯罪记录证明符合立法精神。

《关于在招标投标活动中全面开展行贿犯罪档案查询的通知》规定，系针对依法必须进行招标的工程建设项目的要求。依据该文件精神，很多不属于依法必须进行招标的工程建设项目以外的政府采购项目和国有企业采购项目，也陆续启用了行贿犯罪档案查询制度，有的要求在中标通知书发出前对中标人进行行贿犯罪记录查询，有的要求供应商在资格申请文件中提供无行贿犯罪记录证明。本案例系政府采购项目，不属于《关于在招标投标活动中全面开展行贿犯罪档案查询的通知》所约束的依法必须招标的工程建设项目，不能直接适用该文件的规定。本案例发生在 2016 年，在当时的背景下，采购人在招标文件中要求供应商须提供无行贿犯罪记录证明作为资格审查条件，符合《关于在招标投标活动中全面开展行贿犯罪档案查询的通知》的立法精神。

3. 政府采购项目要求提供无行贿犯罪记录证明不违背法律规定。

《政府采购法》第二十三条规定："采购人可以要求参加政府采购的供应商提供有关资质证明文件和业绩情况，并根据本法规定的供应商条件和采购项目对供应商的特定要求，对供应商的资格进行审查。"依据这一规定，在政府采购项目中，采购人可以对供应商提出特定要求，将无行贿犯罪记录证明作为供应商参加本项目投标竞争的资格条件。本案例质疑供应商认为，采购人的这一做法涉嫌以不合理的条件对供应商实行差别待遇或者歧视待遇。关于何谓"以不合理的条件对供应商实行差别待遇或者歧视待遇"，《政府采购法实施条例》第二十条采用列举方式列出了八种情形，分别是：①就同一采购项目向供应商提供有差别的项目信息；②设定的资格、技术、商务条件与采购项目的具体特点和实际需要不相适应或者与合同履行无关；③采购需求中的技术、服务等要求指向特定供应商、特定产品；④以特定行政区域或者特定行业的业绩、奖项作为加分条件或者中标、成交条件；⑤对供应商采取不同的资格审查或者评审标准；⑥限定或者指定特定的专利、商标、品牌或者供应商；⑦非法限定供应商的所有制形式、组织形式或者所在地；⑧以其他不合理条件限制或者排斥潜在供应商。对照本案例，要求供应商提供近三年内无行贿犯罪记录证明的要求，并不在上述八种情形之列，符合当时的立法背景和相关政策文件要求。因此，质疑供应商的主张法律依据不足，不予支持。

4. 行贿犯罪记录可采用由供应商提供承诺和采购人在定标前查询的方式。

《政府采购法》第二十二条规定，供应商应在参加政府采购活动前三年内，在经营活动中没有重大违法记录。因此，要求供应商近三年内无行贿犯罪行为，采购人的这一要求符合法律规定。

需要注意的是，这一要求无须通过供应商自己出具无行贿犯罪记录查询结果的方式解决。结合《国务院办公厅转发国家发改委关于深化公共资源交易平台整合共享指导意见的通知》（国办函〔2019〕41号）的相关规定，该事项属于"能够采用告知承诺制和事中事后监管解决"的事项，结合财政部《关于促进政府采购公平竞争优化营商环境的通知》（财库〔2019〕38号）"对于采购人、采购代理机构可以通过互联网或者相关信息系统查询的信息，不得要求供应商提供"的规定，采购人可在招标文件中要求供应商自行对该事项作出承诺，并在定标前查询并作出相应处理即可。

合规指引

虽然本案采购人的行为并不违背相关法律和立法精神，但其举措也存在可改进之处。《关于在招标投标活动中全面开展行贿犯罪档案查询的通知》规定："招标人可以向本单位住所地人民检察院或者招标项目所在地人民检察院申请行贿犯罪档案查询。招标人委托招标代理机构办理招标事宜的，可以由招标代理机构申请查询。"为避免供应商增加投标成本，采购人可以在采购文件中规定，本项目在确定中标人前，将由采购人或代理机构对供应商进行行贿犯罪记录查询。

生产厂家授权是否可以作为评审因素

实践案例

2021年5月,某大学采用招标方式采购一批笔记本电脑,该项目采购文件中有如下规定:签订供货合同时,中标供应商须提供原生产厂商对本项目所投产品的供货确认函原件,如中标人不能承诺按时提供或到时未能提供,采购人可取消其中标资格并向财政部门报告。评标办法中将该要求作为星号条款,要求供应商作出实质性响应,否则将作无效投标处理。

在评标过程中,评审专家针对该条款出现了两种意见:

第一种意见认为:《政府采购货物和服务招标投标管理办法》(财政部令第87号)第十七条规定:"采购人、采购代理机构不得将投标人的注册资本、资产总额、营业收入、从业人员、利润、纳税额等规模条件作为资格要求或者评审因素,也不得通过将除进口货物以外的生产厂家授权、承诺、证明、背书等作为资格要求,对投标人实行差别待遇或者歧视待遇。"该法条禁止将生产厂家授权、承诺、证明、背书等条件作为国内货物采购项目的资格要求。本项目采购人在评审因素中要求供应商承诺在签订中标合同前须提供生产厂家供货确认函,且作为评判投标是否有效的实质性条款,在项目评审过程中,实质性条款的性质等同于资格条件要求,均为判断投标是否有效的直接依据。因此,采购文件的这一规定违背了《政府采购货物和服务招标投标管理办法》的相关规定,属于对投标人实行差别待遇或者歧视待遇的情形,违反《政府采购法》禁止的强制性规定,应当依据《政府采购法实施条例》第四十一条的规定停止评审。

第二种意见认为:《政府采购货物和服务招标投标管理办法》第十七条禁止将生产厂家授权、承诺、证明、背书等条件作为国内货物项目的资格要求,但未禁止把生产厂家授权等条件作为评审因素。本项目在招标过程中,只是要求供应商作出如下承诺:一旦在本项目中标,签订合同时须提供原生产厂商对本项目所投产品的供货确认函原件。根据"法无禁止皆可为"的适用原则,招标文件的这一规定未违反《政府采购货物和服务招标投标管理办法》第十七条的规定,不属于对投标人实行差别待遇或者歧视待遇的情形,评审活动应当依法继续进行。

法律解析

1. 政府采购活动应执行政府采购政策。

《政府采购法》第一条规定:"为了规范政府采购行为,提高政府采购资金的使用效益,维护国家利益和社会公共利益,保护政府采购当事人的合法权益,促进廉政建设,制定本法。"该法条开宗明义,明确规定了政府采购活动除了应追求采购项目的经济性,还应当维护国家利益和社会公共利益。在《政府采购法》立法时,明确了政府采购应通过执行政府采购政策等方式维护国家利益和社会公共利益,该法第九条规定:"政府采购应当有助于实现国家的经济和社会发展政策目标,包括保护环境,扶持不发达地区和少数民族地区,促进中小企业发展等。"为发挥政府采购的政策功能,促进符合国家经济和社会发展政策目标,产品、服务、信誉较好的中小企业发展,财政部、工业和信息化部于2020年根据《政府采购法》《中小企业促进法》等有关法律法规,制定了《政府采购促进中小企业发展管理办法》(财库〔2020〕46号),该办法第五条规定:"采购人在政府采购活动中应当合理确定采购项目的采购需求,不得以注册资本、资产总额、营业收入、从业人员、利润、纳税额等规模条件和财务指标作为供应商的资格条件或者评审因素,不得在企业股权结构、经营年限等方面对中小企业实行差别待遇或者歧视待遇。"

2. 涉及企业规模条件的因素不得作为资格条件和评审因素。

《政府采购法实施条例》第十五条第一款规定:"采购人、采购代理机构应当根据政府采购政策、采购预算、采购需求编制采购文件。"除2020年颁布的《政府采购促进中小企业发展管理办法》以外，《政府采购货物和服务招标投标管理办法》第十七条也明令禁止采购人或采购代理机构将涉及投标人规模条件的因素作为资格要求或评审因素。应该说，《政府采购货物和服务招标投标管理办法》第十七条的规定是《政府采购法》《政府采购法实施条例》等上位法的细化和补充，该法条的规定与《政府采购促进中小企业发展管理办法》第五条的规定有异曲同工之处，均禁止将供应商的注册资本、资产总额、营业收入、从业人员、利润、纳税额等规模条件因素作为资格要求或者评审因素。

需要注意的是：《政府采购货物和服务招标投标管理办法》第十七条和《政府采购促进中小企业发展管理办法》第五条中规定的"从业人员"，应理解成"从业人数"更为妥当，因为"从业人数"才属于法律禁止的规模条件因素，而"从业人员"本身不属于规模条件因素。举个例子，某工程造价审计服务采购项目，采购人在采购文件中作如下要求：工程造价审计活动必须由取得造价工程师、咨询工程师或注册会计师的人员担任。显然这是一项合法、合规又合理的要求。反之，如对法条中列举的"从业人员"作机械的理解，认为该项目不得要求从业人员具备相应职业资格，则曲解了立法本意，系对相关法条的误解误读。

3. 该法条未禁止将厂家授权作为评审因素。

《政府采购货物和服务招标投标管理办法》第十七条规定："……也不得通过将除进口货物以外的生产厂家授权、承诺、证明、背书等作为资格要求，对投标人实行差别待遇或者歧视待遇。"依据这一规定，对于采购国产货物的政府采购项目而言，采购人或采购代理机构不得以生产厂家授权、承诺、证明、背书等作为资格要求，但从该法条的表述来看，并未禁止将生产厂家授权、承诺、证明、背书等作为评审因素。一些从业人员从法条的表述得出了可以把厂家授权作为评审因素的结论。实际上这一结论是值得商榷的。

根据《政府采购法实施条例》第二十条第二项的规定，采购文件中"设定的资格、技术、商务条件与采购项目的具体特点和实际需要不相适应或者与合同履行无关"的，属于以不合理的条件对供应商实行差别待遇或者歧视待遇，被法律所禁止。因此，针对某个特定的采购项目而言，生产厂家的授权是否可以作为评审因素，还得结合条例第二十条的相关规定，视该要求是否与采购项目的具体特点和实际需要相适应，或者是否与合同履行有关。

4. 生产厂家授权是否可以作为评审因素应视项目特点而定。

本案例要求供应商在响应文件中作出承诺，保证中标合同签订前，须提供生产厂商授权书原件，否则将作无效投标处理。这一规定本质上是将生产厂家的授权作为评审因素。如前所述，这一要求是否合理应视项目的具体特点而定。以电脑采购数量为例：假设本例采购电脑的数量较少（如只采购 20 台），生产厂家的授权与本采购项目的具体特点和合同履行无关，如采购人把生产厂家授权作为评审因素，应属于以不合理条件对供应商实行差别或歧视待遇；假设本例采购电脑的数量很多（如一次性采购 15000 台），采购人出于对经销商能否在短期内组织到如此大批量电脑的顾虑，在采购文件要求经销商提供生产厂家授权以保证采购合同如期、完全履行，该评审因素与合同履行相关，不应认为是采购人以不合理条件排斥和限制供应商。

合规指引

在理解和适用一部法律的具体条文时，不应孤立、机械地看待某一法条，而应当结合整部法律的立法目的、法律原则和其他相关条文，对该法条的含义作出全面、准确、系统的分析。运用正确的法律解释方法，有助于正确理解和适用法条，而不至于被法条表面的文字意思所误导。

非单一产品采购项目应确定唯一核心产品

实践案例

2018年1月3日，某市一政府机关因行政管理需要，须采购集成系统产品，该集成系统较为复杂，其架构由交通系统、设备系统、消防系统、供电系统、通信系统、网络系统和CCTV系统等9个子系统搭建组合而成。整个集成系统根据城市中心区和各区县的特点，又划分为数据采集和实时数据服务器、历史数据服务器、设备和监控工作站等部分，且须预留接口以供后续升级改造等。

为避免供应商使用相同品牌产品参与投标，影响竞争的充分性，根据相关法律规定，非单一产品采购项目，采购人应当根据项目特点合理确定核心产品。该市集中采购机构在编制本项目招标文件时，就如何确定核心产品以及核心产品的数量发生争议。比较有代表意义的意见有两种：第一种意见认为，法律未禁止设置多个核心产品，故该项目可以设置多个核心产品；第二种意见认为，设置多个核心产品虽属法不禁止，但容易引发质疑投诉，主张确定1个核心产品。

法律解析

《政府采购货物和服务招标投标管理办法》（财政部令第87号）第三十一条第三款规定，"非单一产品采购项目，采购人应当根据采购项目技术构成、产品价格比重等合理确定核心产品，并在招标文件中载明"。关于非单一产品采购项目核心产品的数量问题，业界一直存有争议。一些业内人士认为：《政府采购货物和服务招标投标管理办法》相关法条并未明确规定只能确定1个核心产品，故核心产品的数量可以确定为多个，而非只能有1个。

　　本书编者认为：该观点不符合立法原理，不利于政府采购实践操作的开展。分析如下：

　　一是从立法技术来看。《政府采购货物和服务招标投标管理办法》第三十一条共分为三款。其中第一款和第二款，分别规定了采用最低评标价法和综合评分法的采购项目，出现提供相同品牌产品的不同投标人参加同一合同项下投标的处理办法。该法条第一款的表述如下："采用最低评标价法的采购项目，提供相同品牌产品的不同投标人参加同一合同项下投标的，以其中通过资格审查、符合性审查且报价最低的参加评标；报价相同的，由采购人或者采购人委托评标委员会按照招标文件规定的方式确定一个参加评标的投标人，招标文件未规定的采取随机抽取方式确定，其他投标无效。"该法条第二款的表述如下："使用综合评分法的采购项目，提供相同品牌产品且通过资格审查、符合性审查的不同投标人参加同一合同项下投标的，按一家投标人计算，评审后得分最高的同品牌投标人获得中标人推荐资格；评审得分相同的，由采购人或者采购人委托评标委员会按照招标文件规定的方式确定一个投标人获得中标人推荐资格，招标文件未规定的采取随机抽取方式确定，其他同品牌投标人不作为中标候选人。"

　　从该法条的前两款规定可以看出，其默认的适用前提是单一产品采购项目，并不适用于多产品采购项目。对于非单一产品采购项目，该法条第三款规定如下："非单一产品采购项目，采购人应当根据采购项目技术构成、产品价格比重等合理确定核心产品，并在招标文件中载明。多家投标人提供的核心产品品牌相同的，按前两款规定处理。"该条款要求采购人事先在招标文件中确定核心产品，然后由评标委员会在评审时，对核心产品品牌是否相同进行认定后，根据招标文件事先确定的评标办法，分别适用该法条第一款或第二款的相关规定进行处理。

　　研究《政府采购货物和服务招标投标管理办法》第三十一条第三款的立法原理，我们可以发现，立法者采用的技术路径是：通过先确定核心产品的方式，把"多产品采购项目"虚拟成"单一产品采购项目"（把"N先转变成1"），然后再依据不同评标办法分别适用不同的条款进行处理。

在这一过程中，如果不把"N 先转变成 1"，对于多产品打包招标项目或集成系统产品招标项目而言，依然很难解决多产品采购时，部分产品品牌相同而其他产品品牌不同如何处理的问题。从这个意义上看，该法条的第三款解决的就是"把 N 转变成 1"的问题，否则没有独立存在的价值和意义。

二是从采购实践来看。如果把核心产品认定为 2 个或多个，也会给招标采购活动带来一些不必要的麻烦。举一个实例：如果招标文件中确定的核心产品为 A 和 B 两个，可能会出现如下四种情况：①A 核心产品相同，B 核心产品相同；②A 核心产品相同，B 核心产品不同；③A 核心产品不同，B 核心产品相同；④A 核心产品不同，B 核心产品不同。

在上述四种情形中，第①种、第④两种情形比较容易处理：对于第①种情形，由于核心产品 A 和 B 均相同，可直接认定为一家投标人；对于第④种情形，由于核心产品无一相同，无疑可以同时参与竞争。但是，对于第②种、第③两种情形而言，无论是认定其为一家还是两家投标人，都容易引发争议。为便于理解，现将核心产品确认为两个时，可能出现的争议汇总如下表：

情形	处理方式	论辩理由
A 核心产品相同 B 核心产品不同	认定为一家	正方理由：核心产品 A 相同 反方理由：核心产品 B 不同
	认定为两家	正方理由：核心产品 B 不同 反方理由：核心产品 A 相同
A 核心产品不同 B 核心产品相同	认定为一家	正方理由：核心产品 B 相同 反方理由：核心产品 A 不同
	认定为两家	正方理由：核心产品 A 不同 反方理由：核心产品 B 相同

如前表所示，将第②种情形认定为一家投标人时可能发生的争议是：正方认为，A 属于核心产品，核心产品 A 相同，应认定为一家投标人；反方认为，B 也属于核心产品，由于核心产品 B 不同，应该认定为两家投标人。同理，在该情形下，把投标人认定为两家也依然存在不可避免的争议。如前表所示，在第③种情

形下，无论认定为一家或两家投标人，都有可能引发类似争议。推而广之，如将核心产品确认为三个或三个以上时，根据排列组合原理，可能出现的争议情形将成比例倍增，采购人、采购代理机构和政府采购监管部门都将不胜其扰。

综上分析，非单一产品采购项目，核心产品应当确定为1个；而不能望文生义，认为第三十一条未明确要求确定1个核心产品，就可以确定多个核心产品。

合规指引

《政府采购货物和服务招标投标管理办法》要求非单一产品采购时应先确定核心产品，本质上是为了解决多产品采购项目难以用单一产品的品牌进行评判和衡量的问题。因此，非单一产品采购项目原则上应该确定唯一的核心产品品牌，否则依然很难解决多产品品牌冲突的问题。

政府采购招标实践中，如出现采购品种较多，项目复杂，难以确定核心产品时，应根据采购项目的技术构成、产品价格比重等因素合理确定核心产品，并在招标文件中载明。

招标文件不得含有倾向性、排斥性内容

实践案例

2018年5月，某市公共资源交易中心受市中心血站委托采购血凝仪、离心机各一台，招标文件载明具体技术参数和要求，规定："本次评标采用综合评标法，技术分值60、商务分值10、价格分值30；技术评分准则为带▲号参数不符合扣5分，其他参数不符合扣2分，直至扣完。"某贸易公司获取招标文件后，认为该文件损害其权益，向市中心血站提交质疑函。市中心血站予以答复后，该贸易公司对质疑答复不满意，向市财政局递交投诉书，请求监管部门"认定该项目采购文件具有倾向性、排斥性。责令被投诉人修改采购文件，依法重新组织采购活动"。

经核查，市财政局对该贸易公司的投诉作出《政府采购投诉处理决定书》，认为：（一）投诉人主张本项目设置的技术要求具有倾向性，没有事实依据。首先，招标文件共设置了带▲号的33项技术要求，该33项技术要求均为一般性技术要求，并非实质性技术要求。本项目中标结果、评审报告也显示招标文件的技术要求不是某特定品牌特有的技术指标，没有指向特定供应商、特定产品。其次，投诉人虽然投诉招标文件的技术要求具有倾向性，血凝仪指向A公司产品，离心机指向B公司产品，但是其没有提供合法、有效证据证明其主张。

（二）投诉人投诉必须有三个品牌的产品或血站使用的其他常见品牌产品与招标文件设置的技术要求完全相符，没有法律依据。首先，根据《政府采购法》第三十六条规定，政府采购供应商必须达到三家是指"符合专业条件的供应商或者对招标文件作实质响应的供应商"不得少于三家，政府采购法律、法规并没有规定对招标文件的一般性技术要求作出完全响应的供应商也不得少于三家，而本项目招标文件设置的带▲号的33项技术要求均为一般性技术要求，因此投诉人的该项主张没有法律依据。其次，本次政府采购项目实行综合评分法，根据《政府采购法实施条例》第三十四条第二款的规定，综合评分法实行"得分最高者中标"的原则，允许各投标人之间的评审得分存在高低之分，实际上也就是允许各投标产品的技术指标与招标文件的一般性技术要求存在差异，允许出现偏离。因此，投诉人的该项主张，与综合评分法"得分最高者中标"的评标原则相悖。综上，市财政局依据《政府采购质疑和投诉办法》（财政部令第94号）第二十九条第二项"投诉事项缺乏事实依据，投诉事项不成立"之规定，驳回该贸易公司的投诉。

法律解析

1. 招标文件的商务和技术要求应当区分"一般性要求"和"实质性要求"。

"实质性要求"是关于采购条件、合同条件、双方权利义务关系的内容，一般应在招标文件中用★号标注，俗称星号条款。星号条款是评标委员会在符合性审查环节认定投标是否有效的依据。《政府采购货物和服务招标投标管理办法》（财政部令第87号）第六十三条规定："投标人存在下列情况之一的，投标无效：……（三）不具备招标文件中规定的资格要求的；……（六）法律、法规和招标文件规定的其他无效情形。"《政府采购法》第三十六条规定："在招标采购中，出现下列情形之一的，应当废标：（一）符合专业条件的供应商或者对招标文件作实质响应的供应商不足三家的……"这里所称的"实质响应的供应商"不得少于三家，是指与"招标文件"的"实质性要求"（星号条款）完全符合的供应商不得少于三家。

"一般性要求"是投标文件的评审因素之一，它决定投标人得分的高低，允许有偏差，视为细微偏差。政府采购法律、法规并未规定与《招标文件》的"一般性要求"完全相符的供应商也不得少于三家。

2. 招标文件规定的采购条件应当公平合理，不得对供应商实行差别或歧视待遇。

《政府采购法实施条例》第二十条规定："采购人或者采购代理机构有下列情形之一的，属于以不合理的条件对供应商实行差别待遇或者歧视待遇……（三）采购需求中的技术、服务等要求指向特定供应商、特定产品……（八）以其他不合理条件限制或者排斥潜在供应商。"采购产品所含技术（包含参数）指向特定供应商、特定产品，或者以单一品牌特有的技术指标作为技术要求以及以其他不合理条件限制或者排斥潜在供应商等行为属于差别或者歧视待遇。所谓的特定，是指采购产品技术指向某一个供应商或者某一种产品、单一品牌特有技术指标。本案中，招标文件中所列详细内容大部带"▲"号的技术参数不是定制不变的技术参数，而是在一定范围内的技术参数，给参与招标活动的供应商提供了可以选择的余地，不具有特定指向性。贸易公司认为凝血分析仪的技术要求全部都是 A 公司单一品牌特有的技术指标；离心机的技术要求全部都是 B 公司单一品牌特有的技术指标，按照贸易公司的主张，除 A 公司的凝血分析仪和 B 公司的离心机外，其他任何品牌的同类产品都不可能符合招标文件设置的技术要求。但实际有三家投标且均通过资格性审查，故该主张缺乏事实依据。

合规指引

采购人、采购代理机构应当根据政府采购政策、采购预算、采购需求编制采购文件。采购需求应当符合法律法规以及政府采购政策规定的技术、服务、安全等要求。政府向社会公众提供的公共服务项目，应当就确定采购需求征求社会公众的意见。除因技术复杂或者性质特殊，不能确定详细规格或者具体要求外，采购需求应当完整、明确。必要时，应当就确定采购需求征求相关供应商、专家的意见。采购人或者采购代理机构不得在招标文件中设定与采购项目的具体特点和实际需要不相适应或者与合同履行无关的资格、技术、商务条件，不得要求或标明特定的投标人或者产品，不得含有倾向或者排斥潜在投标人的其他内容。

禁止以不合理条件对供应商实行差别或歧视待遇

实践案例

2015年11月23日,某项目管理公司接受开发区集体资产经营公司委托,对开发区职业技术学校暖通项目进行公开招标,某机电工程公司顺利中标。参加该项目投标的某家用设备公司认为本项目招标文件有两条评分项涉嫌对供应商实行差别或歧视待遇:一是"投标产品核心部件为进口的有1个得1分,国产的1个得0.5分";二是"投标人必须具有2012年以来已完工取得竣工验收报告的政府采购项目业绩,并对此进行评分"。就此向采购代理机构提出质疑。

由于未在法定时间内收到项目管理公司的答复,某家用设备公司于2015年12月8日向开发区财政局提出投诉。该局受理后于2016年1月19日作出《政府采购供应商投诉处理决定书》,驳回了某家用设备公司的投诉。某家用设备公司不服,于2016年2月3日向市财政局申请行政复议。4月26日市财政局通知机电工程公司作为第三人参加行政复议。同年4月28日,市财政局作出行政复议决定,认为投诉属实,招标文件前述内容对部分供应商实行歧视待遇、限制竞争,责令开发区财政局重新作出投诉处理决定。开发区财政局据此重新作出投诉处理决定,认定本次招标活动无效,要求重新招标。在这期间,项目管理公司完成招投标活动。中标人某机电工程公司不服行政复议决定,诉至法院。

法院认为,关于"投标产品核心部件为进口的有1个得1分,国产的1个得0.5分"评分项的合法性问题。根据《政府采购法实施条例》第二十条第二项规定,设定的资格、技术、商务条件与采购项目的具体特点和实际需要不相适应或者与合同履行无关的，属于以不合理的条件对供应商实行差别待遇或者歧视待遇。本案中的招标文件对进口核心部件与国产核心部件设置不同的评分分值，但招标人未能说明进口核心部件更契合采购项目的实际需要，不能证明所有进口核心部件质量等方面均优于所有国产核心部件，故该评分项设置违法。

关于招标文件中工程业绩项目评分限定以 2012 年以来竣工验收报告为准的政府采购项目业绩进行评分的合法性问题。政府采购市场仅是整个竞争市场的一部分，其业绩不能充分体现潜在供应商的竞争实力，本评分项有利于已有政府采购项目业绩的供应商，而不利于未有政府采购项目业绩的供应商，限制了充分竞争，具有固化供应商范围的不利影响，属于《政府采购法》第二十二条第二款所指"……以不合理的条件对供应商实行差别待遇或者歧视待遇"，应予纠正。

综上，市财政局所作出的行政复议决定认定事实清楚，证据充分，程序合法，适用法律正确。法院判决驳回某机电工程公司的诉讼请求。

法律解析

1. 政府采购活动应当遵循公平原则。

政府采购的基本原则是公开、公平、公正和诚实信用，其中公平原则要求采购人提供给所有潜在投标人的采购条件和要求是统一的，以给予所有潜在投标人平等的竞争机会，而不得利用非法手段限制、剥夺其公平竞争的机会，不得以不合理的条件对供应商实行差别待遇或者歧视待遇，不得量身定制采购条件或评审因素。本案的争议焦点在于招标文件所规定的两个评分项是否存在以不合理条件对供应商实行差别待遇或歧视待遇。

2. 招标文件设定技术商务条件应与采购项目的实际需求相匹配。

根据相关法律的规定，招标人可以在招标公告、投标邀请书和招标文件中要求潜在投标人具有相应的资格、技术和商务条件，但不得脱离招标项目的具体特点和实际需要随意设定投标人要求，否则可能排斥合格的潜在投标人，也可能导致社会资源的浪费。根据《政府采购法实施条例》第二十条第二项的规定，设定的资格、技术、商务条件与采购项目的具体特点和实际需要不相适应或者与合同履行无关的，属于以不合理的条件对供应商实行差别待遇或者歧视待遇。《招标投标法实施条例》第三十二条也规定了招标人以不合理条件限制、排斥潜在投标人或者投标人的常见情形，其中之一就是"设定的资格、技术、商务条件与招标项目的具体特点和实际需要不相适应或者与合同履行无关"。

本案中，招标文件规定对进口核心部件的评分高于国产核心部件，实行不同分值，区别对待，但招标人未能说明进口核心部件和采购需求紧密相关，非得采用进口核心部件，不能证明进口核心部件和国产核心部件相比更加符合采购需求，实质上就是该评分项与该采购项目实际需求不相匹配，根据前述法律规定，这样的评分项设置了不合理条件，对提供国产部件的供应商实行歧视待遇。

3. 限定特定的业绩要求属违法行为。

根据《政府采购法》第二十二条第二款规定，采购人可以根据采购项目的特殊要求，规定供应商的特定条件，但不得以不合理的条件对供应商实行差别待遇或者歧视待遇。政府采购业绩在一定意义上可以衡量供应商的竞争实力和履约能力，但市场并不仅限于政府采购市场，其他市场业绩同样能够证明供应商的竞争实力，因此本案招标文件限定必须是政府采购项目业绩，该评分项只有利于已有政府采购项目业绩的供应商，不利于无政府采购项目但有非政府采购项目业绩的供应商，实质上限制了市场竞争，也属于以不合理的条件对供应商实行差别待遇或者歧视待遇，因此本案行政复议决定及法院判决都认定该评分项设置违法。

合规指引

1. 采购人制定的采购文件应当公平、公正，其中设定的投标人资格条件、评审因素和标准应当符合招标项目的具体特点和实际需要，必须与实施采购项目、满足采购需求具有关联性、必要性、合理性，为实施招标项目所必需，而不得以不合理的条件对供应商实行差别待遇或歧视待遇。

2. 供应商认为招标文件中存在限制竞争等内容侵害其合法权益的，可以在知道或者应知其权益受到损害之日起七个工作日内向采购人提出质疑。对质疑答复不满意的，可以提起投诉；对投诉处理决定不服的，还可以通过申请行政复议、提起行政诉讼等法律手段维权。

招标文件不宜把办公面积大小设定为评标因素

实践案例

某政府机关办公软件系统开发项目进行公开招标，招标文件要求，投标人办公条件评分标准为："评审以在项目所在区域投标人注册的分公司和办事处的营业场所的建筑面积为准（自有的须附房屋产权复印件，租赁的须附租赁协议复印件，并能准确反映建筑面积，附分公司营业执照、房屋租赁协议）。办公面积超过 200 平方米的得 30 分；面积 200—300 平方米的得 50 分；面积 300—400 平方米的得 70 分；面积大于等于 500 平方米的得 100 分。"投标人服务响应时间评分标准为："承诺函中服务响应时间为半小时及以内的得 20 分，半小时至 1 小时（含 1 小时）的得 10 分，1 小时以上的得 0 分；外地投标人在开标前在项目所在地有分支机构或办事处的得 80 分（提供项目所在地分支机构或办事处营业执照），承诺开标后办理分支机构或办事处的得 40 分。"

招标文件出售后，部分购买招标文件的潜在投标人提出两点疑惑：1. 以办公面积的大小来衡量投标人履约能力的强弱是否合适？2. 招标文件要求设立分支机构和办事处，是否涉嫌以特定行政区域限制潜在投标人投标？

法律解析

1. 办公面积的大小与投标人履约能力的强弱并无必然关系。

以办公面积的大小来划分不同的评分等级，这种做法在政府采购项目中不时出现。但是，这种做法的合理性值得质疑。实际上，办公面积的多少与履约能力强弱并没有直接的因果关系，一味地强调办公面积的大小，甚至可能会丧失物美价廉的合作伙伴。就本案例来说，办公面积为 200 平方米的软件公司的开发能力，并不一定就比办公面积 500 平方米的软件公司的开发能力差。从这个角度来看，按照办公面积的大小设定投标人的评分等级，属于招标文件中商务条件的设定与合同履行无关的情形。

《政府采购法实施条例》第二十条规定："采购人或者采购代理机构有下列情形之一的，属于以不合理的条件对供应商实行差别待遇或者歧视待遇……（二）设定的资格、技术、商务条件与采购项目的具体特点和实际需要不相适应或者与合同履行无关……"《招标投标法实施条例》第三十二条也明确规定，招标人不得以不合理的条件限制、排斥潜在投标人或者投标人。招标人设定的资格、技术、商务条件与招标项目的具体特点和实际需要不相适应或者与合同履行无关的，属于以不合理条件限制、排斥潜在投标人或者投标人。从相关法律的规定来看，以办公面积大小设定投标人的评分等级，该做法属于以不合理的条件对供应商实行差别待遇或者歧视待遇，涉嫌违法，应当予以纠正。

2. 以办公面积大小作为评审因素涉嫌违反政府采购政策。

《政府采购货物和服务招标投标管理办法》（财政部令第 87 号）第十七条规定："采购人、采购代理机构不得将投标人的注册资本、资产总额、营业收入、从业人员、利润、纳税额等规模条件作为资格要求或者评审因素，也不得通过将除进口货物以外的生产厂家授权、承诺、证明、背书等作为资格要求，对投标人实行差别待遇或者歧视待遇。"《政府采购促进中小企业发展管理办法》（财库〔2020〕46 号）第五条也有类似规定。

供应商的办公面积不在上述法条的列举情形之内。虽然，企业的办公面积往往和企业规模存在一定的关系。一般情况下，资金实力雄厚的企业，其办公面积往往会比小型、微型企业大。但以办公面积大小来设定评分等级，不符合政府采购倡导的"有助于实现国家的经济和社会发展政策目标，包括保护环境，扶持不发达地区和少数民族地区，促进中小企业发展等"政策功能。

3. 设立分支机构和办事处的要求涉嫌以区域限制潜在投标人。

本案例评审办法规定："外地投标人在开标前在项目所在地有分支机构或办事处的得 80 分（提供项目所在地分支机构或办事处营业执照），承诺开标后办理分支机构或办事处的得 40 分。"这一规定的合法性也值得探讨。

《政府采购法实施条例》第二十条规定："采购人或者采购代理机构有下列情形之一的，属于以不合理的条件对供应商实行差别待遇或者歧视待遇……（七）非法限定供应商的所有制形式、组织形式或者所在地……"《招标投标法实施条例》第三十三条规定："投标人参加依法必须进行招标的项目的投标，不受地区或者部门的限制，任何单位和个人不得非法干涉。"软件开发服务属于可以从异地采购的标的，招标文件要求外地投标人须在开标前在项目所在地设立分支机构或办事处，或承诺中标后在项目所在地设立分支机构或办事处，这一规定涉嫌以不合理条件限制、排斥外地软件开发商。

合规指引

招标人、招标代理机构在编制招标文件时，对投标人资格条件、商务条件的设定不可任性。不得以任何理由阻挠和限制中小企业自由进入本地政府采购市场，招标文件不得限定投标企业的所有制形式、组织形式或者所在地，不得设置与采购项目的具体特点和实际需要不相适应或与合同履行无关的条件，不得对供应商实行差别待遇或者歧视待遇。

不可违法设置政府采购项目保证金类型

实践案例

某市城管局采用公开招标方式自行组织城区垃圾清扫采购项目。招标文件要求供应商须具备履行合同所需的车辆、专业设备和人员等,在提交投标保证金的同时还需另行提交设备购置保证金人民币 30 万元。保证金的形式可以是现金或转账、电汇等其他方式,在规定的质疑期限内并未收到任何供应商对此提出的疑问。2017 年 10 月 19 日评审结束并公告中标结果,该市一环卫作业公司中标。2017 年 10 月 23 日,市财政局收到第二中标候选供应商的实名举报信,举报招标文件违反国家有关法律法规对保证金设置的规定以及中标供应商与采购人存在利害关系。市财政局受理举报后,通过调查认定,该项目举报事项一:招标文件规定保证金形式可以是现金的设置违反了有关规定,且城管局确实存在接收了现金形式的保证金,举报情况属实;举报事项二:中标供应商与采购人存在利害关系一说则缺乏足够的事实依据。综上作出《监督检查处理决定书》,责令本次采购活动废标,采购人应修改采购文件后重新开展采购活动。

法律解析

1. 保证金类型的设置不得违反国家现行规定。

无论是政府采购活动还是其他公共采购活动,保证金类型的设置都不得违反国家现行规定,不得设置没有法律法规依据的保证金。近年来,在国务院提出

"放管服"和减轻企业负担、促进经济发展、激发市场竞争活力政策的大背景下，各部委相继下发了一系列文件规范公共资源交易领域保证金设置行为。从2016年开始，国务院、工业和信息化部、财政部、住建部相继发布了国务院办公厅《关于清理规范工程建设领域保证金的通知》《关于开展涉企保证金清理规范工作的通知》等文件，要求建立保证金目录清单制度，取消没有法律法规依据或未经国务院批准的保证金，清单之外的保证金一律不得收取（执行）。2017年9月21日，工业和信息化部、财政部发布《关于公布国务院部门涉企保证金目录清单的通知》，保证金目录清单制度正式确立。目录中涉及政府采购领域保证金的，只有投标保证金、竞争性谈判、询价等响应保证金和履约保证金。所谓的诚信保证金、设备保证金等保证金，属于违规创设的保证金名目。

国家发展改革委等部门发布的《关于完善招标投标交易担保制度进一步降低招标投标交易成本的通知》（发改法规〔2023〕27号）也明确要求招标人、招标代理机构以及其他受委托提供保证金代收代管服务的平台和服务机构应当严格遵守招标投标交易担保规定，严禁巧立名目变相收取没有法律法规依据的保证金或其他费用。

本案例项目采购人市城管局要求供应商除了投标保证金之外，还需提供人民币30万元的设备购置保证金，该保证金不在国务院涉企保证金目录清单之列，设备购置保证金的设置缺乏法律法规依据。市财政局依据《政府采购法》第三十六条第一款第二项有关规定责令采购人废标，修改采购文件后重新开展采购活动。

2.《政府采购法》体系投标（响应）保证金的规定有别于《招标投标法》体系。

我国公共采购领域并行着《政府采购法》和《招标投标法》两部法律及其配套规范，通常称为《政府采购法》体系和《招标投标法》体系，两法体系对投标（响应）保证金上限的规定一致，但在投标保证金的形式和退还时间等其他方面，有一些细微差别，招标采购实践当中应引起足够重视。《招标投标法实施条例》第二十六条第二款规定："依法必须进行招标的项目的境内投标单位，以现金或者支票形式提交的投标保证金应当从其基本账户转出。"表明依法必须进行招标的工程建设项目允许以现金或支票形式提交保证金。而对于政府采购项目，以现金形式提交保证金则属于违法行为，招标文件不得允许供应商以现金方式提交投标保证金。《政府采购法实施条例》第三十三条明确规定，"投标保证金应当以支票、汇票、本票或者金融机构、担保机构出具的保函等非现金形式提交"。

合规指引

公共资源交易领域保证金类型的设置应当符合国家有关规定，不得非法设置保证金类型。在《涉企保证金目录清单》之外设置保证金类型的，属违法行为。在投标保证金的形式和退还时间上，《政府采购法》体系和《招标投标法》体系的规定有所不同，招标采购实践中应注意区分项目属性特征，避免投标保证金条款法律适用错误。

邀请招标项目应遵循《政府采购法》体系的特别规定

实践案例

某县融媒体中心计算机设备采购项目进行邀请招标，采购预算为178万元。融媒体中心与采购代理机构于2021年5月8日向考察确定的A、C、E三家公司发出投标邀请书，5月30日组织开标。经评审，A公司为第一中标候选供应商，5月31日某县融媒体中心向A公司发出中标通知书并同时公告中标结果，中标金额为77.5万元。10天之后某县广播电视台与A公司签订了政府采购合同。

某县融媒体中心前期考察过的B公司得知中标结果后，认为计算机设备本身属于通用设备，供应商数量较多，不应该采取邀请招标方式。某县融媒体中心通过考察，人为筛选了三家邀请单位名单，没有对外公开采购信息和筛选理由，便产生了中标结果，使其未能及时知晓项目情况，不合理地将众多供应商排除在外，采购程序不合法，决定向法院提起民事诉讼，要求法院判定合同无效。

法院认为：本项目属于政府采购货物类项目，根据《政府采购法》第二十九条规定：具有特殊性，只能从有限范围的供应商处采购的；或采用公开招标方式的费用占政府采购项目总价值的比例过大的，可以采用邀请招标方式采购。本案中，采购标的为计算机设备，属于常规通用设备，技术标准较为统一，潜在供应商数量较多；且采购预算178万元相较于融媒体中心其他类似预算金额的公开招标项目，在其他费用基本相同的基础上增加了前期外出考察费用，因此本案采用邀请招标方式不符合《政府采购法》的规定。另，本案中某县融媒体中心直接确定了三家邀请单位并向其发出投标要约邀请，违反了《政府采购法》第三十四条关于邀请招标的强制性规定："货物或者服务项目采取邀请招标方式采购的，采购人应当从符合相应资格条件的供应商中，通过随机方式选择三家以上的供应商，并向其发出投标邀请书。"

本案并不适合采用邀请招标方式，且某县融媒体中心在确定拟邀单位过程中存在程序不合法情形，其采购结果应为无效。根据《民法典》第一百五十三条"违反法律、行政法规的强制性规定"之规定，判决某县融媒体中心与 A 公司所签订的政府采购合同无效。

法律解析

1. 政府采购货物服务项目邀请招标有规定的适用情形。

依据《政府采购法》第二十九条的规定，政府采购货物或服务项目，符合如下两种情形可采用邀请招标：一是具有特殊性，只能从有限范围的供应商处采购的项目。例如，保密项目和急需或者因高度专业性等因素，使提供产品的潜在供应商数量较少，公开招标与不公开招标都不影响提供产品的供应商数量的。二是采用公开招标方式的费用占政府采购项目总价值的比例过大的项目。例如，一些合同估算价值较低的采购项目，采用公开招标方式的费用占政府采购项目总价值比例过大，起不到提高政府采购资金的使用效益的作用，采购人可通过邀请招标方式达到经济和效益的目的。

需要注意的是：上述两种情形只要符合其中一项即可。本案例采购标的为计算机设备，作为通用产品技术并不复杂，市场上符合竞争要求的品牌众多，基本上每座城市各大品牌计算机产品均有相应的代理商或销售商，并不存在潜在供应商较少的可能。另外，采购预算达到了 178 万元，具有一定的采购规模，对供应商可以产生足够的吸引力。邀请招标与公开招标相比，除了前期邀请供应商的方式不同，其他程序以及评标委员会的组成等方面基本相同，这也决定了采用邀请招标需要支出的费用，如编制印刷采购文件、评标委员会的评审费用、招标代理服务费用以及其他办公、交通等与公开招标相比不会相差太多。综上分析，本项目不符合邀请招标的法定情形。

2. 政府采购货物项目邀请招标程序应适用《政府采购法》体系的特别规定。

邀请招标也称选择性招标,其特点是由采购人选择不少于三家的供应商,向其发出投标邀请书,邀请其参加投标竞争。在规制我国公共采购领域的两大法律及其配套规范中,《政府采购法》体系与《招标投标法》体系关于邀请招标的程序有所不同。《招标投标法》第十七条第一款规定:"招标人采用邀请招标方式的,应当向三个以上具备承担招标项目的能力、资信良好的特定的法人或其他组织发出投标邀请书。"简言之,该法条要求招标人提前对市场上潜在投标人的资格、能力及资信等相关情况进行排摸和调查,确定符合招标要求的特定对象后,定向发出投标邀请书。该规定为邀请招标的一般规定。

《政府采购法》第三十四条规定:"货物或者服务项目采取邀请招标方式采购的,采购人应当从符合相应资格条件的供应商中,通过随机方式选择三家以上的供应商,并向其发出投标邀请书。"依据这一规定,政府采购货物服务项目采用邀请招标时,不能直接定向邀请,而是要求采购人从符合相应资格条件的供应商中通过随机抽取的方式确定被邀请对象,但该法条未明确"符合相应资格条件的供应商"应当如何产生。该规定为政府采购货物服务邀请招标的特别规定。

《招标投标法实施条例》第八十三条规定:"政府采购的法律、行政法规对政府采购货物、服务的招标投标另有规定的,从其规定。"依据"特别法优于普通法"的适用原则,政府采购货物招标项目,应当适用《政府采购法》体系的特别规定。

3. 邀请对象的产生应当符合《政府采购货物和服务招标投标管理办法》的规定。

《政府采购法》未明确政府采购货物和服务邀请招标项目在随机抽取时,"符合相应资格条件的供应商"如何产生。为弥补这一缺陷,2017年,财政部颁布的《政府采购货物和服务招标投标管理办法》(财政部令第87号)第十四条第一款规定:"采用邀请招标方式的,采购人或者采购代理机构应当通过以下方式产生符合资格条件的供应商名单,并从中随机抽取3家以上供应商向其发出投标邀请书:(一)发布资格预审公告征集;(二)从省级以上人民政府财政部门(以下简称财政部门)建立的供应商库中选取;(三)采购人书面推荐。"依据该条款的规定，采购人或采购代理机构可通过如下方式产生符合资格条件的供应商名单：①发布资格预审公告征集；②从省级以上财政部门建立的供应商库中选取；③采购人书面推荐。上述三种方式可任选其一。根据《政府采购货物和服务招标投标管理办法》第十四条和第十五条的规定，通过资格预审公告征集潜在供应商参加的，采购人或采购代理机构须编制资格预审文件，按照资格预审文件载明的标准和方法，对提交资格预审申请文件的潜在投标人进行资格预审，以确定其是否符合资格条件要求。符合资格条件的供应商名单依法产生后，采购人应通过随机抽取方式确定至少 3 家以上的供应商作为邀请对象。

4. 违反《政府采购法》及其配套法律规范规定的采购行为无效。

本案中，某县融媒体中心采购计算机设备，其项目性质属政府采购项目。邀请招标程序应当遵循《政府采购法》和《政府采购货物和服务招标投标管理办法》（财政部令第 87 号）的相关规定。

本案例采购人在政府采购实操过程中，适用了《招标投标法》的规定直接定向邀请特定的供应商参加投标，属法律适用错误。其采购活动违反了《政府采购法》及其配套法律规范的强制性规定，应根据《政府采购法》第三十六条第一款第二项的规定作废标处理。某县融媒体中心根据上述违法行为产生的采购结果，即与 A 公司所签订的政府采购合同，也属于无效合同。

合规指引

政府采购以公开招标为主要采购方式，当需采用其他方式进行采购时，需符合相应的法定情形。政府采购货物和服务项目，邀请招标的程序与《招标投标法》规定的程序有所不同。采购人、采购代理机构在组织政府采购活动时，须注意法律适用问题，避免出现错误。

第二部分　投标

- 资信证书颁发权限转移不影响证书的有效性
- 夫妻注册不同公司参加同一项目投标是否允许
- 母子公司能否参加同一项目的投标
- 数额较小的罚款不属于重大违法行为
- 分支机构有重大违法记录的无投标资格
- 联合体投标必须提交合格的联合体协议和投标授权书
- 分支机构负责人签署履约承诺函是否无效
- 无合法事由不得扣留投标保证金
- 演示样机不符合要求并不必然导致其投标无效

资信证书颁发权限转移不影响证书的有效性

实践案例

××省监狱管理局罪犯生活日用品全塑化采购项目中标结果公布后,投标人某塑胶有限公司提起投诉称,根据多年的投标经验对本次投标进行自评,技术商务得分应在60分左右,但在本次项目的评标过程中评标委员会没有严格依据招标文件的评分标准评分,违反了《政府采购货物和服务招标投标管理办法》的有关规定,已实质性影响中标结果。

××省财政厅调查后认为,根据招标文件评分标准,投标人须提供有效期内的省级(含)以上质量技术监督部门颁发的标准化良好行为证书,获得AAAA级标准化良好行为证书的可以得到4分。投诉人的投标文件中提供了由××省标准化协会颁发的标准化良好行为证书,评标委员会认为证书不是由招标文件要求的省级(含)以上质量技术监督部门颁发,因此给予0分,导致其得分与自评差距较大。

根据××省质量技术监督局2015年3月9日印发的《关于调整我省标准化良好行为企业创建工作程序的通知》文件,按照《××省人民政府2012年行政审批制度改革事项目录(第一批)》规定,标准化良好行为确认工作列为转移的行政审批事项,依法转移给××省标准化研究院、WTO/TBT通报咨询研究中心、××省标准化协会、××市标准化研究院、××市标准技术研究院以及××市标准化协会6家单位承接,并明确由上述6家承接单位负责标准化良好行为确认相关工作并颁发相应等级的标准化良好行为证书。本项目招标文件明确要求的是投标人须提供标准化良好行为证书，且投诉人提交的证书为依法由授权的单位颁发，不能因行政审批职能主体机关转移而否定其证书的有效性。因此，投诉人在"标准化良好行为证书"项目上应得8分。

经核查本项目所有投标人的投标材料，只有投诉人的投标文件中提供了标准化良好行为证书，证书显示为AAAA级，且在有效期内，经向××省标准化协会查证，该证书真实有效。经核查本次中标结果的得分情况，投诉人参与了全部3个包组的投标，且每个包组得分均与各包组的第一和第二中标候选人之间的分值相差在4分之内，由于对投诉人在"标准化良好行为证书"项目上评分错误，改变了本项目的中标结果。据此，决定本项目部分采购行为违法，责令重新组织采购活动。

法律解析

1. 资信证书颁发权限的转移不应影响证书的有效性。

《政府采购货物和服务招标投标管理办法》（财政部令第87号）第二十条规定："采购人或者采购代理机构应当根据采购项目的特点和采购需求编制招标文件。招标文件应当包括以下主要内容：……（三）投标人应当提交的资格、资信证明文件；（四）为落实政府采购政策，采购标的需满足的要求，以及投标人须提供的证明材料……对于不允许偏离的实质性要求和条件，采购人或者采购代理机构应当在招标文件中规定，并以醒目的方式标明。"该办法第六十三条规定："投标人存在下列情况之一的，投标无效：……（三）不具备招标文件中规定的资格要求……"资质证书和资信证明文件是重要的评审因素，在认定资质证书、企业资信证明文件是否满足要求时，一般应从发证单位、持证单位、资质（资信）等级、有效期限等几个方面进行判断，如果存在发证单位没有权限、持证单位不是投标人、资质（资信）等级未达到招标文件要求、有效期已届满等情况，一般应当认定为不满足要求。

2. 资信证书不宜作为资格条件要求。

本案例招标人要求供应商提供标准化良好行为证书，该证书属于资信证明文件，不属于资质证书，一般不宜作为供应商的资格条件门槛。对于确有需要把资信证明文件作为评审因素的项目，评标委员会应当对资信证明文件的有效性依法作出认定。《政府采购法》第三十六条规定："在招标采购中，出现下列情形之一的，应予废标……（二）出现影响采购公正的违法、违规行为的……"本案例中，评标委员会对投标人的资信证明文件认定错误，并进而导致评分错误，影响了评标结果，属于影响采购公正的违法、违规行为，因此该项目依法应当予以废标，重新组织采购。

合规指引

在各级政府简政放权的大背景下，许多资质证书已经被明令取消，如工程咨询资质、机电产品国际招标机构资质等，此种资质证书不宜再作为对投标人的条件要求；还有一些资信证书的颁发权限由政府机关下放到行业协会、科研院所等社会组织，如采购项目确有需要供应商提供相关资信证明材料的，应在编制招标文件时核实资信证书的颁发单位，并在招标文件中作出准确要求，可表述为"提供由××（原颁发单位）或××（新颁发单位）颁发的有效××证书"。

在评标时，如发现投标人提供的资信证书或资信证明文件的颁发单位与招标文件规定不一致，应注意核实是否是由于证书颁发权限转移、下放等原因导致，避免错误评分或否决投标。

夫妻注册不同公司参加同一项目投标是否允许

实践案例

某政府采购货物招标项目，采用综合评分法。至投标截止时间，共8家供应商递交投标文件，经评审，A公司被确定为中标人。

中标结果公告后，未中标的G公司向采购人提出质疑称，中标人A公司和未中标的D公司的法定代表人为夫妻关系，不得同时参加本项目投标；两家公司同时投标，难以避免相互知晓投标情况，达成某种一致，形成串通投标。因而，要求判定A公司和D公司投标无效，并取消A公司的中标资格。采购人就质疑事项的处理出现了两种不同意见：

第一种意见认为应判定两家公司投标无效，并取消A公司的中标资格。理由主要是：A公司和D公司的法定代表人为夫妻关系，有共同财产和利益追求，构成实质上的利益同盟关系，难免存在相互串通行为，如允许其参加同一项目投标，势必会影响采购活动的公平公正，应当认定两家公司投标无效，并取消A公司的中标资格。

第二种意见认为两家公司投标有效，不应取消A公司的中标资格。理由主要是：虽然A公司和D公司的法定代表人为夫妻关系，但相关法律并未明确禁止其参加同一项目投标，如未查实其存在串通行为，则不能判定A公司和D公司投标无效，不可取消A公司的中标资格。

法律解析

1. 夫妻注册不同公司参加同一项目投标并不为法律所禁止。

《政府采购法实施条例》第十八条第一款规定："单位负责人为同一人或者存在直接控股、管理关系的不同供应商，不得参加同一合同项下的政府采购活动。"该法条禁止的是不同供应商之间存在直接控股和管理关系，本项目供应商A公司和D公司的法定代表人虽系夫妻关系，但单位负责人不是同一人，且A、D两家公司之间不存在直接控股、管理关系，不属于该法条的禁止情形，A公司和D公司可以参加同一合同项下的政府采购项目的投标。

平心而论，供应商G公司的质疑也并非全无道理。在政府采购实践中，法定代表人为夫妻关系的两家不同公司参加同一项目投标，由于夫妻之间拥有共同的财产和利益追求，确实容易导致两家公司之间发生相互串通等违法情形。在国际采购实践中，也往往有"利害关系回避"等类似的原则规定。但依据我国现行法律规定，本案所涉情形并不属于法律禁止情形，如招标文件对此类情形并无约定，仅凭A、D两家公司的法定代表人是夫妻关系，而直接认定A、D两家公司投标无效，法律依据不足。

2. 判定供应商之间是否相互串通应符合法定情况。

就本例而言，判定A、D两家公司的投标文件是否有效，关键在于须进一步查证A公司和D公司之间是否存在相互串通的事实。《政府采购法实施条例》第七十四条规定："有下列情形之一的，属于恶意串通……：（一）供应商直接或者间接从采购人或者采购代理机构处获得其他供应商的相关情况并修改其投标文件或者响应文件；（二）供应商按照采购人或者采购代理机构的授意撤换、修改投标文件或者响应文件；（三）供应商之间协商报价、技术方案等投标文件或者响应文件的实质性内容；（四）属于同一集团、协会、商会等组织成员的供应商按照该组织要求协同参加政府采购活动；（五）供应商之间事先约定由某一特定供应商中标、成交；（六）供应商之间商定部分供应商放弃参加政府采购活动或者放弃中标、成交；（七）供应商与采购人或者采购代理机构之间、供应商相互之间，为谋求特定供应商中标、成交或者排斥其他供应商的其他串通行为。"《政府采购货物和服务招标投标管理办法》（财政部令第 87 号）第三十七条规定："有下列情形之一的，视为投标人串通投标，其投标无效：（一）不同投标人的投标文件由同一单位或者个人编制；（二）不同投标人委托同一单位或者个人办理投标事宜；（三）不同投标人的投标文件载明的项目管理成员或者联系人员为同一人；（四）不同投标人的投标文件异常一致或者投标报价呈规律性差异；（五）不同投标人的投标文件相互混装；（六）不同投标人的投标保证金从同一单位或者个人的账户转出。"

本项目在评审时，如发现 A 公司和 D 公司的法定代表人存在夫妻关系，为慎重起见，采购人应提醒评标专家对两家公司的投标文件进行仔细甄别，如两家公司的投标文件中，出现投标文件由同一人编制、委托同一人办理投标事宜、投标文件异常一致、投标报价呈规律差异、投标文件混装等法条明列的情形，方可依法判定其串通投标或视为串通投标，其投标文件无效。否则，仅凭两家公司的法定代表人为夫妻关系这一证据，尚不足以直接认定为串标。

合规指引

现行法规并未禁止夫妻注册不同公司参加同一项目投标，不能仅据此认定为串通投标。但在采购过程中，对此类公司应加以重点关注，如发现其存在《政府采购货物和服务招标投标管理办法》第三十七条和《政府采购法实施条例》第七十四条规定的情形，应按相关法律规定进行处理。

母子公司能否参加同一项目的投标

实践案例

某公立医院实验设备招标,甲公司和乙公司同时参加此次招标活动,其中乙公司为甲公司依法设立的子公司,出资55%。在评审过程中,评审专家发现此问题,就如何认定和处理进行讨论,最终认定甲公司和乙公司之间存在"直接控股关系",按照《政府采购法实施条例》第十八条第一款的规定,认定其投标无效。

法律解析

1. 法律禁止存在紧密关联关系的供应商参加同一合同项下的采购活动。

《政府采购法实施条例》第十八条第一款规定:"单位负责人为同一人或者存在直接控股、管理关系的不同供应商,不得参加同一合同项下的政府采购活动。"该条文对关联供应商参加同一合同项下的政府采购活动作出了禁止性规定,被明令禁止的关联关系包括如下三种:一是不同供应商的单位负责人是同一人;二是不同供应商之间存在直接控股关系;三是不同供应商之间存在管理关系。在政府采购实践中,存在上述关联关系的不同供应商,因其关系紧密或存在利益关系,容易在经营行为中协同一致,结成同盟一致对外,如允许其参加同一项目的采购活动,发生相互串通行为的可能性极大,为维护政府采购活动的竞争属性,防止对其他供应商不公平,损害采购人、其他供应商等采购活动当事人的利益,《政府采购法实施条例》作出了上述禁止性规定。

所谓"直接控股关系"，表现为某一供应商系另一供应商的控股股东。在该情况下，控股公司可凭借其控股地位，通过行使《公司法》赋予的参与重大决策权，足以决定、控制、支配或影响被控股公司的经营管理事项，故法律明令禁止存在直接控股关系的供应商参加同一项下的政府采购活动。

2. "直接控股关系"的认定可参考相关法律文件的规定。

在持股关系中，拥有另一家公司一定比例以上股份的公司为母公司；一定比例以上的股份被另一家公司持有，该公司系子公司。母、子公司之间既有控股关系也有参股关系。参考《公司法》第二百一十六条第二项的规定，"控股"是指以下两种情况：一是指股东的出资额占有限责任公司资本总额50%以上或其持有的股份占股份有限公司股本总额50%以上；二是出资额或持有股份的比例虽然不足50%，但依其出资额或者持有的股份所享有的表决权已足以对股东会、股东大会的决议产生重大影响，一般将前一种控股情形称为"绝对控股"，后一种控股情形称为"相对控股"。

国家统计局《关于统计上对公有和非公有控股经济的分类办法》（国统字〔2005〕79号）对于"绝对控股"和"相对控股"作了更为明确的表述："绝对控股"是指在企业的全部实收资本中，某种经济成分的出资人拥有的实收资本（股本）所占企业的全部实收资本（股本）的比例大于50%。投资双方各占50%，且未明确由谁绝对控股的企业，若其中一方为国有或集体的，一律按公有绝对控股经济处理；若投资双方分别为国有、集体的，则按国有绝对控股处理。"相对控股"是指在被投资企业的全部实收资本中，某出资人拥有的实收资本（股本）所占的比例虽未大于50%，但根据协议规定拥有企业的实际控制权（协议控股）；或者相对大于其他任何一种经济成分的出资人所占比例（相对控股）。

3. "同一合同项"系指同一个政府采购合同单元。

如前所述，《政府采购法实施条例》第十八条第一款规定对于存在直接控股关系的不同单位不得参加同一合同项下的政府采购活动，这里的"同一合同项"，一般是指同一标段投标或者未划分标段的同一招标项目。本案例中，甲公司出资55%依法设立乙公司，甲、乙双方之间存在直接控股关系，二者虽均具有独立承担民事责任的法人资格，符合政府采购供应商主体资格条件。但甲、乙两家公司同时参加投标被法律所禁止，两公司的投标均无效。

需要注意的是：如果甲、乙公司分别参加同一采购项目下不同标段或采购包的投标，则不违背上述规定，两公司均为合格投标人。

合规指引

《政府采购法实施条例》禁止存在直接控股关系的不同供应商参加同一合同项下的政府采购活动。依据这一规定，母、子公司可以在同一采购项目的不同标段或采购包中分别进行投标，但是不得参加同一标段（采购包）或者未划分标段（采购包）的同一招标项目的投标，该规定对于非招标采购活动同样适用。

数额较小的罚款不属于重大违法行为

实践案例

2022年11月4日，S市某大学城物业管理服务采购项目挂网招标。采购内容为该大学四个校区行政办公楼、实验楼、教学楼、学生宿舍楼及体育馆、图书馆、科技馆等场馆的物业管理服务，服务时间为2023年1月1日—12月31日。

该项目投标人的资格条件要求如下：

（1）具有独立法人资格的物业企业，持有工商行政管理部门核发的法人营业执照并具有相应的经营范围；

（2）具有良好的商业信誉和健全的财务会计制度；

（3）具有履行合同所必需的设备和专业技术能力；

（4）有依法缴纳税金和社会保障资金的良好记录；

（5）参加政府采购活动前三年内，在经营活动中没有重大违法记录；

（6）本项目不接受联合体投标。

该项目共有8家供应商参加投标。经过开标、评标和定标等法定程序，招标人于11月29日发布中标结果公告，确定A供应商为本项目中标人。公告发布后，B供应商向采购代理机构提出质疑称，A供应商曾于2021年10月被某市工商行政管理部门处以5000元的罚款，不满足招标文件规定的资格条件要求，应取消其中标资格，对其投标文件作无效投标处理。

经招标人和代理机构核实：A供应商被处以5000元的罚款情况属实。遂函告A供应商，以违反招标文件规定的"参加政府采购活动前三年内，在经营活动中没有重大违法记录"为由，取消其中标资格。A 供应商接到该函件后回复招标人，承认其被罚款事项属实，但被罚款不属于重大违法记录，要求招标人维持原中标结果。

法律解析

本案对于 A 供应商曾在经营活动中被工商行政管理部门处罚这一事实并无争议，争议的焦点在于：A 供应商的罚款记录，是否属于"重大违法记录"。如果属于重大违法记录，A 供应商无疑不具备投标资格，本项目中标结果无效，招标人可依法选择其他供应商作为中标人；如果不属于重大违法记录，本项目中标结果有效，招标人应当依法与 A 供应商签订物业管理服务合同。

对于 A 供应商的行为是否属于"重大违法记录"，可从以下两个层面进行分析：一是何谓重大违法记录？二是被处以 5000 元罚款是否属于重大违法记录？

1. 何谓重大违法记录。

依据《政府采购法》第二十二条的规定，供应商参加政府采购项目投标，应当满足"参加政府采购活动前三年内，在经营活动中没有重大违法记录"的要求。全国人大常委会法制工作委员会编著的《政府采购法实施条例释义》指出："本项所称的在经营活动中有重大违法记录，包括高级管理人员犯罪、走私、诈骗等记录。"但该释义未就何谓"重大违法记录"作出解释。

《政府采购法实施条例》第十九条第一款规定："政府采购法第二十二条第一款第五项所称重大违法记录，是指供应商因违法经营受到刑事处罚或者责令停产停业、吊销许可证或者执照、较大数额罚款等行政处罚。"根据这一规定，供应商在生产经营过程中，因违法活动被处以行政处罚时，下列四种情形才属于重大违法记录：①受到刑事处罚；②被责令停产停业；③被吊销许可证或者执照；④被处以较大数额的罚款。除此之外，在经营活动中受到其他行政处罚的，不属于重大违法记录之列。

2. 较大数额的罚款该如何界定。

本案例 A 供应商所受的行政处罚是被处以 5000 元罚款。根据《政府采购法实施条例》第十九条的规定,"被处以较大数额的罚款"才属于重大违法记录。因此,5000元罚款是否属于"较大数额的罚款",就成为判定A供应商是否符合资格条件的决定性因素。

《政府采购法实施条例》施行以来,部分地方财政部门、市场主体反映《政府采购法实施条例》第十九条第一款"较大数额罚款"在执行过程中标准不一、差异较大。为贯彻落实国务院关于进一步优化营商环境的要求,维护政府采购市场秩序,规范行政执法行为,2022年1月,财政部经研究并会商有关部门,出台了《关于〈中华人民共和国政府采购法实施条例〉第十九条第一款"较大数额罚款"具体适用问题的意见》。该意见明确:"《中华人民共和国政府采购法实施条例》第十九条第一款规定的'较大数额罚款'认定为200万元以上的罚款,法律、行政法规以及国务院有关部门明确规定相关领域'较大数额罚款'标准高于200万元的,从其规定。"该意见自2022年2月8日起施行。

本案发生在2022年11月,财政部关于"较大数额罚款适用问题的意见"已经生效,对照财政部最新文件的相关标准,本案例A供应商被处以5000元罚款,不属于"较大数额的罚款"。因此,A供应商的行政处罚记录不属于重大违法记录,符合招标文件规定的资格条件要求,其中标行为有效。招标人应当依法与A供应商签订物业管理服务合同。

合规指引

关于有违法记录的供应商参加政府采购活动,须注意如下几点:一是轻微违法记录可以参加政府采购活动。除了法律规定的列入重大违法记录之外的其他行政处罚,如警告和数额较小的罚款等轻微违法行政处罚记录,因其违法行为未造成严重后果,其信誉受损不大,未列入重大违法记录范畴之列,依然可以参与政府采购活动。二是有重大违法记录的供应商并非永远不得参加政府采购活动。《政府采购法》第二十二条规定:"供应商参加政府采购活动应当具备下列条件:……(五)参加政府采购活动前三年内,在经营活动中没有重大违法记录……"依据这一表述,即使有重大违法记录的供应商,禁止其参加政府采购活动的期限是三年,三年间隔期满后,该供应商依然可以参加政府采购活动。三是被处以在一定期限内禁止参加政府采购活动的,期限届满可以参加政府采购活动。《政府采购法实施条例》第十九条第二款规定:"供应商在参加政府采购活动前 3 年内因违法经营被禁止在一定期限内参加政府采购活动,期限届满的,可以参加政府采购活动。"

分支机构有重大违法记录的无投标资格

实践案例

2018年6月，某采购代理机构受托就某市客运站委托经营项目进行招标。2018年6月27日，经过评审，确定了预中标供应商为某客运公司，并发布了中标公告。2018年6月30日，参与投标的供应商某运输公司向采购代理机构提出质疑，代理机构作出了答复。某运输公司对质疑答复不服，向市财政局提起投诉。市财政局作出《政府采购投诉处理决定书》，以某客运公司参加本次政府采购活动前三年内在经营活动中有重大违法记录为由，确定某客运公司无投标资格，责令重新开展采购活动。某客运公司不服市财政局的投诉处理决定，向法院提起行政诉讼。

经查，2016年9月9日，某客运公司的分支机构某公路客运总站所属一大型客车行至某收费站附近时发生侧翻，造成1人死亡、21人受伤的交通事故。市运输管理处对客运总站作出《交通运输行政处罚决定书》，认为："客运总站未检查出驾驶人员使用失效从业资格证驾驶营运车辆的违法行为。依据《道路旅客运输及客运站管理规定》第九十五条的规定，对客运总站处以15000元罚款，并责令改正。"省运输管理局作出《9.9事故通报》，要求："一是由市运输管理处依法吊销客运公司某客运班线经营许可，处以3000元的处罚；二是两年内暂停其新增客运班线经营许可……"2016年10月8日，某客运公司又因擅自停运部分客运班次，被市运管处发文收回了该客运班线经营权。

法院认为，《政府采购法》第二十二条规定："供应商参加政府采购活动应当具备下列条件：……（五）参加政府采购活动前三年内，在经营活动中没有重大违法记录……"《政府采购法实施条例》第十九条第一款规定："政府采购法第二十二条第一款第五项所称重大违法记录，是指供应商因违法经营受到刑事处罚或责令停产停业、吊销许可证或者执照、较大数额罚款等行政处罚。"某客运公司的下属机构未检查出客车司机驾驶员使用失效从业资格证驾驶营运，某客运公司是企业法人，企业法人应对内设机构（包括从事经营的分支企业）的生产安全承担责任。某客运公司聘用无从业资格的驾驶员驾车营运，并发生1死21伤的交通事故，属重大交通事故，并被省运输管理局在全省通报；客运公司擅自停运客运班次，被明文收回客运班线经营权，即属于被吊销许可证的行为，属于有重大违法记录。故市财政局作出的《政府采购投诉处理决定书》认定事实清楚，证据充分，适用法律正确。

综上，法院判决：驳回某客运公司的诉讼请求。

法律解析

1. 对分公司的行政处罚亦计作企业法人的违法记录。

《公司法》第十四条规定："……分公司不具有法人资格，其民事责任由公司承担。公司可以设立子公司，子公司具有法人资格，依法独立承担民事责任。"依照上述规定，分公司自身不具备法人资格，分公司作为总公司的分支机构，是总公司内部的一个组成部分，是总公司所设立的对外从事总公司部分经营业务的机构，且分公司的经营范围不得超出总公司的经营范围。总公司的总体经营是由各分公司和子公司来具体完成的，分公司所作所为视为总公司行为的组成部分。对总公司经营业务的总体评判，必然要包含对分公司经营业务的部分，也包括对其行政处罚结果的部分。本案中，对客运公司下设分公司客运总站受到的行政处罚，也视为总公司受到了行政处罚，等同于对总公司处罚。

2. 有重大违法记录的供应商，其投标资格不合格。

《政府采购法》第二十二条第一款规定："供应商参加政府采购活动应当具备下列条件：……（五）参加政府采购活动前三年内，在经营活动中没有重大违法记录……";《政府采购法实施条例》第十九条第一款规定:"政府采购法第二十二条第一款第五项所称重大违法记录,是指供应商因违法经营受到刑事处罚或责令停产停业、吊销许可证或者执照、较大数额罚款等行政处罚。"此处规定的"重大违法记录"包括因违法经营受到以下行政处罚:①刑事处罚;②责令停产停业;③吊销许可证或执照;④较大数额的罚款。本例客运公司擅自停运客运班次,被明文收回客运班线经营权,即被吊销经营许可证,属于有"重大违法记录"。

综上,本案中,市财政局对某客运公司作出处理决定时,政府采购合同尚未签订。中标人某客运公司因在此次政府采购活动开始前三年内,在经营活动中存在"重大违法记录",市财政局认定其无投标资格符合法律及部门规章的规定;同时,市财政局根据《政府采购质疑和投诉办法》(财政部令第94号)第三十二条规定:"投诉人对采购过程或者采购结果提起的投诉事项,财政部门经查证属实的,应当认定投诉事项成立。经认定成立的投诉事项不影响采购结果的,继续开展采购活动;影响或者可能影响采购结果的,财政部门按照下列情况处理:……(二)已确定中标或者成交供应商但尚未签订政府采购合同的,认定中标或者成交结果无效。合格供应商符合法定数量时,可以从合格的中标或者成交候选人中另行确定中标或者成交供应商的,应当要求采购人依法另行确定中标、成交供应商;否则责令重新开展采购活动。"本案中,某客运公司在中标公告期间被质疑,此时政府采购合同尚未签订,应依据相关法律的规定重新开展采购活动。

合规指引

政府采购项目供应商在参加政府采购活动前三年内不得有重大违法记录,否则其不具备竞争资格。在日益重视社会诚信体系建设的当下,供应商只有依法合规诚信经营,才可在市场竞争中有立足之地。

采购人、政府采购监管部门在处理供应商的质疑投诉时,应根据《政府采购质疑和投诉办法》(财政部令第94号)的相关规定,根据不同情形依法依规作出相应处理。

联合体投标必须提交合格的联合体协议和投标授权书

实践案例

2015年8月31日,某区公安局指挥中心系统集成项目招标信息发布。某研究所与某计算机公司组成联合体参加该项目投标,双方签订的《联合体协议书》约定:"某研究所为联合体牵头人,联合体牵头人与业主签订合同书,并就中标项目向业主承担合同约定的义务、责任和风险",所附授权委托书载明:"兹委派我公司××先生,代表我公司全权处理××区公安局指挥中心系统集成项目政府采购投标的一切事项,若中标则全权代表本公司签订相关合同,并负责处理合同履行等事宜","投标人名称(公章)"处加盖某研究所公章,"法定代表人(签字或盖章)"处为某研究所法定代表人签字。

同年10月14日,市公共资源交易中心发布某研究所和某计算机公司联合体中标公告,某通信设备公司对此提出质疑。市公共资源交易中心组织原评标委员会进行复核后认定:"某研究所和某计算机公司提供的联合体协议书不符合联合体协议的其他法律要件,原评审审查失误,应予纠正,该联合体投标无效,推荐下一顺序单位通信设备公司为预中标单位",并据此意见对前述质疑进行了书面回复。

2015年11月3日,经某区公安局确认,市公共资源交易中心发布了采购结果更正公告。某研究所及某计算机公司对该质疑回复不服,向市财政局投诉提出:投诉人投标文件中出具的授权委托书符合法律法规要求。

市财政局于12月17日作出《政府采购供应商投诉处理决定书》,认为:"通信设备公司提出质疑,内容涉及投诉人的投标主体、联合体资格认定相关问题,市公共资源交易中心组织复核，符合规定。该联合体协议书不符合《政府采购法》第二十四条的规定，实质上不具有法律意义上的联合体协议要件，评审委员会据此判定其联合体投标无效，符合法律规定"，决定驳回投诉人的投诉。

某研究所及某计算机公司不服投诉处理决定，向省财政厅申请行政复议，要求撤销市财政局作出的投诉处理决定和市公共资源交易中心作出的《质疑回复》。

2016年4月5日，省财政厅经组织听证、审理，作出行政复议决定，决定维持市财政局作出的投诉处理决定，驳回某研究所及某计算机公司的行政复议申请。

法律解析

1. 供应商组成联合体投标的，应提交联合体协议。

本案中，某通信设备公司提起的质疑及某研究所和某计算机公司提起的投诉和行政复议，涉及的核心问题是联合体协议是否有效。《政府采购法》第二十四条规定："两个以上的自然人、法人或者其他组织可以组成一个联合体，以一个供应商的身份共同参加政府采购。以联合体形式进行政府采购的，参加联合体的供应商均应当具备本法第二十二条规定的条件，并应当向采购人提交联合体协议，载明联合体各方承担的工作和义务。联合体各方应当共同与采购人签订采购合同，就采购合同约定的事项对采购人承担连带责任。"根据上述法条规定，合格的联合体协议，应具备以下条件：从内容来讲，联合体协议必须载明联合体各方成员承担的工作和义务。从签订程序来讲，必须经联合体各方成员签字盖章，一般由联合体各方成员法定代表人签订该协议，也可委托授权代表签署。从各方联合体成员资格来讲，还要符合《政府采购法》第二十二条规定的条件，即（一）具有独立承担民事责任的能力；（二）具有良好的商业信誉和健全的财务会计制度；（三）具有履行合同所必需的设备和专业技术能力；（四）有依法缴纳税收和社会保障资金的良好记录；（五）参加政府采购活动前三年内，在经营活动中没有重大违法记录；（六）法律、行政法规规定的其他条件。

2. 联合体投标应提交由所有成员法定代表人签署的投标授权书。

《民法典》第一百六十一条第一款规定："民事主体可以通过代理人实施民事

法律行为。"第一百六十五条规定："委托代理授权采用书面形式的，授权委托书应当载明代理人的姓名或者名称、代理事项、权限和期间，并由被代理人签名或者盖章。"在联合体投标时，联合体各方法定代表人一般不会同时出面共同亲自办理投标事宜，此时必须共同委托同一个投标代表代表联合体办理投标事宜，这就需要提交联合体各方成员法定代表人共同签署的授权委托书，表示该投标授权代表代理联合体投标。投标授权书的委托权限必须表明该授权代表有权代表联合体各方成员参加投标，而不限于联合体其中一方或几方成员。如果仅有联合体其中一方成员法定代表人授权而无其他成员授权的，则不能代表其他成员授权，也就不能代表联合体整体投标。

3. 联合体协议内容和授权委托书应符合法定要件。

本案中，某研究所和某计算机公司提交的联合体协议中只规定牵头人的职责是签订合同，但未明确其代表联合体全权办理投标事宜，且所附投标授权委托书只有某研究所的签字和盖章，并未载明计算机公司法定代表人的授权委托情况，故联合体协议及授权委托书的内容只能表明：牵头人只负责签订合同，不代表联合体各方办理投标事宜；该牵头人指定的授权人也只代表某研究所本身负责投标、签订合同，某计算机公司并未委托该授权代表代理其参与联合体投标的权限，故其不能代表联合体各方投标，不能认为联合体各方成员均明确授权同一代理人办理投标事宜。因此，该联合体协议书实质上不具有法律意义上的联合体协议要件，授权委托书不能满足代理联合体各方成员投标的要求，评标委员会判定其联合体投标无效符合法律规定。

另外，根据某研究所与某计算机公司签订的《联合体协议》规定，联合体牵头人与业主签订合同书，并就中标项目向业主承担合同规定的义务、责任和风险。仅从字面意思理解，意味着如中标，则由作为联合体牵头人的某研究所而非联合体各成员共同与业主签订采购合同，并向业主承担合同规定的义务、责任和风险。该条款与《政府采购法》第二十四条第二款"联合体各方应当共同与采购人签订采购合同，就采购合同约定的事项对采购人承担连带责任"的规定不符。

合规指引

联合体投标必须提交联合体协议,联合体协议必须明确联合体各方各自承担的工作范围和义务,明确联合体牵头人代表联合体全权办理投标及合同签订、履行阶段的主办、协调工作等必要内容。联合体协议中不能限制各方成员承担的责任范围,各方成员对招标人承担连带责任。

联合体授权投标代表办理投标事宜的,授予投标代表的授权委托书必须由各方成员法定代表人共同签字认可,载明其代表联合体成员各方全权办理投标事宜,而不能仅由牵头人或部分成员方法定代表人授权,否则无法代表联合体所有成员方共同投标。

分支机构负责人签署履约承诺函是否无效

实践案例

某市重特大疾病补充医疗保险业务承办服务项目招标文件规定的投标文件格式中,《政府采购投标及履约承诺函》有"法定代表人签字"一栏。中标人某养老保险股份有限公司××市分公司提交的承诺函由该分公司负责人签字。中标结果公告后,某人寿保险有限公司××市分公司就此提出质疑,后又向财政部门提起投诉,称某养老保险股份有限公司××市分公司是非独立民事主体,在其投标文件中,《政府采购投标及履约承诺函》中应由某养老保险股份有限公司法定代表人签字,如由××市分公司负责人签字,不满足招标文件所附《投标文件初审表》第九点的规定。评标委员会对该情况未否决投标,违反了招标文件和法律规定。

市财政局调查后认为,该项目招标文件中规定的履约承诺函格式是为独立法人投标时制作的一个固定文本格式,并没有为分公司投标专门制定一个规范的格式文本。某养老保险股份有限公司××市分公司经授权参加投标,是履约承诺函的出具方,分公司负责人经登记机关依法登记,有权代表分公司签署文件,且该分公司负责人已经获得某养老保险股份有限公司法定代表人的合法授权,履约承诺函由分公司负责人签署符合招标文件要求。因此,中标人的履约承诺函具有法律效力。

法律解析

1. 法人可以依法设立分支机构。

依据《民法典》的相关规定，法人依法设置的分支机构，以自己的名义从事民事活动，产生的民事责任由法人承担；也可以先以该分支机构管理的财产承担，不足以承担的，由法人承担。《中国人民银行关于中国人民保险公司分支机构诉讼主体资格的说明的函》明确保险公司分支机构具有诉讼主体地位，在我国的司法实践中，也一直认可保险公司分支机构的独立诉讼主体地位。

《政府采购法》第二十一条规定："供应商是指向采购人提供货物、工程或者服务的法人、其他组织或者自然人。"也就是说，不具有法人性质的其他组织也可以作为供应商参加政府采购项目的竞争。领取营业执照的企业法人的分支机构属于上述法条中的"其他组织"。因此，分支机构作出涉及投标等经营活动的意思表示也不需要其总公司另行授权。本案例中，某养老保险股份有限公司××市分公司可以以自己的名义参加政府采购活动，该分公司的负责人已在工商机关登记，有权在投标文件上签字。

2. 对格式文本中相关表述的理解应结合具体实际情况而定，不能机械执行。

《政府采购货物和服务招标投标管理办法》（财政部令第87号）第六十三条规定："投标人存在下列情况之一的，投标无效：……（二）投标文件未按招标文件要求签署、盖章的……"招标文件中，一般都会规定投标文件的标准格式文本，但这些格式文本并不全部是制作招标文件的实质性要求。其中有些内容，如各类承诺函的条款，投标人必须完全响应，如果投标人为了减轻自身义务等原因修改了其中条款后提交，属于未响应招标文件实质性要求，除非招标人表示接受，否则应当予以否决。但是单纯的形式上的要求，应当结合实际情况和要求等因素加以判断。

本案中招标文件规定的投标文件格式要求"法定代表人"签字，但对其理解应考虑本项目投标人可能为法人分支机构的实际情况。由于保险公司分支机构能够以自己的名义从事投标活动，因此分支机构负责人就是投标人的负责人，由其签署投标文件是满足招标文件要求的，该负责人有权代表该分支机构作出民事行为，而不能片面、机械地理解为投标文件必须经企业法人的法定代表人签字。

合规指引

各类承诺书等文件体现的是投标人愿意按照招标文件要求作出承诺的意思表示。投标人的负责人能够代表本单位对外作出意思表示，由其签署相关文件满足招标文件要求。为防止类似争议发生，在允许法人的分支机构投标的项目中，招标人在提供格式文本时，应注意将"法定代表人签字、签署"等处的表述修改为"法定代表人或主要负责人签字、签署"。

无合法事由不得扣留投标保证金

实践案例

2016年5月10日,某省检测中心检测设备升级项目招标文件载明:(一)投标人必须具有良好的财务状况和商业信誉,近三年在政府采购活动中无不良行为记录;(二)投标人应提交投标保证金,采购人在因投标人的行为受到损害时,投标人的投标保证金将不予退还,投标人在投标截止时间后至投标有效期期满前撤回(注:此处应为撤销)其投标或中标人在规定期限内未能签订合同的,投标保证金不予退还;(三)投标文件有下列情况之一的,按照无效投标处理:(1)应交未交投标保证金的;(2)不具备招标文件中规定资格要求的……

同年6月2日,经评审某机械公司为预中标供应商。后另一供应商提出质疑,认为该机械公司2014年参加某单位招标项目中提供虚假资料被取消中标资格,故不具备投标资格。6月6日,评标委员会评审复议,建议取消该机械公司的预中标人资格,另定新的预中标人。6月8日,检测中心发布中标公告,确定另一公司为中标供应商,原中标供应商某机械公司因故取消预中标人资格。某机械公司对此不服起诉,请求法院判令检测中心退还其投标保证金,赔偿其可得利益损失。

法院认为:关于某机械公司是否具有投标资格的问题。本案招标文件中明确规定投标人必须具有良好的财务状况和商业信誉,如发现不具备招标文件中规定资格要求的,按照无效投标处理。某机械公司被确定为预中标人,被其他供应商提出质疑,某机械公司亦认可在某单位招标项目中因提供虚假材料被取消中标资格的事实，且未在本项目投标时予以披露，涉嫌隐瞒相关重要信息。该情形严重影响其商业信誉，不符合招标文件规定的招标人资格，故检测中心取消其预中标资格。

关于检测中心是否应当退还其投标保证金的问题。案涉招标项目已确定其他公司为中标供应商，现检测中心主张因某机械公司在招标活动中的不诚信行为导致招标程序停滞不前，合同无法签订，故不予退还保证金，与事实不符，且检测中心未举证证明因某机械公司的行为受到损害，某机械公司亦不存在招标文件中规定的其他不予退还投标保证金的情形，故检测中心在取消某机械公司预中标资格后应当立即退还投标保证金。

关于某机械公司主张的可得利益损失的问题。由于某机械公司不符合订立合同的资格，检测中心并未向机械公司发出中标通知书，因而涉案招标采购合同成立要件并未齐备，该合同并未成立并生效，故某机械公司要求检测中心赔偿可得利益损失，没有事实和法律依据。

综上，法院判决检测中心退还某机械公司投标保证金30000元；驳回某机械公司的其他诉讼请求。

法律解析

1. 民事主体应秉承"诚信"原则参与市场竞争。

投标人应遵循诚信原则投标，在投标文件中如实陈述，不得在投标文件中弄虚作假，隐瞒真实情况投标，否则其投标将可能被否决，即使中标，也会导致中标无效的后果。根据《招标投标法》第五十四条规定，投标人以他人名义投标或者以其他方式弄虚作假，骗取中标的，中标无效，给招标人造成损失的，依法承担赔偿责任；构成犯罪的，依法追究刑事责任。根据《政府采购法》第七十七条的规定，供应商提供虚假材料谋取中标、成交的，中标、成交无效，还可能被处以罚款、列入不良行为记录名单、在一年至三年内禁止参加政府采购活动、没收违法所得、吊销营业执照甚至追究刑事责任。

在招标采购实践中，供应商弄虚作假的情形有很多，《招标投标法实施条例》

第四十二条列举规定了投标人弄虚作假的常见行为：（1）使用伪造、变造的许可证件；（2）提供虚假的财务状况或者业绩；（3）提供虚假的项目负责人或者主要技术人员简历、劳动关系证明；（4）提供虚假的信用状况；（5）其他弄虚作假的行为。在本案中，机械公司未对其在2014年某单位项目投标中出现的情况真实地、客观地作出说明，其投标行为存在有违诚信的事实，不符合招标文件规定的投标人有良好商业信誉的实质要件。评审委员会以此为由认定其不具有合格供应商资格，取消其中标资格并无不当。

2. 采购人扣留投标保证金须有明确依据。

根据《招标投标法实施条例》第三十五条、第七十四条的规定，招标人可以不退还投标保证金的法定情形是：投标人在投标截止时间之后撤销投标文件，中标人无正当理由不与招标人订立合同，在签订合同时向招标人提出附加条件，或者不按照招标文件要求提交履约保证金。招标人也可在招标文件中对扣留投标保证金的其他情形作出约定，如规定投标人虚假投标、对评标委员会成员行贿、串通投标时可以扣留投标保证金。

《政府采购法》及其实施条例未规定政府采购活动中可以不退还投标保证金的情形。《政府采购货物和服务招标投标管理办法》（财政部令第87号）第二十三条规定："投标有效期内投标人撤销投标文件的，采购人或者采购代理机构可以不退还投标保证金。"招标人也可在招标文件中规定可以不退还投标保证金的其他情形，以约束投标人的行为。在政府采购实践中，招标人扣留投标保证金必须有明确的依据，该依据可以是法定情形，也可以是招标文件中规定的约定情形。本案中，招标文件没有规定虚假投标应承担失去投标保证金的责任，现行法律也未规定该情形下投标人将失去投标保证金。因此，尽管该机械公司有弄虚作假的行为，但招标人依然应当将某机械公司的投标保证金予以退还。

合规指引

供应商不得在投标活动中弄虚作假，对招标文件要求陈述的内容，必须逐一核实如实反映在投标文件中，不得隐瞒真实情况、伪造事实、弄虚作假参加投标。

招标文件可以结合招标项目的实际，在法定情形之外，约定扣留投标保证金的其他情形，以督促和制约投标人按照诚信原则，全面依法履行其投标义务，公平参加市场竞争。招标人扣留投标保证金时，必须有明确的法律依据或招标文件载明的依据，否则不得扣留投标保证金。

演示样机不符合要求并不必然导致其投标无效

实践案例

2020年，某职业技术学院委托省级政府采购中心进行某设备公开招标，招标文件要求投标人提供样机并进行现场演示。在演示过程中，发现某教育技术公司提交的演示样机不符合招标文件中加"*"的一项重要技术指标，但评标委员会未对其投标按照无效投标处理。参加该项目投标的另一供应商某工贸公司就此提出投诉，认为该项目招标活动违法，应予废标。

省财政厅调查后认为，本项目招标文件中"加*的为重要技术指标，投标人有一项不满足的即为无效投标"的规定属于招标文件第二部分"采购项目"第二项"招标货物技术要求"的内容，该内容系对投标产品所作的实质性要求，但并未针对演示样机。因此，评标委员会应根据投标人的投标文件而非演示样机来判断其是否为有效投标。某教育技术公司的投标文件已对招标文件规定的"招标货物技术要求"逐条作了实质性响应。此外，提供样机进行产品演示的要求属于招标文件中商务要求的内容，该内容不是加"*"的条款。因此，投诉人投诉事项不能作为判定投标文件是否有效的依据，也不属于《政府采购法》第三十六条规定的废标情形，决定驳回该投诉。

法律解析

1. 评标委员会评审的对象应为投标文件。

《政府采购货物和服务招标投标管理办法》(财政部令第87号)第四十六条规定:"评标委员会负责具体评标事务,并独立履行下列职责:(一)审查、评价投标文件是否符合招标文件的商务、技术等实质性要求……"从这一规定可以看出,政府采购招标项目在评标过程中,评标委员会的评审对象是投标人的投标文件,除招标文件另有规定外,投标文件中载明的所投产品技术参数、技术指标等满足招标文件规定的实质性条件和要求,则应当认定为有效投标。

2. 政府采购项目不得通过对样品进行检测改变评审结果。

《政府采购法实施条例》第四十四条第二款规定:"采购人或者采购代理机构不得通过对样品进行检测、对供应商进行考察等方式改变评审结果。"依据这一规定,在政府采购活动中,对样品进行检测、评审只能在招标文件有明确规定的前提下,在评标过程中由评标委员会进行。在评标结束、中标人确定后,不得再进行样品检测并以检测结果为由改变中标结果。

3. 要求投标人提供样品的相关规定。

《政府采购货物和服务招标投标管理办法》(财政部令第87号)第二十二条规定:"采购人、采购代理机构一般不得要求投标人提供样品,仅凭书面方式不能准确描述采购需求或者需要对样品进行主观判断以确认是否满足采购需求等特殊情况除外。要求投标人提供样品的,应当在招标文件中明确规定样品制作的标准和要求、是否需要随样品提交相关检测报告、样品的评审方法以及评审标准。需要随样品提交检测报告的,还应当规定检测机构的要求、检测内容等。采购活动结束后,对于未中标人提供的样品,应当及时退还或者经未中标人同意后自行处理;对于中标人提供的样品,应当按照招标文件的规定进行保管、封存,并作为履约验收的参考。"根据财政部87号令的相关规定,在政府采购项目招标投标活动中,一般不宜要求投标人提供样机、样车等样品,如确有需要,应按照上述规定,在招标文件中明确样品制作标准、检测报告、评审办法、评审标准等要求,如未规定，则不能以样品是否满足招标文件的条件和要求作为认定其投标是否有效的依据。

合规指引

在货物招标中，要求投标人提交样机进行现场演示，对评标委员会的评审能够起到一定的辅助作用。但是，一般而言，评标的评审对象是投标人提交的投标文件，评标委员会应以投标文件是否对招标文件提出的各项技术和商务条件进行响应为依据，对投标的有效性进行判断，除招标文件另有规定外，不能因演示样机不满足招标文件要求而判定投标无效。

招标人如果要求演示样机也必须满足招标文件的要求，以便"眼见为实"地进行评审，避免单纯评审书面投标文件可能产生的偏差，可在招标文件技术部分中明确规定，投标人应提交样机进行现场演示，演示样机应符合招标文件规定的各项技术指标，否则将被认定为非实质性响应，投标无效。

第三部分　开标评标

- 资格审查权不可委托给评标委员会
- 代理机构工作人员能否进入评审现场
- 资格审查复核应在评标之前进行
- 评标结束后发现资格审查错误怎么办
- 评标委员会组建不合法评审结果无效
- 漏编页码被判投标无效是否合理
- 规定合同金额的业绩不得作为供应商的资格条件要求
- 适用兜底情形认定无效投标应慎重
- 评审过程不得违背招标文件的实质性内容
- 组织重新评审不可任性而为
- 投标报价是否合理应由评标委员会依法认定
- 未严格按照评标标准评标可重新组织评审
- 评标专家违规评标应担责
- 未依法独立评审应视具体情况作出相应处理
- 评审时应严格区分实质性要求和非实质性要求
- 评标委员会违法评标导致中标无效
- 评标结果有误应视情形分别处理

资格审查权不可委托给评标委员会

实践案例

2018年1月10日,某市高新技术产业集聚区形象宣传片制作服务招标项目在该市公共资源交易中心开标,共有7家供应商参与本项目竞争。该项目开标后,采购人出具了一份委托书给评标委员会,委托其进行资格审查、符合性审查和商务技术评估。该项目经评审后,评标委员会推荐A、B、C三家音视频制作机构为排序前三的中标候选人。

中标结果公告发布后,B供应商向采购人提出质疑称,《政府采购货物和服务招标投标管理办法》规定,资格审查应当由采购人或采购代理机构进行审查,本项目采购程序不合法。质疑书要求采购人纠正违法行为,重新组织采购。采购人答复称,《政府采购法》等相关法律未禁止采购人将资格审查事项委托给评标委员会,该委托事项有效,采购程序合法公正。B供应商不服,遂向当地财政部门提起投诉。

法律解析

与《招标投标法》体系相比,《政府采购货物和服务招标投标管理办法》(财政部令第87号)在制度设计上有了很多变化,其中非常重要的一项变化,就是把评审环节分为资格审查、符合性审查和商务技术评估三个环节,并把资格审查环节交由采购人或其委托的采购代理机构承担,而符合性审查、商务技术评估两个环节仍由评标委员会负责。本案的争议焦点在于：采购人是否可以委托评标委员会进行资格审查？

1.《政府采购法》赋予采购人资格审查权。

《政府采购法》第二十三条规定："采购人可以要求参加政府采购的供应商提供有关资质证明文件和业绩情况，并根据本法规定的供应商条件和采购项目对供应商的特定要求，对供应商的资格进行审查。"该法条系一条授权性规定，赋予了采购人享有对供应商进行资格审查的权利。

结合前后文来看，本条在表述时使用"可以"一词，应作如下两个层面的理解：一是是否要求供应商提供资格证明材料的选择权在于采购人自己。即采购人既可以要求供应商提供资格证明材料并对其进行审查，也可以不要求供应商提供资格证明材料。二是"可以"一词并非指采购人在要求供应商提供资格证明材料的情况下，既可以对供应商进行审查，也可以不对供应商进行审查。依据《政府采购法》确立的诚实信用原则，采购人如在采购文件中要求供应商必须提交资格证明材料，则应依据采购文件的要求组织对供应商进行资格审查。

2. 采购人可以委托适格的主体进行资格审查。

《政府采购法》第二十三条规定采购人可以要求供应商提供资格证明材料并对其进行资格审查。一些业界人士据此认为《政府采购法》明确了"对供应商进行资格审查"是采购人的法定职责，这一法定职责不得以授权委托等方式让渡他人代理履行。因此，由评标委员会来审查供应商资格条件于法无据，评标委员会依法不能代替采购人来审查供应商的资格条件。实际上，这一理解存在一定瑕疵：

一是混淆了权利和职责的概念。如前所述，《政府采购法》第二十三条系授权性规定，其作用在于赋予采购人某项权利，而非界定采购人的工作职责和工作界面。一般认为，法定权利可以放弃，法定义务应当履行。对于法定义务和法定职责来说，是否必须亲力亲为履行，则应视具体情况和相关法律的明文规定。从《政府采购法》第二十三条的规定来看，是赋予采购人享有对供应商的资格审查权，这是一项法定权利，而不是法定义务或法定职责。

二是法律未禁止委托他人代为资格审查。撇开"资格审查属于法定权利还是法定义务"这一概念不谈,即便采购人的性质属于行政机关或履行社会管理职能的事业单位,其在政府采购活动中,依然是以民事主体身份参与交易活动。在民事交易活动中,如相关法律未明确规定某项工作须由当事人亲力亲为,一般情况下应认为当事人也可委托他人代为行使权利或履行义务。综观整部《政府采购法》,并未明文规定采购人不得将资格审查权委托他人代理行使。因此,从《政府采购法》的角度看,并未禁止将资格审查工作委托他人行使。

三是资格审查事项不可委托的观点违背常理。依据法律解释的基本原理,除非有特别说明,在一部法律中,对其类似或相同表述的解释应当基本保持一致,而不应在不同法条中对同一事项、类似或相同表述有完全不同的解读,否则难以自圆其说。基于这一原理,因法律规定采购人可以要求供应商提交资格证明材料且对供应商进行资格审查,就认为"资格审查的主体必须是采购人自己",如果这一逻辑能够成立,则《政府采购法》第三十一条规定采购人应当向通过随机抽取的供应商发出投标邀请书、第三十六条规定采购人应当将废标理由通知所有投标人等事项,也应由采购人亲力亲为完成,而不得委托他人执行。显然,这一理解是很难站得住脚的。

3. 采购人不可委托评标委员会进行资格审查。

《政府采购货物和服务招标投标管理办法》(财政部令第 87 号)第四十四条第一款规定:"公开招标采购项目开标结束后,采购人或者采购代理机构应当依法对投标人的资格进行审查。"结合该办法第四十六条和第五十条等相关法条规定,对于政府采购货物和服务招标项目来说,《政府采购货物和服务招标投标管理办法》明确规定资格审查须由采购人或采购代理机构负责。特别是在《政府采购货物和服务招标投标管理办法》第七十八条中,还明确规定了采购人、采购代理机构未按照规定进行资格预审或者资格审查时应当承担的法律责任,明晰了采购人在评审活动中的行为边界。

通过《政府采购货物和服务招标投标管理办法》的明文规定可以看出,该部门规章的立法者不主张由评标委员会进行资格审查,而是认为资格审查应由采购人或采购代理机构进行。该规定沿袭了上位法关于资格审查事项可以委托他人从事的立法精神,但对受托主体作了限制和约束,即资格审查事项可以委托给代理机构，但不宜将该事项委托给评标委员会。因此，根据财政部87号号令的规定，采购人或代理机构不宜再把这一部分工作内容委托给评标委员会负责。

本书编者认为，该部门规章作此规定，系本着"让专业的人做专业的事"的原则，让技术、经济专家从事其所擅长的符合性审查和商务、技术评估工作。这一规定应被视为对上位法关于"资格审查权利授权委托关系"的细化、补充和完善，而并非像一些人士所称"系回归《政府采购法》，还权于采购人"。

合规指引

对于政府采购货物和服务的招标项目，采购人或采购代理机构应自行从事资格审查，不得委托评标委员会进行资格审查；采用非招标采购方式的其他项目，由评审小组对供应商的资格进行审查。两者均属于合法行为。

代理机构工作人员能否进入评审现场

实践案例

某市开发区管委会基础设施工程设计招标项目，评审结束后，A公司综合得分89.15分被推荐为第一中标候选供应商，B公司综合得分88.50分被推荐为第二中标候选供应商，当日采购人确定A公司为中标供应商并发布了中标结果公告。B公司认为己方报价最低，客观评分项均提供了满足要求的证明材料，且主观评分项共10分，即使主观分全部失分，所估分数也不止88.50分，于是向采购人、采购代理机构提出书面质疑。由于当地规定评审时除评标委员会之外的所有人员均不得进入评审现场，导致采购代理机构对评审现场有关细节并不了解，评审报告也未详细记载得失分等评审情况，经采购人与采购代理机构商议，决定组织原评标委员会协助质疑答复工作。

经评审委员会核实确认，负责评审B公司响应文件的专家李某对业绩评分项条款理解失误，致使B公司符合要求的2份业绩未被认定，B公司实际得分应为92.50分。评审委员会其余成员未对B公司响应文件进行评审，也没有对专家李某的评审数据进行核对，直接影响了评审结果。根据《政府采购法实施条例》第七十五条的有关规定，评审委员会各成员未按照采购文件规定的评审程序、评审标准，独立对每个供应商的投标文件进行评审，评审意见无效，且不属于财政部规定的可以重新评审情形。采购人、采购代理机构决定重新开展采购活动，并同时向市财政局书面报告有关情况。

法律解析

1. 代理机构工作人员并非与评审无关人员，应允许其进入评标现场。

《政府采购货物和服务招标投标管理办法》（财政部令第87号）第六十六条第一款规定："采购人、采购代理机构应当采取必要措施，保证评标在严格保密的情况下进行。除采购人代表、评标现场组织人员外，采购人的其他工作人员以及与评标工作无关的人员不得进入评标现场。"一些地方的政府采购监管部门以代理机构工作人员属于"与评标工作无关的人员"为由，禁止其进入评标现场。实际上，这一理解是不正确的。财政部《关于进一步规范政府采购评审工作有关问题的通知》（财库〔2012〕69号，以下简称财库69号文）规定："评审委员会成员、采购人和采购代理机构工作人员、相关监督人员等与评审工作有关的人员，对评审情况以及在评审过程中获悉的国家秘密、商业秘密负有保密责任。"从该文件的相关表述来看，财政部明确采购代理机构工作人员属于与评审工作有关的人员，应当按照相关法律文件的规定，允许其进入评标现场。

2. 代理机构工作人员应进入评审现场履行相应义务。

采购人和采购代理机构是评审工作的组织者，有义务采取必要措施，保证评审工作在严格保密的情况下进行，同时对评审现场进行监督。财库69号文规定："采购人、采购代理机构和评审委员会在评审工作中，要依法相互监督和制约，并自觉接受各级财政部门的监督。对非法干预评审工作等违法违规行为，应当及时向财政部门报告。"依据《政府采购法实施条例》《政府采购货物和服务招标投标管理办法》和财库69号文等法律文件的相关规定，采购代理机构需要在评审现场履行的职责和义务主要有：

（1）核对评审委员会成员身份、告知回避要求、保管工作人员的通信工具。在评审现场，采购代理机构工作人员应核对评审专家身份，落实好评审专家回避工作，避免与供应商有利害关系的人员参与评审。

（2）宣布评审工作纪律和程序、组织推选评审小组组长。在评审工作开始前，由采购代理机构宣布评审纪律和程序，有助于帮助评审专家对评审项目相关情况的了解，提高评审专家对评审工作的重视。

（3）根据评审委员会的要求介绍政府采购相关政策法规、招标文件。大多数政府采购项目评审时间有限，如由评审委员会成员自行熟悉采购文件，有时无法在短时间内了解项目基本情况，掌握评审要点、重点、难点，容易遗漏关键内容，或者出现以偏概全等现象，很多时候需要采购代理机构人员介绍项目情况、采购文件重点内容和评审办法，以提升评审效率、避免评审错误。此外，相对评审专家来说，由于在一线从事政府采购工作，采购代理机构的工作人员对于政府采购法律制度、政策的了解一般会优于评审专家，当出现分歧或其他需要法律、政策作为评审结论支撑时，采购代理机构提供的法律政策依据将有助于评审工作的顺利开展。

（4）依法组织供应商澄清。《政府采购货物和服务招标投标管理办法》（财政部令第87号）第五十一条第一款规定："对于投标文件中含义不明确、同类问题表述不一致或者有明显文字和计算错误的内容，评标委员会应当以书面形式要求投标人作出必要的澄清、说明或者补正。"在评审实践中，有些专家往往并不了解哪些内容属于可以澄清情形，有时甚至出现接受供应商的主动澄清或者接受供应商超出投标（响应）文件范围、改变投标（响应）文件中实质性内容的澄清和说明的情况。在评审现场，采购代理机构的工作人员一方面可以对此起到告知作用，制止违法澄清活动；另一方面还可以协助评审专家开展一些事务性的工作，如起草澄清要求文件，组织供应商在规定时间内递交澄清文件等。

（5）加强评审现场管理，维护评审秩序。财库69号文规定："采购人、采购代理机构和评审委员会在评审工作中，要依法相互监督和制约，并自觉接受各级财政部门的监督。对非法干预评审工作等违法违规行为，应当及时向财政部门报告。"相关文件赋予了采购代理机构工作人员监督评审委员会依法评审的义务。在评审现场，采购代理机构工作人员有权监督评审委员会依照采购文件规定的评审程序、方法和标准进行独立评审，及时制止和纠正采购人代表、评审专家的倾向性言论或者违法违规行为；禁止与评审无关的人员进入评审现场。

（6）校对、核对评审数据、结果。在评审过程中，采购代理机构在评审委员会检查的基础上，应结合评审现场所掌握的情况对评审数据进行汇总、校对和复核，以减少评审失误，及时发现并当场解决问题。如不让采购代理机构工作人员进入评审现场，如分值汇总错误等一些明显的错误则有可能要等到评审报告完成或中标结果公告后才发现问题，徒增救济成本，如因此引发重新采购，将大大增加采购费用，影响采购效率，造成时间成本、机会成本等方面的损失。

（7）记录评审专家的履职行为，及时报告评审专家或供应商的违法违规行为。《政府采购法实施条例》第六十二条第二款规定："采购人或者采购代理机构应当对评审专家在政府采购活动中的职责履行情况予以记录，并及时向财政部门报告。"如禁止采购代理机构工作人员进入评审现场，会造成代理机构工作人员不了解评审过程和细节，无法对评审专家是否依法履职、是否发表倾向性意见或征询采购人代表的倾向性意见、需要专业判断的主观评审因素是否存在协商评分等情况作出准确客观的评价记录，对于需要了解评审细节才能有效应对的质疑投诉也将无从入手。

（8）处理与评审有关的其他事项。在评审现场，采购代理机构的工作人员可协助评审专家处理一些事务性的工作，评审完成后，按照规定向评审专家支付劳务报酬和异地评审差旅费。

3. 评审委员会应按照法律法规和采购文件的相关规定进行评审。

在评审过程中，评审专家应严格按照法律法规和采购文件规定的评审程序、方法、标准进行独立评审，不得擅自对采购文件规定的评审方法、程序、标准进行修改和细化，而本案例中，评审委员会擅自修改了评审程序，实行分工评审，违背了《政府采购货物和服务招标投标管理办法》（财政部令第87号）第五十五条第四款"评标时，评标委员会各成员应当独立对每个投标人的投标文件进行评价，并汇总每个投标人的得分"之规定，且没有进行相互复核，直接照抄某位专家的打分情况，导致全体成员对同一供应商的评审错误。

受当地一些不合理的管理规定所限，评审现场之外的监督管理部门、采购人或者采购代理机构，无法直观地了解和掌握本案的评审过程和细节，整个评审过程完全处于封闭状态，缺乏有效的监督和制约，评审委员会的一些分工和评审失误难以被及时发现，得不到及时纠正和制止。依据相关法律的规定，在评审过程中，评审委员会与采购代理机构应形成相互监督、相互制约的关系，以利于确保评审的公正性、客观性，避免有权任性的评审行为。

🔍 合规指引

采购代理机构工作人员进入评审现场并不违反独立评审原则，监督管理部门以保障评审委员会独立评审不受非法干扰为由禁止采购代理机构工作人员进入评审现场，剥夺了采购代理机构对评审工作的组织权利，此举违反了相关法律规定。"一刀切"地禁止除评审专家以外的其他人员进入评审现场，将造成评审委员会的评审工作不受制约和监督，导致无法在评审现场及时纠正评审错误，从而引发严重后果。

政府采购监管部门一方面应正确理解法律文件的相关规定，落实好法律政策文件的精神，摒弃"采购代理机构工作人员进入评审现场等同于非法干预评审活动"的"有罪推定"论，不能因追求形式化的监管而忽略对评审质量的保证；另一方面要切实加强政府采购评审工作的监督管理，发现采购代理机构在评审工作中存在违法违规行为的，要依法严肃处理。

对于采购代理机构工作人员是否影响评标专家的独立评审，其判定的重点在于进入评审现场的有关人员是否借助自身有利条件，向评审委员会作出倾向性的说明、干涉或影响评审委员会独立判断、要求评审委员会不按既定评审标准和方法进行评审等非法情形。

资格审查复核应在评标之前进行

实践案例

某市农业科学院劳务派遣服务采购项目，于 2017 年 12 月 5 日在该市公共资源交易中心开标，共有甲、乙、丙 3 名供应商参加投标。该项目由采购代理机构负责资格审查。资格审查完成后，评标委员会进行评审，向采购人推荐了甲、乙 2 名中标候选供应商，并于当日向采购人提交了评审报告。

2017 年 12 月 6 日，采购人在复核时发现，该项目资格审查有误，排名第一的甲供应商未取得劳务派遣经营许可，营业执照经营范围仅有保洁服务、家政服务和物业服务等内容，未包含招标文件要求的劳务派遣或劳务服务等相关内容。

就该项目如何处理，采购人内部出现了两种不同意见：

第一种意见认为：由于甲供应商不具有相应资格条件，采购人应依法取消甲供应商的中标资格，由排名第二的乙供应商依序递补为中标供应商。

第二种意见认为：本项目资格审查由采购代理机构负责，采购人应责令采购代理机构重新出具一份正确的资格审查结论，由于资格审查后有效投标不足三家，应当依法重新组织招标。

法律解析

1. 资格审查应由采购人或者采购代理机构负责实施。

《政府采购货物和服务招标投标管理办法》（财政部令第 87 号）第四十四条

第一款规定:"公开招标采购项目开标结束后,采购人或者采购代理机构应当依法对投标人的资格进行审查。"财政部 87 号令把招标项目的评审划分为资格审查、符合性审查和商务技术评估三个环节,对于三个环节赋予不同的行使主体,如下表所示:

评审内容	行使主体
资格审查	采购人或采购代理机构
符合性审查	评标委员会
商务技术评估	评标委员会

依据《政府采购货物和服务招标投标管理办法》(财政部令第 87 号)的规定,资格审查由采购人或采购代理机构负责,符合性审查和商务技术评估由评标委员会负责。本项目由采购代理机构负责对三家供应商的投标资格进行审查,程序上符合前述的规定。

2. 资格审查错误应由财政部门责令改正。

《政府采购货物和服务招标投标管理办法》(财政部令第 87 号)第七十八条规定:"采购人、采购代理机构有下列情形之一的,由财政部门责令限期改正,情节严重的,给予警告,对直接负责的主管人员和其他直接责任人员,由其行政主管部门或者有关机关给予处分,并予通报;采购代理机构有违法所得的,没收违法所得,并可以处以不超过违法所得 3 倍、最高不超过 3 万元的罚款,没有违法所得的,可以处以 1 万元以下的罚款;……(三)未按照规定进行资格预审或者资格审查的;……"本案例所列情形,系采购代理机构资格审查错误,依法应当由采购人报财政部门,由财政部门责令采购代理机构限期改正。因此,本案例第一种意见"由采购人直接取消甲供应商中标资格"系法条适用错误,第二种意见由采购人"责令采购代理机构重新出具一份正确的资格审查结论"缺乏法律依据。

3. 合格供应商不足三家应当废标。

本案例共有 3 名供应商参加投标,依法由财政部门责令采购代理机构改正资格审查错误后,通过资格审查的合格供应商只有 2 名。依据《政府采购法》第三十六条规定："在招标采购中，出现下列情形之一的，应予废标：（一）符合专业条件的供应商或者对招标文件作实质响应的供应商不足三家的；……"本项目应予以废标。

《政府采购货物和服务招标投标管理办法》（财政部令第87号）第四十三条规定："公开招标数额标准以上的采购项目，投标截止后投标人不足3家或者通过资格审查或符合性审查的投标人不足3家的，除采购任务取消情形外，按照以下方式处理：（一）招标文件存在不合理条款或者招标程序不符合规定的，采购人、采购代理机构改正后依法重新招标；（二）招标文件没有不合理条款、招标程序符合规定，需要采用其他采购方式采购的，采购人应当依法报财政部门批准。"结合该规定的相关规定，本项目废标后，应视招标文件和招标程序是否合法而采用重新招标或依法变更采购方式。

合规指引

本项目资格审查后未及时进行复核，资格审查结论错误导致评标结果错误，评审结果和中标候选供应商推荐名单都不具有合法性。采购人和采购代理机构都应当吸取教训，把对资格审查结果的复核，放在资格审查完成之后评标活动开始之前，以避免出现评审错误。

《劳动合同法》第五十七条第二款规定："经营劳务派遣业务，应当向劳动行政部门依法申请行政许可；经许可的，依法办理相应的公司登记。未经许可，任何单位和个人不得经营劳务派遣业务。"依据这一规定，从事劳务派遣业务的公司，应依法取得行政许可后方可从事相应业务。

评标结束后发现资格审查错误怎么办

实践案例

某机关单位采购办公软件,其中有一项资格要求为:具备计算机软件企业证书。2018年4月8日投标截止前,共有A、B、C、D、E五家供应商提交了投标文件。投标截止后,经采购人委托的代理机构工作人员审查,有A、B、C、E四家企业通过资格审查进入评标程序,并于当日评审完毕并推荐了3名中标候选供应商。4月9日,采购人确定综合得分排序第一的B企业为中标供应商,并在指定媒介发布中标公告。4月10日,D企业向采购代理机构对评标结果提出质疑,代理机构于4月12日答复称该企业未通过资格审查,未进入评标环节。D企业于4月16日向财政部门提起投诉,经财政部门核查,代理机构资格审查有误。关于资格审查错误该如何处理,财政部门出现了如下几种不同意见:

第一种意见认为应当废标后重新组织招标。持这一意见的人士认为,《政府采购法》第三十六条规定:"在招标采购中,出现下列情形之一的,应予废标:……(二)出现影响采购公正的违法、违规行为的;……"本项目采购代理机构资格审查结果有误,影响采购结果的公正性,应当废标后重新组织招标。

第二种意见认为应当重新组织评标委员会重新评审。持这一意见的人士认为,《政府采购货物和服务招标投标管理办法》(财政部令第87号)第六十七条规定:"评标委员会或者其成员存在下列情形导致评标结果无效的,采购人、采购代理机构可以重新组建评标委员会进行评标,并书面报告本级财政部门,但采购合同已经履行的除外:……(四)有政府采购法实施条例第七十五条规定的违法行为的……"此处的"政府采购法实施条例第七十五条规定的违法行为"是指"政府采购评审专家未按照采购文件规定的评审程序、评审方法和评审标准进行独立评审或者泄露评审文件、评审情况"的情形。本项目采购代理机构资格审查错误，评标专家在进行符合性审查前，应当对资格审查结果进行复核，但评标委员会未履行这项工作，应当依法重新组建评标委员会重新进行评审。

第三种意见认为应当责令采购代理机构改正错误。持这一意见的人士认为，《政府采购货物和服务招标投标管理办法》（财政部令第87号）第七十八条规定："采购人、采购代理机构有下列情形之一的，由财政部门责令限期改正，……（三）未按照规定进行资格预审或者资格审查的；……"本项目采购代理机构资格审查错误，应责令其限期改正，并承担相应的法律责任。

法律解析

1. 资格审查错误应当依法予以纠正。

业界通说认为，法律责任应当按照过错责任原则进行追究。本案资格审查错误的过错责任是采购代理机构，其法律责任依法应由采购代理机构承担。如按照第一种和第二种处理意见，采购代理机构在资格审查中出现的错误，则变成了由采购人或评标委员会承担，这一做法不符合基本法理。因此，本案例应当由财政部门责令采购代理机构重新进行审查，改正资格审查错误。

2. 采购人应视重新审查结果不同给予相应处理。

实践中，资格审查错误不外乎以下两种情形：第一种情形是把不符合资格条件的无效投标当成符合资格条件的有效投标，这种情形可简称为"应否未否"；第二种情形是把符合资格条件的有效投标当成无效投标而予以剔除，这种情形可简称为"不应否而否"。

对于"应否未否"情形，可由采购人或采购代理机构重新认定其为无效投标即可。由于该投标文件原本不应该进入评标阶段，评标委员会对其作出的评标结论当然无效，可由原评标委员会修改评标报告中的相应内容。

对于"不应否而否"情形，由于评标委员会尚未完成对该有效文件的评审，可由原评标委员会对该份投标文件进行补充评审，并重新对投标人进行排序。补充评审结果如不影响中标候选人推荐和采购结果的，修改该投标文件的评审结论，维持原采购结果；如补充评审结果影响中标候选人推荐的，由评标委员会重新出具评标报告并推荐中标候选人；如补充评审结果影响中标结果的，采购人依法重新确定中标人。

3. 应视错误被发现的时点不同而采取不同的处理方式。

如在评标开始前发现错误的，采购人或采购代理机构及时纠正错误；如评标过程中发现错误的，可组织原资格审查人员重新进行审查，资格审查后由评标委员会依法进行符合性审查和商务技术评审；如评标结束后发现错误的，应由原资格审查人员重新进行审查，纠正资格审查错误，并视不同情形修改或出具评标报告，或重新推荐中标候选人直至依法重新确定中标人。

合规指引

资格审查环节从评审环节独立出来后，采购人或采购代理机构应选派有经验、有能力的合格业务人员负责该项工作，同时加强必要的内控和监督审核，以确保资格审查结果的准确性。如资格审查结果有误，采购人或采购代理机构应当依据《政府采购货物和服务招标投标管理办法》（财政部令第87号）第七十八条的相关规定承担相应法律责任，采取有效措施纠正评审错误，并依据重新审查结果不同而给予相应处理。

评标委员会组建不合法评审结果无效

实践案例

区教育局委托工程咨询公司就区学生校服采购项目进行公开招标，该项目为分散采购项目。开标前，工程咨询公司在自己组建的评标专家库中随机抽取了四名评标专家和采购人代表组成了评标委员会。随机抽取时，由其工作人员陈某自行抽取。2018年10月15日，工程咨询公司在中国政府采购网发布了中标公告，公布成交供应商为某体育用品公司。

参与本次投标的实业公司向采购人区教育局提出质疑后，对质疑答复不满意，向区财政局提起投诉，诉称本项目"评标委员会组成不合法，要求重新组建评标委员会评标、定标"。区财政部门经调查核实后，指出工程咨询公司未在财政部门组建的评标专家库中随机抽取评审专家，开标前也未通知有关行政监督部门到场监督，违反了《政府采购法实施条例》第三十九条"除国务院财政部门规定的情形外，采购人或者采购代理机构应当从政府采购评审专家库中随机抽取评审专家"和《政府采购货物和服务招标投标管理办法》（财政部令第87号）第四十八条"采购人或者采购代理机构应当从省级以上财政部门设立的政府采购评审专家库中，通过随机方式抽取评审专家"的规定，依据《招标投标法实施条例》第七十条第一款"依法必须进行招标的项目的招标人不按照规定组建评标委员会，或者确定、更换评标委员会成员违反招标投标法和本条例规定的，由有关行政监督部门责令改正，可以处10万元以下的罚款，对单位直接负责的主管人员和其他直接责任人员依法给予处分；违法确定或者更换的评标委员会成员作出的评审结论无效,依法重新进行评审"的规定,认定该项目评审结论无效,同时依据《政府采购法》第三十六条"在招标采购中,出现下列情形之一的,应予废标:……(二)出现影响采购公正的违法、违规行为的……"的规定,责令招标人废标后重新组织招标。

2019年1月15日,区教育局向工程咨询公司发出重新组织招标的书面通知。2019年1月20日,工程咨询公司根据区教育局的上述书面通知向参与投标该项目的投标单位发出《重新进行招标的通知》,告知投标单位原评标委员会作出的评审结论无效,决定本项目重新组织招标。体育用品公司未参与第二次投标。同年5月29日,工程咨询公司及区教育局共同向中标供应商发出"中标通知书"。

某体育用品公司认为区教育局单方确认其取得的"中标通知书"失效,改变了中标结果,遂向当地人民法院起诉,请求法院确认该公司已取得的"中标通知书"合法有效,责令区教育局与其订立校服供货合同。

法院认为:区教育局"学生校服采购招标项目"已达到公开招标的数额标准,属依法必须进行招标的项目。工程咨询公司作为采购代理机构,未依法组建评标委员会,其行为违反了《政府采购法实施条例》第三十九条和《政府采购货物和服务招标投标管理办法》(财政部令第87号)第四十八条中关于随机抽取专家的规定。本案工程咨询公司在开标前组建评标委员会时,抽取评审专家的行为违反了相关法律规定,区教育局宣布第一次中标无效,并进行重新招标符合法律规定。因中标无效,向体育用品公司发出的"中标通知书"亦应当无效,则某体育用品公司诉请区教育局在30日内与其签订合同也无事实和法律依据。

综上,法院判决驳回某体育用品公司的诉讼请求。

法律解析

1. 随机抽取确定评标专家是为了防止人为因素干扰。

《政府采购评审专家管理办法》(财库〔2016〕198号)第十二条规定:"采购人或者采购代理机构应当从省级以上人民政府财政部门设立的评审专家库中随机抽取评审专家。评审专家库中相关专家数量不能保证随机抽取需要的,采购人或者采购代理机构可以推荐符合条件的人员，经审核选聘入库后再随机抽取使用。"该办法第十三条同时规定："技术复杂、专业性强的采购项目，通过随机方式难以确定合适评审专家的，经主管预算单位同意，采购人可以自行选定相应专业领域的评审专家。自行选定评审专家的，应当优先选择本单位以外的评审专家。"

财政部相关文件要求政府采购招标项目的评标专家原则上应当采取随机抽取的方式确定，主要是为了防止招标人在确定评标专家时的主观随意性和倾向性，避免人为因素的干扰，确保评标专家独立产生和公正评标。招标人在确定评标专家时，应根据招标内容、项目特点和评审深度确定所需评标专家的专业、数量、经验等条件，从评标专家库中随机抽取。但是对于技术复杂、专业性强的采购项目，通过随机抽取方式不能确保选择出专业对口、数量充足，完全胜任评标工作的评标专家的，经批准也可以自行选定相应专业领域的评审专家，以确保评标工作顺利进行。

2. 评标委员会应当依法组建。

招标人应当依据相关法律的规定组建评标委员会，一般招标项目，招标人应当从政府有关部门组建的评标专家库中，随机抽取相应专业的专家组成评标委员会；特殊招标项目，招标人经政府采购监管部门批准后，可以依法指定评标专家。《政府采购法实施条例》第三十九条规定："除国务院财政部门规定的情形外，采购人或者采购代理机构应当从政府采购评审专家库中随机抽取评审专家。"本项目应当依据《政府采购法实施条例》和《政府采购货物和服务招标投标管理办法》（财政部令第87号）第四十八条"采购人或者采购代理机构应当从省级以上财政部门设立的政府采购评审专家库中，通过随机方式抽取评审专家。对技术复杂、专业性强的采购项目，通过随机方式难以确定合适评审专家的，经主管预算单位同意，采购人可以自行选定相应专业领域的评审专家"的规定，从省级以上财政部门设立的政府采购评审专家库中，随机抽取相应专业的专家组成评标委员会，负责本项目的评审。特殊项目须自行选定专家的，须经主管预算单位同意。

3. 评标委员会组建不合法将导致评标结果无效。

《政府采购法实施条例》第六十八条规定："采购人、采购代理机构有下列情形之一的,依照政府采购法第七十一条、第七十八条的规定追究法律责任:……(五)未依法从政府采购评审专家库中抽取评审专家;……。"《政府采购法》第七十一条规定:"采购人、采购代理机构有下列情形之一的,责令限期改正,给予警告,可以并处罚款,对直接负责的主管人员和其他直接责任人员,由其行政主管部门或者有关机关给予处分,并予通报……"。该法第七十八条同时规定:"采购代理机构在代理政府采购业务中有违法行为的,按照有关法律规定处以罚款,可以在一至三年内禁止其代理政府采购业务,构成犯罪的,依法追究刑事责任。"结合《政府采购法》及其实施条例的规定,如果评标委员会的组建不合法,则该评审机构严格来说不是合法机构,其评标行为无法律效力,评审结论不应当被采纳,应重新依法组建评标委员会后重新评标。如该项目评标、定标活动已结束,则中标结果无效,该中标通知书不具备法律效力。

4. 存在违法违规行为应当依法废标后重新组织招标。

《政府采购法》第三十六条第一款规定:"在招标采购中,出现下列情形之一的,应予废标:(一)符合专业条件的供应商或者对招标文件作实质响应的供应商不足三家的;(二)出现影响采购公正的违法、违规行为的;(三)投标人的报价均超过了采购预算,采购人不能支付的;(四)因重大变故,采购任务取消的。"该法第三十七条同时规定:"废标后,除采购任务取消情形外,应当重新组织招标;需要采取其他方式采购的,应当在采购活动开始前获得设区的市、自治州以上人民政府采购监督管理部门或者政府有关部门批准。"由于本项目评标委员会组建违法,影响采购公正,该次评标活动和评标结果无效,应当依照《政府采购法》的相关规定废标后重新组织招标。

《政府采购法实施条例》第六十八条规定:"采购人、采购代理机构有下列情形之一的,依照政府采购法第七十一条、第七十八条的规定追究法律责任:……(五)未依法从政府采购评审专家库中抽取评审专家;……"本案例采购项目为依法必须进行公开招标的项目,工程咨询公司未依据相关法律的规定,从省级以上财政部门组建的政府采购评审专家库中随机抽取评标专家组建评标委员会,基于无效评标行为和评标结果而发给某体育用品公司的"中标通知书"也属无效承诺。因此,某体育用品公司请求确认"中标通知书"有效的理由不成立。

合规指引

政府采购项目评标委员会由采购人代表和有关技术、经济等方面的专家组成，成员人数应当为五人以上单数。其中，技术、经济等方面的专家不得少于成员总数的三分之二。招标人应当从省级以上财政部门设立的政府采购评审专家库中，通过随机方式抽取评标专家。对技术复杂、专业性强的采购项目，通过随机方式难以确定合适评审专家的，经主管预算单位同意，采购人可以自行选定相应专业领域的评审专家，但评标专家的人数和组成结构依然应当符合有关规定。

政府采购项目的招标人必须依法组建评标委员会，否则可能会因评标委员会组建不合法而导致评标无效。

漏编页码被判投标无效是否合理

实践案例

2019年10月9日，某政府采购监管部门收到M公司投诉，称该公司参加一农村义务教育薄弱学校改造食堂设备采购项目公开招标，在项目评标过程中，遭遇多处不公正待遇：一是在编制投标文件过程中，工作人员由于粗心大意漏编了页码，结果被判为无效标。二是M公司消毒储碗柜、蒸饭柜生产厂家为"Z市昌和宝厨具设备有限公司"，在投标文件中由于工作人员的失误少打了一个字而写成"Z市昌和厨具设备有限公司"，评标委员会以生产厂家名称与厂家证明文件所加盖的公章单位名称不相符为由，认定投标文件为无效投标文件。三是评标委员会在对各投标人提供的样品进行检查的过程中，对M公司的样品检查得非常全面认真细致，如果认定M公司的投标无效，那就应该直接宣布M公司的样品不在评标之列。既然检查了，就意味着M公司已经进入详细评审程序，进入了详细评审程序后又宣布M公司的投标文件无效，解释不通。

此外，M公司认为，漏编页码并非招标文件要求的实质性错误，投标文件中的厂家名称与厂家证明文件不符，属明显的打字错误所致，评标委员会应启动澄清程序，且M公司的报价比中标价低了96万多元，公司在售后服务、保修期限等方面的优势都远胜于中标公司，评标专家因为漏编页码、明显的打印错误就认定投标无效，失之偏颇。

那么，M公司的上述投诉是否站得住脚呢？

法律解析

1. 评标的直接依据应当是招标文件规定的评标方法和评标标准。

在招标采购实践中，由于编制人员的疏漏，招标文件前后内容难免有不一致或不对应之处。本案例就属于典型的招标文件内容前后不对应导致的争议。经核查，本项目招标文件第二章"投标人须知前附表"第9.1款规定："投标人须按照本须知第8项规定的内容编制投标文件，并自编目录及页码装订成册。"但在"评标办法"一章，未明确规定"未按招标文件的要求自编目录及页码"属于无效投标。在评审过程中，评标委员会依据"投标人须知前附表"中的相关规定，认定M公司的投标文件编制不符合招标文件规定的要求，判定该公司的投标属无效投标。

但是，评标委员会的这一做法值得商榷。本案例"投标人须知"和"评标办法"出现不一致的情形，且招标文件没有约定以哪个为准。严格来说，评审的直接依据应该是招标文件"评标办法"一章中的"评标标准及评审细则"部分。《政府采购法实施条例》第三十四条第五款规定："招标文件中没有规定的评标标准不得作为评审的依据。"在部门规章层面，也有类似规定。《政府采购货物和服务招标投标管理办法》（财政部令第87号）的相关规定。该办法第五十二条明确规定："评标委员会应当按照招标文件中规定的评标方法和标准，对符合性审查合格的投标文件进行商务和技术评估，综合比较与评价。"也就是说，"投标人须知"中的内容并非意味着一定属于实质性条款，如果在"评标标准及评审细则"中没有约定漏编目录和页码属于无效投标评标委员会按照"投标人须知"中的要求，认定M公司投标文件无效显得过于牵强。

2. 投标文件出现明显打印错误应启动澄清说明程序。

本案例中，投标人由于疏忽，将设备生产厂家的名称少打了一个字，错打成"Z市昌和厨具设备有限公司"，与厂家实际名称"Z市昌和宝厨具设备有限公司"不符。《政府采购货物和服务招标投标管理办法》（财政部令第87号）第五十一条规定："对于投标文件中含义不明确、同类问题表述不一致或者有明显文字和计算错误的内容，评标委员会应当以书面形式要求投标人作出必要的澄清、说明或者补正。本项目 M 公司在投标文件中，将生产厂家的名字少打了一个字，应认定为明显的文字错误并启动澄清说明程序为妥，而不应武断地判定其为无效投标。

3. 认定无效标后是否可以审查样品。

根据《政府采购货物和服务招标投标管理办法》(财政部令第 87 号)的相关规定，政府采购货物和服务招标项目评审工作分为资格审查、符合性审查和商务技术评估三个阶段。其中，资格审查由采购人或采购代理机构实施，符合性审查和商务技术评估由评标委员会实施，供应商的投标文件通过资格性检查和符合性检查后，由评标委员会按照招标文件中规定的评标方法和标准，对其开展商务和技术评估，进行综合比较与评价，并向招标人推荐标明排序的中标候选供应商。

本案例评标委员会在符合性审查阶段判定 M 公司投标无效，按理不应对其样品再进行评审。但是，经财政部门调查核实，本项目招标文件规定，所有投标单位的样品均应无记名密封提交，并在开标现场由投标单位代表随机抽取相应数字进行编号后，统一移交给评标委员会进行评审。在评审现场，评标委员会无法知晓样品所对应的投标单位，只能对所有样品进行评议，评标委员会并不存在刻意让初步评审不过关的投标文件进入详细评审阶段的问题。

需要注意的是:《政府采购货物和服务招标投标管理办法》(财政部令第 87 号)对招标项目要求供应商提供样品作了严格限制。该办法第二十二条规定:"采购人、采购代理机构一般不得要求投标人提供样品，仅凭书面方式不能准确描述采购需求或者需要对样品进行主观判断以确认是否满足采购需求等特殊情况除外。要求投标人提供样品的，应当在招标文件中明确规定样品制作的标准和要求、是否需要随样品提交相关检测报告、样品的评审方法以及评审标准。需要随样品提交检测报告的，还应当规定检测机构的要求、检测内容等。采购活动结束后，对于未中标人提供的样品，应当及时退还或者经未中标人同意后自行处理;对于中标人提供的样品，应当按照招标文件的规定进行保管、封存，并作为履约验收的参考。"

合规指引

评标的直接依据是招标文件规定的评标方法和评标标准。如招标文件对供应商的要求前后存在不一致之处，评审时应当以招标文件中的评标标准和评审细则为准，而不应对诸如漏编目录、错编页码等非实质性内容过于较真，武断地判定该类投标文件无效。

对于投标文件中含义不明确、同类问题表述不一致或者有明显文字和计算错误的内容，评标委员会应当以书面形式要求投标人作出必要的澄清、说明或者补正。

《政府采购货物和服务招标投标管理办法》（财政部令第87号）明确，采购人一般不得要求投标人提供样品，在仅凭书面方式不能准确描述采购需求或者需要对样品进行主观判断以确认是否满足采购需求等特殊情况下，才能要求提交样品。

规定合同金额的业绩不得作为供应商的资格条件要求

实践案例

某政府采购服务项目进行公开招标，项目预算为360万元，于2021年1月4日通过中国政府采购网等媒体发布招标公告，该项目采用综合评分法。招标公告和招标文件的"供应商资质要求"规定，供应商自2018年至2020年须具有1个（含）以上合同金额在100万元（含）以上的该类服务项目业绩。至投标截止时，共有9家供应商递交投标文件。根据评标委员会的评审意见，采购人按程序于2021年1月31日确定甲公司为中标人，并发布中标公告。

2021年2月1日，财政部门收到供应商关于本项目的举报信，反映本项目招标公告和招标文件有关供应商自2018年至2020年须具有1个（含）以上合同金额在100万元以上的该类服务项目业绩的资质要求，属于以不合理的条件对供应商实行差别待遇或歧视待遇的情形，要求本项目废标后重新招标。经查证，该举报事项属实，财政部门针对举报所涉事项是否违法出现了两种不同观点：

第一种观点认为：举报所涉事项不构成违法。依据《政府采购法》的相关规定，业绩可以作为资格条件要求，且该项目采购预算为360万元，而招标文件的业绩要求为类似业绩合同金额为100万元，远低于项目采购预算，不应视为以不合理的条件对供应商实行差别待遇或歧视待遇。

第二种观点认为：举报所涉事项构成违法。虽然合同业绩可以作为资格条件要求，且本项目要求的100万元以上的合同业绩也远低于本项目预算金额，但不能据此证明该金额限定的合理性，客观上限制了业绩金额小于100万元的供应商参与本项目竞争，属于以不合理条件对供应商实行差别待遇。

法律解析

1. 业绩可以作为政府采购项目的资格条件要求。

《政府采购法》第二十三条规定："采购人可以要求参加政府采购的供应商提供有关资质证明文件和业绩情况，并根据本法规定的供应商条件和采购项目对供应商的特定要求，对供应商的资格进行审查。"该法第二十二条第二款同时规定："采购人可以根据采购项目的特殊要求，规定供应商的特定条件，但不得以不合理的条件对供应商实行差别待遇或者歧视待遇。"本项目招标人从项目专业特点和实际需要出发，要求供应商具备此类服务的履约经验，符合《政府采购法》第二十三条的要求，应视为采购人根据项目的特殊要求，规定供应商的特定条件，业绩情况依法可以作为政府采购项目的资格条件要求。

2. 采购人不可规定业绩数量和合同金额。

《政府采购法实施条例》第二十条规定："采购人或者采购代理机构有下列情形之一的，属于以不合理的条件对供应商实行差别待遇或者歧视待遇……（二）设定的资格、技术、商务条件与采购项目的具体特点和实际需要不相适应或者与合同履行无关……"本项目招标人设置的100万元合同业绩金额，虽然远低于项目预算金额，但该合同业绩金额的限定与项目本身的预算金额并无直接关联性，不能据此得出100万元合同业绩要求合理的结论。

此外，《政府采购货物和服务招标投标管理办法》（财政部令第87号）第十七条规定："采购人、采购代理机构不得将投标人的注册资本、资产总额、营业收入、从业人员、利润、纳税额等规模条件作为资格要求或者评审因素，也不得通过将除进口货物以外的生产厂家授权、承诺、证明、背书等作为资格要求，对投标人实行差别待遇或者歧视待遇。"虽然合同金额的限定不是直接对企业规模的限定，但由于合同金额与营业收入直接相关，设置特定金额的合同业绩作为资格条件要求，实质上构成了对投标人实行差别待遇或歧视待遇，违反了《政府采购法》第二十二条第二款和《政府采购法实施条例》第二十条第二项的规定。

3. 业绩不可同时作为评分因素。

《政府采购货物和服务招标投标管理办法》(财政部令第87号)第五十五条第二款规定："评审因素的设定应当与投标人所提供货物服务的质量相关，包括投标报价、技术或者服务水平、履约能力、售后服务等。资格条件不得作为评审因素……"招标人如已将业绩作为资格条件，则不可再作为评分因素，否则将构成违法。

合规指引

政府采购货物和服务招标项目，招标人可以将供应商的业绩情况作为资格条件要求，作为对供应商履约能力的考核。但招标人不得对供应商的业绩数量和合同金额作出要求，否则将构成以不合理条件对供应商实行差别或歧视待遇。如招标人已将业绩作为资格条件，则不得再作为评分因素。

需要注意的是：采用非招标采购方式的项目，虽不属于《政府采购货物和服务招标投标管理办法》(财政部令第87号)管辖，但依据《政府采购促进中小企业发展管理办法》(财库〔2020〕46号)第五条的规定，采购人同样不得对供应商的业绩数量和合同金额作要求，否则也属于以不合理条件对供应商实行差别待遇或歧视待遇。

适用兜底情形认定无效投标应慎重

实践案例

某政府采购货物招标项目,于 2017 年 11 月 3 日在中国政府采购网发布招标公告。该项目采用综合评分法。招标人在招标文件的"投标人须知"一节中规定:"供应商应当按照招标文件规定的编制顺序制作响应文件。"此外,招标文件还在"投标文件格式"一章中,详细列举了资格文件、商务文件和技术文件的编排顺序。

至投标截止时间,共 4 家供应商递交了响应文件。在符合性审查环节,评标委员会发现:A 公司的响应文件内容齐全,满足招标文件中提出的实质性要求,但其营业执照等资格证明文件未按照招标文件要求的顺序编制和装订,遂认定该公司的投标文件无效。中标结果公告后,A 公司分别向招标人和采购代理机构提出质疑,称其投标文件满足招标文件的实质性要求,不应该被判定为无效投标。质疑人认为原评标委员会评审错误,要求招标人组织原评委员会对其投标文件重新进行评审,认定其为有效文件,并对该投标文件进行商务、技术评估。

接到 A 公司的质疑函后,招标人和采购代理机构对招标文件和 A 公司的投标文件作了仔细核查,发现招标文件虽然要求供应商在编制投标文件时,"应当按照招标文件规定的编制顺序制作响应文件",但在投标文件符合性检查表中,未将"投标文件未按规定的编制顺序制作"列为无效投标条款。评审时,评标委员会依据符合性检查表中所列的"招标文件规定的其他无效投标情形"这一规定,对 A 公司的投标文件作出投标无效的判定。

在处理质疑的过程中，招标人内部出现了两种完全不同的意见：

第一种意见认为评标委员会的评审结论正确。主要理由如下：本项目招标文件明确要求供应商"应当按照招标文件规定的编制顺序制作响应文件"，此处的"应当"是"必须"的意思，该规定应属于招标文件的实质性要求，供应商A公司没有按照招标文件的实质性要求编制投标文件，该投标文件应当被认定为无效投标文件，不应通过符合性审查。

第二种意见则认为评标委员会的评审结论有误。主要理由如下：本项目招标文件"评标办法"一章所附的符合性审查表里，未将"投标文件未按规定的编制顺序制作"列为无效投标条款，评标委员会依据兜底条款判定供应商A公司的投标文件无效依据不足，应予以更正，并对该供应商的投标文件进行商务和技术评审。

两种意见相持不下，质疑处理一时陷入僵局。

法律解析

1. 招标文件的编制应当规范、严谨。

招标文件是招标人向潜在投标人发出并告知项目需求、招标投标活动规则和合同条件等信息的要约邀请文件，是政府采购项目开展招标投标活动的主要依据，对招投标各方均具有法律约束力。招标文件的编制应当体现政府采购项目的特点和需求，不得以不合理的条件限制、排斥潜在投标人参与竞争，招标文件的语言文字要规范严谨、准确精练，尽可能避免出现歧义。在招标文件中，应当明确标示出实质性要求和否决投标的情形。特别是对于义务性规定，招标人在编写招标文件时，应参照法律规范的逻辑结构进行表述，尽可能涵盖"假定条件、行为模式和违规后果"三个完整的部分，以便于评标专家在评审时准确适用。

本项目招标文件编制存在明显瑕疵，在"投标人须知"中规定供应商须按照规定的编制顺序制作响应文件，还在"投标文件格式"中详细列举了资格文件、商务文件和技术文件的编排顺序。撇开该要求是否合理不说，招标文件在资格审查、符合性审查和商务技术评审环节中，均未对违反上述"应为模式"应如何承担责任作出规定，使得"须按规定的编制顺序制作响应文件"的要求形同虚设，成了一项难以落地的"口号式要求"。

2. 供应商应当对招标文件提出的要求和条件作出明确响应。

《政府采购货物和服务招标投标管理办法》（财政部令第87号）第三十二条规定："投标人应当按照招标文件的要求编制投标文件。投标文件应当对招标文件提出的要求和条件作出明确响应。"根据相关法律的规定，供应商在编制投标文件时，应当按照招标文件的要求，对招标文件中提出的实质性要求逐一作出响应，以避免出现无效投标情形。

需要注意的是：招标文件提出的要求和条件，有实质性要求和非实质性要求两种类型。如果是实质性要求，供应商对此没有作出响应，将直接导致投标无效；如果是非实质性要求，一般允许供应商在响应时出现一定偏离，虽然该偏离可能导致评标委员会对该投标文件作出不利处理，但不必然导致投标文件无效。

3. 兜底性条款一般不得随意使用。

在招标文件编制过程中，招标人或采购代理机构通常都习惯于在无效投标情形中设置一项兜底性条款，以弥补列举式表述的缺陷和不足。但是，兜底性条款的表述带有一定的模糊性和不确定性，也给具体情形的适用和判定带来了困难。而且，兜底性条款在赋予了评标委员会行使自由裁量权的同时，也对评标活动的规范性和严肃性带来一定影响，容易降低招标活动的公信力和投标人对评标结果的信任度。

因此，在招标投标实践中，尽管评标办法中往往会设有兜底性条款，但对该条款的适用应当特别谨慎。当招标采购实操过程中出现了列举项之外的情形，需要考虑是否适用兜底性条款进行评审和判定时，作为评审专家，应当审慎地将该情形的危害行为、危害结果和其所达到的程度（或范围），与已列举的各项情形所产生的危害行为、危害结果和所达到的程度（或范围）进行全面综合的类比和比对，准确地判断二者之间是否已堪称相若、相当、类当、类等或是超过时，合理作出是否适用兜底性条款予以处理的决定，做到不枉不纵。

4. 本案例不宜直接适用兜底性条款判定投标文件无效。

《政府采购货物和服务招标投标管理办法》（财政部令第87号）第五十条规

定:"评标委员会应当对符合资格的投标人的投标文件进行符合性审查,以确定其是否满足招标文件的实质性要求。"招标文件规定的符合性审查因素应为实质性内容,如授权委托存在硬伤、投标报价超出最高限价、投标有效期不满足招标文件要求、技术参数不满足星号(*)条款要求、投标文件附有招标人不能接受的条件、投标人有串标围标(或弄虚作假、行贿)等违法行为等。上述这些情形的存在,都将可能对履约质量带来实质性的影响或使得采购项目存在巨大的履约风险,如不符合招标文件要求,应作为无效投标处理。

本案例 A 公司的资格证明文件确实没有按照招标文件要求的顺序编制,但其投标文件的其他内容均完全符合招标文件的实质性要求,其资格证明文件编排顺序瑕疵,不足以对合同履约质量产生实质性影响,不在实质性要求的范围内,不宜直接适用兜底性条款认定其投标无效。

综上分析,该项目评标委员会在评审时,存在自由裁量权适用不当的嫌疑,应予以纠正。

合规指引

采购人或采购代理机构在编制政府采购项目招标文件时,应注意招标文件的整体性、系统性和连贯性,注意招标文件前后内容的对应和衔接。切莫出现"前面部分提了要求,后面部分却未明确该违规行为的不利后果"的情况。一般情况下,招标文件应当集中列明无效投标条款,并用醒目方式标注出来。

在项目评审过程中,评标委员会应当审慎适用兜底性条款,应对某特定情形作出综合衡量后,准确判断是否可通过适用兜底性条款进行处理,以避免引发争议。

评审过程不得违背招标文件的实质性内容

实践案例

某省政府采购中心受省文体厅委托采购省渔船通广播电视工程设备，招标文件载明：项目分为 a 包和 b 包，共采购设备 3202 套；投标人可对两个包选择投标或全部投标，但必须按照包号分别报价，且最多只能中一个包；当投标人所投 a 包、b 包综合得分均为第 1 名时，优先确定其中标 a 包，b 包由投标该包综合得分第 2 名的投标人中标。

2021 年 4 月 18 日，某省政府采购中心发布招标文件修改补充公告，决定增加海上实地检测，且对原招标文件中有关数据进行修改，要求投标人各派一位代表上船配合检测工作。

2021 年 4 月 21 日，6 家投标人的受检设备均在检测船上安装并调试，投标人各派一名代表登船参与检测。受检设备开机后，仅视频公司的受检设备没有视频信号。2021 年 4 月 23 日，海上实地检测组织人允许视频公司另派技术人员上船对其受检设备进行调试，视频公司在海上实地检测过程中，视频信号未出现中断。2021 年 5 月 9 日，某省政府采购中心发布"中标公示"，涉案项目 a 包、b 包前三名的中标候选人依次均为：科技公司、视频公司、电子公司。

2021 年 5 月 12 日，电子公司就视频公司中标 b 包的结果，向某省政府采购中心提出书面质疑。某省政府采购中心向电子公司回复"正在组织评审专家复核该项目，待有结果后将给予答复"。

2021 年 6 月 10 日，电子公司向财政厅提交"投诉书"。财政厅经调查作出

《政府采购投诉处理决定》，决定取消视频公司在 a 包、b 包排名第二的预中标单位资格，电子公司为 a 包、b 包排名第二的预中标单位，为 b 包中标单位。视频公司不服该决定，遂向财政部申请行政复议。财政部作出处理决定，决定 b 包重新开展采购活动。视频公司获悉该复议结果后，提起本案诉讼。

  法院认为，根据《政府采购法》第五十二条、第五十三条、第五十四条和第五十五条的规定，供应商认为采购文件、采购过程和中标、成交结果使自己的权益受到损害的，可以在知道或者应当知道其权益受到损害之日起七个工作日内，以书面形式向采购人或者采购代理机构提出质疑；采购人或者采购代理机构应当在收到供应商的书面质疑后七个工作日内作出答复；供应商对答复不满意或者采购人、采购代理机构未在规定的时间内作出答复的，可以在答复期满后十五个工作日内向同级政府采购监督管理部门投诉。电子公司自某省政府采购中心于 2021 年 5 月 9 日发布"中标公示"后，于 2021 年 5 月 12 日就视频公司中标涉案项目 b 包的结果提出书面质疑，符合质疑的期限要求。电子公司在某省政府采购中心以"正在组织评审专家复核该项目，待有结果后将给予答复"为由拖延答复的情况下，于 2021 年 6 月 10 日向财政厅进行投诉，未超过答复期满后十五个工作日内的投诉期限要求。

  根据涉案项目"海上实测补充通知"的规定，海上实地检测时间自 2021 年 4 月 23 日开始，投标人各派一位代表上船配合检测工作，受检设备安装调试完成由投标人代表当场检验正常即待检测，不得另行调换。但是，涉案项目进行海上实地检测时，检测组织人在检测船启航后，未取得其他投标人同意，就允许视频公司另派人员登船调试其受检设备，且等待视频公司受检设备调试出视频信号后，才宣布开始检测。因此，财政部作出处理决定，其认为海上实地检测过程违反招标文件规定，采购过程可能影响中标、成交结果，并无不当。视频公司一直未能取得 b 包的中标通知书或者采购合同，故其所诉生产产品的经济损失，与财政厅作出的投诉处理决定，不具有关联性。视频公司为处理涉案投诉而支出的费用，系其主张自身权利的开支，而非投诉处理决定造成的经济损失。

  综上，法院判决驳回视频公司的诉讼请求。

法律解析

1. 投诉必须在投诉期限内以书面形式提出。

依照《政府采购法》第五十二条、第五十三条、第五十四条和第五十五条的规定,供应商认为采购文件、采购过程和中标、成交结果使自己的权益受到损害的,可以在知道或者应当知道其权益受到损害之日起七个工作日内,以书面形式向采购人或者采购代理机构提出质疑;采购人或者采购代理机构应当在收到供应商的书面质疑后七个工作日内作出答复;供应商对答复不满意或者采购人、采购代理机构未在规定的时间内作出答复的,可以在答复期满后十五个工作日内向同级政府采购监督管理部门投诉。本案中,电子公司自某省政府采购中心于2021年5月9日就涉案项目招投标结果发布"中标公示"后,即于2021年5月12日就涉案项目b包的中标结果在公示期内提出书面质疑,并在对某省政府采购中心关于质疑的答复不满意的情况下,于2021年6月10日向财政厅进行投诉,符合投诉期限要求。

2. 在评审过程中,采购人不得擅自修改或违背招标文件的实质性内容。

招标文件中的实质性内容是招标人事先确定招投标交易规则,是招标投标活动的行为依据。因每一招标项目均涉及多家供应商的经济利益,其招投标活动应按招标文件事先设置的条件和程序进行,以保障采购结果的公平公正。本案中,依照"海上实测补充通知"的规定,涉案项目海上实测时间自2021年4月23日开始,投标人各派一位代表上船配合检测工作,受检设备安装调试完成由投标人代表当场检验正常即待检测,不得另行调换。但是,视频公司的受检设备没有视频信号,海上实测组织者在未征求其他投标人意见的情况下,再次允许视频公司另派技术人员登船处理直至调试出视频信号后,才宣布开始检测。因此,在所有供应商受检设备安装调试完成并处于待测状态时,海上实测组织者未征求其他供应商的意见,便允许视频公司另派技术人员对受检设备重新调试,对其他投标人有失公允。海上实测过程违反招标文件规定,采购过程可能影响中标、成交结果,并在涉案项目尚未确认中标人并签订政府采购合同的情况下,决定重新开展采购活动，处理结果并无不当。

🖐 合规指引

评审委员会在评审过程中，无论是在操作程序上，还是对实体问题的处理上，都应遵循相同的交易规则和行为规范，对所有投标人一视同仁。法律法规的明文规定和招标文件规定的评审标准和办法，是评标委员会开展评审活动的依据。评审专家应严格按照招标文件设定的采购条件和评审标准、方法进行评审，不得违背招标文件的规定进行评审，评审时不得擅自变更招标文件的实质性内容，不得在评审过程中随意修改变更采购条件和评审标准，也不得针对某一部分投标人作出变通适用或偏袒。

组织重新评审不可任性而为

实践案例

某采购代理机构受采购人委托，采用公开招标方式对"产品检测设备采购项目"进行政府采购，采购文件明确本项目拟采购设备共34类，采购预算为人民币80万元（单套检测系统费用不得超过5万元）。

2017年11月3日，某采购代理机构如期组织开标、评标。经过评审委员会的评审及推荐，无锡某公司为第一中标候选供应商，合肥某公司为第二中标候选供应商。采购代理机构在评审结束之后将评标报告送采购人核实、确认。采购人代表随即签字确定第一中标候选供应商为本项目中标供应商，就在采购代理机构草拟中标结果公告时，采购人代表来电反映第一中标候选供应商的单套检测系统费用超过5万元，不符合采购文件规定，要求取消其中标资格。采购代理机构重新检查采购文件以及评审资料后发现，采购文件虽要求单套检测系统费用不得超过5万元，但没有对"单套检测系统"作出相应定义，本项目拟采购设备除了3类检测设备还包括所需的配件、清洗机、桌椅板凳、实验玻璃器皿等共计34类，哪些属于采购文件规定的单套检测系统以及如何处理成了本案的焦点所在。这种情况该采购代理机构也是第一次遇到，如何处理内部产生了不同的意见。

第一种意见：采纳采购人的意见，即单套检测系统相应设备属于行业内经营者应该普遍知晓的常识，即使采购文件未注明也可以判断。因此建议取消第一中标候选供应商的中标资格，由采购人决定重新开展采购活动或顺延下一中标候选供应商。

第二种意见：采购文件未能注明单套检测系统的详细组成，而采购人主观认定的单套检测系统包括玻璃器皿、桌椅板凳等配套设备具有极大的争议，尤其涉及投标人是否实质性地响应采购文件，因此建议通知评审委员会针对这一问题进行重新评审，根据评审结果决定下一步。

某采购代理机构经与采购人商议，采用了第二种意见。并于2017年11月9日组织原评审委员会针对该问题进行重新评审。评审委员会查阅采购文件及所有投标人的投标文件，考虑到采购文件并未对单套检测系统的组成作详细规定，因此无法确定投标人相应报价是否超出要求的5万元，最终作出维持原评审结果的结论。

根据重新评审的结果，2017年11月12日采购人、采购代理机构在省政府采购网发布中标结果公告。

法律解析

1. 采购文件的表述应当清晰准确，避免引发歧义。

采购文件内容是否科学合理、明确清晰以及对细节的把握决定了采购活动内容的成败和采购结果的公正。在政府采购实践中，采购文件中的采购需求、采购预算（最高投标限价）等一般由采购人负责提供。但是，由于采购人专业知识的匮乏，对相关法律法规政策了解的欠缺，参与政府采购活动经验不足等原因，容易出现一些失误乃至明显的错误。作为采购人因自身能力不足而委托的专业代理机构，有义务提出专业化的建议，协助采购人完善采购需求等资料。

本案例中，采购人意识到"单套检测系统费用"的重要性，在采购文件中设置了"不得超过5万元"的要求，但出于采购经验不足等方面的原因，没有在采购文件中明确单套检测设备的具体组成，造成对单套检测设备的内涵界定出现歧义。本案中的采购代理机构则是"拿来主义"，对采购人提供的资料未作必要的复核与检查，直接套用，导致采购文件存在的缺陷未能及时纠正，这是引发后续问题的主要原因。

除了没有明确"单套检测系统"的具体组成设备，本案例中采购文件还有其他缺陷。《政府采购货物和服务招标投标管理办法》（财政部令第87号）第二十条第二款规定："对于不允许偏离的实质性要求和条件，采购人或者采购代理机构应当在招标文件中规定，并以醒目的方式标明。"而本案例中单套检测系统费用的5万元上限没有明确注明为实质性条件要求，评审时面临着有要求却无处理标准的窘境。

《政府采购法实施条例》第四十一条规定："评标委员会、竞争性谈判小组或者询价小组成员应当按照客观、公正、审慎的原则，根据采购文件规定的评审程序、评审方法和评审标准进行独立评审……"该条例第七十五条同时规定："政府采购评审专家未按照采购文件规定的评审程序、评审方法和评审标准进行独立评审或者泄露评审文件、评审情况的，由财政部门给予警告……政府采购评审专家有上述违法行为的，其评审意见无效，不得获取评审费；有违法所得的，没收违法所得；给他人造成损失的，依法承担民事责任。"依据相关法律的规定，在评审现场，评标委员会成员不得对评审程序、方法、因素、标准进行任何修改或细化，由于招标文件未明确注明"单套检测系统费用不得超过5万元"为实质性要求，导致评标委员会作出无效投标或其他不利于投标人的评分量化等处理依据不足，对该项要求的评审陷入尴尬。

2. 重新评审不可任性。

评审结束之后，采购人或采购代理机构发现评审错误，或因为处理质疑须原评审专家协助处理时，通常会组织评标委员会重新进行评审，但往往容易忽视政府采购法律制度对于启动重新评审程序的适用前提和基本要求。《政府采购法实施条例》第四十四条第一款明确规定："除国务院财政部门规定的情形外，采购人、采购代理机构不得以任何理由组织重新评审。采购人、采购代理机构按照国务院财政部门的规定组织重新评审的，应当书面报告本级人民政府财政部门。"

依据这一规定，只有符合财政部门规定的情形时，才可以依法组织重新评审，且应当以书面形式报告本级财政部门。关于可以组织重新评审的法定情形，财政部门根据采购方式的不同，分别作出了不同规定。根据上位法的授权，财政部在《政府采购货物和服务招标投标管理办法》（财政部令第87号）第六十四条、《政府采购非招标采购方式管理办法》（财政部令第74号）第二十一条、《政府采购竞争性磋商采购方式管理暂行办法》（财库〔2014〕214号）第三十二条等法条，分别规定了招标、竞争性谈判、询价、竞争性磋商等采购方式下，采购人可以组织重新评审的法定情形。

《政府采购货物和服务招标投标管理办法》（财政部令第87号）第六十四条

第一款、第二款规定,"评标结果汇总完成后,除下列情形外,任何人不得修改评标结果:(一)分值汇总计算错误的;(二)分项评分超出评分标准范围的;(三)评标委员会成员对客观评审因素评分不一致的;(四)经评标委员会认定评分畸高、畸低的。评标报告签署前,经复核发现存在以上情形之一的,评标委员会应当当场修改评标结果,并在评标报告中记载;评标报告签署后,采购人或者采购代理机构发现存在以上情形之一的,应当组织原评标委员会进行重新评审,重新评审改变评标结果的,书面报告本级财政部门"。

《政府采购非招标采购方式管理办法》(财政部令第74号)第二十一条规定,"除资格性审查认定错误和价格计算错误外,采购人或者采购代理机构不得以任何理由组织重新评审"。《政府采购竞争性磋商采购方式管理暂行办法》(财库〔2014〕214号)第三十二条规定:"除资格性检查认定错误、分值汇总计算错误、分项评分超出评分标准范围、客观分评分不一致、经磋商小组一致认定评分畸高、畸低的情形外,采购人或者采购代理机构不得以任何理由组织重新评审……"

本案采购方式为公开招标,采购人如拟组织重新评审,应依据《政府采购货物和服务招标投标管理办法》(财政部令第87号)第六十四条的规定判定是否符合组织重新评审的法定情形。显而易见,本案采购人在定标时发现的问题不在上述规定所列范围内,不属于可以组织重新评审的情形。因此,本案采购人组织重新评审的行为,违反了《政府采购法实施条例》第四十四条"除国务院财政部门规定的情形外,采购人、采购代理机构不得以任何理由组织重新评审"的规定,应予以纠正。

3. 采购代理机构应切实履行好采购活动的组织工作。

除采购人自行组织采购的项目外,政府采购活动一般由采购代理机构负责组织。采购代理机构在组织评审活动过程中,其职责不仅限于核实评审委员会身份、提供评审所需资料表格等常规服务,还应包含解释采购文件,维护评审秩序,纠正、制止评审委员会的评审错误和倾向性言论,校对、核对评审数据,提示评审委员会复核等职责。上述这些职责在财政部令第87号、财库〔2012〕69号等相关法律政策文件中有详细规定。本案中,某采购代理机构在组织采购活动中,存在重大缺陷:首先,在编制招标文件时,某采购代理机构与采购人就项目特征和采购需求等方面的沟通不够深入,没有充分掌握项目的需求特征和采购要求,代理机构几乎没有关注到采购需求书的"单套检测系统费用"这一要求,评审时自然也无法提醒评审委员会注意。其次,在评审过程中,采购代理机构没有尽到对评审数据进行校对、核对的责任,这是评审组织工作中的重要环节,如采购代理机构能履行好这一义务,也有可能避免评审瑕疵和评审错误等情况的出现。

4. 评标委员会应依法履行好评审职责。

《政府采购法实施条例》第四十一条第一款规定:"评标委员会、竞争性谈判小组或者询价小组成员应当按照客观、公正、审慎的原则,根据采购文件规定的评审程序、评审方法和评审标准进行独立评审。采购文件内容违反国家有关强制性规定的,评标委员会、竞争性谈判小组或者询价小组应当停止评审并向采购人或者采购代理机构说明情况。"《财政部关于进一步规范政府采购评审工作有关问题的通知》(财库〔2012〕69号)第四条第三款规定:"评审委员会发现采购文件存在歧义、重大缺陷导致评审工作无法进行,或者采购文件内容违反国家有关规定的,要停止评审工作并向采购人或采购代理机构书面说明情况,采购人或采购代理机构应当修改采购文件后重新组织采购活动;发现供应商提供虚假材料、串通等违法违规行为的,要及时向采购人或采购代理机构报告。"

依据上述法律文件的相关规定,评审委员会除了负责具体的评审事务,其职责还应包括对采购文件的合法性及是否存在重大缺陷、歧义的处理。本案例采购文件提出了"单套检测系统费用不得超过5万元"的要求,但缺乏对"单套检测系统"的明确定义,在评审办法中也缺乏对应的评审标准。评审时如及时发现采购文件的上述缺陷,应进行讨论并确定上述缺陷是否会导致评审工作无法继续,并根据讨论结果作出停止评审还是继续评审的决定。而本案的评审专家到达评审现场后没有系统地学习采购文件,也没有要求采购代理机构介绍采购文件的内容,未能发现采购文件存在的歧义及缺陷,错失可以依法依规解决问题的时机。

5. 采购人应依法确定成交供应商,及时公告成交结果。

《政府采购法实施条例》第四十三条第一款、第二款规定,"采购代理机构应当自评审结束之日起2个工作日内将评审报告送交采购人。采购人应当自收到评审报告之日起5个工作日内在评审报告推荐的中标或者成交候选人中按顺序确定中标或者成交供应商。采购人或者采购代理机构应当自中标、成交供应商确定之日起2个工作日内,发出中标、成交通知书,并在省级以上人民政府财政部门指定的媒体上公告中标、成交结果,招标文件、竞争性谈判文件、询价通知书随中标、成交结果同时公告"。法律赋予了采购人收到评审报告起5个工作日内确定中标人或成交供应商,实际上是给予了采购人核对评审情况、纠正评审错误或其他违法违规行为的时限,如采购人发现存在评审错误、采购活动中有违法违规情况或对采购结果有异议,可以向财政部门报告,提请监管部门介入监督调查。本案例采购人收到评审报告后未经核对即直接定标,事后发现问题又非法组织重新评审等活动,采购流程一错再错,须引起采购同行的足够重视。

合规指引

1. 招标文件是投标人编制投标文件以及评审的依据,内容应翔实准确,载明评审标准和实质性条件,避免出现表述歧义、前后不一等缺陷。采购文件的编制水平会直接影响采购结果、决定采购活动的成败。

2. 评审过程中,评审委员会、采购人或采购代理机构可对评审数据进行复核、检查,尤其是供应商被认定为无效投标、报价得分畸高畸低时。处理质疑投诉过程中须请原评审委员会协助处理的范围应限于供应商质疑投诉事项,不可随意扩大。评审结束后,只有符合财政部规定的情形才可以组织重新评审,不可任性而为。

3. 采购代理机构应熟悉采购文件内容以及相关法律法规政策,有助于了解评审过程和细节,便于在评审现场依评审委员会的要求解释采购文件。评审过程中,采购人要履行好组织和监督职能,核对评审数据,制止违规评审情形,提升评审质量,减少评审错误情形的发生。评审委员会开展评审前应熟悉采购文件内容,发现采购文件存在重大缺陷、歧义时应及时组织讨论,并依法作出是否可以继续评审的结论。因采购文件歧义、缺陷导致评审工作无法继续时,需终止评审并向采购人、采购代理机构书面说明情况。

4. 采购人收到评审报告后应及时对评审结果进行核实,确定无误后按评审推荐的候选供应商顺序确定中标或成交供应商。对结果有异议或发现存在问题的,可以依法采取相关救济措施。

投标报价是否合理应由评标委员会依法认定

实践案例

2017年11月9日,N市林业局就其大楼物业服务项目委托采购代理机构进行公开招标。考虑到物业服务人员的基本薪酬、社保、福利等成本费用支出,招标文件规定供应商报价低于预算的70%时须提供证明报价合理性的证明材料,否则按无效投标处理。投标截止时间前递交投标文件的供应商共有六家,代理机构按既定程序组织开标,拆封各投标文件、宣读报价等内容。六家供应商中供应商C报价不到预算的70%,对此供应商A在开标现场表达不满和怀疑,要求采购人、代理机构对该供应商作"无效投标"处理。采购人、代理机构讨论后作出交由评标委员会处理的答复。

经采购人资格审查,六家供应商均符合招标文件规定的资格条件,符合性审查阶段评标委员会按照招标文件的规定要求供应商C进行澄清,说明其报价组成情况并提供相应证明材料。经澄清,供应商C说明并提供其部分员工已退休无须缴纳社保以及政府对其公司和部分残疾人员工有相应政策补贴的证明材料。评标委员会按照少数服从多数原则作出认可其报价的结论。最终供应商C综合得分第一,成为该项目的中标供应商。

中标结果公告后,采购人陆续收到A、D两家供应商针对低价中标提交的质疑。采购人和代理机构答复维持中标结果,供应商A对此不满,向市财政局投诉。市财政局经调查作出投诉处理决定:(1)该项目评审方法为综合评分法,价格并不是中标的唯一条件,供应商C中标是由于其综合得分排名第一;(2)报价低于一定的金额或范围并不属于招标文件规定的投标无效条款,且评标委员会已按招标文件的规定启动了澄清说明程序,供应商提供的书面说明和证明材料被评标委员会所接纳,报价是否合理评标委员会已作出判断。

综上,市财政局认定投诉不成立,驳回供应商 A 的投诉。

法律解析

1. 政府采购不得设定最低限价。

《招标投标法》第三十三条规定:"投标人不得以低于成本的报价竞标,也不得以他人名义投标或者以其他方式弄虚作假,骗取中标。"该法条提到的"不得以低于成本"的价格参与竞争,此处的成本是指各竞争企业的个别成本,并非社会平均成本,也不是采购人心中认定的成本。在社会经济活动中,各企业由于自身规模、人员、商业运转、进货渠道、研发能力、管理制度等因素,其自身成本必然与其他企业有所差异。企业以低于其他企业的报价但不低于其个别成本的报价参与竞争应当值得鼓励,既有利于采购人节约资金,也有利于促进企业提高管理质量降低管理成本,从而推进整个行业的技术进步和管理提升。

为保证充分竞争,促进技术管理进步,节省采购成本,《招标投标法实施条例》第二十七条和《政府采购货物和服务招标投标管理办法》(财政部令第 87 号)第十二条均规定,招标人(采购人)不得设定最低限价。

2. 供应商不得以低于成本的报价参与竞争。

为防止明显不合理的报价可能影响履约或低于个别成本恶意低价竞争的情形,《招标投标法实施条例》第五十一条规定,投标人的投标报价低于成本时,评标委员会应当否决其投标。《政府采购货物和服务招标投标管理办法》(财政部令第 87 号)第六十条规定:"评标委员会认为投标人的报价明显低于其他通过符合性审查投标人的报价,有可能影响产品质量或者不能诚信履约的,应当要求其在评标现场合理的时间内提供书面说明,必要时提交相关证明材料;投标人不能证明其报价合理性的,评标委员会应当将其作为无效投标处理。"本案例中,招标文件要求对报价低于预算 70% 的供应商提供报价合理性说明,符合相关法律的立法精神，但关于70%的比例设置是否合理值得探讨。本案例采购人、代理机构面对供应商A在开标现场提出的要求处置得当，符合有关规定。

3. 供应商的报价是否合理应由评标委员会认定。

由于是否低于企业自身成本难以认定，法律关于不得低于成本竞争的规定在实践中难以执行。财政部87号令不再纠结于是否低于供应商的个别成本，要求评标委员会发现供应商的报价明显低于其他供应商的报价时，就应当要求该供应商就其报价的合理性作出说明。依据该法条的规定，这一操作过程实际可以分为三个步骤：

第一步，评标委员会应就某特定的供应商的报价是否"明显低于其他通过符合性审查投标人的报价，有可能影响产品质量或者不能诚信履约"这一现象作出认定。由于政府采购涉及各行各业，且不同项目差异性明显，同一供应商在两个类似的不同项目中也会报出不同的价格，这就需要评标委员会发挥其专业优势，利用其专业水平和能力作出认定。如在认定过程中存在分歧，可依据《政府采购货物和服务招标投标管理办法》（财政部令第87号）第六十一条"评标委员会成员对需要共同认定的事项存在争议的，应当按照少数服从多数的原则作出结论"的规定形成最终结论。

第二步，评标委员会启动供应商报价合理性的说明澄清程序，要求特定供应商在评标现场合理的时间内提供书面说明，必要时还可要求对方提供相关证明材料，以证明其报价的合理性。

第三步，供应商提供书面说明和相关证明材料后，评标委员会对其书面说明和相关证明材料进行分析和研究，以判定投标人提供的材料是否能够证明其报价的合理性。

在招标采购实践中，对于报价合理性的分析，可结合项目特点，设置一些有参考意义的数值作为依据。比如，本案例物业服务等其他类似服务项目，当人员数量确定后，由于国家、省市等均有明确规定，劳务人员的待遇不得低于地区的最低工资标准，符合年龄等条件的还必须依法缴纳社保。当供应商报价低于按最低工资标准和应缴社保费用计算后的价格时，可判断出该报价合理性不足。

当然，财政部令第87号第六十条也并非万能灵药，在实操过程中，很多项目需要评标委员会主观判断其报价"是否合理"。因此，即使某供应商的报价明显低于其他供应商的报价，也有可能不认为其报价异常。本案例中，虽然评标委员会依照招标文件的说明启动了澄清程序，但由于招标文件未明确该地区的最低工资标准等参考性数值，也无其他直观的评判标准，评标委员会无法准确地判断其报价是否合理，而只能接受其澄清说明。

合规指引

政府采购供应商根据自身成本和发展策略、经营状况、人员供货渠道等自主确定报价。在评审过程中，评标委员会发现供应商的报价低于成本或明显不合理，以至于可能影响产品质量和合同正常履约时，应启动报价合理性说明程序，要求供应商就其报价的合理性作出书面说明。

从认为报价是否明显低于其他报价，到发起澄清后认定供应商报价是否合理，均由评标委员会负责，对于需要评标委员会共同认定的事项，应当依据《政府采购货物和服务招标投标管理办法》（财政部令第87号）第六十一条和《财政部关于进一步规范政府采购评审工作有关问题的通知》的规定，按照少数服从多数的原则作出结论，持不同意见的评标委员会成员应在评审报告上签署不同意见并书面说明其理由。

未严格按照评标标准评标可重新组织评审

实践案例

某县城环卫清扫市场化采购项目（共三个标包），委托县交易中心以公开招标方式采购，清洁服务公司为第二包中标供应商。

2016年3月8日，县城管局在查阅各中标企业投标文件时，发现清洁服务公司的PPT电子演示文档并非针对第二包所做，其内容为第三包内容，遂向县财政局报告请求处理。县财政局回复：清洁服务公司的第二包投标文件中的PPT电子演示文档与实际不符，对合同的履约会产生影响，请县城管局按照相关程序组织原评标委员会进行核实后，再依法作出认定。2016年3月11日，经县财政局认定清洁服务公司第二包原中标结果无效，同意县交易中心组织原评标委员会进行重新评审。后经评审，清洁服务公司未能中标，县交易中心发布招标结果更正公告，公告备注"第二包中标结果无效（已发给清洁服务公司的中标通知书无效）"。

2016年3月22日，清洁服务公司致函县财政局，要求其督促县城管局签订承包合同。县财政局复函载明：清洁服务公司原中标无效，复审结果具有法律效力。2016年3月28日，清洁服务公司向县城管局提出质疑，县城管局答复：由于清洁服务公司未对招标文件作出实质性响应，根据评审委员会的复议结果，清洁服务公司排名未进入中标候选人之列。

清洁服务公司于2016年4月21日向县财政局提出投诉，县财政局作出《投诉处理决定书》，驳回投诉。清洁服务公司不服决定，又向市财政局申请行政复议，市财政局作出的《行政复议决定书》决定维持县财政局的《投诉处理决定书》。由此，清洁服务公司提起行政诉讼。

法院认为：财政部门有权依法对本行政区域内实行招标投标的政府采购活动实施监督。采购人在评审活动结束后发现评审过程和结果存在违法违规行为的，应当书面报告财政部门处理。本案中，县城管局在评审后发现，清洁服务公司的第二包投标文件中的 PPT 电子演示文档存在与招标文件要求不符的问题，书面报告给县财政局。经县财政局、县城管局、县交易中心共同核实，确实存在评标委员会没有按照招标文件规定的评标标准和方法进行评标的情况，已影响中标结果，导致中标结果无效，县财政局据此认定清洁服务公司此次中标无效，并依法同意县城管局组织重新评审。县财政局依法正确地履行了监督管理职责，并对清洁服务公司的投诉作出《投诉处理决定书》，市财政局依法作出《行政复议决定书》，其履行法定职责的行政行为证据确凿，适用法律正确，符合法定程序。

综上，法院判决驳回清洁服务公司的诉讼请求。

法律解析

1. 投标文件内容应当对招标文件的实质性要求和条件作出响应。

《招标投标法》第二十七条第一款规定："投标人应当按照招标文件的要求编制投标文件。投标文件应当对招标文件提出的实质性要求和条件作出响应。"《政府采购货物和服务招标投标管理办法》（财政部令第18号）第三十条第一款规定："投标人应当按照招标文件的要求编制投标文件。投标文件应对招标文件提出的要求和条件作出实质性响应。"2017年修订的《政府采购货物和服务招标投标管理办法》（财政部令第87号）第三十二条也有类似规定。

对招标文件提出的实质性要求和条件作出响应，是指投标文件的内容应当对招标文件规定的实质性要求和条件（包括招标项目的技术要求、投标报价要求、合同条件和评标标准等）一一作出应答，不能存有遗漏或重大的偏离。这就要求投标人必须严格按照招标文件的规定编制投标文件，不得对招标文件进行修改，不得遗漏或者回避招标文件中的问题，更不能提出附加条件。本案中，清洁服务公司提交的第二标段投标文件未对招标文件提出的实质性要求和条件作出响应，其投标文件中的PPT电子演示文档中的内容不是第二包件的内容，属于未实质性响应招标文件的内容，违反了《招标投标法》和《政府采购货物和服务招标投标管理办法》的规定，其投标无效。

2. 评标委员会未按评标标准和方法进行评审的，可重新组织评标。

《政府采购法实施条例》第七十五条规定："政府采购评审专家未按照采购文件规定的评审程序、评审方法和评审标准进行独立评审或者泄露评审文件、评审情况的，由财政部门给予警告，并处2000元以上2万元以下的罚款；影响中标、成交结果的，处2万元以上5万元以下的罚款，禁止其参加政府采购评审活动……政府采购评审专家有上述违法行为的，其评审意见无效，不得获取评审费；有违法所得的，没收违法所得；给他人造成损失的，依法承担民事责任。"《招标投标法实施条例》第七十一条规定："评标委员会成员有下列行为之一的，由有关行政监督部门责令改正；情节严重的，禁止其在一定期限内参加依法必须进行招标的项目的评标；情节特别严重的，取消其担任评标委员会成员的资格：……（三）不按照招标文件规定的评标标准和方法评标……（六）对依法应当否决的投标不提出否决意见……"第八十一条规定："依法必须进行招标的项目的招标投标活动违反招标投标法和本条例的规定，对中标结果造成实质性影响，且不能采取补救措施予以纠正的，招标、投标、中标无效，应当依法重新招标或者评标。"

《政府采购货物和服务招标投标管理办法》（财政部令第18号）第七十七条规定："评标委员会成员有下列行为之一的，责令改正，给予警告，可以并处一千元以下的罚款：……（五）未按招标文件规定的评标方法和标准进行评标的。上述行为影响中标结果的，中标结果无效。"本案中，县城管局在发现清洁服务公司的投标文件PPT电子演示文档不符合招标文件的规定和要求后，书面报告县财政局处理。经县财政局、县城管局、县交易中心调查核实，评标委员会没有按照招标文件规定的评标标准和方法评标，直接影响中标结果和合同的履行。据此，县财政局作出由原评标委员会重新进行评标的行政行为，符合法律法规和规章的规定。

需要注意的是：2017年10月1日以后施行的《政府采购货物和服务招标投

标管理办法》（财政部令第87号）虽然删除了评标委员会成员未按招标文件规定的标准和方法进行评标应当责令改正的规定，但该项修订应属于"节省立法资源，对上位法已有规定的内容不再作重复规定"，而非对不适宜法条的摒弃。《政府采购货物和服务招标投标管理办法》（财政部令第87号）生效后，政府采购货物和服务项目在评审过程中，如评标委员会未按法律法规和招标文件规定的评标标准和方法进行评审，依然可以适用《政府采购法实施条例》和《招标投标法实施条例》的相关规定启动重新评审程序，或重新招标。

合规指引

投标人应认真研究、正确理解招标文件的全部内容，按要求编制投标文件，尤其是对于招标文件规定的实质性要求和条件，不得出现未予作出响应的情形；评标委员会应严格按照招标文件规定的评标标准和评标方法评审，未严格执行的可报经本级财政部门同意后重新进行评标。

评标专家违规评标应担责

实践案例

2018年，某学院南区体育馆LED灯光设备采购项目评标委员会成员刘某、林某、晁某、赵某、詹某5人，因在该项目评审活动中存在违法行为被某省财政厅处以行政处罚。据悉，在这次评审活动中，这5名评审专家主要存在以下违法行为：

一是招标文件规定"照抄或复印招标文件技术及商务要求的、手写的、未按规定签署的投标文件将导致不被接受"。A公司投标文件"技术规格和商务条款偏差表"技术部分照抄招标文件要求。对此，5名评审专家没有按照招标文件规定给予该公司无效投标处理。

二是A公司投标产品型号、"规格书/检测报告"产品型号、投标文件所附彩页产品型号、样品彩页产品型号相互之间不一致，但对上述情况5名评审专家没有审慎处理，虽然对照样品满分20分扣6分，但没有就此签署评审意见。

三是招标文件五种产品均要求"灯具均需提供厂家出具的灯具参数检测报告，并加盖厂家公章，参数报告应显示灯具功率、显示指数、功率因数、色温、光效"。但A公司提供的是制造商自己出具的检测报告，其中有两款与投标产品无对应型号的检测报告。按招标文件*号偏差打分规定，一项应扣4分，共5处，应扣20分未扣。

四是招标文件第六章设备配置及技术要求"*10.1 LED泛光灯须提供芯片原厂商的授权书"。A公司投标文件中提供的授权书（第7.11.4项）是B公司授权给 C 公司的，没有针对投标产品制造商使用芯片的授权书，投标产品制造商也没有所使用芯片来源的证明材料。按招标文件 * 号偏差打分规定，一项应扣 4 分，共 5 处，应扣 20 分未扣。

针对上述问题，5 名评审专家仍给 A 公司技术参数部分打了满分，折成权重分以后，A 公司的技术部分得分为满分 35 分。

某省财政厅先后对 5 名评审专家发出《行政处罚事先告知书》。其中，刘某提交的陈述书对以上违法评审行为的说明与辩解，省财政厅不予认可，陈述书中关于专家评审行为与询问笔录中"评审专家没有分块打分、协商打分"的情况也自相矛盾，对没有依法评审存在错误认识；林某在规定日期内提交了陈述书，没有否定违法事实，陈述书中关于专家评审行为与询问笔录中"评审专家没有分块打分、协商打分"的情况也自相矛盾，对没有依法评审存在错误认识；晁某逾期未提交陈述书；赵某在规定日期内提交了陈述书，没有否定违法事实，承认了作为商务专家在评审方面出现的失误，也说明了技术部分及样品打分限于专业问题是依照技术专家的意见，也没有推荐 A 公司为中标人；詹某在规定日期内提交了陈述书，没有否定违法事实，虽然没有推荐 A 公司为中标人，但承认大家有分工、有协作，作为业主代表是按照分工重点负责审核售后服务与承诺，在商务与技术方面听从商务专家与技术专家的意见和建议打分，没有履行独立评审职责。

根据 5 名评审专家在该项目评审活动中的违法行为及态度，省财政厅作出如下处理决定：评审意见无效；退还招标公司所发评审费；对刘某罚款 10000 元，林某罚款 10000 元，晁某罚款 10000 元，赵某罚款 2000 元，詹某罚款 1000 元。

法律解析

1. 评审专家应当遵循独立、客观、公正、审慎的原则对投标文件进行评审。

评审专家依法受招标人委托，行使审核比对投标文件、从中选择最优投标方案、推荐中标候选人等相关权利，相关法律要求评标专家必须独立、客观、公正、审慎地评审，这是对评标专家的职业规范要求，也是保障招标结果公平公正的重要基础。《政府采购法实施条例》第四十一条第一款规定,"评标委员会、竞争性谈判小组或者询价小组成员应当按照客观、公正、审慎的原则,根据采购文件规定的评审程序、评审方法和评审标准进行独立评审"。《政府采购评审专家管理办法》(财库〔2016〕198号)第十八条第一款规定:"评审专家应当严格遵守评审工作纪律,按照客观、公正、审慎的原则,根据采购文件规定的评审程序、评审方法和评审标准进行独立评审。"

独立评审,是要求评审专家依据自己的专业认知独自作出判断,并提出评审意见,不受他人干扰、影响。客观,是要求评审专家严格依据招标文件规定的评标方法和评标标准对投标文件进行审查、比较,并作出分析评价。公正,是要求评审专家坚持按照统一的评审标准、统一的衡量尺度进行评审,宽严一致、不偏不倚,简言之,就是对同类问题、同样情形要作同等处理。审慎,是要求评审专家在提出评审意见时必须严谨周密,作出投标无效等决定时必须慎重周全。如评审专家违反这些基本职业规范,可能导致评标结果有失公允。

2. 评审专家未独立、客观、公正评审的应承担个人责任。

为保证评标结果的客观公正,评标委员会成员应当按照招标文件规定的评标方法和评标标准客观、公正地履行评审职责,独立对投标文件进行评审判断,并对所提出的评审意见承担个人责任。关于评审专家的法律责任,《政府采购法实施条例》第七十五条规定:"政府采购评审专家未按照采购文件规定的评审程序、评审方法和评审标准进行独立评审或者泄露评审文件、评审情况的,由财政部门给予警告,并处2000元以上2万元以下的罚款;影响中标、成交结果的,处2万元以上5万元以下的罚款,禁止其参加政府采购评审活动。政府采购评审专家与供应商存在利害关系未回避的,处2万元以上5万元以下的罚款,禁止其参加政府采购评审活动。政府采购评审专家收受采购人、采购代理机构、供应商贿赂或者获取其他不正当利益,构成犯罪的,依法追究刑事责任;尚不构成犯罪的,处2万元以上5万元以下的罚款,禁止其参加政府采购评审活动。政府采购评审专家有上述违法行为的,其评审意见无效,不得获取评审费;有违法所得的,没收违法所得;给他人造成损失的,依法承担民事责任。"

本案中,5名评审专家在该项目评审活动中存在应否决未否决、协商打分、违法评审等情形，违反了独立、客观、公正和审慎原则，故省财政厅依法作出评审意见无效、退还评审费、罚款等处理决定。

合规指引

评标委员会成员应坚持独立、客观、公正和审慎原则对投标文件进行评审，并独立发表评审意见，不得相互影响、干扰评审，不得脱离招标文件规定的评标方法和评标标准进行评审。采购人在选择评标委员会成员时，应当依法选择熟悉招标项目的相应专业的技术、经济专家，依法协助和监督评审专家开展评标工作。针对政府采购实践中存在部分专家履职不当、违法违规进行评审的情况，政府采购监管部门应当依法加强监督和查处，维护好国家利益、社会公共利益和当事人的合法权益。

未依法独立评审应视具体情况作出相应处理

实践案例

2017年10月18日，某市安全生产监督管理局、采购代理机构在省政府采购网发布招标公告，就该市职业病危害因素监督监测服务采购项目组织公开招标。采购文件评审标准明确：投标人自2014年1月1日以来获得过人民政府或市场监督管理行政主管部门（含工商）颁发的企业信用类证书（或表彰、评优文件）的，得3分。

2017年11月9日，经评标委员会评审，推荐综合得分由高到低的前三名供应商为中标候选供应商。采购人代表在查阅评审报告时发现，第二中标候选供应商的企业信用类分项，五位评标委员会成员的评审得分均为1分，与招标文件规定的具备相应证明材料即得3分不符。经询问采购代理机构，得知评审过程中评标委员会实行成员分工评审，以至于如此明显的错误未被发现。且第一、第二中标候选供应商彼此之间差1.2分，如有错误评审情形很可能影响评审排序和中标结果。

针对这一情况，采购人内部出现三种意见：

第一种意见认为：请原评标委员会复核评审结果，如未按招标文件规定的评审标准评审可及时纠正，按照重新评审后的中标候选供应商排序确定中标供应商，以免耽误项目进度。

第二种意见认为：在没有质疑、投诉的情况下，不过多考虑其他问题，按照评标委员会推荐的中标候选供应商排序确定中标供应商。

第三种意见认为：前两种意见违背政府采购有关规定，不妥。应将发现的情况向财政部门报告，由其决定评审结果是否有效，进而采取相应措施。

法律解析

1. 评标委员会未按采购文件规定的评审标准进行独立评审，评审意见应无效。

评审方法、程序和标准是采购文件的核心内容，决定着供应商的投标策略、报价、竞争性以及最后的评审结果，也是保证评审公正的前提。《政府采购法实施条例》第三十四条第五款规定："招标文件中没有规定的评标标准不得作为评审的依据。"该条例第四十一条规定："评标委员会、竞争性谈判小组或者询价小组成员应当按照客观、公正、审慎的原则，根据采购文件规定的评审程序、评审方法和评审标准进行独立评审……"另依据《财政部关于进一步规范政府采购评审工作有关问题的通知》（财库〔2012〕69号）的规定，任何人员不得修改或细化采购文件确定的评审程序、评审方法、评审因素和评审标准。

本案例中，采购人发现的问题属于典型的评标委员会未按采购文件规定的评审标准进行独立评审：首先评标委员会擅自调整了评审因素的分值权重，作出了供应商应得3分，却只给予1分的评审结论；其次实行分工评审，违背了《政府采购货物和服务招标投标管理办法》（财政部令第87号）第五十五条第四款"评标委员会各成员应当独立对每个投标人的投标文件进行评价"的规定，造成同一分项评标委员会成员全体错误的窘境，影响了供应商的排序以及评审结果的公正性。《政府采购法实施条例》第七十五条明确规定，"政府采购评审专家未按照采购文件规定的评审程序、评审方法和评审标准进行独立评审……其评审意见无效"。

综上分析：采购人的第二种意见，在明知评标委员会违规评审的前提下，不采取任何补救性措施的处理方式不妥。

2. 重新评审须符合法定情形。

采购人和采购代理机构在处理质疑投诉或者发现一些问题时，可以请原评标委员会成员协助处理，包括依据评标委员会的意见作出质疑答复和重新评审等救济行为，但组织重新评审须符合前提条件。《政府采购法实施条例》第四十四条明确了除财政部规定的情形外,采购人、采购代理机构不能以任何理由组织重新评审。其目的在于禁止个别采购人对评审结果不满意,随意寻找理由组织重新评审,否定原有正常的评审结论。

《政府采购货物和服务招标投标管理办法》(财政部令第 87 号)第六十四条、《政府采购非招标采购方式管理办法》(财政部令第 74 号)第二十一条、《政府采购竞争性磋商采购方式管理暂行办法》第三十二条分别规定了招标、询价、竞争性谈判、竞争性磋商等采购方式的依法重新评审情形。

本案采购方式为公开招标,对照财政部令第 87 号第六十四条的规定,评标结果汇总完成后,除分值汇总计算错误、分项评分超出评分标准范围、评标委员会成员对客观评审因素评分不一致、经评标委员会认定评分畸高畸低外,任何人不得修改评标结果的规定,显而易见采购人发现的问题不在上述范围内,不属于可以进行重新评审的情形。

综上分析:采购人的第一种意见,请原评标委员会成员复核甚至通过重新评审的形式改变评审结果不妥。

3. 评标委员会未按采购文件规定的评审标准进行独立评审的处理方式,根据采购方式的不同而有所不同。

此类违规行为很有可能导致供应商的错误排序,直接影响评审结果的公正性和准确性。对此一经发现首先应向财政部门报告,不可轻视或忽视。《政府采购法》及其实施条例虽然明确了未按规定评审标准进行独立评审将导致评审意见无效,但没有进一步说明评审意见无效后的处理方式,实际解决方法须根据项目的采购方式、实际情况以及相应的部门规章、规范性文件而定。

在政府采购法体系中,由于采购方式不同,同一事项的处理规定都有可能存在区别,给政府采购实操人员依法依规操作带来困难。《政府采购非招标采购方式管理办法》(财政部令第 74 号)第二十一条以及《政府采购竞争性磋商采购方式管理暂行办法》(财库〔2014〕214 号)第三十二条均规定评审小组未按照采购文件规定的评审标准进行评审的,应当重新开展采购活动。因此,采用询价、竞争性谈判以及竞争性磋商采购方式的政府采购项目,由于未按规定标准进行评审导致评审意见无效后的处理方式,只能是重新采购。

采用招标方式进行采购的政府采购货物和服务项目，《政府采购货物和服务招标投标管理办法》（财政部令第87号）第六十七条明确规定，评标委员会或者其成员存在《政府采购法实施条例》第七十五条规定的违法行为（包括评标委员会未按采购文件规定的评审标准进行独立评审）导致评审结果无效的，采购人、采购代理机构可以重新组建评标委员会进行评标。

因此，采用招标方式进行采购的项目，不同于其他非招标采购方式只能选择重新采购的单一处理方式，赋予了采购人重新组建评标委员会进行评审的权利。这一规定在政府采购实践中有利于项目的进展和采购效率的提升。

需要注意的是：财政部令第87号第六十七条的表述，用的是"可以"。此处的"可以"表明，是否选择重新组建评标委员会应由采购人视情况而定。此外，在政府采购实践中，还需要注意"重新评审"和"重新组建评标委员会进行评审"的区别，前者是由采购人组织原评标委员会成员对项目进行重新评审；后者是采购人摒弃了原评标委员会，依法重新组建评标委员会进行评审，在这种情况下，原评标委员会成员如有违法违规行为，依法不能参加重新组建的评标委员会。

合规指引

采购人、采购代理机构应当在采购文件中载明评审方法等相关事项，评标委员会则必须按照采购文件规定的评审方法、程序和标准进行独立评审，且不可以在评审时修改或细化评审因素和标准，采购文件中没有规定的评审标准不得作为评审依据。

采购人和采购代理机构作为评审工作的组织者，需要加强自身业务知识、熟悉有关规定和采购文件内容，切实履行《政府采购货物和服务招标投标管理办法》（财政部令第87号）第四十五条规定的相关评审组织职责，加强对评审数据、结果的复核检查，尤其需要监督评标委员会是否按照采购文件规定的评审标准对每个供应商的投标（响应）文件进行独立评审，及时发现以利于在现场纠正错误。评审结果汇总以后特别是评标报告提交给采购人以后再发现此类问题，将导致采购时间和费用的增加甚至引发重新采购或其他一系列的后果。

评审时应严格区分实质性要求和非实质性要求

实践案例

2018年3月,某县公共资源交易中心(以下简称交易中心)受县中医院的委托,公开招标采购彩色多普勒超声诊断仪。招标文件第二篇为"设备技术要求",共有八项内容,其中第八项是"产科自动测量功能(可对胎儿的头围、股骨长、肱骨长等自动测量)";第四篇为"评标方法",其中有如下表述:"投标文件对招标文件第二篇规定的内容应全部作出响应;就质量技术参数,要满足招标文件的技术参数和功能要求。"

2018年4月3日,交易中心公示医疗器械公司为中标供应商,某科技公司就此提出质疑,要求取消医疗器械公司的中标候选人资格。县中医院、交易中心组织评标委员会复核,发现医疗器械公司对前七项技术要求进行无差异的响应,但未对第八项"产科自动测量功能"要求作出应答,评标委员会认为该项内容不影响产品的实际使用,应属非实质性要求,投标文件未按要求作出应答应属细微偏差,故维持原评审结论。县中医院据此作出不予支持科技公司诉求的答复。

科技公司不服该答复,遂向县财政局投诉。县财政局认为医疗器械公司的投标文件未按招标文件的要求对"产科自动测量功能"这一项作出实质性响应,故作出"采购活动违法,责令县中医院重新采购"的处理决定。医疗器械公司不服向当地人民法院提起行政诉讼。

法院认为,本案招标文件"设备技术要求"部分的八项内容在排列上是以断行方式列举,应属并列关系,且对第八项内容单独列明,更能体现出采购人对该项技术要求的特定需求。采购人对产品技术方面的要求，直接涉及其核心权益，关乎能否实现其采购目的，故对招标文件的这八项技术性要求，投标人必须作出实质性响应。但医疗器械公司的投标文件仅就前七项作了无差异的应答，对第八项"产科自动测量功能"未作出响应，故其投标在符合性审查时应按无效投标处理。医疗器械公司认为其未对该项要求作出响应属于非实质性要求的理由不能成立。

综上，法院认定县财政局作出的《政府采购投诉处理决定书》认定事实清楚，适用法律正确，判决驳回医疗器械公司的诉讼请求。

法律解析

1. 招标文件应当对实质性要求进行特别提示。

为方便投标人全面、准确了解招标人的采购意图，招标人编制招标文件时，应对哪些属于实质性要求进行明示，以利于投标人对招标人的实质性采购要求作出响应，并有针对性地提出要约。所谓实质性要求，一般包括涉及合同标的内容、招标项目的技术要求、投标报价要求、质量标准、履行期限、对投标人资格审查的标准、评标标准、拟签订合同的主要条款等主要内容。这些内容涉及采购项目的核心要求，涉及采购人的主要权利、义务，为满足采购需求、履行采购合同、实现合同目的必备内容。

2. 投标文件应当对招标文件的实质性内容作出明确响应。

《政府采购货物和服务招标投标管理办法》（财政部令第87号）第三十二条规定："投标人应当按照招标文件的要求编制投标文件。投标文件应当对招标文件提出的要求和条件作出明确响应。"

投标文件应当对招标文件中的全部实质性要求和条件逐条响应，这是编制投标文件的最基本要求。上述法条的规定强调了投标文件应当对招标文件的实质性要求和条件作出完全、明确的响应，投标人只有对招标文件中的全部实质性要求逐条作出响应，其要约文件才有可能被招标人采纳，招投标双方才有可能达成合意。

3. 评标委员会应当区分实质性要求和非实质性要求。

在评标过程中，评标委员会应严格监督投标文件是否对招标文件的实质性内容都完全作出了响应,并区别进行相应处理。《政府采购货物和服务招标投标管理办法》(财政部令第87号)第五十条规定:"评标委员会应当对符合资格的投标人的投标文件进行符合性审查,以确定其是否满足招标文件的实质性要求。"

依据相关法律的规定,评标委员会应当对未满足招标文件实质性要求的文件,判定为无效投标文件,不得通过符合性审查,不得进入下阶段的商务和技术综合评估。

合规指引

1. 采购人对产品技术和商务方面的要求,直接涉及其核心权益,关乎其采购目的的实现,故对招标文件中的技术、商务等方面的实质性要求和条件,投标人必须逐项作出响应,其投标方为有效。

2. 评标委员会应当掌握招标文件的具体规定尤其是实质性要求和条件,在符合性审查环节严格依据招标文件的规定,从投标文件的有效性、完整性和对招标文件的响应程度逐项进行审查,以确定投标文件是否对招标文件的实质性要求和条件作出响应。如有任何一项响应不符合招标文件的实质性要求,则该投标文件无效。

评标委员会违法评标导致中标无效

实践案例

2019年9月，贸易公司获悉幼师学校琴房钢琴设备采购项目的招标公告后，先向A、B两家公司订货，并递交了投标文件。经评标，钢琴公司、贸易公司和电子公司列中标候选供应商前三名。中标公告确定中标供应商为钢琴公司。

2019年9月30日，市财政局收到反映采购项目在评审过程中存在违法行为的举报，经调查认定评标委员会成员吴某未独立评审，其评审打分结论均参考苏某的评审结论；其他评标委员会成员对参与投标的贸易公司、电子公司等存在凭印象扣分、违反招标文件要求扣分的情形，故作出行政处理决定，认定此次招标中标结果无效。

2019年11月20日，贸易公司向幼师学校递交报告要求确定其为新的中标人，后又向A、B公司分别支付定金及保证金。2020年1月19日，贸易公司向市财政局递交《关于要求幼师学校履行采购义务的报告》，市财政局回复称："一、认定本次招标中标结果无效后，应当由幼师学校依照《政府采购法实施条例》第七十一条第一款第二项作出选择；二、已对参加评标的采购人代表吴某、苏某给予了行政警告处分。"同年4月22日，贸易公司再次发函给幼师学校要求确定其为中标人。后，A、B公司分别函告贸易公司要求其在限定的时间内支付剩余货款并提货，否则视为违约并且定金与保证金将不予不退。2020年5月31日，幼师学校通知各投标单位："我校认为此次采购活动没有合格的中标候选人，现依据《政府采购法实施条例》第七十一条第一款第二项之规定，决定重新开展政府采购活动。"

贸易公司认为，其为满足投标要求订购了钢琴、支付了定金和预付款，并被评定为第一替补中标供应商，在市财政局明确认定本次招标项目中标结果无效后，幼师学校明确拒绝确定贸易公司为新的中标人，侵犯了其合法权益，故诉至法院，请求判令幼师学校赔偿贸易公司503769元及可预期的收益损失649460元。

法院审理认为：（一）关于贸易公司是否应被确认为中标供应商。本案中，评标委员会七名成员中五名评委存在凭印象扣分、违反招标文件要求扣分等违法评标行为，不仅影响贸易公司的评标得分，同样也影响其他投标人的评标得分，其作出的评审意见依照《政府采购法实施条例》的规定应被认定无效。在中标候选供应商中再行选取中标供应商是显失公平的行为，将损害其他投标人的合法权益。因此，贸易公司不能以第一替补中标供应商的身份被确定为中标供应商，幼师学校重新开展政府采购活动并无不当。

（二）关于幼师学校是否应当赔偿贸易公司的经济损失以及可预期收益损失。贸易公司在本次政府采购项目中标公告之前已经与A、B公司签订买卖合同。据此可知，贸易公司并非因本次中标结果而与案外其他公司签订买卖合同。因其自身缔约行为产生的损失，应由其自行承担，幼师学校对此不承担赔偿责任。关于贸易公司的可预期收益损失，因该公司不能被确定为中标供应商且幼师学校重新开展政府采购活动并无不当，故对贸易公司的此项诉讼请求亦不予支持。

综上，法院判决驳回贸易公司的诉讼请求。

法律解析

1. 评审专家违法评标的，其评审意见无效。

《政府采购法实施条例》第四十一条规定："评标委员会、竞争性谈判小组或者询价小组成员应当按照客观、公正、审慎的原则，根据采购文件规定的评审程序、评审方法和评审标准进行独立评审……"《政府采购评审专家管理办法》（财库〔2016〕198号）第十八条也规定："评审专家应当严格遵守评审工作纪律，按照客观、公正、审慎的原则，根据采购文件规定的评审程序、评审方法和评审标准进行独立评审。"

客观、公正、审慎评标，是对评标专家评标的基本要求，是确保招标投标活动公平、公正的基础。违反上述原则进行评标的，其评审结论可能被判定为无效。《政府采购法实施条例》第七十五条规定："政府采购评审专家未按照采购文件规定的评审程序、评审方法和评审标准进行独立评审或者泄露评审文件、评审情况的，由财政部门给予警告，并处2000元以上2万元以下的罚款……政府采购评审专家有上述违法行为的，其评审意见无效，不得获取评审费；有违法所得的，没收违法所得；给他人造成损失的，依法承担民事责任。"

本案中，五位评标专家未依法依规评分，导致评标结果有失公正，实质性影响采购结果，其评审意见无效。

2. 采购人可以重新组建评标委员会进行评标。

《政府采购货物和服务招标投标管理办法》（财政部令第87号）第六十二条明确规定："评标委员会及其成员不得有下列行为：……（三）违反评标纪律发表倾向性意见或者征询采购人的倾向性意见；（四）对需要专业判断的主观评审因素协商评分……评标委员会成员有前款第一至五项行为之一的，其评审意见无效，并不得获取评审劳务报酬和报销异地评审差旅费。"该办法第六十七条同时规定："评标委员会或者其成员存在下列情形导致评标结果无效的，采购人、采购代理机构可以重新组建评标委员会进行评标，并书面报告本级财政部门，但采购合同已经履行的除外：（一）评标委员会组成不符合本办法规定的；（二）有本办法第六十二条第一至五项情形的；（三）评标委员会及其成员独立评标受到非法干预的；（四）有政府采购法实施条例第七十五条规定的违法行为的。有违法违规行为的原评标委员会成员不得参加重新组建的评标委员会。"

依据上述规定，如本案可依法重新组建评标委员会进行评标。重新组建评标委员会评标时，有违法违规行为的原评标委员会成员不得参加重新组建的评标委员会。

合规指引

评标委员会成员应遵纪守法，按照招标文件规定的评标方法和评标标准客观、独立、公正地进行评标，对评审意见承担个人责任。

投标人在收到中标通知书之前不能主观臆断自己能中标而为履行该项目提前与其供应商签订合同，否则在后续不能中标时会导致违约且得不到招标人赔偿，除非招标人在签约前明确书面指示投标人备货履约时才可酌情考虑。

评标结果有误应视情形分别处理

实践案例

2017年10月15日，某政府采购货物招标项目在市公共资源交易中心开标，共有6家供应商参加投标。评标结束后，采购人核对评标报告时，发现甲供应商提供的货物中，有3项技术参数未满足招标文件的要求，未满足要求的3项技术参数均非星号（*）条款，属于招标文件允许偏离的条款。本项目招标文件规定："非星号条款有1（含）—3项（不含）不满足的，得5分；有3（含）—6项（含）不满足的，得3分；有6（不含）—10项（含）不满足的，得1分；10项以上不满足的，视为无效投标。"

本项目评标委员会共由5名专家组成，其中3名专家对甲供应商在该项中的打分是5分，其余2名专家对甲供应商在该项中的打分是3分。经汇总5位专家的打分后，甲供应商因综合得分最高成为第一中标候选供应商。

面对明显的评审错误，采购人内部出现了不同的处理意见：

第一种意见：组织评标专家复核。理由是《政府采购法实施条例》第七十五条规定，政府采购评审专家有未按照采购文件规定的评审程序、评审方法和评审标准进行独立评审等违法行为的，其评审意见无效。

持这一观点的人士认为：本项目5名评审专家中，有2名专家打分正确，3名专家打分错误。该3名专家的评审意见无效，应要求3名打分错误的专家重新复核，修改错误的评审意见，并由采购代理机构重新汇总打分情况，公布最终评审结果即可。

第二种意见：组织原评标委员会进行重新评审。理由是《政府采购货物和服务招标投标管理办法》（财政部令第87号）第六十四条规定，"评标结果汇总完成后，除下列情形外，任何人不得修改评标结果：（一）分值汇总计算错误的；（二）分项评分超出评分标准范围的；（三）评标委员会成员对客观评审因素评分不一致的；（四）经评标委员会认定评分畸高、畸低的。评标报告签署前，经复核发现存在以上情形之一的，评标委员会应当当场修改评标结果，并在评标报告中记载；评标报告签署后，采购人或者采购代理机构发现存在以上情形之一的，应当组织原评标委员会进行重新评审，重新评审改变评标结果的，书面报告本级财政部门……"

持这一观点的人士认为：本项目是在评审结束后采购人在审核评标报告时发现问题。此时评标报告已经评标委员会签署并报采购人，不符合法律规定的"要求评标专家复核"的时间点，应当按照法律的规定组织原评标委员会的所有专家重新评审，重新出具评标报告，并向财政部门报告。

第三种意见：重新组建评标委员进行评审。理由是《政府采购货物和服务招标投标管理办法》（财政部令第87号）第六十七条第一款规定："评标委员会或者其成员存在下列情形导致评标结果无效的，采购人、采购代理机构可以重新组建评标委员会进行评标，并书面报告本级财政部门，但采购合同已经履行的除外：（一）评标委员会组成不符合本办法规定的；（二）有本办法第六十二条第一至五项情形的；（三）评标委员会及其成员独立评标受到非法干预的；（四）有政府采购法实施条例第七十五条规定的违法行为的。"该法条中提及的"政府采购法实施条例第七十五条规定的违法行为"，是指出现"政府采购评审专家未按照采购文件规定的评审程序、评审方法和评审标准进行独立评审或者泄露评审文件、评审情况"。

持这一观点的人士认为：本项目评审专家未按招标文件规定的评审程序、评审方法和评审标准进行独立评审，应当依据财政部令第87号的相关规定重新组建评标委员会进行评审。

第四种意见：废标重新组织招标。理由是《政府采购法》第三十六条第一款规定："在招标采购中，出现下列情形之一的，应予废标：（一）符合专业条件的供应商或者对招标文件作实质响应的供应商不足三家的;(二)出现影响采购公正的违法、违规行为的;(三)投标人的报价均超过了采购预算,采购人不能支付的;(四)因重大变故,采购任务取消的。"

持这一观点的人士认为:本项目评审错误,属于评标委员会评审专家的做法违反了法律和招标文件中要求"评标委员会应客观、公正地开展评审活动"的相关规定,对采购结果的公正性带来了影响,符合《政府采购法》第三十六条第一款第二项规定的情形,应当废标以后重新组织招标。

法律解析

本案例的核心是区分"复核""重新评审""重新组建评标委员会评审""重新招标"几个不同概念。

1. 区分"复核"和"重新评审"要把握好发现评审错误的时间点。

根据《政府采购货物和服务招标投标管理办法》(财政部令第87号)第六十四条的规定:**复核**,是指评标结果汇总完成后至评审报告签署完成前,采购人、采购代理机构和评标委员会对评审意见进行检查复核,发现评标结果有误,由评标委员会当场修改评标结果,并在评标报告中明确记载。**重新评审**,是指评标委员会签署评标报告,评标活动完成后,采购人审核评标报告或投标人发现评审错误提出质疑,由采购人或代理机构组织原评标委员会对采购项目重新进行评审,可以作出与原评标意见一致的评审结论,也可以作出不同的评审结论。

对照财政部令第87号关于"复核"和"重新评审"的规定,本项目不适宜采用"复核"方式纠正评审错误。

2. 重新组建评标委员会评审有适用前提。

综合财政部令第87号第六十七条、第六十二条和《政府采购法实施条例》第七十五条的相关规定,重新组建评标委员会评审,是指在采购合同履行前,发现评审过程存在法定情形导致评标结果无效时,采购人、采购代理机构可以重新组建评标委员会进行评标。这些法定情形包括:①评标委员会组成不合法;②评标委员会及其成员独立评标受到非法干预;③评标专家确定参与评标至评标结束前私自接触投标人；④评标委员会接受投标人主动提出的与投标文件不一致的澄清或者说明；⑤评审专家违反评标纪律发表倾向性意见或者征询采购人的倾向性意见；⑥评标委员会成员对需要专业判断的主观评审因素协商评分；⑦在评标过程中擅离职守，影响评标程序正常进行；⑧评审专家未按照采购文件规定的评审程序、评审方法和评审标准进行独立评审；⑨泄露评审文件、评审情况等。

本案例采购人的第三种意见是重新组建评标委员会进行评审，其理由主要是该情形符合《政府采购法实施条例》第七十五条规定的"评审专家未按照采购文件规定的评审程序、评审方法和评审标准进行独立评审"这一情形。这一判断其实是值得商榷的。如果我们将上述法条的表述进行语法分析，就会发现本法条表述的落笔点重在"独立评审"，即本条禁止的是评审专家"未按要求进行独立评审"这一情形，而非"未按要求进行评审"。也就是说，本法条制约的违法行为不是"未按采购文件的要求进行评审"，而是"未按采购文件的要求进行独立评审"。说得更通俗一点，该法条约束的行为是两个层面的内容：一是评审专家是否独立评审了；二是评审专家是否按照采购文件的要求开展独立评审了。

还需要注意的是：该法条对于出现上述违法行为时，关于采购人权益的表述，用的是"可以"一词，而非"应当"或"必须"。也就是说，出现《政府采购法实施条例》第七十五条规定的情形时，重新组建评标委员会评审并非唯一选项，采购人应当根据项目的实际情况，选择重新评审、重新组建评标委员会评审或重新招标。

3. 重新招标应谨慎。

本案例评标委员会出现评审错误，该评审错误如不得到及时纠正，确实可能会对采购结果的公正性带来影响。但是，如依据《政府采购法》第三十六条的规定选择废标后重新招标，难免有矫枉过正之嫌。评标委员会的错误，按理应由评标委员会自己承担。重新招标的做法，将导致让采购人、供应商等善意当事人为评标委员会的错误承担后果和责任，这一做法不但会对项目的正常推进带来不必要的影响，而且也会给善意相对人带来不必要的损失。故结合本项目实际，不宜采用废标后重新组织招标的做法。

综上分析，本案例在评审结束后，采购人发现评审错误，该情形属于"评标委员会未按招标文件规定的标准和方法进行评审"。此时中标人尚未确定，从采购活动的经济性等方面考虑，选择重新评审更为合理。

合规指引

招标采购过程中，如出现评标委员会评审错误，应视评审错误的具体情形、发现评审错误的时间点等情形，结合采购项目的实施进展情况、法律法规的相关规定等因素，经综合考虑后选择适当的处理方法，不宜武断地采用重新招标、重新组织评标委员会重新评审等过激方法纠正评审错误。

第四部分　中标和合同

- 未提交履约保证金，中标资格会被取消吗
- 供应商注册地与经营地不符能否取消其中标资格
- 联合体一方放弃中标怎么办
- 有"前科"的企业可以中标吗
- 0元中标不可取
- 第一中标候选人被查实有违法情形必须按序递补吗
- 第二中标候选人依序递补中标，合同价不得变更
- 提供虚假信用状况将导致中标无效
- 投标有效期届满后发出的中标通知书无效
- 中标通知书下发后合同何时成立
- 招标人应在定标后及时发出中标通知书
- 拒签政府采购合同应承担相应法律责任
- 修改招标文件实质性内容的合同条款无效
- 背离合同实质性内容应如何认定
- 合同可以约定提交履约保证金之后生效

未提交履约保证金，中标资格会被取消吗

实践案例

2017年，招标人某省人力资源和社会保障局就大楼维修项目进行招标采购。招标文件规定，"在签订合同前，中标人应向招标人提交履约担保，履约担保金额为中标合同金额的10%"。招标结束后，评标委员会出具评标报告，A工程有限公司被推荐为第一中标候选人。中标候选人公示期间，未发生异议、投诉等事宜。公示期满后，招标人向第一中标候选人A工程有限公司发出中标通知书，A工程有限公司在尚未提交履约保证金，且未与招标人签订施工合同的情况下，于接到中标通知书后第5日进场施工。

工程开工半个月后，招标人某省人力资源和社会保障局认为A工程有限公司存在施工安全隐患，且没有按照招标人的要求予以完善，此时施工合同仍未签订，招标人遂以A工程有限公司没有提交履约保证金为由，发函给A工程有限公司提出取消其中标资格。

A工程有限公司不服，发函向招标人提出质疑，未获得满意答复，后又向有关部门提起投诉。

法律解析

1. 要求中标人提交履约保证金是招标人的法定权利。

《政府采购法实施条例》第四十八条规定："采购文件要求中标或者成交供应

商提交履约保证金的，供应商应当以支票、汇票、本票或者金融机构、担保机构出具的保函等非现金形式提交……"根据《政府采购法实施条例》的相关规定，政府采购项目的采购人有权在采购文件中要求承包人提交履约保证金，用以担保承包商的履约行为。

本项目政府采购工程项目采用公开招标方式选择施工单位，还应当遵循招标投标法体系的相关规定。《招标投标法》第四十六条第二款规定："招标文件要求中标人提交履约保证金的，中标人应当提交。"结合政府采购法体系和招标投标法体系的相关规定，政府采购工程项目招标，招标人有权要求中标供应商在签订中标合同之前提交履约保证金。招标人要求中标人提交履约保证金的，应当在招标文件中事先作出明文规定，同时还应注明履约保证金的金额、形式和提交方式等相关事宜。

2. 招标人要求中标人提交履约保证金的，其金额不得超过中标合同金额的 10%。

《政府采购法实施条例》第四十八条第二款规定，"履约保证金的数额不得超过政府采购合同金额的 10%。"《招标投标法实施条例》第五十八条规定："招标文件要求中标人提交履约保证金的，中标人应当按照招标文件的要求提交。履约保证金不得超过中标合同金额的 10%。"《工程建设项目施工招标投标办法》第六十二条第三款规定："招标人不得擅自提高履约保证金，不得强制要求中标人垫付中标项目建设资金。"

结合政府采购法体系和招标投标法体系的相关规定：政府采购工程项目招标，招标人在招标文件中要求中标人提交一定数额的履约保证金的，该数额不得超过政府采购项目中标合同金额的 10%。

3. 招标人要求中标人提交履约保证金的，应当同时向中标人提供工程款支付担保。

《工程建设项目施工招标投标办法》第六十二条第二款同时规定，"招标人要求中标人提供履约保证金或其他形式履约担保的，招标人应当同时向中标人提供工程款支付担保。"履约保证金，是工程发包人为防止承包人在合同执行过程中违反合同规定或违约，要求承包人向发包人提供的履约担保，用以担保由于承包人的履约不当行为而给发包人造成的经济损失。工程款支付担保，是指为保证业主履行合同约定的工程款支付义务，由担保人为业主向承包人提供的保证业主支付工程款的担保，用以制约业主单位的履约行为，保障施工单位的合法权益。

相关法律要求承发包双方相互提供担保，其意义就在于可以形成互相制约关系，用以保障施工合同的全面、正确履行。

4. 中标人不按照招标文件的要求提交履约保证金的，中标资格可能被取消。

《招标投标法实施条例》第七十四条规定："中标人无正当理由不与招标人订立合同，在签订合同时向招标人提出附加条件，或者不按照招标文件要求提交履约保证金的，取消其中标资格，投标保证金不予退还。对依法必须进行招标的项目的中标人，由有关行政监督部门责令改正，可以处中标项目金额10‰以下的罚款。"《工程建设项目施工招标投标办法》第八十一条规定："中标通知书发出后，中标人放弃中标项目的，无正当理由不与招标人签订合同的，在签订合同时向招标人提出附加条件或者更改合同实质性内容的，或者拒不提交所要求的履约保证金的，取消其中标资格，投标保证金不予退还；给招标人的损失超过投标保证金数额的，中标人应当对超过部分予以赔偿；没有提交投标保证金的，应当对招标人的损失承担赔偿责任。对依法必须进行施工招标的项目的中标人，由有关行政监督部门责令改正，可以处中标金额千分之十以下罚款。"

根据《招标投标法实施条例》第五十五条的规定，排名第一的中标候选人不按照招标文件要求提交履约保证金的，招标人可以按照评标委员会提出的中标候选人名单排序依次确定其他中标候选人为中标人，也可以重新招标。

5. 本案以中标人未提交履约保证金为由取消中标资格理由过于牵强。

本案的实质是招标人违反有关规定，在中标合同尚未签订就允许中标单位提前进场施工，在发现中标单位施工管理不善后，又以"未提交履约保证金为由"欲取消中标人的中标资格，该理由和事实均与法定情形下"中标人不按招标文件要求提交履约保证金"不相符，不应以此为由取消A工程有限公司的中标资格。

本案比较妥当的做法是：招标人应当要求中标人按照招标文件的规定提交履约保证金，并尽快签订施工合同；对于施工单位在施工过程中出现的安全管理问题，应当按照中标合同中的相关规定妥善处理。

合规指引

中标人确定后，招投标双方应及时签订书面合同。《招标投标法实施条例》第五十七条规定，招标人和中标人应当依照招标投标法和本条例的规定签订书面合同，合同的标的、价款、质量、履行期限等主要条款应当与招标文件和中标人的投标文件的内容一致。本案中，招投标双方在尚未签订合同的情况下进场施工，为项目顺利实施埋下了隐患。

投标人应按照招标文件的要求提交履约保证金。不按招标文件的要求提交履约保证金的，招标人可以取消其中标资格，按照评标委员会提出的中标候选人名单排序依次确定其他中标候选人为中标人，也可以重新招标。

供应商注册地与经营地不符能否取消其中标资格

实践案例

某政府印刷服务采购项目,经评标委员会评审,推荐出 3 名中标候选人。采购人在对评标报告进行审查时,发现第一中标候选人的注册地址与其实际经营地不符。对此,采购人内部出现了两种意见:一种意见认为,注册地址与实际经营地址虽然不符,但不影响其履约,双方可继续签订服务采购合同;另一种意见认为,第一中标候选人明知注册地与实际经营地不符,在投标时却隐瞒了实际经营地,填报了注册地址信息,其行为等同于提供虚假材料谋取中标,应取消其第一中标候选人的资格。

在政府采购项目中,供应商的注册地与实际经营地不符,可以取消其中标资格吗?

法律解析

1. 企业应该拥有合法的公司注册地。

企业在领取营业执照的时候,都被要求填写公司经营住所,这就是我们常说的公司注册地。《公司法》第七条规定:"依法设立的公司,由公司登记机关发给公司营业执照。公司营业执照签发日期为公司成立日期。公司营业执照应当载明公司的名称、住所、注册资本、经营范围、法定代表人姓名等事项。公司营业执照记载的事项发生变更的,公司应当依法办理变更登记,由公司登记机关换发营

· 174 ·

业执照。"《市场主体登记管理条例》第八条规定:"市场主体的一般登记事项包括(一)名称;(二)主体类型;(三)经营范围;(四)住所或者主要经营场所……"

从上述规定中不难看出,依法成立的公司,都应该拥有合法的公司注册地。

2. 一个企业是否可以拥有两个或多个办公地址。

相关法律规定,企业必须拥有合法的公司注册地,是否意味着一个企业只能有一个经营地址呢?答案是否定的,一个企业可以拥有两个或两个以上的办公地址。《公司法》第十条规定:"公司以其主要办事机构所在地为住所。"该法条的言外之意是,公司除了主要办事机构之外,还可以有其他办事机构。

3. 企业注册地址是不是一经确立,不能改变。

按照《公司法》《市场主体登记管理条例》的规定,企业成立必须拥有明确的注册地,那是不是意味着注册地一经确立,就不能改变呢?答案也是否定的。《市场主体登记管理条例》第二十七条规定:"市场主体变更住所或者主要经营场所跨登记机关辖区的,应当在迁入新的住所或者主要经营场所前,向迁入地登记机关申请变更登记。迁出地登记机关无正当理由不得拒绝移交市场主体档案等相关材料。"从上述规定中不难看出,公司注册地并非一经确立即不可改变。公司在生产经营过程中,由于规模扩张等原因导致办公需求变化,进而使得公司经营地址产生变动是很常见的,只要及时去相关部门办理变更即可。

4. 注册地与实际经营地不符,是否可以取消中标候选人资格。

注册地与经营地不符,采购人是否可以取消中标候选人的中标资格呢?本书编者不太认同这一做法。如本案例背景资料介绍,采购人在审查评审报告时发现第一中标候选人注册地与实际经营地不符。但该情形不是招标文件规定的否决投标情形,也不必然会对该供应商的履约能力造成不良影响,取消其中标资格依据不足。

如前所述,根据《公司法》和《市场主体登记管理条例》的相关规定,一个企业可以拥有多个经营地。第一中标候选人的注册地与实际经营地不符,有可能是因为供应商没有及时去工商管理部门办理变更登记所致。

《市场主体登记管理条例》第四十六条规定:"市场主体未依照本条例办理变更登记的,由登记机关责令改正;拒不改正的,处 1 万元以上 10 万元以下的罚款；情节严重的，吊销营业执照。"可见，企业登记信息发生变更未按《市场主体登记管理条例》的规定履行变更登记义务的，会面临行政处罚，但至多从工商登记的行政管理层面进行追责，并不涉及民事法律行为的效力。

合规指引

供应商经营场所搬迁时，应及时到工商行政管理部门办理变更登记，否则会面临一定的行政处罚。如果招标文件中没有明确规定，采购人不能轻易以注册地与实际经营地不符为由判定原评标结果无效。

联合体一方放弃中标怎么办

实践案例

2018年10月，某市国土部门一测绘服务项目招标，招标文件要求投标人须具有测绘资质。A公司与B公司组成的投标联合体顺利中标。中标合同签订期间，A、B两家公司因项目利润分配产生分歧，B公司退出本项目合作，不再参与中标项目的签约和合同履行等事宜，并向采购人书面提出放弃中标。随后，A公司又联合了资质更高的C公司组成新的联合体，并向采购人提出了书面请求，申请A、C联合体一同与采购人签约并履行该中标合同。

请问：联合体一方放弃中标，另一方是否可单独履行合同？或与其他供应商组成新的联合体一同签订中标合同？

法律解析

1. 两家或两家以上的投标人可以组成联合体，以一个投标人的身份共同参加政府采购。

从A公司和B公司合作投标的行为来看，其符合联合体投标的性质。《政府采购法》第二十四条规定："两个以上的自然人、法人或者其他组织可以组成一个联合体，以一个供应商的身份共同参加政府采购。以联合体形式进行政府采购的，参加联合体的供应商均应当具备本法第二十二条规定的条件，并应当向采购人提交联合协议，载明联合体各方承担的工作和义务。联合体各方应当共同与采购人签订采购合同,就采购合同约定的事项对采购人承担连带责任。"A、B两公司合作时,双方签订了联合投标协议,并明确了双方各自承担的责任和义务。从形式上说,A、B两公司满足联合体投标的形式要件。

2. 中标联合体一方退出后,另一方不得再单独履行合同。

投标联合体的身份是一个供应商,是一个不可分割的整体,联合体中标后,应共同对采购人承担责任。本项目B公司退出联合体后,作为本项目的供应商——A、B公司投标联合体已经不复存在,A公司作为联合体中的一员,不是评标委员会推荐的中标候选人,不得以中标人的名义和采购人签订中标合同。出现本案例所述情形后,采购人应取消该联合体的中标资格,参照《政府采购法实施条例》第四十九条"中标或者成交供应商拒绝与采购人签订合同的,采购人可以按照评审报告推荐的中标或者成交候选人名单排序,确定下一候选人为中标或者成交供应商,也可以重新开展政府采购活动"的规定,选择第二中标候选人作为中标人,或重新组织招标。

3. 中标联合体一方退出后,另一方不得再与其他供应商组成新的联合体履行合同。

《政府采购法实施条例》第二十二条第二款规定:"以联合体形式参加政府采购活动的,联合体各方不得再单独参加或者与其他供应商另外组成联合体参加同一合同项下的政府采购活动。"同理,投标联合体中标后一方退出,另一方也不可与其他供应商组成新的联合体与采购人签约。此外,A公司和C公司组成的新联合体不是评标委员会推荐的中标候选人,更没有参加过之前的投标竞争,不具备签约的资格,本例A公司在签约时的做法不合法,采购人市国土部门不应该采纳其意见。

合规指引

两家或两家以上的投标人可以组成联合体,以一个投标人的身份共同参加政府采购活动。联合体中标后,联合体各方应当共同与采购人签订合同,并按照联合体协议中的分工,就采购合同各自履行自己的责任义务,并就采购项目承担连带责任。

若联合体中有一方放弃中标,就意味着联合体的整体性不复存在,原来的联合投标协议、资格审查和商务技术评审已经失去意义。联合体的另一方不得再单独与采购人签订中标合同,也不得再与他人组成新的联合体与采购人签订中标合同。

有"前科"的企业可以中标吗

实践案例

2022年7月11日,某区教育局举行2022—2023学年度中小学及幼儿园食堂大宗食材公开招投标会议。招标共分为粮食、油、鲜猪肉、冷冻制品、豆制品和蔬菜6个竞标项目,每个项目分别进行评审。会议后几十家参与竞标的供货商将自己的产品进行公开摆放。招标会结束后,中标企业确定。

中标结果公布后的第二天,有供应商提出质疑,称中标企业中有一家鲜猪肉供应商2021年因食品安全问题曾被相关部门查处过。该中标企业是当地某屠宰场,2021年因为被某区农林局查到屠宰死猪,被罚款19550元,同时被责令停业整改。

质疑书称:按照《政府采购法》第二十二条的规定,参加政府采购的供应商在政府采购活动前三年内,经营活动中不得有重大违法记录。该屠宰场依法不具备投标资格,其中标结果无效,应当重新确定中标人。

经查,本案中标人某屠宰场确实存在被农林局查处的情况。该企业能不能中标呢?

法律解析

1. 政府采购项目应当符合法定条件。

《政府采购法》第二条第二款规定:"本法所称政府采购,是指各级国家机关、事业单位和团体组织,使用财政性资金采购依法制定的集中采购目录以内的或者采购限额标准以上的货物、工程和服务的行为。"本项目采购人为区教育局,采购资金既有财政拨款部分,也有各中小学校和幼儿园的营业收入,属于财政性资金;采购标的是限额标准以上的分散采购项目;采购的内容是大宗食材,属货物采购项目。当地《某市中小学食堂规范管理工作意见(试行)》规定,学校食堂的大宗食材或送餐企业必须通过招标采购选择供应商。综上分析,本项目属于政府采购项目,应当适用《政府采购法》的相关规定。

2. 有重大违法记录的企业中标无效。

《政府采购法》第二十二条第一款规定:"供应商参加政府采购活动应当具备下列条件:(一)具有独立承担民事责任的能力;(二)具有良好的商业信誉和健全的财务会计制度;(三)具有履行合同所必需的设备和专业技术能力;(四)有依法缴纳税收和社会保障资金的良好记录;(五)参加政府采购活动前三年内,在经营活动中没有重大违法记录;(六)法律、行政法规规定的其他条件。"

本案的焦点是投标人在过去的经营活动中,曾被处以"罚款19550元"和"责令停业整改"的行政处罚,是不是属于"重大违法记录"？如属于重大违法记录,该投标人就没有资格参加本项目投标,其中标无效;如不属于重大违法记录,该企业中标有效,招标人区教育局应依法向其发出中标通知书并与之签约。

《政府采购法实施条例》第十九条对"重大违法记录"作了明确规定:"政府采购法第二十二条第一款第五项所称重大违法记录,是指供应商因违法经营受到刑事处罚或者责令停产停业、吊销许可证或者执照、较大数额罚款等行政处罚。"

关于"较大数额罚款",财政部《关于〈中华人民共和国政府采购法实施条例〉第十九条第一款"较大数额罚款"具体使用问题的意见》(财库〔2022〕3号)明确:"较大数额罚款"认定为200万元以上的罚款,法律、行政法规以及国务院有关部门明确规定相关领域"较大数额罚款"标准高于200万元的,从其规定。本案中标人某屠宰场曾被罚款19550元,低于200万元的标准,不属于重大违法记录。关于"责令停业整改"的行政处罚,属于《政府采购法实施条例》第十九条列举的"责令停产停业"之列,应属于重大违法记录。

综上,本案中标人某屠宰场在参加政府采购活动前三年内,在经营活动中有重大违法记录"前科",不具备参加本项目投标的供应商资格,其中标无效。

🖐 合规指引

  国家机关、事业单位和团体组织的采购项目,既使用财政性资金又使用非财政性资金,财政性资金与非财政性资金无法分割采购的,受政府采购法约束;供应商参加政府采购活动,应当具备合格的供应商资格条件,在参加政府采购活动前三年内,如在经营活动中有重大违法记录,则不具备参加政府采购活动的资格;重大违法记录认定中,对于较大数额的罚款,应视各地的实际情况而定。

0元中标不可取

实践案例

2018年5月16日，采购代理机构水电工程顾问公司受采购人某省人力资源和社会保障厅委托，就某省机关事业单位工资管理信息系统采购项目实行公开招标。该项目采购预算为230万元，共有5家供应商参与投标，A软件公司综合评分最高，被推荐为第一中标候选供应商，其报价为0元，随后被确定为中标人。6月13日，采购人发布中标公告。

6月16日，B软件公司向采购代理机构水电工程顾问公司提出书面质疑。3天后，水电工程顾问公司作出答复。B软件公司对答复不满，向省财政厅投诉称：第一中标候选人供应商A软件公司以明显低于成本价竞标，涉嫌违反《招标投标法》的相关规定；本次采购，《公开招标文件》规定的最高限价是230万元，其他供应商的报价均在0元以上。《公开招标文件》规定的最高限价建立在市场调查基础上，其他各家供应商的报价也是根据其各自的成本和利润需求自主确定的价格，一定程度上反映了市场竞争的价格格局。被投诉人的报价与其他供应商的价格相差几百倍，报价明显异常，就其报价是否低于成本价，被投诉人没有给出合理解释。投诉书请求省财政厅责令招标人就A软件公司0元中标现象作出解释，并要求招标人依法废除A软件公司的中标资格。

省财政厅经过审理，就投诉事项作出如下处理决定：

一、《政府采购法》第二条第四款规定，"本法所称采购，是指以合同方式有偿取得货物、工程和服务的行为"。因此，"有偿取得"是政府采购成立的基础，本项目中 A 软件公司投标报价为 0 元，采购人并不支出财政性资金，即为"无偿取得"，违反了《政府采购法》的上述规定。

二、《政府采购法实施条例》第十一条第二款规定："采购人不得向供应商索要或者接受其给予的赠品、回扣或者与采购无关的其他商品、服务。"本项目中，A 软件公司 0 元报价实质上是一种赠与行为，采购人确定 A 软件公司为中标供应商，违反了《政府采购法实施条例》的上述规定。

三、本项目中 A 软件公司的 0 元报价，没有反映出采购价格与采购标的在数量、质量等影响成本因素上严格的对价关系，在项目实施过程中有可能影响商品服务的质量和不能诚信履约，违反了政府采购公平和公正原则。

综上，投诉人的投诉事项成立。根据《政府采购法》第五十六条及《政府采购质疑和投诉办法》（财政部令第 94 号）第三十二条的规定，决定：该项目采购行为违法，责令重新开展采购活动。

法律解析

1. 政府采购应当有偿取得。

从《政府采购法》的相关规定来看，政府采购须为"有偿取得"，本案中，A 软件公司以 0 元报价参与投标，如与之签订采购合同，属"无偿取得"行为，违反《政府采购法》第二条第四款的相关规定。无偿取得本质上属于受赠行为，如该供应商自愿捐赠，应事先向采购人提出直接办理捐赠手续，而无须通过采购程序加大各方成本，使得其他供应商做毫无价值的投标。这一行为对于那些"陪太子读书"的供应商而言，也是一种"戏弄"。

2. 低于成本价参与投标竞争涉嫌低价倾销，破坏市场竞争秩序。

近年来，以一分钱、一元钱等象征性的投标报价中标的事件时有发生，其中一些项目就是如本案的信息化项目，引起了社会关注和热议。看似 0 元报价为中标人自主决定，对采购人是有利的，但是很明显，该类报价明显低于其在投标项目上投入的成本，如果听任这种低于成本价中标的情况出现，极易扰乱市场，破坏市场秩序。

3. 投标人低于成本竞标应当被否决。

《招标投标法》第三十三条规定，"投标人不得以低于成本的报价竞标"。《招标投标法实施条例》第五十一条规定："有下列情形之一的，评标委员会应当否决其投标：……（五）投标报价低于成本或者高于招标文件设定的最高投标限价……"《政府采购货物和服务招标投标管理办法》（财政部令第87号）第六十条也规定："评标委员会认为投标人的报价明显低于其他通过符合性审查投标人的报价，有可能影响产品质量或者不能诚信履约的，应当要求其在评标现场合理的时间内提供书面说明，必要时提交相关证明材料；投标人不能证明其报价合理性的，评标委员会应当将其作为无效投标处理。"本案例中，供应商A软件公司以0元报价投标，明显低于其成本，评标委员会应当依法认定该投标无效，而不应当因其报价最低而推荐其为中标候选人。

合规指引

供应商应当按照市场竞争态势、自身经营状况和成本支出等因素自主决定合理的投标报价，不得以低于成本价投标，不得低价倾销排挤竞争对手。对于政府采购项目而言，如果供应商愿意捐赠，应直接联系政府部门办理捐赠手续，无须再组织政府采购活动。

在评审过程中，评审委员会如发现供应商的报价不合理或可能低于成本时，可要求该供应商对报价的合理性进行澄清说明，如供应商的澄清说明无法解释其报价的合理性的，应认定该投标无效；如认定供应商的报价明显低于成本的，应依法对投标作无效处理。

第一中标候选人被查实有违法情形必须按序递补吗

实践案例

某咨询公司受区教育局委托就某区2019—2021学年度中小学校学生校服采购项目公开招标采购。2018年12月14日，该项目在中国政府采购网发布中标结果公告，织造厂综合得分排名第一，校服创作公司综合得分排名第二。

校服创作公司就该采购项目中织造厂弄虚作假事宜向区教育局提出质疑。咨询公司和区教育局作出了答复，认为校服创作公司提出的问题理由不成立，中标结果合法、有效。校服创作公司于2019年1月4日向区财政局举报织造厂存在弄虚作假行为。经区财政局调查发现：织造厂在参加2015—2017年度"××省守合同重信用企业公示活动"中，在××省守合同重信用企业公示系统中存在虚报合同总金额、已履约合同金额、年产值等情形，已于2018年3月14日被所在地市工商行政管理部门撤销"××省守合同重信用企业"公示资格。但织造厂在本项目投标时，将原网站公示信息作为资信证明材料编入投标文件中。

在举报事项调查处理期间，织造厂分别与区内三家学校签订了采购项目《合同书》，并向相关学校陆续提供校服。2019年3月31日，校服创作公司起诉，请求法院确认区教育局与织造厂之间的中标合同无效，判令区教育局和织造厂终止履行原中标合同，并向校服创作公司发出中标通知书。

法院经审理后认为：（一）关于织造厂获得的中标资格是否有效。从本案来看，织造厂在参加2015—2017年度"××省守合同重信用企业公示活动"中存在弄虚作假情形，被撤销"××省守合同重信用企业"公示资格，织造厂的企业信用资质及信誉直接影响了其综合得分的分值，诉争采购项目因中标供应商织造厂提供虚假内容的投标文件而中标，依据《政府采购法》第七十七条的规定，认定投标人织造厂采用弄虚作假手段中标，中标无效。

（二）关于校服创作公司是否可以取得中标供应商资格。本次招标采购文件规定：评标委员会依据得分情况推荐综合得分前二名的投标人为第一中标候选人、第二中标候选人。但这并不能解释为在第一中标候选人中标无效的情况下，应直接确认第二中标候选人即校服创作公司为中标人，不需要重新招标。故校服创作公司要求确认其为中标人，理由并不充分，也缺乏法律依据。

综上，法院判决区教育局与织造厂之间的中标无效，驳回校服创作公司的其他诉讼请求。

法律解析

1. 供应商依据提供的虚假资料中标的，中标无效。

《政府采购法》第七十七条规定："供应商有下列情形之一的，处以采购金额千分之五以上千分之十以下的罚款，列入不良行为记录名单，在一至三年内禁止参加政府采购活动，有违法所得的，并处没收违法所得，情节严重的，由工商行政管理机关吊销营业执照；构成犯罪的，依法追究刑事责任：（一）提供虚假材料谋取中标、成交的；（二）采取不正当手段诋毁、排挤其他供应商的；（三）与采购人、其他供应商或者采购代理机构恶意串通的；（四）向采购人、采购代理机构行贿或者提供其他不正当利益的；（五）在招标采购过程中与采购人进行协商谈判的；（六）拒绝有关部门监督检查或者提供虚假情况的。供应商有前款第（一）至（五）项情形之一的，中标、成交无效。"依据《政府采购法》的相关规定，供应商提供虚假材料谋取中标的，中标无效。

在本案中，经调查证实织造厂在参加2015—2017年度"××省守合同重信用企业公示活动"中有弄虚作假行为而被撤销"××省守合同重信用企业"公示资格，织造厂在投标活动中提供了虚假的企业信用材料，符合上述法条规定的弄虚作假谋取中标的行为，应认定织造厂的中标无效。

2. 中标无效但中标人不符合中标条件的，第二名中标候选人并不必然递补中标。

《政府采购法》没有明确举报事项成立，认定中标结果无效后，该如何处理的问题。本项目在财政部门处理举报事项期间，织造厂已分别与区内三家学校签订了采购项目《合同书》，并向相关学校陆续提供校服。尽管举报事项属实，但合同已经签订并实际履行，责令撤销原采购合同，退还织造厂提供的校服，由之前排序第二的中标候选人递补中标后，履行采购合同已经不太现实。因此，校服创作公司主张区教育局向其发出中标通知书的诉讼请求缺乏事实和法律依据，法院未支持其诉讼主张。

鉴于本案实情，举报受理机关区财政部门可参考《政府采购质疑和投诉办法》（财政部令第94号）第三十二条"投诉人对采购过程或者采购结果提起的投诉事项，财政部门经查证属实的，应当认定投诉事项成立。经认定成立的投诉事项不影响采购结果的，继续开展采购活动；影响或者可能影响采购结果的，财政部门按照下列情况处理：……（四）政府采购合同已经履行，给他人造成损失的，相关当事人可依法提起诉讼，由责任人承担赔偿责任"之规定，建议采购人赔偿校服创作公司相应损失。

合规指引

投标人如使用伪造、变造的许可证件，提供虚假的财务状况或者业绩，提供虚假的项目负责人或者主要技术人员简历、劳动关系证明，提供虚假的信用状况等弄虚作假的行为投标而骗取中标的，其中标无效。

第二中标候选人依序递补中标，合同价不得变更

实践案例

2018年5月9日，某区公共文化设施委托运营项目挂网公开招标。为保障该公共文化设施的运营服务质量，本项目招标文件要求：供应商指派的运营管理团队必须为专职管理团队，管理团队负责人在参加政府采购活动前三年内，不得有重大违法记录，且中标后不得在其他项目兼职。

5月31日，经评标委员会评审，推荐本项目第一中标候选人为A公司，第二中标候选人为B公司。中标结果公告后，B公司向招标人提出质疑，称第一中标候选人不满足招标文件规定的要求和条件，其委派的项目经理曾被处以罚金，在本项目投标期间还在其他运营团队任职。招标人回复称，本项目招标文件的要求是管理团队负责人中标后不得在其他项目兼职，该项目负责人在以往确实存在违法行为，但仅被处以罚金，说明违法情节轻微，符合招标文件的要求。B公司对该回复不满意，遂向当地财政部门提起投诉。

经财政部门核查，本案招标文件规定，管理团队负责人中标后不得在其他项目兼职。供应商A公司指派的运营管理团队负责人投标期间在其他运营团队任职并不违反招标文件规定。另据调查核实，A公司指派的负责人柳某于2016年8月曾被人民法院处以罚金19000元，该项目负责人不满足招标文件规定的资格条件要求，投诉事项属实。依据《政府采购质疑和投诉办法》(财政部令第94号)第三十二条第一款第(二)项的规定，认定该项目中标无效，责令招标人依法另行确定中标供应商。

招标人接到投诉处理决定后，遂取消了 A 公司的中标资格，依法确定 B 公司为中标候选人并向其发出了中标通知书。在签订合同环节，招标人发现 B 公司的报价比 A 公司高了 31 万元，要求 B 公司按照 A 公司的价格签订合同。该做法是否合法？

法律解析

1. 被处以罚金说明当事人违法情节严重。

在实践中，罚款和罚金经常容易被混淆。罚款，是行政处罚手段之一，是行政执法单位对违反法律、行政法规的个人和单位给予的行政处罚。而罚金，是刑法附加刑之一，是刑事处罚的一种方式，属财产刑，其适用对象是触犯刑法的犯罪分子和犯罪法人。对被处罚对象而言，罚款与罚金造成的经济结果一样，被处罚对象都要交纳一定的钱，但是其违法情节的严重程度不同。罚款承担的是一种行政责任，而罚金承担的是一种刑事责任。

本案 A 公司提供的运营管理团队负责人柳某曾被处以罚金，说明当事人违法情节严重，已经触犯刑法，而并非招标人认为的"违法情节轻微"。财政部门认定"A 公司在投标文件中所报的团队负责人不满足招标文件的资格条件要求"定性正确。

2. 中标无效可由第二中标候选人依序递补中标。

《政府采购质疑和投诉办法》（财政部令第 94 号）第三十二条第一款规定："投诉人对采购过程或者采购结果提起的投诉事项，财政部门经查证属实的，应当认定投诉事项成立。经认定成立的投诉事项不影响采购结果的，继续开展采购活动；影响或者可能影响采购结果的，财政部门按照下列情况处理：（一）未确定中标或者成交供应商的，责令重新开展采购活动。（二）已确定中标或者成交供应商但尚未签订政府采购合同的，认定中标或者成交结果无效。合格供应商符合法定数量时，可以从合格的中标或者成交候选人中另行确定中标或者成交供应商的，应当要求采购人依法另行确定中标、成交供应商；否则责令重新开展采购活动。（三）政府采购合同已经签订但尚未履行的，撤销合同。合格供应商符合法定数量时，可以从合格的中标或者成交候选人中另行确定中标或者成交供应商的，应当要求采购人依法另行确定中标、成交供应商；否则责令重新开展采购活动。（四）政府采购合同已经履行，给他人造成损失的，相关当事人可依法提起诉讼，由责任人承担赔偿责任。"

本案例第二中标候选人B公司对采购结果提起投诉，经财政部门查证属实，投诉事项成立，财政部门认定中标结果无效。由于该项目合格供应商符合法定数量，可以从合格的中标候选人中另行确定中标供应商，财政部门责令招标人依法另行确定中标供应商的做法，符合法律规定。

3. 第二中标候选人递补中标，应当按照其投标报价签订合同。

《政府采购货物和服务招标投标管理办法》（财政部令第87号）第七十一条规定："采购人应当自中标通知书发出之日起30日内，按照招标文件和中标人投标文件的规定，与中标人签订书面合同。所签订的合同不得对招标文件确定的事项和中标人投标文件作实质性修改。"此外，《招标招标法》第四十六条第一款规定："招标人和中标人应当自中标通知书发出之日起三十日内，按照招标文件和中标人的投标文件订立书面合同。招标人和中标人不得再行订立背离合同实质性内容的其他协议。"《招标投标法实施条例》第五十七条第一款规定："招标人和中标人应当依照招标投标法和本条例的规定签订书面合同，合同的标的、价款、质量、履行期限等主要条款应当与招标文件和中标人的投标文件的内容一致。招标人和中标人不得再行订立背离合同实质性内容的其他协议。"

依据上述法条的相关规定，招标人与中标人在签订合同时，应当按照中标人的投标报价签订合同，合同的标的、价款、质量、履行期限等主要条款应当与中标人的投标文件的内容一致，否则应当承担相应法律责任。

4. 中标通知书对招标人和中标人均具有法律效力。

《招标投标法》第四十五条第二款规定："中标通知书对招标人和中标人具有法律效力。中标通知书发出后，招标人改变中标结果的，或者中标人放弃中标项目的，应当依法承担法律责任。"《招标投标法实施条例》第七十三条规定："依法必须进行招标的项目的招标人有下列情形之一的，由有关行政监督部门责令改正，可以处中标项目金额10‰以下的罚款；给他人造成损失的，依法承担赔偿责任；对单位直接负责的主管人员和其他直接责任人员依法给予处分：……（五）在订立合同时向中标人提出附加条件。"《政府采购法实施条例》第六十七条也作出类似规定："采购人有下列情形之一的，由财政部门责令限期改正，给予警告，对直接负责的主管人员和其他直接责任人员依法给予处分，并予以通报：……（四）未按照采购文件确定的事项签订政府采购合同……"

根据相关法律，招标人在中标通知书发出以后，应当及时与中标人签订合同，不得在签订合同时提出附加条件，否则应当承担相应的法律责任。

合规指引

在政府采购项目投诉处理过程中，如第一中标候选人被查实存在中标无效情形，且该项目合格供应商符合法定数量，可以从合格的中标候选人中另行确定中标供应商的，财政部门应责令招标人依法另行确定中标供应商，而不宜武断地废标后重新招标。

第二中标候选人依序递补为中标人后，在签订中标合同时，合同价应当按第二中标候选人在投标文件中的投标报价签订，招标人在合同签订时不得提出附加条件，也不得和中标人再行订立背离合同实质性内容的其他协议，否则应当承担相应的法律责任。

提供虚假信用状况将导致中标无效

实践案例

2022年8月11日，某区政府校车工作领导小组办公室（以下简称校车办，非独立法人单位）通过招标方式采购一家公司负责校车运营项目。某校运公司参与该项目投标。2022年9月26日，校车办向校运公司发出中标通知书，但双方未签订合同。

双方在洽商合同期间，校车办收到举报，举报信称校运公司原法定代表人曾因多报座位数、将不在某区营运的校车也予以申报骗取校车补助款，被法院以诈骗罪判处其有期徒刑两年零六个月，缓刑三年，并处罚金人民币60000元的刑事处罚。经校车办调查，举报事项属实。

2022年11月24日，校车办向校运公司发出了"取消中标资格通知"，载明"由于贵公司曾在某区因虚报座位数骗取校车补助款，2021年被认定为诈骗罪，信用记录不良，违反了《政府采购法》第二十二条的相关规定，依法取消贵公司的中标资格"。

校运公司认为其已经中标，校车办应在中标通知书发出后30日内与之签订合同。但校车办至今仍未与之签约，已构成违约，诉至法院请求判令区政府赔偿交通费、投标文件制作费、招标代理费损失32080元及预期利润损失100000元。

法院经审理后认为：校运公司的原法定代表人虽然是个人犯诈骗罪，但其作为法定代表人，以校运公司名义虚报材料，采取多报座位数、将不在某区营运的校车也予以申报的方式，骗取校车补助款打入校运公司账户，并被其据为己有。

在此事件中，校运公司相关工作人员也参与了诈骗活动，反映出校运公司内部管理混乱、财务制度不健全。在本项目投标过程中，校运公司在投标文件中隐瞒了其法定代表人曾被判处缓刑和罚金、校运公司被区教育部门责令整改等情况，属于以提供虚假材料谋取中标的行为，违反了《政府采购法》第二十二条、《招标投标法》第三十三条和《招标投标法实施条例》第四十二条的相关规定。校运公司在本项目招投标过程中存在一定过错，应自行承担其因投标而产生的损失，包括其主张的交通费、投标文件制作费。

关于招标代理费，因本项目采购代理机构已完成了招标代理行为，校运公司中标资格被取消系其自身过错导致，应由其自行承担。

关于校运公司主张的预期利润损失，属于可得利益损失。但该预期利润实现的前提是校运公司是合法的合同缔约人。本例校运公司弄虚作假谋取中标，不具备中标资格。且本案当事人双方的纠纷是在缔约过程中发生，合同尚未成立，对校运公司的这一请求不予支持。

综上，法院判决驳回校运公司的诉讼请求。

法律解析

1. 投标人以弄虚作假方式骗取中标的，中标无效。

《政府采购法》第二十二条规定："供应商参加政府采购活动应当具备下列条件：……（二）具有良好的商业信誉和健全的财务会计制度；……（五）参加政府采购活动前三年内，在经营活动中没有重大违法记录；……"《招标投标法》第三十三条也规定："投标人不得以低于成本的报价竞标，也不得以他人名义投标或者以其他方式弄虚作假，骗取中标。"关于"以其他方式弄虚作假的行为"，《招标投标法实施条例》第四十二条第二款第（四）项明确规定包括"提供虚假的信用状况"这一情形。校运公司法定代表人的个人犯罪事实，属于其利用公司经营事项引起的犯罪行为，证明校运公司不具有良好的商业信用，但校运公司对此未予披露。该公司根据《政府采购法实施条例》第十七条规定提供的"参加政府采购活动前3年内在经营活动中没有重大违法记录的书面声明"与事实不符，有弄虚作假行为，根据《政府采购法》第七十七条关于供应商提供虚假材料谋取中标的、中标无效的规定，区政府校车办单方取消其中标资格的决定，事实清楚，法律依据充分。

2. 因投标人自身原因导致中标无效后无权追索缔约过失责任。

根据《招标投标法》第四十五条、第四十六条及《政府采购法》第四十六条的规定，招标人与中标人应当自中标通知书发出之日起三十日内，按照招标文件和中标人的投标文件订立书面合同。法院认为：供应商中标后，仍需与投标人进一步订立书面合同以确定双方的具体权利义务。如果双方当事人在合同洽商阶段发生纠纷，一方向另一方追索损失，应属于缔约过失责任范畴而非违约责任。

《民法典》第五百条规定："当事人在订立合同过程中有下列情形之一，造成对方损失的，应当承担赔偿责任：……（二）故意隐瞒与订立合同有关的重要事实或者提供虚假情况……。"缔约过失责任，是指在订立合同的过程中，一方因违背诚实信用原则而导致另一方发生信赖利益损失时，所应承担的民事责任。本案缔约双方未签订合同的主要原因，是校运公司的不具备参与政府采购活动的法定资格，并由此导致中标无效，责任在校运公司自身。代表区政府实施招标活动的校车办在缔约过程中并无过错，校运公司无权追索缔约过失责任。

合规指引

为了评价供应商是否具备《政府采购法》第二十二条规定的条件，招标人一般都会在招标文件中要求供应商提供相关材料予以证明，这些证明一般包括：①法人或者其他组织的营业执照等证明文件，自然人的身份证明；②财务状况报告，依法缴纳税收和社会保障资金的相关材料；③具备履行合同所必需的设备和专业技术能力的证明材料；④参加政府采购活动前3年内在经营活动中没有重大违法记录的书面声明；⑤具备法律、行政法规规定的其他条件的证明材料。

投标人在投标文件中应如实陈述，不得隐瞒真实情况。如投标人未在投标文件中如实提供相应材料，属于弄虚作假行为，如果中标的，可按照《政府采购法》第七十七条的规定认定中标无效。

投标有效期届满后发出的中标通知书无效

实践案例

2021年10月9日,某省属行政执法机关职业制式服装采购项目挂网招标,采购内容为2022年夏季职业制式服装和单皮鞋等。本项目招标文件规定:采用综合评分法,投标截止时间为2021年11月14日上午9:00时,投标保证金为10万元,投标有效期为投标截止后30日。本项目共有A、B、C、D、E、F六家供应商购买了招标文件并参与投标。11月14日上午11:30时,评标结束后,采购人向参加投标的六家供应商通报了各自的得分和评审排序,C、E、F三家公司综合得分排名前三。

11月15日上午,供应商A、D向采购人和采购代理机构提出质疑,称:C公司和E公司有串标行为。代理机构对A、D两家公司的质疑进行回复后,两家公司均对回复内容不满意,又向财政部门投诉。

后经财政部门多方调查,A、D两家公司所称的C公司和E公司串标并无实据,从C、E两家供应商的投标文件来看,也并无内容异常一致或报价呈规律性差异等情形,不足以将C、E两家公司视为串标。投诉事项处理完毕后,采购人在签发中标通知书时发现,该项目投标有效期已过。

针对这一情况,采购人内部出现两种意见:第一种意见认为:由于质疑投诉处理等原因造成中标通知书迟迟未发,属意外事件,应归于不可抗力,属于时效中止情形。因此,本项目投标有效期实际上并未到期,采购人可以照常签发中标通知书。

第二种意见认为：本项目招标文件明文规定，投标截止时间为2021年11月14日，投标有效期为投标截止后30日。本项目投诉事项处理完毕已经是12月20日，超出投标截止的约定期限，此时签发中标通知书应属无效行为。

法律解析

1. 投标有效期是投标文件保持有效的期限。

《政府采购货物和服务招标投标管理办法》（财政部令第87号）第二十条明确规定，采购人或者采购代理机构编制的招标文件应当包括投标有效期。

采用招标方式签订的合同，其缔约过程遵循"要约邀请—要约—承诺"三个阶段。招标公告和文件属于要约邀请，投标文件属于要约，中标通知书属于承诺。在招标采购实践中，供应商一般都会按照招标文件确定的投标有效期作出响应，并在投标文件中注明投标有效期。注明了投标有效期的投标文件属于《民法典》中附期限的要约。根据《民法典》有关承诺期限的规定，投标有效期系采购人对要约（投标文件）作出承诺的期限。

2. 采购人应当在投标有效期内签发中标通知书。

由上述分析可知，投标有效期系供应商就其提交的投标文件承担相关义务的期限。投标有效期过后，投标文件对采购人和供应商都丧失了约束力。《民法典》第四百八十六条规定："受要约人超过承诺期限发出承诺，或者在承诺期限内发出承诺，按照通常情形不能及时到达要约人的，为新要约；但是，要约人及时通知受要约人该承诺有效的除外。"如采购人在投标有效期过后签发中标通知书，该中标通知书的性质已经不属于承诺，而是构成了新要约。

也就是说，本项目之前的采购环节因要约（投标文件）的失效已自行终止，采购失败。如采购人此时签发中标通知书，本质上是新一轮采购活动的开始，撇开新一轮采购活动是否合法这一问题暂且不论，该"中标通知书"已不是对原投标文件的承诺了。

3. 采购人应当确定合理的投标有效期。

在政府采购招标项目中，投标有效期对采购人和供应商都能起到保护和约束的双重作用：一方面可以起到约束供应商在投标有效期内不能随意更改和撤销投标的作用；另一方面也可以促使采购人加快评标、定标和签约过程，从而保证供应商的投标不至于由于采购人的无限期拖延而增加风险。一个理性的供应商的报价，应当考虑了投标有效期内物价波动等方面的风险。

因此，采购人在招标文件中设置的投标有效期应当合理，既不能过长也不宜过短。过长的投标有效期，可能导致投标人为了规避风险而不得不提高投标价格，过短的投标有效期，又可能使招标人无法在投标有效期内完成开标、评标、定标和签订合同，从而可能导致采购活动失败。

4. 采购人应在投标有效期结束前发出延长通知。

《政府采购货物和服务招标投标管理办法》（财政部令第87号）未就延长投标有效期作出规定。在招标采购实践中，由于质疑投诉处理等特殊情况，确需延长投标有效期的，采购人可依据《招标投标法》体系的相关规定，在原投标有效期届满前，以书面形式要求所有供应商延长投标有效期。供应商同意延长的，其投标保证金的有效期相应延长，但不得修改其投标文件的实质性内容；供应商拒绝延长的，其投标文件在原投标有效期结束后自行失效，但投标人有权收回其投标保证金。

此外，如因处理质疑投诉而导致签发中标通知书的时间可能超出投标有效期，也可采取加快质疑投诉处理进度等方式解决。采购人应就未在规定时限内签发中标通知书自行承担相应责任。

合规指引

本项目的操作流程，存在两个缺陷：一是投标有效期设置过短。采购人应当充分考虑采购项目完成开标、评标、定标和签订合同所需要的时间，特别是可能遇到的质疑、投诉等情形，合理设置投标有效期。二是未及时采取补救措施。采购人如遇到在原投标有效期结束前仍不能签发中标通知书的特殊情况，可采用向参与投标的各家供应商发出书面通知，要求其确认延长投标有效期，或加快中标通知书签发的内部流转程序等方式，以弥补投标有效期设置过短的缺陷。

中标通知书下发后合同何时成立

实践案例

2016 年 9 月 20 日，招标代理公司接受县教育局委托在省政府采购中心网发布某某学校采暖设备公开招标公告，其中包 1 锅炉项目要求供应商资格条件为：一、具备《特种设备安装改造维修许可证》(锅炉) 2 级以上资质；二、具备《特种设备制造许可证》(锅炉) B 级及以上证书；三、具备《特种设备制造许可证》(压力容器) 第Ⅲ类低、中压容器 A2 级及以上资质。

2016 年 10 月 11 日，招标代理公司发布中标结果公告：包 1 中标供应商为特种设备公司。2016 年 10 月 12 日、17 日，特种设备公司两次被质疑（压力容器）第Ⅲ类低、中压容器资质不符合招标要求。2016 年 10 月 18 日招标代理公司重新组织原评审委员会复审，专家一致认为特种设备公司提供的资质证书不满足招标文件要求。因此，包 1 项目有效投标供应商不足 3 家，县教育局决定废标后重新招标。

特种设备公司向法院起诉，请求确认中标通知有效，责令县教育局与其订立政府采购合同。

法院认为：(一) 关于中标通知书是否有效的问题。本案涉及的采购项目属于使用财政资金的政府采购项目，特种设备公司不具备《特种设备制造许可证》(压力容器) 第Ⅲ类低、中压容器 A2 级及以上资质，在收到中标通知书后，其他利害关系人提出质疑，招标代理公司组织原评审委员会复审后认定特种设备公司不满足招标文件要求的资格条件，原中标通知书无效，招标代理公司以包 1 项目合格供应商不足三家为由，宣布采购项目废标，并重新组织招标，合法有效。

（二）关于涉案招投标采购合同是否已经成立并生效问题。特种设备公司持有的中标通知书在书面合同签订之前，合同尚未成立，其效力仅在于特种设备公司获得了与对方签订书面合同的权利。《合同法》第三十二条（现参见《民法典》第四百九十条）规定："当事人采用合同书形式订立合同的，自双方当事人签字或者盖章时合同成立。"根据《招标投标法》等有关法律规定，招投标双方应当订立书面合同。因此，以招投标方式确立政府采购合同的成立时间，应以招标人与中标人在合同书上的签字或盖章时间为准。

综上所述，特种设备公司因不满足招标文件规定的资格条件，致使招标结果因不符合法定最低合格投标人数量要求而归于无效，故特种设备公司要求确认中标通知有效的诉求，与法相悖，应予驳回。关于订立书面政府采购合同的请求，因涉案采购项目中标无效后予以废标，即招投标过程也就至此而结束，涉案合同尚未成立，无须确定该合同的法律效力。

综上，法院判决县教育局学校采暖设备采购项目中的包1（锅炉）《中标通知书》无效，驳回特种设备公司的其他诉讼请求。

法律解析

1. 中标通知书可能因投标人的资格条件不合格或有违法行为而导致无效。

根据《招标投标法》及其实施条例等规定，下列情形下中标无效：（1）依法必须进行招标的项目，招标人违法与投标人就投标价格、投标方案等实质性内容进行谈判，影响中标结果的；（2）建设工程必须进行招标而未招标或者中标无效的；（3）依法必须进行招标的项目的招标人向他人透露已获取招标文件的潜在投标人的名称、数量或者可能影响公平竞争的有关招标投标的其他情况，或者泄露标底，影响中标结果的；（4）依法必须进行招标的项目在所有投标被评标委员会否决后自行确定中标人的；（5）投标人相互串通投标或者与招标人串通投标的，投标人以向招标人或者评标委员会成员行贿的手段谋取中标的；（6）投标人以他人名义投标或者以其他方式弄虚作假，骗取中标的；（7）招标代理机构违法泄露应当保密的与招标投标活动有关的情况和资料,或者与招标人、投标人串通损害国家利益、社会公共利益或者他人合法权益,影响中标结果的;(8)招标人在评标委员会依法推荐的中标候选人以外确定中标人的;(9)投标人以低于成本的报价竞标,以他人名义投标或者以其他方式弄虚作假,骗取中标的。"中标无效"也就意味着已经发出的中标通知书无效。

在本案中,特种设备公司作为投标人,其制造压力容器的资质并不符合招标人在招标公告中规定的资格条件,违反了《政府采购法》第二十二条关于政府采购供应商的资格条件的规定,也违反了《招标投标法》第二十六条中"投标人应当具备承担招标项目的能力;国家有关规定对投标人资格条件或者招标文件对投标人资格条件有规定的,投标人应当具备规定的资格条件"之规定,其投标无效,中标通知书也就无效。该公司投标无效后,投标资格条件合格的投标人不足三家,应依据《政府采购法》第三十六条的规定予以废标。

2. 中标通知书发出后,关于合同是否成立、何时成立的问题,实践中有争议。

实践中,主要有三种观点:第一种观点认为,招标人向中标人发出中标通知书后,待双方签订书面合同时合同成立,任何一方无正当理由不签订书面合同导致合同无法履行,对方可以请求承担缔约过失责任;第二种观点认为,招标人向中标人发出中标通知书后,双方成立合同预约,对方当事人有权请求承担预约合同违约责任或者要求解除预约合同并主张损害赔偿;第三种观点认为,中标通知书就是承诺,既然中标通知书一经发出即生效,则如无其他情形,此时合同成立且生效(需要依法办理合同登记手续生效的除外),如果一方当事人不履行合同,则需承担违约责任。

从实践来看,双方结算合同款的依据一般为签订的书面合同,故中标通知书并非双方确定最终权利义务的依据。从法律规定来看,《招标投标法》第四十六条、《政府采购法》第四十四条均规定双方需要签订书面合同以确定各自的权利义务关系,故本案受理法院认为第一种观点更为合理。按第二种观点,中标通知书发出后预约合同成立,但按照《民法典》规定,拒绝签约一方承担的违约责任之一就是必须签订本约合同,有违合同自由原则,且实践中几乎无签订正式合同的可能,司法实务中也多追究其缔约过失责任,故预约合同之说可操作性不强。

如按第三种观点，中标通知书一经下发合同成立且生效，则《招标投标法》第四十六条要求双方签订书面合同的条款显得多余，不利于以书面合同方式固定双方权利义务关系，且与《民法典》第四百九十条也不完全吻合。

《招标投标法》第四十六条规定招标人和中标人在法定期限内订立书面合同属于强制性规定，是以专门法律规定招标人和中标人必须订立合同书。该规定是与《民法典》第四百九十条中"当事人采用合同书形式订立合同的，自当事人均签名、盖章或者按指印时合同成立"的相关规定的精神是一致的。在招标采购实践中，按照前述法律规定，招标文件一般也都约定要签订书面合同。

本案受理法院认为，招标采购合同的成立生效时间应当是招标人和中标人订立书面合同的时间，中标通知书发出后未签订合同的，承担缔约过失责任，赔偿信赖利益损失，而非承担违约责任。本案法院持这一观点作出了判决。

合规指引

建筑业企业资质、产品强制认证或生产许可以及服务类行业执业行政许可等是法律强制性规定的投标人资格条件，要求投标人的该项资格条件必须与招标项目相符、资质等级合格。招标文件对此应明确规定，投标人对此条件必须响应，条件不符的投标无效。

中标、成交通知书发出后，招标人与中标人（成交人）必须签订书面的政府采购合同，确认招标采购成交结果。

需要说明的是：如本案发生在 2021 年以后，应当依据《民法典》的相关规定以及招标采购相关法律规定作出处理。

招标人应在定标后及时发出中标通知书

实践案例

2019年4月29日，某县公共资源交易服务中心（以下简称交易中心）在省政府采购网发布义务教育阶段学生作业本公开招标采购文件，载明：履约保证金金额为中标总金额的5%（精确到元）；投标保证金不能转为履约保证金，履约保证金的交纳直接通过银行转账到交易中心；中标人应在收到中标通知书之后，按照招标文件规定的数额和方式交纳履约保证金。如果中标人未按要求交纳履约保证金，且又无正当理由的，将视为放弃中标。

2019年7月1日，交易中心在某政府采购网公告印刷公司为中标供应商，并书面通知印刷公司应于7月23日交纳履约保证金并领取中标通知书。之后，印刷公司派出工作人员到交易中心领取中标通知书，交易中心告知"应先交履约保证金才发中标通知书"，印刷公司以招标文件规定应在签订采购合同前交纳履约保证金为由，函告交易中心先发放中标通知书再交履约保证金，双方由此产生争议。

8月11日，印刷公司向县财政局邮寄《关于交易中心无正当理由不予发放中标通知书的情况反映》，请求政府采购监管部门责令县交易中心立即向其发放中标通知书。8月22日，县财政局作出行政处罚决定书，以印刷公司存在中标或者成交后无正当理由拒不与采购人签订政府采购合同为由，决定取消印刷公司中标资格，将印刷公司列入不良行为记录名单。

印刷公司对该处罚决定不服，遂向市财政局申请复议。

法律解析

1. 招标人应当按照相关的法律规定及时发出中标通知书。

《政府采购法实施条例》第四十三条规定："采购代理机构应当自评审结束之日起2个工作日内将评审报告送交采购人。采购人应当自收到评审报告之日起5个工作日内在评审报告推荐的中标或者成交候选人中按顺序确定中标或者成交供应商。采购人或者采购代理机构应当自中标、成交供应商确定之日起2个工作日内，发出中标、成交通知书……"《政府采购货物和服务招标投标管理办法》（财政部令第87号）第六十九条规定："采购人或者采购代理机构应当自中标人确定之日起2个工作日内，在省级以上财政部门指定的媒体上公告中标结果，……在公告中标结果的同时，采购人或者采购代理机构应当向中标人发出中标通知书……"

政府采购相关法律明确规定：采购人在确定中标供应商后，应当在确定中标供应商之日起2个工作日内发出中标通知书。依法及时发出中标通知书是采购人的法定义务，交易中心不得以其他理由拒绝发出中标通知书。本案例印刷公司请求政府采购监管部门责令交易中心立即发放中标通知书，该要求于法有据，应当予以支持。

2. 招标人要求中标人交纳履约保证金的，在招标文件中应对履约保证金的交款金额、方式、时间进行明确规定。

《招标投标法》第四十六条规定："……招标文件要求中标人提交履约保证金的，中标人应当提交。"《招标投标法实施条例》第五十八条规定："招标文件要求中标人提交履约保证金的，中标人应当按照招标文件的要求提交。履约保证金不得超过中标合同金额的10%。"《政府采购法实施条例》第四十八条规定："采购文件要求中标或者成交供应商提交履约保证金的，供应商应当以支票、汇票、本票或者金融机构、担保机构出具的保函等非现金形式提交。履约保证金的数额不得超过政府采购合同金额的10%。"

履约保证金属于中标人向招标人提供的用以保障其履行合同义务的担保。中标人不履行合同义务的，招标人将按照合同约定扣除其全部或部分履约保证金，或由担保人承担担保责任。履约保证金的设立，可以保证中标合同的履行，对于防范合同履行风险具有重要作用。履约保证金的形式通常为中标人出具的银行汇票、支票、本票等，以及由银行或第三方担保机构出具的履约保函。本案中，招标文件规定投标人应在合同签订前交纳履约保证金，履约保证金的数额和形式符合规定，中标人应当执行。

3. 中标人不按招标文件的规定交纳履约保证金的，视为放弃中标资格。

《招标投标法实施条例》第五十五条规定："国有资金占控股或者主导地位的依法必须进行招标的项目，招标人应当确定排名第一的中标候选人为中标人。排名第一的中标候选人放弃中标、因不可抗力不能履行合同、不按照招标文件要求提交履约保证金，或者被查实存在影响中标结果的违法行为等情形，不符合中标条件的，招标人可以按照评标委员会提出的中标候选人名单排序依次确定其他中标候选人为中标人，也可以重新招标。"按照上述规定，招标文件要求中标人提交履约保证金的，中标人应当按照招标文件的要求提交，如排名第一的中标候选人不按照招标文件的要求提交履约保证金，招标人可以依次确定其他中标候选人为中标人，也可以重新招标，同时有权扣留投标保证金。

合规指引

及时发出中标通知书是招标人的法定义务，招标人不得以任何理由拒不发放中标通知书。否则将承担相应的法律责任。

招标人可以在招标文件中约定中标人应交纳履约保证金，并可约定履约保证金的交款金额、形式、提交时间。履约保证金通常作为合同订立的条件，可约定履约保证金在签订合同前交纳，如约定签约后交纳的，应将其作为合同生效的条件。

拒签政府采购合同应承担相应法律责任

实践案例

某招标公司受采购人某区卫生局的委托，就其彩超采购项目进行公开招标。经评标，科技公司等3家公司被推荐为第一、第二、第三中标候选人，第二中标候选人对第一中标候选人科技公司标书中的技术参数部分提出书面质疑，某区卫生局要求科技公司对此给予答复，并向招标公司发函，载明"采购单位在没有正式确定中标供应商的情况下，任何单位或个人不得擅自发出中标通知书"。科技公司书面回复某区卫生局，称其无违反政府采购法律法规的行为。

2021年11月31日，招标公司向科技公司发出中标通知书，之后科技公司与某医用技术公司签订了医疗设备采购合同，合同金额138万元，并支付定金50万元。后，因某区卫生局未与科技公司签订彩超采购合同，科技公司因而未能履行医疗设备采购合同，其所交定金50万元医用技术公司亦不予退回。

2021年12月24日，科技公司向某区卫生局发函要求其依据中标通知书按时签订合同，某区卫生局不同意签订合同。2022年10月23日，科技公司（乙方）与医用技术公司（甲方）就医疗设备采购合同因科技公司原因无法履行一事达成赔偿协议，约定："一、甲方同意先将乙方支付的50万元定金退还给乙方；二、乙方同意无论与某区卫生局的官司结果如何，都愿意按合同标的额的20%赔偿给甲方276000元。"后，科技公司起诉，要求判令某区卫生局承担缔约过失责任，赔偿经济损失1086128元。

法院认为：（一）合同是否成立的问题。依据本案所涉招标文件中"中标方按中标通知书指定的时间、地点与采购人签订合同"、《政府采购法》第四十三条第一款"政府采购合同适用合同法。采购人和供应商之间的权利和义务，应当按照平等、自愿的原则以合同方式约定"和第四十四条"政府采购合同应当采用书面形式"、《民法典》第四百九十条"当事人采用合同书形式订立合同的，自双方当事人签字或者盖章时合同成立"的规定，采购人与中标单位应签订书面合同，科技公司与某区卫生局并未签订书面合同，因此，某区卫生局认为采购合同未成立，本案案由应定为缔约过失责任纠纷的答辩理由成立。

（二）某区卫生局是否应承担缔约过失责任的问题。本案招标文件列明"中标通知：评标结束后并确定中标后，招标代理机构将以书面形式发出中标通知书。中标通知书一经发出，即发生法律效力"，某区卫生局与招标公司签订的采购委托代理协议也列明"招标公司负责向中标单位发中标通知书，通知中标方与某区卫生局签订合同"，据此，招标公司作为采购代理机构，有权以书面形式发出中标通知书。至于招标公司是否超越委托代理权限擅自确定中标人，属于招标公司与某区卫生局之间的委托代理关系产生的法律问题，该委托代理权限纠纷在本案中不宜作出处理，某区卫生局可另行主张权利。

依据《政府采购法》第四十六条第二款"中标、成交通知书对采购人和中标、成交供应商均具有法律效力。中标、成交通知书发出后，采购人改变中标、成交结果的，或者中标、成交供应商放弃中标、成交项目的，应当依法承担法律责任"的规定，科技公司接到中标通知书后，有理由相信其已成为中标人，且其并不知道招标公司是自行发出的中标通知书，基于中标通知书确定其为中标人而产生的信赖利益，其为履行招标项目签订合同，并没有违背诚实信用原则。

采购人应依法及时确定中标人，并将中标结果告知第一中标候选人科技公司。在招标项目没有依法废标的前提下，采购人某区卫生局没有依法按时确定中标人，并将中标结果告知第一中标候选人科技公司，符合《民法典》第五百条"当事人在订立合同过程中有下列情形之一，给对方造成损失的，应当承担损害赔偿责任：……（三）有其他违背诚实信用原则的行为"的情形，某区卫生局应承担缔约过失责任，赔偿科技公司为履行合同所受到的合理的信赖利益损失，包括科技公司50万元定金的利息损失（按同期银行贷款利息计算）50493元、科技公司为参与此次招投标采购活动支付的标书购买费用和差旅费三项费用共计 65863 元。对于医用技术公司与科技公司签订的赔偿协议，科技公司尚未实际履行赔偿协议约定的 276000 元赔偿额，在本案中不宜认定为科技公司的实际损失。

综上，法院判决某区卫生局赔偿科技公司经济损失 65863 元。

法律解析

1. 中标通知书由招标人发出，招标代理机构受委托亦有权发出。

中标通知书是招标人作出的承诺，是招标人确认中标人的投标文件（要约）被接受，且同意与其缔约的意思表示，是签订合同的依据。依据《民法典》，承诺（中标通知书）应当由受要约人（招标人）作出，当然，按照民事代理制度，招标人也可以委托招标代理机构完成。《招标投标法》第四十五条规定："中标人确定后，招标人应当向中标人发出中标通知书……"在本案中，招标代理机构亦可受招标人的授权发出，这代表招标人的意思表示，且在招标文件中明确载明此授权内容。科技公司亦无从知道此授权受限，基于招标文件内容，有理由相信招标公司有权发出中标通知书，故该中标通知书有效。根据《民法典》中"委托代理人按照被代理人的委托行使代理权"，"代理人不履行或者不完全履行职责，造成被代理人损害的，应当承担民事责任"的规定，本案招标公司超越权限发出中标通知书的无权代理行为，应由招标公司对招标人承担责任。

2. 采购当事人之一中标后不签订合同，将承担缔约过失责任。

缔约过失责任是指合同订立过程中，一方因未履行依据诚信原则所产生的附随义务，而致另一方的信赖利益损失时应承担的损害赔偿责任。缔约过失责任采用过错责任原则，以给当事人造成的实际损失为限。缔约过失责任的构成要件有四个：①当事人为了订立合同而接触或磋商；②一方因过错违反协助、照顾、保护、忠实、通知、保密等先合同义务；③给对方造成合理的信赖利益的损失，信赖利益的损失包括缔约费用及利息、为准备履行合同所支出的合理费用及利息、丧失与第三人订立合同的机会所遭受的损失等；④违反先合同义务的行为与合理的信赖利益损失具有因果关系。在本案中，中标通知书已发出，双方均有义务按中标通知书签约,且中标人基于该信赖而为履行合同签订了必要的合同,为此受到损失。但招标人拒绝签约履约,且无合法理由,即应依据《政府采购法》第四十六条和《民法典》第四百九十五条、第五百条的规定承担相应责任。

合规指引

1. 招标代理机构应当按照招标人的指示开展招投标活动、发出中标通知书,应在招标人的授权范围之内行事,其权限受代理权限限制,不得超越代理权限从事招标代理活动。

2. 招标人是否授权招标代理公司发出中标通知书,不仅规定在招标代理合同之中,也要在招标文件之中明示作出安排,才能约束投标人。

3. 招标人有权撤回或修改其授权招标代理机构的相关代理内容,但应当及时告知投标人代理权限已发生重大变化,明确采购代理机构有无发出中标通知书的权限,否则仍按原招标文件规定办理。

修改招标文件实质性内容的合同条款无效

实践案例

2017年10月,某市文广局公开招标采购正版的Windows8Pro、Office2010标准版、通用办公软件专业版各若干套系统软件,电子科技公司中标。双方签订政府采购合同时,将招标文件约定的"Windows8Pro简体中文专业版(开放式许可协议)"变更为:"供方必须保证所供产品为微软、金山公司认证的政府部门使用的正版软件,供货时间由原来的30天改为10天。"

2018年5月,电子科技公司交货。文广局经向微软公司、金山公司查询得知其所供产品对应的客户是某中专学校,即以产品不符合要求为由拒绝收货,同时向省版权局就"未经授权能否使用和使用是否构成侵权"进行请示。省版权局答复:"依法未经授权的软件不允许使用,使用即构成侵权。"文广局遂经请示市政府采购办后向电子科技公司发函要求终止合同。电子科技公司提起诉讼,要求判令文广局继续履行合同,并赔偿损失20万元。文广局反诉请求解除合同。

法院认为,本案中的争议焦点是电子科技公司履行合同是否符合招标文件要求。本案中,购销合同中供方必须保证"产品为微软、金山公司认证的政府部门使用的正版软件",该约定与招标文件并不一致。提供正版软件是作为所有软件供货方必须遵守的一项基本准则。电子科技公司作为专业的计算机软件销售单位,对此应当是知晓的。判断计算机软件的正版与否,并不取决于软件是从著作权人或其授权的经销商处取得,还是从其他渠道取得,而是软件使用人是否获得软件著作权人的授权或许可。由于电子科技公司所提供软件的许可使用人为某中专学校并非文广局，故文广局不能合法使用，一旦使用必然构成侵权。

虽然无论"Windows8Pro"等软件许可使用人究竟是谁，从技术层面而言对文广局的使用并无影响，但涉及权利属性时，法院判断的则是法律意义上的合法与否。诚然，电子科技公司能以某中专学校的名义购买软件，但只有在所取得软件的许可使用人是文广局时，才能认定电子科技公司全面履行了中标义务。由于电子科技公司所供产品对文广局而言并非合法使用人，文广局的招标采购及购销合同目的不能实现，电子科技公司主张以该批产品继续履行合同，显然于法无据。文广局主张解除合同的理由成立。

综观本案，由于文广局在签订合同时构成对招标文件的实质性变更，因此该购销合同对招标文件的变更内容不发生法律效力。电子科技公司在中标后应当按照招标文件的要求，提供正版计算机软件，但其将授权许可使用人为他人的软件作为合同标的物交由文广局，属于履行客体错误。因此，本案中电子科技公司对购销合同的不能履行应负有全部责任，虽由此造成了经济损失，但其无权要求文广局赔偿。

综上，法院判决：依法解除电子科技公司、文广局订立的政府采购合同；驳回电子科技公司要求继续履行合同的请求。

法律解析

1. 政府采购合同不得变更招标文件的实质性内容。

投标文件是对招标文件实质性内容和拟签订的合同主要条款的响应文件，招标人发出中标通知书是对中标人所提交的投标文件内容的认可，属于民法典中的承诺。招标人和中标人签订的合同应是对招标投标结果的确认文件。《招标投标法》第四十六条第一款规定："招标人和中标人应当自中标通知书发出之日起三十日内，按照招标文件和中标人的投标文件订立书面合同。招标人和中标人不得再行订立背离合同实质性内容的其他协议。"《政府采购法》第四十六条第一款规定："采购人与中标、成交供应商应当在中标、成交通知书发出之日起三十日内，按照采购文件确定的事项签订政府采购合同。"《政府采购货物和服务招标投标管理办法》（财政部令第 87 号）第七十一条规定："采购人应当自中标通知书发出之日起 30 日内，按照招标文件和中标人投标文件的规定，与中标人签订书面合同。所签订的合同不得对招标文件确定的事项和中标人投标文件作实质性修改。采购人不得向中标人提出任何不合理的要求作为签订合同的条件。"

依据相关法律的规定，定标以后，招标人、中标人不得通过谈判变更合同的实质性内容。所谓"合同实质性内容"，是指对合同当事人的主要权利、义务和各自利益产生重大影响的内容，依据《招标投标法实施条例》第五十七条第一款规定，一般包括合同的标的、价款、质量、履行期限等主要条款。

综上，定标后必须维持招标采购结果，如果任由招标人和中标人修改招标采购结果，变更招标文件或中标人的投标文件的实质性内容签订合同，将可能使招投标活动失去意义。本案中，法院认定购销合同对合同标的进行变更，已构成对招标文件内容的实质性变更。

2. 修改招标文件实质性内容的合同条款无效。

对于变更招标文件和中标人投标文件实质性内容的合同条款，《招标投标法》体系和《政府采购法》体系都作出了否定性评价。《招标投标法》第五十九条规定："招标人与中标人不按照招标文件和中标人的投标文件订立合同的，或者招标人、中标人订立背离合同实质性内容的协议的，责令改正……"《招标投标法实施条例》第七十五条规定："招标人和中标人不按照招标文件和中标人的投标文件订立合同，合同的主要条款与招标文件、中标人的投标文件的内容不一致，或者招标人、中标人订立背离合同实质性内容的协议的，由有关行政监督部门责令改正……"《政府采购法》第四十六条第二款规定："……中标、成交通知书发出后，采购人改变中标、成交结果的，或者中标、成交供应商放弃中标、成交项目的，应当依法承担法律责任。"《政府采购法实施条例》第六十七条规定："采购人有下列情形之一的，由财政部门责令限期改正，给予警告，对直接负责的主管人员和其他直接责任人员依法给予处分，并予以通报：……（四）未按照采购文件确定的事项签订政府采购合同……"该条例第七十二条同时规定："供应商有下列情形之一的，依照政府采购法第七十七条第一款的规定追究法律责任：……（三）未按照采购文件确定的事项签订政府采购合同……"

由上可知，《招标投标法》《政府采购法》及其配套法律规范，对修改招标文件实质性内容的合同条款都明确禁止，并要求按照招标文件和中标人的投标文件改正合同内容。根据《民法典》的相关规定，合同条款修改招标文件实质性内容的，此类合同条款应为无效条款。

本案双方当事人所签订的合同条款，修改了招标文件和中标人的投标文件中的实质性内容，该合同中对招标文件、投标文件中的变更内容不具有法律效力。

合规指引

招标人和中标人均应当按照中标结果签订合同，合同的标的、价款、质量、履行期限等主要条款应当与招标文件和中标人的投标文件的内容一致，不得变更中标结果签订合同，不得修改招标文件的实质性内容签订合同。

中标人应当按照其投标文件的承诺，根据合同的约定依法全面、如实履行合同义务，确保达到合同约定的目的。

背离合同实质性内容应如何认定

实践案例

某市融媒体中心大厦户外全彩 LED 显示系统采购项目招标文件规定:"分三次付款……支付终款时,供应商须提供由国内商业银行开具的履约保函,保函金额为合同金额的 10%。"某科技公司中标。

2021 年 6 月 17 日,双方签署《LED 项目采购合同》。与招标文件对比,合同对于履约保函条款变动为:科技公司应在合同签订后 30 天内向市融媒体中心提交合同总价 10% 的履约保证金;本合同经双方签字且市融媒体中心收到履约保证金后生效。

7 月 27 日,市融媒体中心告知停止户外大屏的建设。科技公司遂发函要求市融媒体中心继续履行合同,安排验收和支付 50% 的货款。市融媒体中心回函称:LED 项目采购合同约定合同经双方签字并在市融媒体中心收到履约保证金后开始生效,由于科技公司未提交履约保证金,因此合同并未生效。

科技公司向法院起诉,要求判令解除合同,市融媒体中心接受科技公司交付的 LED 显示屏体,支付赔偿款 438 万元。

法院认为,本案中,《LED 项目采购合同》明确约定合同签订后 30 天内科技公司提交履约保证金,并以收到该履约保证金作为合同生效的条件。而招标文件中规定是在市融媒体中心支付最后一次款项时科技公司提交履约保函。《招标投标法》第四十六条规定:招标人和中标人应当按照招标文件和中标人的投标文件订立书面合同。招标人和中标人不得再行订立背离合同实质性内容的其他协议。

依该法律条款看，招标人与投标人在招投标文件之后还需签订正式的合同，说明当事人还可以就合同条款进行洽商，但当事人双方洽商的内容不得实质性背离招投标文件。而对是否属于实质性背离的判断，应以对其他投标人是否产生不公作为标准。本案招标文件与合同之间在科技公司提交银行保函的时间上有差别，同时合同将保函作为合同生效条件。但是，两者之间的差别没有实质性地背离招投标文件的内容。因此，合同该条款有效。

科技公司未在合同签订后30日内提交银行保函而导致合同未生效。科技公司要求解除已成立的合同，市融媒体中心亦同意解除，予以准许。合同解除后，不再履行，市融媒体中心无须接受LED屏体。但是，2011年6月30日，市融媒体中心向科技公司发出的电子邮件中关于保函的提交时间却与招标文件一致，而不是强调应该在合同订立后30日内先开出银行保函，这误导了科技公司以为实际上还是按照招标文件履行。因此，对于科技公司未在合同签订后30日内提交银行保函而导致合同未生效，双方均有过错。科技公司基于对市融媒体中心的信赖，已在履行合同并产生相应费用，市融媒体中心应承担相应的赔偿责任，法院酌情确定赔偿额为70万元。

综上，法院判决确认科技公司与市融媒体中心签订的《LED项目采购合同》已解除，市融媒体中心向科技公司赔偿损失70万元。

法律解析

1. 中标合同可以对招投标文件中的非实质性内容作出变更。

《招标投标法》第四十六条第一款规定："招标人和中标人应当自中标通知书发出之日起三十日内，按照招标文件和中标人的投标文件订立书面合同。招标人和中标人不得再行订立背离合同实质性内容的其他协议。"所谓"合同实质性内容"，是指影响或决定当事人基本权利义务的条款，对于哪些内容属于实质性内容，因具体合同种类不同而有所不同。

根据《招标投标法实施条例》第五十七条的规定，合同的标的、价款、质量、履行期限等主要条款属于实质性内容。在建设工程领域，依据《最高人民法院关于审理建设工程施工合同纠纷案件适用法律问题的解释（一）》（法释〔2020〕25号）第二条规定，实质性内容是指合同约定的工程范围、建设工期、工程质量、工程价款等内容。当事人经过协商，对上述实质性内容以外的内容进行修改、变更的行为，不会涉及利益的重大调整，不对合同的性质产生影响，也不会对其他投标人产生不公平现象，即不构成对实质性内容的背离。当然，如果招标人在招标文件中确定了合同实质性内容的范围，招标人和中标人订立的合同也不应背离这些内容。

本案双方当事人在系争合同中约定的履约保证金提交时间与招标文件中确定的履约保证金提交时间不同，因系争合同系买卖合同，合同的根本目的是一方取得标的物的所有权而另一方取得价款。履约保函的提交时间不是合同的实质性内容。因此，法院认定系争合同中关于履约保函提交时间的变更，并不违反《招标投标法》第四十六条的规定。

2. 可以将履约保证金的交纳作为合同生效的条件。

《民法典》第一百五十八条规定："民事法律行为可以附条件，但是根据其性质不得附条件的除外。附生效条件的民事法律行为，自条件成就时生效。附解除条件的民事法律行为，自条件成就时失效。"本案合同中约定："科技公司应在合同签订后30天内向市融媒体中心提交合同总价10%的履约保证金；本合同经双方签字且市融媒体中心收到履约保证金后生效"，实则将提交履约保函作为合同生效的条件，该合同为附生效条件的合同。由于科技公司并未在系争合同约定的期限内递交履约保证金即银行保函，故系争合同的生效条件并未成就，合同并未生效。基于系争合同并未生效，故法院根据双方当事人的一致请求，确认合同解除，并无不当。双方对合同未生效均有过错，对合同解除的后果应各自承担相应的民事责任。合同未生效的，因该合同取得的财产，应当予以返还；不能返还或者没有必要返还的，应当折价补偿。有过错的一方应当赔偿对方因此所受到的损失，双方都有过错的，应当各自承担相应的责任。

3. 合同洽商人员应当加强沟通和协调，仔细研究合同条款，履行合同义务。

本案市融媒体中心工作人员由于工作失误，在与科技公司的联系邮件中就履约保函提交时间作出了错误表述，被法院认定为误导了合同对方，使科技公司的相关人员认为还是按照招标文件规定提交保函，致使合同未生效。市融媒体中心对合同未生效存在过错，被法院判处承担赔偿科技公司信赖利益损失的责任。

本案科技公司未认真研究最终签订的合同，未发现合同已就履约保函提交时间作出了不同于招标文件的规定，并由此导致合同生效条件发生变化，因此未按照合同规定的时间提交履约保函，导致合同并未生效，无法依据合同主张权利，在索赔维权中处于被动地位，赔偿损失的请求未全部得到法院支持。

合规指引

中标人应严格按照签订的书面合同履行义务。中标人在签订合同时应仔细核对，如发现对实质性内容作出了与招标文件和自己的投标文件不同的约定，及时提出；如有非实质性内容的变更且自身能够接受，应严格按照合同履行。

合同承办人员应从中吸取教训，准确熟悉、掌握《民法典》等法律的规定，避免在合同沟通过程中作出与合同条款不符的表示，导致争议或损失。

合同可以约定提交履约保证金之后生效

实践案例

某国际招标公司受生物工程研究所（事业单位）的委托，对该公司实验室设备采购项目所需货物及服务进行国内公开招标，《招标文件》第三部分合同特殊条款第二条规定："合同签署前供方向需方以电汇、现金、支票形式支付合同总金额10%的货款作为履约保证金……"《招标文件》第八部分合同一般条款第二十七条第一款规定："合同应在双方签字盖章并在买方收到卖方提供的履约保证金保函后开始生效。"

经评标委员会评审，国际招标公司向生物科技公司送达"中标通知书"。生物科技公司给付国际招标公司标书服务费1500元、中标服务费142000元。随后生物科技公司、生物工程研究所签订"中标合同"，合同约定："1.合同文件：下列文件构成本合同的组成部分：a.合同一般条款同招标文件第八部分；b.合同特殊条款同招标文件第三部分……4.合同总价：本合同总价为1870万元……5.付款方式：本合同的付款方式为：买卖双方签订合同后2日内，卖方（生物科技公司）将合同总金额的10%作为履约保证金支付给买方（生物工程研究所）……7.合同的生效：本合同经双方授权代表签署，买、卖双方加盖印章，且买方收到卖方提交的履约保证金之后生效。"

后因双方对于履约保证金存在争议。生物科技公司起诉，请求法院判令生物工程研究所赔偿其损失1178500元（含违约金、标书费、中标服务费及与厂家联系的成本）。

法院认为，生物科技公司与生物工程研究所系招标投标买卖合同关系，双方当事人应依诚实信用原则，行使各自的权利、履行各自的义务。当事人对合同的效力可以约定附条件。附生效条件的合同，自条件成就时生效。附解除条件的合同，自条件成就时失效。双方签订的"中标合同"明确约定"本合同经双方授权代表签署，买、卖双方加盖印章，且买方收到卖方提交的履约保证金之后生效"。生物科技公司作为生物工程研究所实验室设备采购项目的中标人，应于签署中标合同后，依约向生物工程研究所提交履约保证金。现因生物科技公司未向生物工程研究所提交履约保证金，故"中标合同"尚未生效，合同不具备法律约束力。"中标合同"未生效的原因系生物科技公司自己造成，与生物工程研究所无关，故生物科技公司的诉讼请求不予支持。

综上，法院判决驳回生物科技公司的诉讼请求。

法律解析

1. 招标人可以要求中标人交纳履约保证金，应当在招标文件中明确约定。

《招标投标法》第四十六条第二款规定："招标文件要求中标人提交履约保证金的，中标人应当提交。"履约保证金属于中标人向招标人提供的用以保障其履行合同义务的担保。《招标投标法实施条例》第五十八条规定："招标文件要求中标人提交履约保证金的，中标人应当按照招标文件的要求提交。履约保证金不得超过中标合同金额的10%。"《政府采购法实施条例》第四十八条规定："采购文件要求中标或者成交供应商提交履约保证金的，供应商应当以支票、汇票、本票或者金融机构、担保机构出具的保函等非现金形式提交。履约保证金的数额不得超过政府采购合同金额的10%。"

招标文件可以根据合同履行的需要，要求中标人在签订合同前提交或不提交履约保证金。是否提交履约保证金，由招标人根据招标项目的实际自主决定。招标文件要求提交的，应载明履约保证金的形式、金额以及提交时间。履约保证金通常作为合同订立的条件，要在合同签订前提交。履约保证金的有效期从合同生效之日起至合同约定的中标人主要义务履行完毕止。

2. 招标人可以要求履约保证金在签订合同前交纳,也可以约定交纳履约保证金作为合同生效条件。

《政府采购法》第四十三条第一款规定:"政府采购合同适用合同法。采购人和供应商之间的权利和义务,应当按照平等、自愿的原则以合同方式约定。"《民法典》第一百五十八条规定:"民事法律行为可以附条件,但是根据其性质不得附条件的除外。附生效条件的民事法律行为,自条件成就时生效。附解除条件的民事行为,自条件成就时失效。"第一百五十九条规定:"附条件的民事法律行为,当事人为自己的利益不正当地阻止条件成就的,视为条件已经成就;不正当地促成条件成就的,视为条件不成就。"

根据《民法典》的相关规定,合同双方当事人可以对合同的效力附条件。所附条件是指合同当事人自己约定的、未来有可能发生的、用来限定合同效力的某种合法事实。所附条件有以下特点:(1)所附条件是由双方当事人约定的,并且作为合同的一个条款列入合同中;(2)条件是将来可能发生的事实,而非必然发生或者不发生的事实;(3)所附条件是当事人用来限制合同法律效力的附属意思表示;(4)所附条件必须是合法的事实。

所附条件可分为生效条件和解除条件。生效条件是指使合同的效力发生或者不发生的条件。在此条件出现之前,也即本条所说的条件成就之前,合同的效力处于不确定状态,当此条件出现后,即条件具备后,合同生效;当条件不具备时,合同也就不生效。本案采购人事前在采购文件中规定中标人交纳履约保证金后合同生效,实际上就是为该政府采购合同附生效要件。

3. 中标人不按照招标文件要求提交履约保证金的,将丧失中标资格。

《招标投标法实施条例》第七十四条规定,中标人不按照招标文件要求提交履约保证金的,取消其中标资格,投标保证金不予退还。在本案中,招标人与中标人双方约定合同自提交履约保证金后生效,这符合前述《民法典》的相关规定,可作为合同生效条件。由于中标人生物科技公司未按照合同约定提交履约保证金,故政府采购合同并不生效,此时招标人还有权不退还其投标保证金。

合规指引

如政府采购合同中明确约定，中标人应在合同签订后一定时间内提交足额的履约保证金，而且将提交履约保证金作为合同的生效条件，该合同自中标人足额交纳履约保证金后生效。如果中标人最终未按照合同约定提交履约保证金，则政府采购合同未生效。由此导致合同未生效的责任在中标人，招标人可不退还其投标保证金，还可以依法追索其他损失。

2
CHAPTER
第二篇

非招标采购案例

第一部分　竞争性谈判

✦ 公开招标失败不得现场转为竞争性谈判
✦ 竞争性谈判项目必须进行商务技术谈判吗
✦ 竞争性谈判项目评审办法须严谨
✦ 不得虚构业绩证明材料参加竞争性谈判
✦ 未满足谈判文件要求的响应文件无效
✦ 二次竞争性谈判只有两家供应商可否继续进行
✦ 谈判小组组建不合法将导致成交结果无效
✦ 竞争性谈判项目最低报价并非必然成交
✦ 公开招标项目擅自采用竞争性谈判，合同无效
✦ 变更合同实质性内容签约违法

公开招标失败不得现场转为竞争性谈判

实践案例

　　某机关采用公开招标方式为其下属的培训中心（事业单位）采购办公家具。该项目于2021年12月在当地公共资源交易中心公开开标，投标截止时间前，共有甲、乙、丙三家供应商提供了投标文件。在评审过程中，甲供应商的技术指标没有响应招标文件的实质性要求，其投标文件被评标委员会作无效投标处理。此时，对招标文件作实质响应的供应商只有两家。应采购人的要求，评标委员会仔细审查了本项目招标程序和招标文件后，在评审现场出具了本项目招标时间程序合法、招标文件无倾向性的论证意见。采购人一边要求评审专家在评审现场稍做等待，一边向监管部门申请变更采购方式。

　　经当地财政部门同意，本项目采购方式改为竞争性谈判方式。采购人遂在评审现场宣布：原招标文件视为竞争性谈判文件，原评标委员会转为竞争性谈判小组。谈判小组5名成员集中与剩余的两家供应商分别进行谈判后，要求两家供应商在规定时间内提交第二轮报价，谈判小组依据两家供应商的报价高低，向采购人推荐了标明排序的成交候选供应商。谈判小组提交评审报告后3个工作日，采购人确定排名第一的乙供应商为成交供应商，并在财政部门指定的信息发布媒体发布了成交公告。

　　成交公告发布后，采购人收到丙供应商的质疑，质疑书称：本项目为公开招标项目，招标失败后现场改为竞争性谈判没有法律依据，采购程序不合法，要求采购人终止竞争性谈判活动，重新组织采购。

法律解析

1. 政府采购货物服务项目公开招标失败可依法变更采购方式。

《政府采购货物和服务招标投标管理办法》（财政部令第87号）第四十三条规定："公开招标数额标准以上的采购项目，投标截止后投标人不足3家或者通过资格审查或符合性审查的投标人不足3家的，除采购任务取消情形外，按照以下方式处理：（一）招标文件存在不合理条款或者招标程序不符合规定的，采购人、采购代理机构改正后依法重新招标；（二）招标文件没有不合理条款、招标程序符合规定，需要采用其他采购方式采购的，采购人应当依法报财政部门批准。"

《政府采购非招标采购方式管理办法》（财政部令第74号）第二十七条第二款规定："公开招标的货物、服务采购项目，招标过程中提交投标文件或者经评审实质性响应招标文件要求的供应商只有两家时，采购人、采购代理机构按照本办法第四条经本级财政部门批准后可以与该两家供应商进行竞争性谈判采购，采购人、采购代理机构应当根据招标文件中的采购需求编制谈判文件，成立谈判小组，由谈判小组对谈判文件进行确认……"

据此可见，政府采购货物服务项目公开招标失败，提交投标文件或者经过评审实质性响应招标文件要求的供应商只有两家时，可以经本级财政部门批准后变更为竞争性谈判方式，与该两家供应商进行谈判。

2. 招标失败项目现场转为竞争性谈判法律依据不足。

实践中，政府采购货物服务项目公开招标失败时，一些地方出于提高采购效率、防止商业秘密泄露等方面因素考虑，报经本级财政部门同意变更采购方式后，即在评审现场将采购方式转为竞争性谈判，把原评标委员会直接转为竞争性谈判小组，将招标文件不加任何修改即视为竞争性谈判文件，并将供应商的投标文件视为竞争性谈判响应文件，现场与供应商进行谈判和多轮报价后，完成采购活动。这一做法看似合理，但其合法性值得商榷。

《政府采购法》第三十六条规定："在招标采购中，出现下列情形之一的，应予废标：（一）符合专业条件的供应商或者对招标文件作出实质响应的供应商不足三家的……"，第三十七条规定："废标后……需要采取其他方式采购的，应当在采购活动开始前获得设区的市、自治州以上人民政府采购监督管理部门或者政府有关部门批准。"由此可知，政府采购招标项目在评审过程中发现实质响应的供应商不足三家时，应当依法予以废标，宣告招标程序结束，并将废标理由通知所有投标人。采购人依法废标后，由3名以上专家论证出具关于招标文件没有不合理条款、招标程序符合规定的论证结论，经财政部门批准才可变更为竞争性谈判方式，实际上是重新开启了另一个采购程序。

3. 招标失败应另行编制采购文件、组建谈判小组开展采购活动。

《政府采购非招标采购方式管理办法》（财政部令第74号）第二十七条明确规定："……采购人、采购代理机构应当根据招标文件中的采购需求编制谈判文件，成立谈判小组，由谈判小组对谈判文件进行确认……"细观财政部令第74号第二十七条，其关于采购人"可以与该两家供应商进行竞争性谈判"的规定，只是简化了常规竞争性谈判发布采购公告的程序，直接邀请该两家供应商进行谈判，而非表明招标失败项目无须另行编制采购文件、组建谈判小组。实际上，该法条还特别强调了采购人、采购代理机构"应当根据招标文件中的采购需求编制谈判文件、成立谈判小组"。这一表述充分证明：招标失败后，采购人应当另行编制采购文件、另行组建谈判小组开展采购活动，而非在评审现场直接转为竞争性谈判采购。

此外，财政部令第74号第二十九条第一款规定："从谈判文件发出之日起至供应商提交首次响应文件截止之日止不得少于3个工作日。"该3个工作日的规定，也便于供应商有充足的时间编制谈判响应文件，从而对该谈判项目作出实质性响应。

4. 将评标委员会直接转为谈判小组的做法涉嫌违法。

政府采购项目废标后，意味着原评标委员会也随之解散。实践中，如将原评标委员会直接转化为谈判小组，这一做法本质上是采购人直接指定评审专家，不符合财政部令第74号第二十七条要求成立谈判小组的相关规定，也不符合财政部令第74号第七条"评审专家应当从政府采购评审专家库内相关专业的专家名单中随机抽取"的规定。

招标失败后开启竞争性谈判程序，这一过程本质上不是原招标程序的延续，也不是招标程序和竞争性谈判程序之间的承转。因此，将评标委员会直接转为谈判小组的做法法律依据不足。

5. 招标失败项目直接转为竞争性谈判不具有可操作性。

从实操层面来看，招标失败项目直接转为竞争性谈判项目可操作性明显不足：一是评审程序难以转换。工程项目公开招标只允许一次报价，而竞争性谈判项目理论上可以进行多轮报价。二是评审办法难以过渡。公开招标项目可采用综合评分法或最低评标价法，而竞争性谈判项目只有最低价成交法。如原招标文件采用综合评分法，势必修改评审办法后方可进行评审。三是评审依据难以衔接。工程项目招标一般采用有效平均价作为基准价，而竞争性谈判项目采用最低价成交法，如在评标现场转为竞争性谈判，将招标文件视为谈判文件，则评审小组适用最低价成交法推荐供应商时，在采购文件中找不到直接依据，本质上属于谈判小组未按规定的评审方法和标准进行评审，属违法行为。

合规指引

政府采购招标项目在评审过程中，发现实质性响应的供应商只有两家时，采购人须根据财政部令第 74 号第二十八条的要求，持评标委员会或 3 名以上评审专家出具的招标文件没有不合理条款的论证意见，省级以上财政部门指定的媒体上发布的招标公告的证明材料，采购人或采购代理机构出具的对招标文件和招标过程是否有供应商质疑及质疑处理情况的说明，采购人名称、采购项目名称、项目概况等项目基本情况说明，项目预算金额、预算批复文件或者资金来源证明，拟申请采用竞争性谈判方式的理由等申请材料，向财政部门申请变更采购方式，经批准后方可采用竞争性谈判方式进行采购。

招标失败后变更为竞争性谈判项目的，采购人应依据原招标文件重新编制竞争性谈判文件，向该两名供应商发出竞争性谈判文件 3 个工作日后，组织该两名供应商进行谈判。

竞争性谈判项目必须进行商务技术谈判吗

实践案例

2017年8月,某政府采购工程施工项目两次公开招标失败后,依法变更为竞争性谈判方式。8月16日,采购人邀请了第二次招标时对招标文件作出实质性响应的甲、乙两家供应商参加谈判活动,8月22日,采购人依法组建了谈判小组,集中与甲、乙两家供应商分别进行谈判,经过两轮报价和评审,谈判小组按顺序推荐了成交候选供应商。

成交结果公告发布后,排序第二的甲供应商提出质疑,称谈判文件由原招标文件改编,由于编制人员失误,采购文件未明确规定须进行商务技术谈判和二次报价。本项目谈判小组分别和甲、乙两家供应商逐一进行谈判,且在谈判过程中有诱导供应商报价的行为,导致其在二次报价时出现判断错误,进而丧失了成交机会。质疑函称本项目谈判程序未按采购文件规定进行,要求终止采购,重新组织采购活动。

采购人收到质疑函后,查阅了本项目采购文件和供应商的响应文件,并调阅了评审现场录像,确认了谈判小组与供应商进行过技术商务谈判这一事实。在处理甲公司的质疑函时,出现了两种意见:

第一种意见认为可以进行谈判。主要理由是:对于竞争性谈判项目而言,谈判属于法定程序,尽管采购文件未明确规定应当与供应商进行谈判,但谈判小组可以依据《政府采购法》和《政府采购非招标采购方式管理办法》(财政部令第74号)的相关规定,与供应商进行商务技术谈判。

第二种意见认为不可以进行谈判。主要理由是：本项目采购文件没有明文规定谈判小组可以和供应商进行谈判，谈判小组不应该依照惯例组织供应商进行谈判，特别是不得在谈判过程中暗示供应商如何报价，使得谈判活动的公正性和结果的公信度受到影响。

法律解析

1. 竞争性谈判是一种在采购过程中逐渐明晰采购需求的程序设计。

《政府采购非招标采购方式管理办法》（财政部令第74号）第十一条明确规定，谈判文件除了须列明供应商资格条件、采购邀请、采购方式、采购预算、采购需求、采购程序、价格构成或者报价要求、响应文件编制要求、提交响应文件截止时间及地点、保证金交纳数额和形式、评定成交的标准等内容以外，"还应当明确谈判小组根据与供应商谈判情况可能实质性变动的内容，包括采购需求中的技术、服务要求以及合同草案条款"。

对于招标项目而言，招标文件要求采购需求书必须清晰、准确、完整，不得带有歧义。招标程序也比较刚性，在评标过程中，不得变更招标文件中的实质性内容。竞争性谈判项目则不一样，谈判文件中的采购需求可以不太明确清晰，采购人可以在谈判过程中不断明晰采购需求，变更采购需求中的技术和服务要求。从这个意义上去理解，竞争性谈判程序，本质上是针对采购需求事先不太明确的采购项目的程序设计，以便于采购人"一边采购一边明晰采购需求"，最终采购到自己中意的产品或服务。

2. 竞争性谈判方式的适用情形可以归纳为三类。

《政府采购非招标采购方式管理办法》（财政部令第74号）第二十七条第一款规定："符合下列情形之一的采购项目，可以采用竞争性谈判方式采购：（一）招标后没有供应商投标或者没有合格标的，或者重新招标未能成立的；（二）技术复杂或者性质特殊，不能确定详细规格或者具体要求的；（三）非采购人所能预见的原因或者非采购人拖延造成采用招标所需时间不能满足用户紧急需要的；（四）因艺术品采购、专利、专有技术或者服务的时间、数量事先不能确定等原因不能事先计算出价格总额的。"

财政部令第74号第二十七条规定的竞争性谈判项目的法定适用情形，可以归纳为三类：第一类是"招标失败"，对应的是该法条第一款第（一）项的列举情形，招标后没有供应商投标、没有合格标的，或者重新招标未能成立，都可以归纳为这一类。第二类是"复杂标的"，对应的是该法条第一款第（二）项和第（四）项的列举情形，招标项目由于技术复杂或性质特殊，不能确定详细规格或具体要求；或者因采购标的非常特殊，无法事先计算出价格总额，都可以归纳为这一类。第三类是"紧急需求"，对应的是该法条第一款第（三）项的列举情形，采用招标方式所需时间不能满足用户的紧急需要。

3. 竞争性谈判流程系为"复杂标的"这类项目而设计。

研究竞争性谈判方式的三类法定情形，我们可以发现，《政府采购法》和财政部令第74号对竞争性谈判程序的设计，系针对"复杂标的"这一类的典型项目而设计。理由分析如下：一是对于"招标失败"类项目而言，该类项目的采购需求原本已经清晰明确，通过谈判活动逐步明晰采购需求毫无必要，该类项目采用竞争性谈判采购是限于某些客观条件被迫而为，依其项目特点并不需要通过谈判活动以明确采购需求。二是对于"紧急需求"类项目而言，该类项目适用竞争性谈判方式的主要原因，仅仅是竞争性谈判方式耗时较短，可以满足采购人的紧急需要，而非需要通过谈判活动逐渐明晰采购标的的需求和特征。当然，也不排除实践中确有出于"紧急需要"和"采购需求不明"双重原因而适用竞争性谈判方式的采购项目，但该类项目本质上可以纳入"复杂标的"类项目。三是对于"复杂标的"类项目而言，由于采购标的过于复杂，采购人事先无法提出十分清晰、准确、完整的采购需求，才须借助评审小组的专家和供应商的智慧，逐步完善采购需求，并在此基础上要求供应商提交最后报价进行评审。

需要注意的是：对于"复杂标的"这类典型的采购项目，有的项目可以通过谈判活动归纳出清晰明确的技术服务要求和评判标准，而有的项目即使历经多轮谈判，依然不能列明清晰的技术服务要求和评判标准，实践中比较典型的如概念性方案设计的采购活动，很难通过一个统一的标准去评判不同供应商的设计理念。《政府采购非招标采购方式管理办法》（财政部令第74号）在立法时，考虑到实践中可能出现的这两种情形，在程序设计上分别作了不同安排。该办法第三十三条第一款、第二款规定，"谈判文件能够详细列明采购标的的技术、服务要求的，谈判结束后，谈判小组应当要求所有继续参加谈判的供应商在规定时间内提交最后报价，提交最后报价的供应商不得少于3家。谈判文件不能详细列明采购标的的技术、服务要求，需经谈判由供应商提供最终设计方案或解决方案的，谈判结束后，谈判小组应当按照少数服从多数的原则投票推荐3家以上供应商的设计方案或者解决方案，并要求其在规定时间内提交最后报价"。

4. 是否进行多轮谈判应视项目特点而定。

本案例的争议焦点主要是针对"招标失败"类项目是否应该进行谈判并进行二次报价。如前所述，实践中采用竞争性谈判方式进行采购的项目类别较多，适用该采购方式的原因和初衷也不尽一致，是否必须通过谈判进一步提炼采购需求应视项目类型不同而区别对待。从合法性层面分析：若采文义解释法，由于仅看相关法条表述的字面意思，对于所有适用竞争性谈判的项目而言，在谈判过程中可以对商务、技术等方面进行谈判，并且要求供应商进行二次报价，似乎均符合法律规定；若采伦理解释法，通过上述法理分析，我们已经发现竞争性谈判项目的程序系针对"复杂标的"这一典型类别的项目而设计，对于"招标失败"和"紧急需求"这两类竞争性谈判项目，由于采购标的的需求特征已经十分明确，特别是对于采用工程量清单计价方式的工程施工项目而言，分部分项工程及清单子目均已明确，重开商务技术谈判，与供应商一道重新梳理采购标的的技术、服务需求的理由并不充分，故商务技术谈判并非必需环节。

从合理性层面分析：对于采购需求特征明确的"招标失败"和"紧急需求"类竞争性谈判项目，如允许采购人或谈判小组（评审小组）在采购过程中变动技术服务需求，则有可能对采购活动的规范性、严肃性带来损害。一则允许通过谈判变更技术服务需求，可能会影响供应商之间的公平竞争；二则一对一的商务、技术谈判难免会造成各供应商之间的信息不对称，影响供应商对商务、技术、服务响应程度的判断，最终影响其独立报价。因此，对于非"复杂标的"类竞争性谈判项目，不建议就采购标的的需求特征再进行谈判。

合规指引

竞争性谈判方式适用的情形较广，在谈判环节是否必须就技术和服务进行重新协商谈判，应视项目类型和特点而有所区别，对于"招标失败"和"紧急需求"类项目，立法者疑似借壳"竞争性谈判"而完成采购程序，并不适宜实施商务技术谈判。

如需在谈判环节对采购标的的需求特征重新进行梳理和提炼，应当根据《政府采购非招标采购方式管理办法》（财政部令第74号）第十一条的规定，明确谈判小组可能实质性变动的内容，包括采购需求中的技术、服务要求以及合同草案条款等内容，若谈判文件未事先约定，则在谈判环节不宜对相关内容进行谈判，并变动实质性内容。

竞争性谈判项目评审办法须严谨

实践案例

某政府采购货物项目，采用竞争性谈判方式实施采购。2021年8月，该项目在省公共资源交易中心公开挂网采购。谈判文件规定："本项目共分二轮报价，第二轮报价结束后，谈判小组从质量和服务均能满足采购文件实质性响应要求的供应商中，按照报价由低到高的顺序提出3名以上成交候选人，报价最低者为第一成交候选供应商。"首次响应文件提交截止时，共有四家供应商提交了响应文件。经谈判小组评审，四家供应商均满足采购文件的实质性要求。四家供应商提交第二轮报价后，谈判小组发现：甲、乙两家供应商的报价相同且最低。

本项目采购代理机构在编制采购文件时，未考虑到会有两家供应商最后报价相同的情况，谈判文件未明确供应商最后报价相同时的处理办法。面对这一情况，谈判小组一时陷入迷茫。

一种意见认为：谈判文件规定报价最低的供应商为第一成交候选供应商，甲、乙两家供应商最后报价最低且相同，则应该同时推荐这两家供应商为并列第一的成交候选供应商。

另一种意见认为：本项目采购人的本意是只选一个成交供应商，推荐并列第一的做法，是一种推诿责任的做法，到了确定成交供应商时，采购人同样会面临甲、乙两家供应商如何选择的问题。

后经谈判小组集体讨论，决定依照财政部《关于进一步规范政府采购评审工作有关问题的通知》（财库〔2012〕69号）的有关规定，以"采购文件存在重大缺陷导致评审无法继续"为由终止评审，并向采购人及采购代理机构出具了无法继续评审的书面说明。

法律解析

1. 编制评审标准须考虑周全、完善。

根据《政府采购法》的相关规定，竞争性谈判应按照质量和服务均能满足采购文件的实质性要求，且最后报价最低的原则确定成交供应商。报价在竞争性谈判项目的评审过程中起着关键作用，竞争性谈判项目除了响应文件中的首次报价，还设有最后报价环节，供应商之间报价相同的概率虽然很小，但也并非不可能。因此，在编制竞争性谈判文件时需考虑周全，设想到可能发生的各种问题，并制定针对性的解决措施。

本案例中，采购代理机构按照《政府采购非招标采购方式管理办法》（财政部令第74号）第十一条规定的要求，在采购文件中载明了评审标准，但没有考虑到不同供应商出现最后报价相同的情形，针对供应商并列最低的情况如何进行顺序排列成了难题。由于依据相关法律的规定，谈判小组必须按照采购文件规定的评审程序、评审方法和评审标准进行独立评审，不得在评审现场对采购文件作任何改变或细化，导致谈判小组在推荐成交候选供应商时，无法按采购文件规定的评审办法继续评审。

2. 采购人应将完整、精确、细化的评定成交标准落实在采购文件中。

在竞争性谈判、竞争性磋商、询价等非招标采购活动中，供应商报价相同的情况概率虽然很小，但也应当在采购文件中作出应对措施，否则可能严重影响采购项目顺利进行。

近年来，政府采购法律制度不断完善。特别是《政府采购非招标采购方式管理办法》（财政部令第74号）、《政府采购竞争性磋商采购方式管理暂行办法》（财库〔2014〕214号）等部门规章和规范性文件的相继出台，补充、细化和完善了《政府采购法》中竞争性谈判、询价等非招标采购方式制度设计。财政部令第74号第十一条第一款明确规定："谈判文件、询价通知书应当包括供应商资格条件、采购邀请、采购方式、采购预算、采购需求、采购程序、价格构成或者报价要求、响应文件编制要求、提交响应文件截止时间及地点、保证金交纳数额和形式、评定成交的标准等。"

因此，在编制竞争性谈判文件时，应结合《政府采购法实施条例》、财政部令第74号的有关规定，将完整、精确、细化的评定成交标准，事先落实在采购文件中，不能在采购过程中临时调整。

3. 采购文件应结合政府采购政策对评审办法作进一步细化。

政府采购项目数量多、规模大，采购对象涉及工程、货物和服务各行各业且种类繁多，对社会经济具有较大的影响和引导作用，也是国家调控经济运行的手段之一。世界上大多数国家均通过制定和落实政府采购政策来推动和促进国家的经济和社会发展，我国政府也不例外。

《政府采购法》第九条规定："政府采购应当有助于实现国家的经济和社会发展政策目标，包括保护环境，扶持不发达地区和少数民族地区，促进中小企业发展等。"《政府采购法实施条例》第六条也明确规定，国务院财政部门应会同有关部门"通过制定采购需求标准、预留采购份额、价格评审优惠、优先采购"等措施落实政府采购政策。相关政策文件包括《节能产品政府采购实施意见》（财库〔2004〕185号）、《关于环境标志产品政府采购实施的意见》（财库〔2006〕90号）以及《政府采购促进中小企业发展管理办法》（财库〔2020〕46号）等。

采购人、采购代理机构编制采购文件时，应按照上述有关法律法规、政策文件的要求，载明项目需要落实的政府采购政策及相应的评审标准，以便在报价相同时适用"优先采购"政策，根据供应商提供的节能或环境标志产品情况进行顺序排列；或依据《中小企业促进法》的相关规定优先安排向中小企业购买商品或者服务。具体可以依据有关规定结合项目实际在采购文件中作进一步细化，以落实引导供应商提供节能环保产品、促进中小企业发展等政策性目标，防范供应商报价相同时无所适从的情况发生。

4. 可参照招标方式事先约定处理办法。

本项目采购人或采购代理机构可结合相关法律文件精神，参照《政府采购货物和服务招标投标管理办法》（财政部令第87号）第五十六条"采用最低评标价法的，评标结果按投标报价由低到高顺序排列。投标报价相同的并列。投标文件满足招标文件全部实质性要求且投标报价最低的投标人为排名第一的中标候选人"的规定，在谈判文件中明确：供应商最后报价相同时，评审委员会的评审报告对该类供应商并列排序。

在此基础上，采购人或采购代理机构还应当参考财政部令第87号第六十八条第二款"采购人应当自收到评标报告之日起5个工作日内，在评标报告确定的中标候选人名单中按顺序确定中标人。中标候选人并列的，由采购人或者采购人委托评标委员会按照招标文件规定的方式确定中标人；招标文件未规定的，采取随机抽取的方式确定"的规定，在采购文件中事先约定成交候选人并列时，在确定成交供应商时按技术指标或服务指标优劣排序，或在采购文件中规定以随机抽取方式确定成交供应商。

关于使用"最低价成交法"的项目，出现供应商报价相同时的处理原则和处理办法，本书还将在询价采购方式中，从如何实现采购项目的核心目标等其他角度，继续对该议题展开深入探讨，供政府采购同行们参考借鉴。

合规指引

采购人或采购代理机构在编制采购文件时，应充分考虑各种可能发生的因素，应当在采购文件中，对采购过程中可能发生的各种风险和应对方式均有所体现。竞争性谈判项目的报价是评审的关键因素之一，应提前做好供应商报价相同时如何进行顺序排列的设定，否则评审标准的缺陷将可能影响采购进程。

不得虚构业绩证明材料参加竞争性谈判

实践案例

某大学对中央排气通风笼盒系统项目采用竞争性谈判方式实施采购。该项目资金来源为中央财政性资金。实验设备公司提交的响应文件《相关项目实施业绩一览表》共列明了八个EVC鼠笼项目。其中第四项的项目名称：EVC鼠笼，项目类型：新建，项目金额：500万元，实施时间：2019-12-13。后实验设备公司取得成交资格。

2020年6月11日，科技公司以实验设备公司提供虚假材料谋取成交为由，向财政部提交了举报材料。2021年4月2日，财政部门作出处罚决定，认定实验设备公司存在提供虚假材料谋取成交的违法情形，违反了《政府采购法》第七十七条第一款第一项的规定，决定对实验设备公司处以采购金额千分之五（2000元）的罚款。科技公司不服该处罚决定，认为：一、在行政处罚告知书中载明财政部拟作出的行政处罚为对实验设备公司处以罚款2000元，列入不良行为记录名单，并作出一年内禁止参加政府采购活动的行政处罚。但最终出具的处罚决定书却仅对实验设备公司处以罚款，遗漏了"列入不良行为记录名单"等部分处罚内容。二、行政处罚均应信息公开，故该处罚决定的信息公开选项应为"公开"。三、实验设备公司提交虚假材料属于数额特别巨大，情节严重，应由工商行政管理机关吊销营业执照，并依法追究该公司的刑事责任。

其后，科技公司向财政部门提出行政复议申请，请求：依照《政府采购法》第七十七条规定，将处罚决定变更为采购金额千分之五（人民币2000元）的罚款,列入不良行为记录名单,并作出一年内禁止参加政府采购活动的行政处罚;将信息公开选项修改为公开信息;由工商行政管理机关吊销营业执照,追究实验设备公司的刑事责任。

法院认为,本案中,实验设备公司在响应文件的《相关项目实施业绩一览表》中列举了八个项目的业绩。该业绩中,第四个项目实际是由实验设备公司提供 EVC 鼠笼给某检测检疫中心试用,并且试用费用由实验设备公司自行承担。就该项目而言,实验设备公司并未实际取得收入,与其响应文件中所列项目金额 500 万元不一致。因此,实验设备公司在响应文件中填报的该项业绩应属于虚假业绩。实验设备公司在响应文件中存在的上述不实之处,属于《政府采购法》第七十七条第一款第一项规定的"提供虚假材料谋取中标、成交"的情形,依法应当受到处罚。财政部门在第一份处罚决定书中,仅给予实验设备公司罚款的处罚,不符合《政府采购法》第七十七条的规定。财政部门在其出具的第二份处罚决定书中,认定原处罚决定适用法律错误,处罚不当,并决定撤销其处罚决定,重新处理正确,应予支持。实验设备公司关于《政府采购法》第七十七条规定的处罚种类并非并列适用的理由,因立法机关已有明确回复属于并列适用,故对此不予采纳。

综上,法院判决驳回实验设备公司的全部诉讼请求。

法律解析

1. 供应商不得提供虚假信息参加竞争性谈判。

诚实信用、公平竞争是市场经济的基石,是合同谈判的基本原则,也是政府采购所应遵循的基本原则。《政府采购法》第三条规定:"政府采购应当遵循公开透明原则、公平竞争原则、公正原则和诚实信用原则。"竞争性谈判是政府采购方式之一,谈判各方均应按照诚实信用原则,如实陈述交易背景和交易条件。《政府采购法》第二十三条规定:"采购人可以要求参加政府采购的供应商提供有关资质证明文件和业绩情况,并根据本法规定的供应商条件和采购项目对供应商的特定要求,对供应商的资格进行审查。"因此,提供符合采购人要求、数量可观的合同业绩情况,有助于增强供应商的竞争实力以及最终成交的可能性。

在政府采购活动中,业绩往往是非常重要的评审因素之一。正因如此,一些供应商为达到采购文件规定的业绩条件或者进一步取得比较优势,往往会提供虚假业绩企图蒙混过关骗取成交。本案实验设备公司与某检测检疫中心签订的《EVC试用协议书》中,虽明确约定由实验设备公司提供给某检测检疫中心EVC产品试用,但该协议并未出现项目金额500万元的约定,故实验设备公司在其响应文件中列明该项目金额500万元的行为属于提供虚假材料谋取成交的行为。

2. 在竞争性谈判中弄虚作假的,供应商应承担相应的法律责任。

《政府采购法》第七十七条规定:"供应商有下列情形之一的,处以采购金额千分之五以上千分之十以下的罚款,列入不良行为记录名单,在一至三年内禁止参加政府采购活动,有违法所得的,并处没收违法所得,情节严重的,由工商行政管理机关吊销营业执照;构成犯罪的,依法追究刑事责任:(一)提供虚假材料谋取中标、成交的;(二)采取不正当手段诋毁、排挤其他供应商的;(三)与采购人、其他供应商或者采购代理机构恶意串通的;(四)向采购人、采购代理机构行贿或者提供其他不正当利益的;(五)在招标采购过程中与采购人进行协商谈判的;(六)拒绝有关部门监督检查或者提供虚假情况的。供应商有前款第(一)至(五)项情形之一的,中标、成交无效。"

该规定的宗旨就是防止供应商在政府采购中弄虚作假,破坏公平竞争秩序。上述法律条款中"处以采购金额千分之五以上千分之十以下的罚款,列入不良行为记录名单,在一至三年内禁止参加政府采购活动"的部分,从法律条文所使用的文字词句的含义而言,并未赋予执法者选择适用处理措施的权限,故应属于并处关系。基于此,本案财政部门对实验设备公司因提供虚假信息作出罚款、列入不良行为记录名单和禁止一定年限内参加政府采购活动等行政处罚。

合规指引

在政府采购活动中，业绩往往是非常重要的评审因素。供应商参加竞争性谈判时，应当按照采购文件的要求，全面如实提供相关业绩等证明材料，切不可为取得竞争优势而采用变造、伪造等手段提供虚假业绩证明材料，情形严重的，将面临被列入政府采购严重失信行为记录名单，禁止参加政府采购活动。

未满足谈判文件要求的响应文件无效

实践案例

市政府采购中心对垃圾焚烧炉项目通过竞争性谈判方式进行政府采购。该项目竞争性谈判文件规定：合格供应商所投设备应当具备《产品质量合格证》和《环境检测报告书》；供应商提供的证明文件缺少任何一项的，其响应文件无效；供应商提供的资料必须与所投设备型号一致；各供应商只能报一种品牌的一个型号，并在报价表中明确品牌、型号，不接受备选方案，否则，视为响应文件无效。消烟除尘系统应达到国家一级标准，不允许有偏离。

节能环保科技公司提供的技术及服务性申请文件载明："项目报价明细表"中设备名称为"垃圾焚烧炉"；在"技术参数响应及偏离表"中产品型号为"甲厂A型垃圾焚烧炉"。《资格性申请文件》中提供了由某质量技术监督局出具的甲厂A型垃圾焚烧炉的《产品质量监督检验合格证》和某环境监测站针对乙厂B型垃圾焚烧炉的《环境监测报告》，且注明烟尘排放总量达到国家二级标准要求。

2022年10月10日，市政府采购中心公布节能环保科技公司为成交供应商，并发出了成交通知书，且竞争性谈判结果公告及成交通知书均未标明产品的具体品牌和型号。另一供应商某实业公司向市政府采购中心提出质疑，市政府采购中心作出质疑答复函，实业公司对此不服，向市财政局提起投诉，认为本项目在评审过程中，未完全依据国家、行业相关法律法规和本次采购文件的要求进行评审，致使没有成交资格的节能环保科技公司成交，要求依法撤销节能环保科技公司的成交资格。

2023年2月6日，市财政局作出的《投诉处理决定书》认为，节能环保科技公司的响应文件未提供产品的《环境检测报告》《产品质量合格证》，应属对采购文件提出的要求和条件未作出实质性响应，其响应文件应作无效处理。谈判小组在评审中未按照政府采购法律法规和采购文件的规定，对节能环保科技公司的供应商资格条件和所报产品的各项标准进行严格评审，导致无效响应的供应商成交，该违法行为影响了成交结果，根据《政府采购质疑和投诉办法》（财政部令第94号）第三十二条"投诉人对采购过程或者采购结果提起的投诉事项，财政部门经查证属实的，应当认定投诉事项成立。经认定成立的投诉事项不影响采购结果的，继续开展采购活动；影响或者可能影响采购结果的，财政部门按照下列情况处理：（一）未确定中标或者成交供应商的，责令重新开展采购活动"的规定，市财政局责令采购人重新开展采购活动。

法律解析

1. 供应商的响应文件应满足竞争性谈判文件的所有实质性要求和条件。

《政府采购法》第三十八条第五项就竞争性谈判成交人的确定规则规定："采购人从谈判小组提出的成交候选人中根据符合采购需求、质量和服务相等且报价最低的原则确定成交供应商"；《政府采购法实施条例》第三十七条规定："政府采购法第三十八条第五项、第四十条第四项所称质量和服务相等，是指供应商提供的产品质量和服务均能满足采购文件规定的实质性要求。"从上述规定可以看出，参与竞争性谈判的供应商提交的响应文件，所体现的产品质量和服务等响应必须满足采购文件的所有实质性要求，如不满足，就不是一份合格的响应文件，不具备被推荐为成交候选人的基本条件。

对于不能满足采购文件实质性条件的，应当依照《政府采购非招标采购方式管理办法》（财政部令第74号）第三十条的规定，对该响应文件作无效处理。本案中，采购文件要求"各供应商只能报一种品牌的一个型号，并在报价表中明确品牌、型号，不接受备选方案，否则，视为响应文件无效"，而节能环保科技公司未在《项目报价明细表》明确产品的具体品牌和型号，仅填写设备名称为"垃圾焚烧炉",且该名称与《技术参数响应及偏离表》中载明的产品型号不一致,不符合采购文件的"各供应商只能报一种品牌的一个型号,并在报价表中明确品牌、型号"的要求。《环境检测报告》和《产品质量合格证》的品牌、型号、生产厂家等与响应文件中所报的设备相互不对应,且《环境监测报告》中检测结果为"二级标准"也不能满足采购文件要求。故节能环保科技公司属于未对采购文件提出的要求和条件作出实质性响应,未提供产品的《环境检测报告》《产品质量合格证》,根据采购文件的相关规定,应为无效响应,该供应商不具备成交资格。

2. 谈判小组未严格按照规定评审的,评审结果无效。

本案中,谈判小组在评审中未按照政府采购法律法规和竞争性谈判文件的规定对节能环保科技公司的供应商资格条件和所报产品各项标准严格评审,致使无效响应文件通过审查并获得成交资格。市财政局在受理投诉后,根据《政府采购质疑和投诉办法》(财政部令第94号)第三十二条"投诉人对采购过程或者采购结果提起的投诉事项,财政部门经查证属实的,应当认定投诉事项成立。经认定成立的投诉事项不影响采购结果的,继续开展采购活动;影响或者可能影响采购结果的,财政部门按照下列情况处理:(一)未确定中标或者成交供应商的,责令重新开展采购活动"的规定,作出了"责令重新开展采购活动"的决定,具有事实和法律依据。

合规指引

在现行政府采购法律制度下,评审专家对成交结果的确定起着非常重要的作用,评审专家应遵守法律法规的相关规定,严守评审纪律,按照客观、公正、审慎的原则,根据采购文件规定的评审程序、评审方法和评审标准进行独立评审,对于不满足采购文件实质性要求和条件的响应文件,应作无效响应处理。

二次竞争性谈判只有两家供应商可否继续进行

实践案例

某政府采购项目采用竞争性谈判方式，首次采购活动失败后，采购人于2018年4月3日重新发布公告并出售谈判文件，启动第二次谈判活动，2018年4月11日，响应文件提交截止时，只有两家供应商递交响应文件。采购人、采购代理机构及监督人员就竞争性谈判活动是否终止出现了意见分歧：

第一种意见认为可以继续开展谈判活动。主要理由是：本项目谈判文件无不合理条款、采购程序合法合规，在此前提下，递交响应文件的供应商只有两家。如终止本次采购程序，启动第三次竞争性谈判，也未必会有三家以上供应商响应。应本着实事求是的精神，允许谈判小组与该两家供应商进行谈判，并推荐成交候选供应商。

第二种意见认为应当终止谈判活动。主要理由是：第二次竞争性谈判由于提交响应文件的供应商不足3家，依据相关法律规定，本次竞争性谈判失败，应终止谈判程序。

法律解析

1. 继续开展谈判活动不符合法定情形。

依据《政府采购法》及其实施条例的相关规定，除特殊情形外，参加竞争性谈判活动的供应商应为3家以上。依据上位法的相关规定，《政府采购非招标采购方式管理办法》(财政部令第 74 号)规定了在只有两家供应商时,竞争性谈判活动可以继续进行的特殊情形。该办法第二十七条第二款规定:"公开招标的货物、服务采购项目,招标过程中提交投标文件或者经评审实质性响应招标文件要求的供应商只有两家时,采购人、采购代理机构按照本办法第四条经本级财政部门批准后可以与该两家供应商进行竞争性谈判采购……"。除该情形外,在竞争性谈判活动中,参与谈判响应、递交最后报价和被推荐为成交候选人的供应商数量,都应当满足 3 家以上的要求。

本案例是在竞争性谈判失败以后,重新启动第二次竞争性谈判活动时,出现了供应商只有两家的情形,而并非在招标过程中。该情形不属于财政部令第 74 号规定的竞争性谈判活动可以继续进行的情形,不可以继续开展谈判活动。

2. 本项目应依法终止谈判后重新开展采购活动。

《政府采购非招标采购方式管理办法》(财政部令第 74 号)第三十七条规定:"出现下列情形之一的,采购人或者采购代理机构应当终止竞争性谈判采购活动,发布项目终止公告并说明原因,重新开展采购活动:……(三)在采购过程中符合竞争要求的供应商或者报价未超过采购预算的供应商不足 3 家的,但本办法第二十七条第二款规定的情形除外。"依据现行法律规定,采购人应当发布项目终止公告,依法终止竞争性谈判采购活动,并重新开展采购活动。

3. 多次公告谈判失败应依法变更供应商的产生方式。

如本案例所示,在政府采购实践中,也确实会存在采购文件内容合法、采购程序依法依规,但经过多次公开公告,依然只有 2 家供应商参加竞争性谈判活动的情形。对于该情形应当如何处理,现行相关法定规律并不明确,给政府采购实践带来了诸多困惑。

《政府采购非招标采购方式管理办法》(财政部令第 74 号)第十二条第一款规定:"采购人、采购代理机构应当通过发布公告、从省级以上财政部门建立的供应商库中随机抽取或者采购人和评审专家分别书面推荐的方式邀请不少于 3 家符合相应资格条件的供应商参与竞争性谈判或者询价采购活动。"财政部令第 74 号第十二条规定了参与竞争性谈判项目的供应商,可以通过三种方式产生:一是发布公告;二是从省级以上财政部门建立的供应商库中随机抽取;三是采购人和评审专家分别书面推荐。

对于实践中出现的多次发布竞争性谈判公告供应商依然不足 3 家的情形，建议采购人或采购代理机构变更供应商的产生方式：如当地省级财政部门已经建立了相应供应商库的，可采用从供应商库中随机抽取的方式，确定 3 家以上供应商参加谈判活动；如当地财政部门尚未建立供应商库，则可采用采购人和评审专家书面推荐的方式，确定 3 家以上供应商参加谈判活动，以保证竞争性谈判活动的顺利进行。

合规指引

为保证充分竞争，相关法律要求，除特殊情形外，参与谈判响应、递交最后报价以及被推荐为成交候选人的供应商必须为 3 家以上。在政府采购实践中，如出现多次公告，参加谈判响应的供应商依然不足 3 家时，建议采用从供应商库中随机抽取或书面推荐等方式，保证有足够的供应商参加谈判活动，以利于竞争性谈判采购活动的顺利开展。

谈判小组组建不合法将导致成交结果无效

> **实践案例**

2017年6月,某市农经委货物采购项目,采购预算为539万元,达到政府采购公开招标数额标准。经财政部门批准,应采用竞争性谈判方式实施采购。首次响应文件提交截止时间的前一天下午,采购代理机构通过省综合评标专家库系统随机抽取了2名计算机类技术专家,与1名采购人代表组成了该项目的谈判小组。

第二天上午9时整,谈判活动如期举行。共有A、B、C、D、E 5家供应商在截止时间前提交了响应文件,经谈判小组评审,5家供应商均通过了资格性和符合性检查。经过谈判及最后报价程序,谈判小组根据"质量和服务均能满足采购文件实质性响应要求、最后报价由低到高的顺序"推荐了3名成交候选人,依次是A、E、C。采购人对于此次采购过程及结果较为满意,认为既符合有关规定又实现了充分竞争,第一成交候选人的最后报价为531.17万元,相较于采购预算539万元有一定幅度的降低,尤其对成交标的品牌规格很满意。评审结束当天,采购人就确定供应商A为成交供应商,由采购代理机构发布成交结果公告。

公告发布后第三日,采购人和采购代理机构分别收到第二成交候选人E的书面质疑,质疑书称:本项目采购预算为539万元,超过了该地区货物采购项目的公开招标数额标准,依据《政府采购非招标采购方式管理办法》有关规定,谈判小组应由5人以上的单数组成,谈判小组组成不合法,要求采购人根据《政府采购法实施条例》第七十一条的规定,宣布成交结果无效。

采购人和采购代理机构核实后作出答复称：谈判小组人数虽然存在瑕疵，但并不影响谈判、评审及成交结果，维持成交结果。E对此答复不满，向市财政局投诉。市财政局经过调查，作出《投诉处理决定》，认为该项目谈判小组在谈判活动中起着至关重要的作用，而谈判小组的组建存在违规行为，影响了最终的成交结果，决定责令采购人重新开展政府采购活动。

在处理投诉的过程中，市财政局发现谈判小组的组成还存在未依法从政府采购评审专家库中抽取专家的严重瑕疵，决定对采购代理机构另案处理。

法律解析

1. 达到公开招标数额标准的采购项目，谈判小组应当由5人以上单数组成。

政府采购共有公开招标、邀请招标、询价、竞争性谈判、竞争性磋商、单一来源采购和框架协议采购七种采购方式，法律对不同采购方式在程序、评审办法和评审小组的组建等方面的要求各有所不同，实践中应当引起充分重视。本案例采购预算为539万元，超过了所在地公开招标数额标准。《政府采购非招标采购方式管理办法》（财政部令第74号）第七条第二款规定："达到公开招标数额标准的货物或者服务采购项目，或者达到招标规模标准的政府采购工程，竞争性谈判小组或者询价小组应当由5人以上单数组成。"

根据上述规定，本项目谈判小组应当由5人以上的单数组成，本案谈判小组由3人组成不符合法律规定，应当予以纠正。在竞争性谈判采购项目中，谈判小组承担着非常重要的角色。依据财政部令第74号的相关规定，在谈判过程中，谈判小组可根据谈判文件和谈判情况，实质性变动采购需求书中的技术、服务要求及合同草案条款。谈判小组成员、人数不同，会导致谈判小组的专业结构、专业素养和从业经验都会有所不同，对采购项目的需求特征和响应文件的理解也会有所差异，最终可能影响采购结果。因此，谈判小组的组建应当依法依规，不得任性而为。

2. 除特殊情形外，政府采购项目应从政府采购评审专家库中抽取专家。

《政府采购法实施条例》第三十九条规定："除国务院财政部门规定的情形外，

采购人或者采购代理机构应当从政府采购评审专家库中随机抽取评审专家。"《政府采购评审专家管理办法》（财库〔2016〕198号）第十二条第一款规定："采购人或者采购代理机构应当从省级以上人民政府财政部门设立的评审专家库中随机抽取评审专家。"本案例中，采购代理机构通过省综合评标专家库系统随机抽取专家组成谈判小组，也不符合上述要求。

从省综合评标专家库系统随机抽取专家，是《招标投标法实施条例》中的要求。本项目为政府采购货物服务采购项目，应当适用《政府采购法》体系的相关规定，从省级以上财政部门设立的政府采购评审专家库中随机抽取评审专家组成谈判小组。

政府采购项目未从法定专家库中抽取评审专家，除了可能导致采购项目被终止，采购人及采购代理机构还将承担相应的法律责任。根据《政府采购法实施条例》第六十八条的规定，采购人、采购代理机构未依法从政府采购评审专家库中抽取评审专家的，由财政部门按照《政府采购法》第七十一条、第七十八条的规定追究法律责任。采购人将面临警告、罚款等处罚，直接负责的主管人员和其他直接责任人员将可能被行政主管部门或有关机关给予处分；采购代理机构将面临警告、罚款、在一至三年内禁止其代理政府采购业务的处罚，甚至可能被追究刑事责任。

合规指引

除了财政部规定的特殊情形，采购人或采购代理机构应当在省级以上财政部门设立的政府采购评审专家库中抽取评审专家。采用竞争性谈判、询价方式的政府采购项目，一般情况下评审小组由采购人代表和评审专家共3人以上单数组成，采购预算达到公开招标数额标准的货物或者服务采购项目，或者达到招标规模标准的政府采购工程，评审小组应当由5人以上单数组成。

采购人和采购代理机构应当严格遵守政府采购法律制度的相关规定，依法组建评审小组对采购项目进行评审。如评审小组组建不合法，可能会影响采购项目的顺利开展，甚至可能被追究法律责任。

竞争性谈判项目最低报价并非必然成交

实践案例

2021年5月20日，采购人某市人社局委托招标公司就大宗印刷采购项目发出竞争性谈判公告。6月2日，首次响应文件提交截止，共有3家供应商提交了响应文件。采购代理机构组建了谈判小组进行评审和谈判，经过两轮报价，某商务印刷有限公司报价最低，为195万元；某精彩印社报价197.5万元；某图文制作部报价200万元。谈判小组最终推荐某图文制作部为排名第一的成交候选供应商，采购人最终确定某图文制作部为成交供应商。

成交公告发布后，某商务印刷有限公司向采购人和采购代理机构提出书面质疑，称某图文制作部报价最高，不应被确定为成交供应商，而应当依据《政府采购法》第三十八条"采购人从谈判小组提出的成交候选人中根据符合采购需求、质量和服务相等且报价最低的原则确定成交供应商"的规定，确定报价最低的商务印刷有限公司为成交供应商。6月9日，采购代理机构书面答复商务印刷有限公司：本次谈判活动严格依据《政府采购法》等相关法律和采购文件的要求进行，供应商的最后价格不是竞争的唯一因素。

商务印刷有限公司对该答复不满意，于6月23日向市财政局进行投诉。市财政局受理该投诉后，经调查核实，本项目为非面向中小企业的采购项目，应当执行《政府采购促进中小企业发展管理办法》（财库〔2020〕46号）的规定，本项目采购文件规定小型、微型企业产品价格折扣为6%，谈判小组以扣除折扣后的价格进行评审，符合法律规定，采购人确定成交供应商事实、法律依据充分。

市财政局认定某商务印刷有限公司的投诉事项不成立，驳回其诉求。

法律解析

1. 竞争性谈判项目评审办法应适用"最低价成交法"。

《政府采购法》第三十八条第（五）项规定："……谈判结束后，谈判小组应当要求所有参加谈判的供应商在规定时间内进行最后报价，采购人从谈判小组提出的成交候选人中根据符合采购需求、质量和服务相等且报价最低的原则确定成交供应商，并将结果通知所有参加谈判的未成交的供应商。"《政府采购非招标采购方式管理办法》（财政部令第74号）第三十六条第二款规定："采购人应当在收到评审报告后5个工作日内，从评审报告提出的成交候选人中，根据质量和服务均能满足采购文件实质性响应要求且最后报价最低的原则确定成交供应商，也可以书面授权谈判小组直接确定成交供应商……。"

根据上述法条规定，竞争性谈判项目，应当适用"最低价成交法"，在供应商的质量和服务均能满足采购文件实质性响应要求的前提下，以最后报价最低的供应商为成交供应商。需要注意的是，根据《政府采购法实施条例》第三十七条的规定，《政府采购法》中所称的供应商"质量和服务相等"是指供应商提供的产品质量和服务均能满足采购文件规定的实质性要求。也就是说，只要供应商提交的响应文件对采购文件作了实质性的响应，能够满足采购人的需要，即认为"质量和服务相等"。这里强调的是，采购人应当用统一的判断尺度衡量供应商。

2. 政府采购项目应当执行政府采购政策。

一般说来，政府采购政策功能更多服务于国家中长期的发展目标，如节能环保、促进中小企业发展、扶持残疾人企业等。从国外政府采购现行法律制度看，政府采购政策目标大致可以划分为四大类：一是对特殊人群，如残疾人、少数民族、贫困地区企业的扶持政策；二是鼓励产业发展方面的扶持政策，如促进中小企业发展，支持本国产品、创新型产品、节能环保产品等；三是对供应商履行社会责任方面的规定，如实行八小时工作制、实行劳动保护等；四是对保障国家安全的相关要求，如对企业资格的安全性审查、对军工企业的扶持等。相比之下，我国政府采购政策的制定与执行还需借鉴和完善。

《政府采购法》第九条规定："政府采购应当有助于实现国家的经济和社会发展政策目标，包括保护环境，扶持不发达地区和少数民族地区，促进中小企业发展等。"《政府采购法实施条例》第六条规定："国务院财政部门应当根据国家的经济和社会发展政策，会同国务院有关部门制定政府采购政策，通过制定采购需求标准、预留采购份额、价格评审优惠、优先采购等措施，实现节约能源、保护环境、扶持不发达地区和少数民族地区、促进中小企业发展等目标。"

在我国现行法律制度体系下，政府采购政策的实施具体包括制定采购需求标准、预留采购份额、价格评审优惠、优先采购等措施。政府采购项目应当执行这些政府采购政策。

3. 竞争性谈判项目应当以扣除优惠折扣以后的价格进行评审。

为发挥政府采购的政策功能，促进中小企业发展，根据《政府采购法》和《中小企业促进法》，财政部会同工业和信息化部联合制定了《政府采购促进中小企业发展管理办法》（财库〔2020〕46号）。该办法第九条规定："对于经主管预算单位统筹后未预留份额专门面向中小企业采购的采购项目，以及预留份额项目中的非预留部分采购包，采购人、采购代理机构应当对符合本办法规定的小微企业报价给予6%—10%（工程项目为3%—5%）的扣除，用扣除后的价格参加评审……"

本项目为非专门面向中小企业的政府采购项目，在采购文件中明确注明对小型微型企业的报价给予6%的扣除，并用扣除后的价格参与评审。符合《政府采购法》及其实施条例、财库〔2020〕46号文等法律政策文件的相关规定。本案商务印刷有限公司和精彩印社均为中型企业，无法享受价格折扣，虽两家供应商的实际报价均比图文制作部低，但图文制作部因属于小型企业应依法享受价格折扣，扣除6%的价格折扣以后，评审价格比其他供应商低，故谈判小组依法推荐其为排序第一的成交候选供应商，并依法被确定为成交供应商。

需要注意的是：图文制作部被确定为成交供应商后，采购人与其签订成交合同时，签约合同价应为成交供应商的实际报价200万元。

合规指引

竞争性谈判项目应在符合采购需求、质量和服务相等的前提下，以最低报价的供应商作为成交供应商。对于非专门面向中小企业的项目，采购人应当在谈判文件中作出规定，对小型和微型企业的报价给予6%—10%的扣除，用扣除后的价格参加评审，并确定成交供应商。

2022年6月以后，国务院和财政部调整了对小微企业的价格评审折扣优惠幅度，货物服务采购项目给予小微企业的价格扣除优惠由6%—10%提高至10%—20%。该政策2023年继续沿用。

公开招标项目擅自采用竞争性谈判，合同无效

实践案例

项目业主某工业区园管委会委托招标代理机构就园区道路新建项目选择施工单位。该项目采购文件载明：本工程估算投资约 2.2 亿元，采购方式为竞争性谈判；本工程采用二次报价方式进行，即在第一轮公开报价后，将竞争性谈判申请文件交由谈判小组，由谈判小组对各申请单位进行资格审查和技术审查，审查合格的，谈判小组所有成员集中与单一申请单位分别就价格等进行谈判，谈判结束后，由参与谈判的各申请单位在规定时间内进行最后报价，此报价作为评分依据。

2021 年 3 月 24 日，某道路工程公司等三家公司参加了竞争性谈判。经过两轮报价，评审小组最终推荐道路工程公司为成交候选供应商。2021 年 4 月 8 日，某园区管委会向道路工程公司发出《成交通知书》，确定道路工程公司为成交供应商。2021 年 4 月 10 日，某园区管委会与道路工程公司签订《工程施工合同》后，道路工程公司按约履行，2023 年 4 月 28 日工程通过竣工验收交付使用。

按照《工程施工合同》的约定，某园区管委会应于 2023 年 4 月 28 日前支付工程合同款。因某园区管委会未能履行上述支付义务，道路工程公司提起诉讼，请求法院判令某园区管委会立即向道路工程公司支付工程合同款 98690466.15 元以及自 2023 年 4 月 29 日起至工程合同款付清之日止的资金占用损失。

法院审理认为：（一）《工程施工合同》属无效合同。理由：本案争议的某园区道路新建项目属于国有资金投资建设的项目，其施工单项合同远远超过《必须

招标的工程项目规定》(国家发展改革委令第 16 号)第五条规定的必须招标的规模标准,且不属于《招标投标法》及其实施条例规定的可以不进行招标的项目,依法必须采取招标方式确定施工单位。但本项目采用了《政府采购法》规定的竞争性谈判方式,且无证据证明已获得政府批准可以不进行招标。因此,因某园区管委会将本应采取招标方式的项目通过竞争性谈判方式进行采购,属于应招未招情形,通过竞争性谈判方式签订的《工程施工合同》无效。

(二)某园区管委会应向道路工程公司支付工程合同款及资金占用损失。理由:虽然《工程施工合同》无效,但根据《最高人民法院关于审理建设工程施工合同纠纷案件适用法律问题的解释(一)》(法释〔2020〕25 号)第六条规定,建设工程施工合同无效,……一方当事人请求参照合同约定的质量标准、建设工期、工程价款支付时间等内容确定损失大小的,人民法院可以结合双方过错程度、过错与损失之间的因果关系等因素作出裁判。本案中,根据《工程施工合同》的约定,某园区管委会应向道路工程公司支付工程合同款 98690466.15 元。且,因某园区管委会未在 2023 年 4 月 29 日前向道路工程公司支付该款,应当向道路工程公司承担资金占用损失。

综上,法院判决:某园区管委会支付道路工程公司工程合同款 98690466.15 元,并以该金额为基数,自 2013 年 4 月 29 日起至前述款项付清之日止,按照中国人民银行同期同类贷款利率向道路工程公司支付资金占用损失。

法律解析

1. 政府采购工程招标应适用《招标投标法》。

《政府采购法》第四条规定:"政府采购工程进行招标投标的,适用招标投标法。"《政府采购法实施条例》第七条第一款规定:"政府采购工程以及与工程建设有关的货物、服务,采用招标方式采购的,适用《中华人民共和国招标投标法》及其实施条例;采用其他方式采购的,适用政府采购法及本条例。"本案所涉园区道路新建项目,属于依据《招标投标法》及其配套法律规定规定的依法必须进行招标的项目,依据《招标投标法》第三条和《招标投标法实施条例》第八条规定，应当进行公开招标。

2. 依法必须招标项目规避招标的，所签合同无效。

根据《政府采购法》第二十六条规定，政府采购的方式有：公开招标、邀请招标、竞争性谈判、单一来源采购、询价、国务院政府采购监督管理部门认定的其他采购方式（如竞争性磋商、框架协议采购等），其中公开招标为主要采购方式。竞争性谈判属于非招标采购方式。

本案中的采购项目属依法必须进行招标的政府采购工程项目，依法必须采用公开招标方式。但园区管委会委托代理机构采用竞争性谈判方式实施采购，道路工程公司在代理机构组织的竞争性谈判中，经过两轮报价（谈判）被推荐为成交候选供应商，而后园区管委会向道路工程公司发出《成交通知书》，双方据此签订了《工程施工合同》。

依据《最高人民法院关于审理建设工程施工合同纠纷案件适用法律问题的解释（一）》（法释〔2020〕25号）第一条关于"建设工程施工合同具有下列情形之一的，应当依据民法典第一百五十三条第一款的规定，认定无效：……（三）建设工程必须进行招标而未招标或者中标无效的"之规定，应认定《工程施工合同》无效。

3. 合同无效的，应结合双方过错程度等因素承担相应责任。

《最高人民法院关于审理建设工程施工合同纠纷案件适用法律问题的解释（一）》（法释〔2020〕25号）第六条规定："建设工程施工合同无效，一方当事人请求对方赔偿损失的，应当就对方过错、损失大小、过错与损失之间的因果关系承担举证责任。损失大小无法确定，一方当事人请求参照合同约定的质量标准、建设工期、工程价款支付时间等内容确定损失大小的，人民法院可以结合双方过错程度、过错与损失之间的因果关系等因素作出裁判。"本案中，《工程施工合同》虽然无效，但涉案工程于2023年4月28日通过竣工验收，并已交付使用。应依据前述司法解释的规定，本案过错方为园区管委会，应参照《工程施工合同》的约定向道路工程支付合同价款。

4. 政府采购工程达到依法必须招标规模标准的，执行《招标投标法》。

《招标投标法》第三条规定："在中华人民共和国境内进行下列工程建设项目

包括项目的勘察、设计、施工、监理以及与工程建设有关的重要设备、材料等的采购，必须进行招标：……（二）全部或者部分使用国有资金投资或者国家融资的项目；……"。《必须招标的工程项目规定》（国家发展改革委令第16号）第二条规定："全部或者部分使用国有资金投资或者国家融资的项目包括：（一）使用预算资金200万元人民币以上，并且该资金占投资额10%以上的项目；（二）使用国有企业事业单位资金，并且该资金占控股或者主导地位的项目。"国家发展改革委16号令第五条同时规定："本规定第二条至第四条规定范围内的项目，其勘察、设计、施工、监理以及与工程建设有关的重要设备、材料等的采购达到下列标准之一的，必须招标：（一）施工单项合同估算价在400万元人民币以上；……"本项目使用预算资金已经达到2.2亿元，符合16号令的规定"使用预算资金200万元人民以上，并且该资金占投资额10%以上的项目"必须招标的范畴，且施工单项合同估算价已远远超过必须招标的规模标准，属于依法必须进行招标的政府采购工程项目。

《政府采购法》第四条规定："政府采购工程进行招标投标的，适用招标投标法。"《政府采购法实施条例》第七条规定："政府采购工程以及与工程建设有关的货物、服务，采用招标方式采购的，适用《中华人民共和国招标投标法》及其实施条例；采用其他方式采购的，适用政府采购法及本条例。前款所称工程，是指建设工程，包括建筑物和构筑物的新建、改建、扩建及其相关的装修、拆除、修缮等；所称与工程建设有关的货物，是指构成工程不可分割的组成部分，且为实现工程基本功能所必需的设备、材料等；所称与工程建设有关的服务，是指为完成工程所需的勘察、设计、监理等服务。政府采购工程以及与工程建设有关的货物、服务，应当执行政府采购政策。"依据现行法律的相关规定，政府采购工程达到依法必须招标规模标准的，招标投标活动执行《招标投标法》的相关规定，应当依据《政府采购法》体系的相关规定执行政府采购政策。

合规指引

政府采购工程以及与工程建设有关的货物、与工程建设有关的服务，采用招标方式采购的，适用《招标投标法》，但应当执行政府采购政策（如保护环境、扶持不发达地区和少数民族地区、促进中小企业发展等）。采用其他方式采购的，适用《政府采购法》。

政府采购项目，属于依法应当公开招标的项目的，如因特殊情况需要采用竞争性谈判等其他采购方式的，应当在采购活动开始前获得设区的市、自治州以上人民政府采购监督管理部门的批准后方可实施。

变更合同实质性内容签约违法

实践案例

某市开发区机关事务管理处委托某采购代理机构，就铅酸蓄电池项目以竞争性谈判方式组织采购，确定电子公司为成交单位。电子公司自采购代理机构处领取的《政府采购合同书》与采购谈判内容一致，其中载明："铅酸蓄电池的技术规格主要为：信源12V-200AH，标准电压12V，外形尺寸≤513×250×228mm（总高≤230mm），质量≥60kg；采购单位有权指定相关部门对供货产品进行抽样检测，相关检测费用由成交单位承担。"

2021年1月6日，电子公司将铅酸蓄电池送至某市开发区机关事务管理处，并要求签订《政府采购合同书》。某市开发区机关事务管理处发现电子公司提供的货物包装上标识的重量仅为53kg，外形尺寸也不符合采购文件的技术要求，故未签订上述合同。后制造商某蓄电池公司对此出具书面说明载明：信源12V-200AH蓄电池进行了两次优化，对容量没有影响，符合国家相关标准。

2021年1月15日，某市开发区机关事务管理处向电子公司发函要求签订政府采购合同，但电子公司收到后并未签订，而是向某市开发区财政局递交申请函一份，提出：采购单位以采购文件的外形尺寸和重量作为收货条件，与实际需要不相适应；采购合同中规定的"采购单位有权指定相关部门对供货产品进行抽样检测，相关检测费用由成交单位承担"，此项没有客观标准，也不符合《民法典》的平等原则，请财政局明察后给一个公正的答复，取消合同中的无关和不平等条款。2月3日，某市开发区财政局书面通知电子公司于2021年2月16日前与采购人按照采购文件确定的事项签订政府采购合同。

此后电子公司向某市开发区机关事务管理处提供《政府采购合同书》要求签约，其内容与招标咨询公司提供的《政府采购合同书》从形式到内容均有不同，其中最主要的区别有：删去了"外形尺寸≤513×250×228mm（总高≤230mm），质量≥60kg""响应文件中必须提供响应产品制造商原厂盖章的质保证明（5年）原件，并提供原厂售后联系方式否则响应文件无效"等内容；修改检测条款为："采购单位有权指定相关部门对供货产品进行抽样检测（数量：1个），相关检测费用由成交单位承担……如双方对验收结果有分歧，则可以再次抽样送交相关部门进行检测，检验费由过失的一方支付。"因两份合同内容不一致，某市开发区机关事务管理处未签订该份合同。为此，电子公司诉至法院。

法院认为，电子公司、某市开发区机关事务管理处之间已就蓄电池项目达成了一致意思表示，双方的谈判采购内容及电子公司所作质量承诺系对双方权利、义务的约定，双方应严格按照上述约定签订合同、履行义务。2021年1月6日，当电子公司将采购代理机构提供的《政府采购合同书》及信源蓄电池交付某市开发区机关事务管理处时，该管理处以货物检测不符合采购要求为由，要求电子公司重新备货，当天暂缓签订《政府采购合同书》，其并无过错，也属合理，且某市开发区机关事务管理处于2021年1月15日再次发函要求电子公司与其签订合同，该时间并未超过成交通知书发出之日30日，但电子公司并未签约。直到2021年2月，电子公司向某市开发区机关事务管理处重新提供的一份《政府采购合同书》，从形式和内容上与采购代理机构提供的《政府采购合同书》均有不同，其中对技术规格、质量及检测方面都作了更改。电子公司要求某市开发区机关事务管理处与其签订自行变更的《政府采购合同书》，系对双方约定进行了实质性变更，某市开发区机关事务管理处有权拒绝。因此，双方未签订《政府采购合同书》的过错在于电子公司，某市开发区机关事务管理处并无过错，电子公司要求该管理处赔偿其所谓的损失，无事实和法律依据。

综上，法院判决驳回电子公司的全部诉讼请求。

法律解析

1. 采购人和供应商应当在成交通知书发出之日起 30 日内签订合同。

当事人应当按照约定全面履行自己的义务。《政府采购法》第四十六条第一款规定:"采购人与中标、成交供应商应当在中标、成交通知书发出之日起三十日内,按照采购文件确定的事项签订政府采购合同。"法律既明确规定政府采购应采用书面形式订立合同,又规定了签订合同的时限,以尽早固定双方权利义务,稳定交易秩序,促成交易达成。

本案中,从某市开发区机关事务管理处发出采购公告和采购文件,到电子公司响应某市开发区机关事务管理处的采购要求,并最终成为成交供应商来看,电子公司已经与某市开发区机关事务管理处就蓄电池采购项目达成了一致意思表示。双方的谈判采购内容及电子公司所作质量承诺系对双方权利、义务的约定,双方应严格按照上述约定履行政府采购法规定的义务。这其中的一项就是电子公司应在收到成交通知书之日起 30 日内,与某市开发区机关事务管理处按照采购文件确定的事项签订政府采购合同。但由于电子公司要求按照自己提供的《政府采购合同书》格式签订合同,违反了采购文件规定,由此造成双方未签订《政府采购合同书》的过错全在电子公司。

2. 采购双方签订的政府采购合同不得变更成交结果的实质性内容。

采购人和成交供应商都有义务按照采购文件确定的事项签订政府采购合同,也就是遵循采购的最终结果签约,不得违背合同的实质性内容另行签订其他协议,不得修改成交承诺的实质性内容,否则将可能导致采购结果得不到落实,从而破坏公平的市场竞争秩序。《政府采购法》第四十六条第二款强调:"中标、成交通知书对采购人和中标、成交供应商均具有法律效力。中标、成交通知书发出后,采购人改变中标、成交结果的,或者中标、成交供应商放弃中标、成交项目的,应当依法承担法律责任。"

本案中,电子公司未按照采购文件提供的合同文本签订合同,而是在采购文件之外提供自己的合同文本要求与采购人签约,还变更了技术规格、质量及检测方面等合同实质性内容，其签约要求自然会被采购人拒绝，最终未签约的责任全在电子公司，电子公司因未签约造成的损失也应由其自行承担。

合规指引

采购人和供应商应在成交通知书发出之日起 30 日内及时按照成交结果通知书、响应文件和竞争性文件的实质性内容签订合同，不得变更已经达成一致意思表示的实质性内容。

竞争性谈判文件中所含的合同文本如确有错误或不符合项目实际之处，可以在谈判期间或签订合同期间提出并双方就此协商一致。在收到成交通知书后提出变更合同草案的实质性内容的，属于变更采购结果的行为，为法律所禁止。

第二部分　竞争性磋商

✦ 竞争性磋商澄清修改文件应在什么时限发出
✦ 采购文件澄清修改须按规定程序进行
✦ 竞争性磋商项目响应文件异常一致怎么办
✦ 只有两家供应商响应磋商是否可以继续

竞争性磋商澄清修改文件应在什么时限发出

实践案例

某市 2017 年度乡镇（街道）敬老院物业管理项目，由该市集中采购机构负责组织采购活动，采用竞争性磋商方式。采购文件规定，供应商应于 2016 年 9 月 19 日上午 9：00 前提交首次响应文件。集中采购机构发出竞争性磋商文件后，又于 9 月 14 日上午 8：40 发布了补充文件，该补充文件对原竞争性磋商文件的实质性内容进行了修改，增加了 3 个乡镇敬老院的物业管理内容。

9 月 18 日上午，甲供应商向集中采购机构递交了一份书面质疑函。该质疑函称：《财政部关于做好政府采购信息公开工作的通知》（财库〔2015〕135 号）规定，澄清或者修改的内容可能影响响应文件编制的，采购人应当在"提交首次响应文件截止之日 3 个工作日前"发出澄清修改文件。由于 9 月 15 日、16 日和 17 日正值中秋节，属法定节假日，本项目集中采购机构于 9 月 14 日发出补充文件，距提交首次响应文件截止时间只有 2 个工作日，不符合规定，要求推迟提交首次响应文件截止时间。

集中采购机构回复称：《政府采购竞争性磋商采购方式管理暂行办法》（财库〔2014〕214 号）第十条第三款规定，澄清或者修改的内容可能影响响应文件编制的，"……采购人、采购代理机构应当在提交首次响应文件截止时间至少 5 日前，以书面形式通知所有获取磋商文件的供应商……"本项目首次响应文件提交截止时间为 9 月 19 日上午 9：00，补充文件发布时间为 9 月 14 日上午 8：40，已满足"至少 5 日前"的时限要求，符合相关文件规定。

质疑供应商对上述回复意见不服,遂向财政部门提起投诉。

法律解析

1. 应依据"新法优于旧法"的原则确定时限。

关于竞争性磋商项目补充文件的发出时限,财政部发布的不同文件有不同规定。《政府采购竞争性磋商采购方式管理暂行办法》(财库〔2014〕214号)第十条规定:"……采购人、采购代理机构或者磋商小组可以对已发出的磋商文件进行必要的澄清或者修改……澄清或者修改的内容可能影响响应文件编制的,采购人、采购代理机构应当在提交首次响应文件截止时间至少5日前,以书面形式通知所有获取磋商文件的供应商……"

《财政部关于做好政府采购信息公开工作的通知》(财库〔2015〕135号)规定:"采购人或者采购代理机构对……采用公告方式邀请供应商参与的……竞争性磋商文件进行必要的澄清或者修改的……澄清或者修改的内容可能影响……响应文件编制的,采购人或者采购代理机构发布澄清公告并以书面形式通知潜在供应商的时间,应当在……提交首次响应文件截止之日3个工作日前……"

由于上述规定均系财政部国库司出台制定,其发文机关简称、发文代号编码均为"财库〔20××〕×××号"文件,属于同一机关对同一事项的不同规定,依照"新法优于旧法"的原则,应执行《财政部关于做好政府采购信息公开工作的通知》(财库〔2015〕135号)规定的"3个工作日前"的要求。

2. 时限开始当日不应计入期间。

《政府采购法》第四十三条第一款规定:"政府采购合同适用合同法……"这一规定表明,立法者认为政府采购活动属于民事活动。尽管在政府采购活动中,采购人往往是具有一定行政管理职能的国家机关、事业单位和团体组织,但其依然是以民事主体的身份参与政府采购活动。因此,关于时限起讫的计算规则,应遵循《民法典》的相关要求。《民法典》第二百零一条第一款规定:"按照年、月、日计算期间的,开始的当日不计入,自下一日开始计算。"

需要注意的是:本例案发时间以及争议引用的财库〔2014〕214号、财库

〔2015〕135号两份文件的颁布时间,均属于《民法典》颁布实施前的事宜,相关人员对民法的期间计算方面的规定理解不太到位。《民法典》颁布后,财政部出台的《政府采购货物和服务招标投标管理办法》(财政部令第87号)和《政府采购质疑和投诉办法》(财政部令第94号)等部门规章,均在附则部分引用或强调了《民法典》的期间计算规则,明文规定"期间开始之日,不计算在期间内。期间届满的最后一日是节假日的,以节假日后的第一日为期间届满的日期"。结合本案例的期间计算,补充文件发布时间9月14日当天不应计算在期间内,而应当以9月15日作为期间计算的第一天。

合规指引

关于竞争性磋商项目澄清修改文件的最迟发出时限,不同的文件规定不同。在政府采购实操过程中,应结合《立法法》和《民法典》等相关规定确定时限并计算期间。

采购文件澄清修改须按规定程序进行

> **实践案例**

某政府采购代理机构承接了 A 市政府采购项目（竞争性磋商方式）的代理工作，磋商文件通过现场购买纸质文件的方式提供。磋商公告及文件发出后陆续收到供应商针对磋商文件评分标准提出的书面质疑。采购代理机构经与采购人讨论、征求专家意见后，确认部分质疑有效，评分标准确有不合理要求，采购人、采购代理机构对此通过当地公共资源交易网以发布更正公告的形式进行了澄清修改，删减和调整了供应商需要提供的部分证明材料。此时距离磋商文件规定的提交首次响应文件截止时间为 2 日，澄清修改后未收到潜在供应商提出的询问或质疑。2 日后如期进行首次响应文件的开启及磋商、评审活动，次日采购人、采购代理机构公告成交结果。

几天后，当地财政局收到一家购买了磋商文件但未参与项目磋商的企业甲的实名举报信：采购人仅在当地公共资源交易网发布更正公告，受众有限加上该公司未收到采购人对磋商文件澄清修改的书面通知，认为采购人是有意为之，存在寻租的可能。同时承认因为自己公司的疏漏错过了 A 市项目，要求有关部门介入调查，废除本次成交结果。

经过调查，A 市财政局最终认定采购人、采购代理机构的操作不规范，采购文件、采购过程违反了相关规定，并对采购结果造成了实质性的影响，责令采购人重新开展采购活动。

法律解析

1. 采购文件的澄清修改，需要根据是否可能影响响应文件的编制而决定是否延期。

本案例采购方式为竞争性磋商，澄清修改的内容涉及评分标准以及供应商需要提供的证明材料，属于磋商文件中的实质性内容和要求，该澄清修改文件无疑将影响供应商编制响应文件。根据《财政部关于做好政府采购信息公开工作的通知》（财库〔2015〕135号）规定，该澄清修改文件应当在提交首次响应文件截止之日3个工作日前发出。采购人和采购代理机构在澄清修改发出之日起至提交首次响应文件截止时间只有2日的情况下没有顺延提交首次响应文件的截止时间，违反了有关规定。

在政府采购法律体系中，其他采购方式如招标、竞争性谈判、询价也有相应的延期要求，其立法目的都是保证供应商有足够的时间编制投标（响应）文件，以确保采购结果的公平公正、确保采购质量。在政府采购实践中，也存在部分供应商已经按澄清修改前的采购文件编制、胶装、签章密封好投标（响应）文件的情况，需要重新拆开、放置新的证明材料、签章后再密封，尤其是招标及竞争性磋商方式的综合评分法，往往需要提供大量响应评分标准的佐证材料，如预留给供应商编制响应文件的时间过短，对于体现供应商实力、确保项目的充分竞争和采购结果的物有所值都是不利的。

需要注意的是，对于不影响供应商编制投标（响应）文件的澄清修改，如评审日期、地点等不影响投标（响应）文件格式、内容编写的澄清修改或者仅仅是删减供应商需要提供的证明材料等情形，可以不受相关延期规定约束。

2. 澄清修改通知方式不规范将对采购结果造成影响。

本案采购代理机构通过现场购买的方式发出纸质磋商文件，意味着采购代理机构知晓获取磋商文件供应商的具体名称和数量，在此情形下，采购代理机构应以书面形式通知（包含纸质文件、传真、电子邮件、数据电文等）所有获取磋商文件的供应商。依据《财政部关于做好政府采购信息公开工作的通知》（财库

〔2015〕135号）中"采购人或者采购代理机构对……采用公告方式邀请供应商参与的竞争性磋商文件……进行必要的澄清或者修改的，应当在原公告发布媒体上发布更正公告，并以书面形式通知所有获取采购文件的潜在供应商"的规定，结合《政府采购法》第十一条和《政府采购法实施条例》第八条的规定，竞争性磋商公告应当在省级以上财政部门指定媒体发布。本案采购人和采购代理机构仅在当地公共资源交易网上发布了更正公告，没有以书面形式通知已获取竞争性磋商文件的供应商，容易导致信息不对称，无法保证所有获取采购项目信息的供应商及时知晓澄清修改事项。

综上，本案采购人的行为违背了政府采购法的有关规定，在一定程度上影响了部分潜在供应商及时获取项目信息、重新编制响应文件，进而影响采购竞争及采购结果。

合规指引

采用竞争性磋商方式的政府采购项目，采购人、采购代理机构如需对磋商文件进行澄清或修改，澄清修改内容可能影响响应文件编制的，应当依据《财政部关于做好政府采购信息公开工作的通知》（财库〔2015〕135号）规定的方式、时限发布澄清修改文件，不满足时限要求的，应当顺延提交首次响应文件截止时间。同时还需要在原采购公告发布媒体发布采购文件澄清修改信息，以确保供应商及时获取采购项目的最新情况和澄清修改信息，并有足够的时间按照修改后的磋商文件编制响应文件。

竞争性磋商项目响应文件异常一致怎么办

实践案例

2017年10月9日,某市高新技术产业开发区医院高、低压开关柜设备采购项目公开挂网,该项目采用竞争性磋商方式进行采购。首次响应文件提交截止时,共有A、B、C、D、E五家供应商提交了响应文件。在符合性审查阶段,磋商小组发现A、C公司的响应文件在商务条件、技术承诺、售后服务方案等方面的内容异常一致,甚至存在多处打印错误相同的情况。在评审现场,采购人代表认为A、C两家供应商相互恶意串通,扰乱正常的市场竞争秩序,情节恶劣,给采购人造成了不必要的损失,应当予以严肃处理。

事后,采购人将评审现场有关情况上报给当地市财政局,要求市财政局将其列入不良行为记录名单,禁止其参加政府采购活动。市财政局认为:依据相关法律规定,仅凭不同供应商的响应文件异常一致、存在多处雷同错误不足以认定其恶意串通,须进一步查明串通事实后方可作出相应处理。

法律解析

1. 以磋商响应文件雷同认定供应商恶意串通的法律依据不足。

《政府采购法实施条例》第七十四条规定,下列情形属于供应商之间"恶意串通":①供应商直接或者间接从采购人或者采购代理机构处获得其他供应商的相关情况并修改其投标文件或者响应文件;②供应商按照采购人或者采购代理机构的授意撤换、修改投标文件或者响应文件；③供应商之间协商报价、技术方案等投标文件或者响应文件的实质性内容；④属于同一集团、协会、商会等组织成员的供应商按照该组织要求协同参加政府采购活动；⑤供应商之间事先约定由某一特定供应商中标、成交；⑥供应商之间商定部分供应商放弃参加政府采购活动或者放弃中标、成交；⑦供应商与采购人或者采购代理机构之间、供应商相互之间，为谋求特定供应商中标、成交或者排斥其他供应商的其他串通行为。

对照上述法条的规定，本案例A、C两家供应商出现"响应文件存在多处异常一致和相同错误"的情形，不属于上述七种情形之列，直接认定其属于恶意串通的法律依据不足。

2017年10月1日施行的《政府采购货物和服务招标投标管理办法》（财政部令第87号）借鉴了《招标投标法实施条例》第四十条的相关规定，在第三十七条引入了"视为投标人串通投标"的六种情形：①不同投标人的投标文件由同一单位或者个人编制；②不同投标人委托同一单位或者个人办理投标事宜；③不同投标人的投标文件载明的项目管理成员或者联系人员为同一人；④不同投标人的投标文件异常一致或者投标报价呈规律性差异；⑤不同投标人的投标文件相互混装；⑥不同投标人的投标保证金从同一单位或者个人的账户转出。

本案例所述情形符合该法条的第四项情形。但《政府采购货物和服务招标投标管理办法》约束的是政府采购招标项目，对于非招标采购项目不具有直接约束力，而作为约束竞争性磋商采购项目的《政府采购竞争性磋商采购方式管理暂行办法》（财库〔2014〕214号）又无"视为恶意串通"的相关规定。依据"法无授权不可为"的原则，对于非招标采购项目而言，出现响应文件雷同的情形比较尴尬，监管部门直接认定涉案供应商恶意串通的法律依据不足。

2. 供应商之间出现上述情形应当妥善处理。

本案例涉案供应商响应文件出现雷同现象，大致可以推断出涉案供应商有恶意串通的重大嫌疑。但是，依据现行相关法律的规定，又难以直接认定其恶意串通，这给本案的处理带来困惑。在实践中，建议磋商小组对涉案供应商进行重点关注，通过磋商了解其对本项目的把握情况，依据其在磋商过程中的表现大致可判断出供应商是否有私下串通行为，如在磋商中发现涉案供应商确实存在恶意串通行为，可依据财库〔2014〕214号文第三十四条"出现下列情形之一的，采购人或者采购代理机构应当终止竞争性磋商采购活动，发布项目终止公告并说明原因，重新开展采购活动：……（二）出现影响采购公正的违法、违规行为的"之规定，终止采购活动，重新组织采购。

需要注意的是：依据上述法条重新开展采购活动的做法，其合理性一直饱受诟病。业界人士大多认为：在采购活动中，个别供应商出现的违法违规行为，其后果不应由其他未违法者承担，本案如A、C两家供应商确属恶意串通，理应处理违法的A、C两家供应商，而不应让其他供应商和采购人共同承担采购失败的后果。因此，较为合理的处理方式应当是判定涉案供应商的响应文件无效。但遗憾的是，在《政府采购法》体系中，除《政府采购货物和服务招标投标管理办法》中规定了供应商"视为串通"行为外，其余均无相关规定，给政府采购实践中带来诸多迷茫和尴尬。

合规指引

鉴于现行法律规定的不完善，在非招标采购项目中，建议参照《政府采购货物和服务招标投标管理办法》的相关规定，在采购文件中约定"视为串通"情形，以便于评审小组依据采购文件的规定作出相应处理，推进采购项目的顺利进行。

建议今后在修订《政府采购法实施条例》《政府采购非招标采购方式管理办法》或《政府采购竞争性磋商采购方式管理暂行办法》时，补充完善"视为串通行为"的相关规定，使得在非招标采购项目中，对于类似情形的处理能够有法可依。

只有两家供应商响应磋商是否可以继续

实践案例

某市 S 街道 2018 年社区残疾人托养及心理关怀服务项目，经批准采用竞争性磋商方式进行采购。2017 年 11 月 2 日，集中采购中心通过指定媒体发布公告，邀请不特定的供应商参与竞争性磋商采购活动，并于当日将竞争性磋商文件公开挂网，以供供应商下载。截止到 11 月 10 日，共有 3 家供应商下载了磋商文件。11 月 17 日，响应文件提交截止时，发现只有 2 家供应商提交响应文件。

就本项目采购活动是否可以继续进行，采购中心内部出现了三种不同意见：

第一种意见认为，采购活动不可以继续进行。理由是根据《政府采购竞争性磋商采购方式管理暂行办法》（财库〔2014〕214 号）第三十四条的相关规定，在采购过程中，除市场竞争不充分的科研项目和需要扶持的科技成果转化项目外，如出现符合要求的供应商或报价未超过采购预算的供应商不足 3 家，应当终止竞争性磋商采购活动，发布项目终止公告并说明原因，重新开展采购活动。

第二种意见认为，采购活动可以继续进行。理由是《财政部关于政府采购竞争性磋商采购方式管理暂行办法有关问题的补充通知》（财库〔2015〕124 号）规定："采用竞争性磋商采购方式采购的政府购买服务项目（含政府和社会资本合作项目），在采购过程中符合要求的供应商（社会资本）只有 2 家的，竞争性磋商采购活动可以继续进行。"本项目属于政府购买服务项目，可以适用该文件的规定继续进行竞争性磋商活动。

第三种意见认为，采购活动不可以继续进行。理由是对于政府购买服务类项目而言,财库〔2015〕124号文的规定是:符合要求的供应商(社会资本)只有2家的,采购活动可以继续进行。本案例出现的情形是:提交响应文件的供应商只有2家,不是"符合要求的供应商(社会资本)只有2家",应当重新组织采购活动。

法律解析

1. 除特殊情形外,竞争性磋商采购项目的供应商应当满足3家以上的要求。

竞争性磋商采购方式,是财政部为深化政府采购制度改革,适应推进政府购买服务、推广政府和社会资本合作(PPP)模式等工作需要,根据《政府采购法》第二十六条第一款的规定,创新的一种采购方式。该采购方式弥补了竞争性谈判、询价等非招标采购方式只能适用"最低价法"进行评审的缺陷,同时在采购程序的灵活性方面也具有较大的优势。

根据《政府采购竞争性磋商采购方式管理暂行办法》(财库〔2014〕214号)第六条、第二十一条和第三十四条的相关规定,在竞争性磋商活动中,除规定的特殊情形外,邀请的供应商、提交最后报价的供应商和成交候选供应商都应当在3家以上,即供应商自始至终应当保持3家以上。

2. 供应商不足3家可以继续磋商的项目共有三类。

根据财库〔2014〕214号文第三十四条的规定,在采购过程中,出现符合要求的供应商或报价未超过采购预算的供应商不足3家的情况下,可以继续采购活动的项目有两类:一是市场竞争不充分的科研项目;二是需要扶持的科技成果转化项目。除此之外,其余项目在采购过程中出现供应商不足3家的情形时,应当重新组织采购活动。

2015年6月,财政部发布《财政部关于政府采购竞争性磋商采购方式管理暂行办法有关问题的补充通知》(财库〔2015〕124号),对竞争性磋商方式出现供应商不足3家时,采购活动可以继续进行的情形作了补充。该文件规定,政府购买服务项目(含政府和社会资本合作项目),在竞争性磋商过程中出现符合要求的供应商(社会资本)只有2家的,采购活动可以继续进行。

综合上述文件的相关规定，截止到目前，采用竞争性磋商方式进行采购的项目，如在采购活动中出现供应商不足 3 家时，下列三类项目可以继续进行：①市场竞争不充分的科研项目；②需要扶持的科技成果转化项目；③政府购买服务项目（含 PPP 项目）。除此之外的其他项目，出现上述情形时，应当终止采购活动并重新组织采购。

3. 正确理解"符合要求的供应商（社会资本）只有 2 家"这一表述。

关于采用竞争性磋商采购方式采购的政府购买服务项目，财库〔2015〕124 号文的表述原文是："在采购过程中符合要求的供应商（社会资本）只有 2 家的，竞争性磋商采购活动可以继续进行。"对于"在采购过程中符合要求的供应商（社会资本）只有 2 家"这一表述，可以从两个层面进行解读：一是特指已进入采购程序的项目。该文件中采用了"在采购过程中"的表述，表明了可以适用采购活动继续进行的该类项目，出现供应商只有 2 家的时间点，必须是在采购活动开始以后，而不是指采购人或采购代理机构在邀请供应商时，更不是在采购活动开始之前。二是特指符合采购文件要求的供应商只有 2 家。不是指采购人或代理机构邀请供应商可以邀请 2 家，也不是指提交了响应文件的供应商只有 2 家。根据政府采购相关法律的规定和采购操作实践，政府采购项目的评审，通常包括资格审查、符合性审查和商务技术评估三个阶段。通过资格审查的供应商，称为"合格供应商"，或称为"符合资格条件的供应商"；通过符合性审查的供应商，称为"符合要求的供应商"，或称为"实质性响应的供应商"。

综上分析，财库〔2015〕124 号文所称的"在采购过程中符合要求的供应商"，应当是指通过资格审查和符合性审查的供应商，而不是指购买或下载了磋商文件的供应商，也不是指首次递交了响应文件的供应商。本案例三种处理意见中，第三种意见最符合相关政策文件的立法本意。

合规指引

在竞争性磋商过程中，除规定的特殊情形外，邀请的供应商、提交最后报价的供应商和成交候选供应商都应当在 3 家以上。政府购买服务项目在采购过程中，符合要求的供应商只有 2 家时，采购活动可以继续进行。

财库〔2015〕124 号文中规定的"符合要求的"供应商，不宜理解为采购人"可以邀请的"供应商，不宜理解为"购买了采购文件的"供应商，也不宜理解为"提交了响应文件的"供应商，而应当理解为"通过资格审查、符合性审查的"供应商比较妥当。

第三部分　单一来源采购

- 竞争性谈判失败改为单一来源采购惹争议
- 单一来源采购项目是否必须经过公示程序
- 单一来源采购项目预算不应当公开
- 合同履行完毕添购标的适用单一来源采购

竞争性谈判失败改为单一来源采购惹争议

实践案例

2016年12月,市采购中心就市地税软件2017年度维保项目采用竞争性谈判方式公开采购,首次响应文件提交截止时,只有某信息公司和某软件公司2家供应商参加谈判。采购人依据《政府采购非招标采购方式管理办法》(财政部74号令)的相关规定终止竞争性谈判采购活动,并于2016年12月下旬重新开展竞争性采购活动。

二次竞争性谈判公告后,共有某信息公司、某软件公司和某通信公司3家供应商参与竞争,后某软件公司和某通信公司的响应文件被谈判小组判为无效响应文件,该项目二次采购再次失败。由于本项目实施时间紧急,且已经过两次采购,采购中心随即改用单一来源采购,确定该信息公司为唯一供应商,并组织专业人员组成协商小组,与某信息公司商定成交价格并签订成交合同。

成交结果公告后,某软件公司向市采购中心提出书面质疑。市采购中心答复后,某软件公司不满采购中心的答复向市财政局投诉。某软件公司诉称:本项目竞争性谈判结果未公布而将采购方式变更为单一来源采购的行为违法。

法律解析

1. 本项目采用单一来源采购的做法值得商榷。

《政府采购法》第三十一条规定:"符合下列情形之一的货物或者服务,可以依照本法采用单一来源方式采购：（一）只能从唯一供应商处采购的；（二）发生了不可预见的紧急情况不能从其他供应商处采购的；（三）必须保证原有采购项目一致性或者服务配套的要求，需要继续从原供应商处添购，且添购资金总额不超过原合同采购金额百分之十的。"

逐一对照单一来源采购方式的三种适用情形，分析如下：（1）《政府采购法实施条例》第二十七条明确规定："政府采购法第三十一条第一项规定的情形，是指因货物或者服务使用不可替代的专利、专有技术，或者公共服务项目具有特殊要求，导致只能从某一特定供应商处采购。"依据这一规定，本项目不属于"只能从唯一供应商处采购的"情形。（2）本项目先后两次采购失败，导致2017年度软件维保期间即将开始，项目实施时间确属紧急，但发生多次采购失败这一特殊情况，是一个有经验的采购人和采购代理机构应当预见的情况，不属于"不可预见"的紧急情况。（3）本项目并非为出于特定目的而需要从原供应商处添购的情形，显然不属于法定的第三种适用情形。

综上分析，本项目竞争性谈判失败，不属于单一来源采购方式的法定适用情形。

2. 竞争性谈判失败转为单一来源采购法律依据不足。

《政府采购非招标采购方式管理办法》（财政部74号令）第三十七条规定："出现下列情形之一的，采购人或者采购代理机构应当终止竞争性谈判采购活动，发布项目终止公告并说明原因，重新开展采购活动：（一）因情况变化，不再符合规定的竞争性谈判采购方式适用情形的；（二）出现影响采购公正的违法、违规行为的；（三）在采购过程中符合竞争要求的供应商或者报价未超过采购预算的供应商不足3家的，但本办法第二十七条第二款规定的情形除外。"

依据这一规定：本项目第二次竞争性谈判采购过程中，出现实质性响应采购文件要求的供应商只有1家时，依法应当终止采购，并重新组织采购活动；而不得以时间紧急为由，擅自改用单一来源方式进行采购。

3. 避免多次采购失败可改用书面推荐方式确定参加谈判的供应商。

在政府采购实践中，采用竞争性谈判、竞争性磋商和询价等方式实施的采购项目，出现符合竞争要求的供应商或者报价未超过预算的供应商不足3家时，采购人或采购代理机构应当终止采购活动，发布项目终止公告并说明原因，重新开展采购活动。

在重新采购过程中,有时还会出现参加采购活动或符合竞争要求的供应商不足 3 家的情形。除法定情形外,供应商不足 3 家时,不得进行 2 家谈判、磋商或价格评审,改用单一来源采购方式也缺乏法律依据,只能依法再次重新组织采购活动。因此,很有可能出现多次采购失败的情形,甚至会步入"无限循环采购"的怪圈。

《政府采购非招标采购方式管理办法》(财政部 74 号令)第十二条第一款规定:"采购人、采购代理机构应当通过发布公告、从省级以上财政部门建立的供应商库中随机抽取或者采购人和评审专家分别书面推荐的方式邀请不少于 3 家符合相应资格条件的供应商参与竞争性谈判或者询价采购活动。"为避免出现无限循环采购的不利情形,在非招标采购实践中,如多次采购失败,可采用书面推荐供应商的办法,由采购人和评审专家依法推荐 3 家以上符合条件的供应商参与竞争,以保证供应商数量符合法定最低要求。

合规指引

政府采购项目适用单一来源采购方式的法定情形只有三种。竞争性谈判失败后改用单一来源采购方式,这一做法法律依据不足。为避免多次采购失败,实践中可采用书面推荐供应商的办法,以确保供应商数量符合法定的最低要求。

单一来源采购项目是否必须经过公示程序

实践案例

为维护正常的不动产权交易登记秩序,保障不动产交易登记安全,降低因登记资料造假行为给登记机构和交易双方当事人带来的权益伤害,2016年,经上级政府同意,M市S区不动产权交易登记机构对不动产权交易登记核查工作进行试点,采用政府购买服务的方式,引入第三方中介机构对各类公证文书、本户人员情况表和身份证明等十三类相关证明材料的真实性进行核查。

该项目采购预算金额为85万元,未达到所在省份规定的公开招标数额标准,且该项目属于体制机制改革试点范畴,国内尚未形成较为成熟的供应商。2016年10月底,S区不动产权交易登记机构报经主管预算单位同意,采用单一来源采购方式委托第三方机构从事不动产权交易登记信息的核查工作,拟委托供应商为该市不动产权交易改革课题研究的参与单位——该市某房地产展销公司。

2016年10月27日,S区不动产权交易登记机构组织相关专业人员与该房地产展销公司进行了协商谈判,就成交价格、工作规范、考核标准和违约责任等方面内容达成一致,并作了协商情况记录,拟于15日后正式签订采购合同。

2016年11月8日,M市S区财政局发文,称S区不动产权交易登记机构采购活动违法,责令其立即终止采购活动,并在省级以上财政部门指定媒体上就单一来源采购方式进行公示后,报财政部门审批采购方式。

S区不动产权交易登记机构不服财政部门的处理决定,向该区人民政府法制办提出异议,称财政部门该处理决定违法,要求财政部门取消上述处理决定。

法律解析

1. 单一来源采购项目的适用情形可分为"真实单一"和"假性单一"两种。

单一来源采购方式,是《政府采购法》及其配套法律规范确定的六种采购方式之一。《政府采购法》第三十一条规定:"符合下列情形之一的货物或者服务,可以依照本法采用单一来源方式采购:(一)只能从唯一供应商处采购的;(二)发生了不可预见的紧急情况不能从其他供应商处采购的;(三)必须保证原有采购项目一致性或者服务配套的要求,需要继续从原供应商处添购,且添购资金总额不超过原合同采购金额百分之十的。"研究这三种情形的实质,可以将单一来源采购项目区分为"真实单一"和"假性单一"两类情况:"真实单一"是指第一种法定适用情形,在该情形下,市场上确实只有唯一供应商可以提供合适的采购标的;"假性单一"是指第二种和第三种法定适用情形,在该情形下,市场上可以提供采购标的的供应商不止一家,只因受制于一些客观条件,更适合从特定供应商处采购。

2. "真实单一"情形且达到公开招标数额标准的项目才需公示。

《政府采购法实施条例》第三十八条规定:"达到公开招标数额标准,符合政府采购法第三十一条第一项规定情形,只能从唯一供应商处采购的,采购人应当将采购项目信息和唯一供应商名称在省级以上人民政府财政部门指定的媒体上公示……"《政府采购非招标采购方式管理办法》(财政部令第74号)第三十八条规定:"属于政府采购法第三十一条第一项情形,且达到公开招标数额的货物、服务项目,拟采用单一来源采购方式的,采购人、采购代理机构在按照本办法第四条报财政部门批准之前,应当在省级以上财政部门指定媒体上公示……"由上述规定可知,相关法律仅对属于"真实单一"情形,且采购预算金额达到公开招标数额标准的项目,才要求其就采购方式进行公示;而对于属于"假性单一"情形的采购项目而言,法律并未要求采购人必须公示采购方式。

3. "真实单一"情形未达到公开招标数额标准的项目，单一来源采购活动开始前无须经财政部门批准。

在政府采购实践中，各地对单一来源采购项目公示适用情形的误解和争议时有发生。本案发生前，山西省财政厅也受理过类似争议，并就未达到公开招标数额标准符合《政府采购法》第三十一条第一项规定情形的政府采购项目，是否须经财政部门批准以及是否需要在省级以上财政部门指定媒体上公示采购方式等问题，专门向财政部发函请示。2015年5月，财政部办公厅发文《关于未达到公开招标数额标准政府采购项目采购方式适用等问题的函》（财办库〔2015〕111号），就此问题复函山西省财政厅。该复函强调："根据《中华人民共和国政府采购法》第二十七条规定，未达到公开招标数额标准符合政府采购法第三十一条第一项规定情形只能从唯一供应商处采购的政府采购项目，可以依法采用单一来源采购方式。此类项目在采购活动开始前，无须获得设区的市、自治州以上人民政府采购监督管理部门的批准，也不用按照政府采购法实施条例第三十八条的规定在省级以上财政部门指定媒体上公示。对于此类采购项目，采购人、采购代理机构应当严格按照《政府采购非招标采购方式管理办法》（财政部令第74号）的有关规定，组织具有相关经验的专业人员与供应商商定合理的成交价格并保证采购项目质量，做好协商情况记录。"

《政府采购非招标采购方式管理办法》（财政部令第74号）第三条规定："采购人、采购代理机构采购以下货物、工程和服务之一的，可以采用竞争性谈判、单一来源采购方式采购；采购货物的，还可以采用询价采购方式：（一）依法制定的集中采购目录以内，且未达到公开招标数额标准的货物、服务；（二）依法制定的集中采购目录以外、采购限额标准以上，且未达到公开招标数额标准的货物、服务……"依据上述规定，本案例采购人报经主管预算单位同意后组织单一来源采购的做法，符合相关法律规定，并无不妥。

合规指引

单一来源采购项目的适用情形可分为"真实单一"和"假性单一"两种。对于"假性单一"采购项目，采购人在采购活动开始前无须进行采购方式公示；对于"真实单一"采购项目，仅限于达到公开招标数额标准的政府采购货物、服务项目，才须依法公示采购方式。认为"凡单一来源采购项目，在采购活动开始之前，都必须经过采购方式公示环节"的观点，不符合法律规定，应当予以纠正。

单一来源采购项目预算不应当公开

实践案例

2015年9月，国内某检测中心（事业单位）须采购5台精密检测仪器，以适用不同使用条件下的检测需求，由于该检测仪器对光学技术要求较高，需要使用某项专利技术。市场排查表明：国内目前仅有位于南方H市的某精密器械与物理研究所拥有该项专利技术。该情形符合《政府采购法》第三十一条第一项的规定，可以依法采用单一来源采购方式购买该批检测设备。

由于该项目的采购预算已超过该省公布的公开招标数额标准，该检测中心在采购活动开始前，按要求在省级财政部门指定的媒体对采购方式进行了公示。公示内容包括：（一）采购人、采购项目名称和内容；（二）拟采购的精密检测仪器的说明；（三）采用单一来源采购方式的原因及说明；（四）拟定的唯一供应商名称和地址；（五）行业专家对本项目供应商具有唯一性的论证意见，以及论证专家的姓名、工作单位和职称；（六）公示的期限；（七）采购人、采购代理机构以及财政部门的联系方式。

公示期间，采购人及采购代理机构收到甲供应商的书面异议函，异议函称：1.异议供应商可提供符合本项目采购要求的设备，该精密检测仪器采购项目不符合单一来源采购情形；2.采购人应当在公示内容中公开本项目的采购预算，该项目公示内容不符合《财政部关于做好政府采购信息公开工作的通知》（财库〔2015〕135号）要求。该异议函同时抄送财政部门。

财政部门接到该异议函后，要求采购人依据财库〔2015〕135号文的相关规定，补充公示内容，公开项目采购预算。

法律解析

1. 不同法律政策文件对单一来源采购项目公示内容的要求不同。

《政府采购法实施条例》第三十八条规定："达到公开招标数额标准，符合政府采购法第三十一条第一项规定情形，只能从唯一供应商处采购的，采购人应当将采购项目信息和唯一供应商名称在省级以上人民政府财政部门指定的媒体上公示，公示期不得少于5个工作日。"从上述规定来看，《政府采购法实施条例》仅要求单一来源采购项目的采购人公示采购项目信息和唯一供应商名称。

《政府采购非招标采购方式管理办法》（财政部令第74号）第三十八条规定："属于政府采购法第三十一条第一项情形，且达到公开招标数额的货物、服务项目，拟采用单一来源采购方式的，采购人、采购代理机构在按照本办法第四条报财政部门批准之前，应当在省级以上财政部门指定媒体上公示，并将公示情况一并报财政部门。公示期不得少于5个工作日，公示内容应当包括：（一）采购人、采购项目名称和内容；（二）拟采购的货物或者服务的说明；（三）采用单一来源采购方式的原因及相关说明；（四）拟定的唯一供应商名称、地址；（五）专业人员对相关供应商因专利、专有技术等原因具有唯一性的具体论证意见，以及专业人员的姓名、工作单位和职称；（六）公示的期限；（七）采购人、采购代理机构、财政部门的联系地址、联系人和联系电话。"该部门规章对单一来源采购项目的公示内容作了详细规定，但未要求采购人必须公布采购预算。

《财政部关于做好政府采购信息公开工作的通知》（财库〔2015〕135号）中，对单一来源项目的公示内容规定如下："达到公开招标数额标准，符合《中华人民共和国政府采购法》第三十一条第一项规定情形，只能从唯一供应商处采购的，采购人、采购代理机构应当在省级以上财政部门指定媒体上进行公示。公示内容应当包括采购人、采购项目名称；拟采购的货物或者服务的说明、拟采购的货物或者服务的预算金额；采用单一来源方式的原因及相关说明；拟定的唯一供应商名称、地址；专业人员对相关供应商因专利、专有技术等原因具有唯一性的具体论证意见，以及专业人员的姓名、工作单位和职称；公示的期限；采购人、采购代理机构、财政部门的联系地址、联系人和联系电话。"与行政法规和部门规章相比，该通知在单一来源采购项目公示内容中增加了"拟采购的货物或者服务的预算金额"这一要求。

2. 部门规章以上的法律规范未要求单一来源采购项目公开采购预算。

政府采购法律体系由《政府采购法》及其配套法律规范构成。在这些相关法律规范中，《政府采购法》未涉及公开采购预算这一问题；《政府采购法实施条例》对采购人公开采购预算提出了要求，该条例第三十条规定："采购人或者采购代理机构应当在招标文件、谈判文件、询价通知书中公开采购项目预算金额。"该法规的相关法条回避了单一来源采购项目预算金额的公开问题；《政府采购非招标采购方式管理办法》（财政部令第74号）也有涉及要求公开采购预算的法条，该部门规章第十一条第一款规定："谈判文件、询价通知书应当包括供应商资格条件、采购邀请、采购方式、采购预算、采购需求、采购程序、价格构成或者报价要求、响应文件编制要求、提交响应文件截止时间及地点、保证金交纳数额和形式、评定成交的标准等。"细观这一法条，也对单一来源采购项目的预算公开未作要求，结合前文引述的该办法第三十八条的规定，我们可以发现：作为专门规制政府采购非招标采购方式的部门规章，也未要求单一来源采购项目公开采购预算。

3. 单一来源采购项目公示采购预算的要求不合理。

如本书前文所述，单一来源采购项目的适用情形可分为"真实单一"和"假性单一"两种。与其他政府采购方式不同的是，单一来源采购不具有竞争性，无法通过供应商之间的竞争以达到降低售价和提供服务的效果。特别是对于"真实单一"情形的采购项目而言，由于市场上能够提供符合要求的货物的供应商只有一家，供应商在交易活动中处于市场优势地位，往往会凭借自己的优势地位在协商谈判中占据主导地位，令采购人难以招架。

一般情况下，单一来源采购项目协商谈判的内容主要包括价格、质量、供货要求和验收标准等内容。在这些谈判内容中，成交价格是最重要、最核心的内容之一。对于采购人而言，采购预算是价格谈判的底线，如果这一谈判底线在协商谈判之前就被供应商所掌握，无疑将让采购人在协商谈判中处于更加不利地位。

基于上述分析，本书编者不认同"要求对单一来源采购项目的采购预算进行公开"这一做法，认为该做法可能会对提高政府采购资金的使用效益带来不利影响，涉嫌违背《政府采购法》的立法目的。

合规指引

本书编者认为，《财政部关于做好政府采购信息公开工作的通知》（财库〔2015〕135号）要求公开单一来源采购项目的采购预算的做法不合理，涉嫌违背上位法的精神，建议采购人依据相关法规和部门规章的规定，不在单一来源采购公示中公开采购预算。

对于属于"真实单一"情形的单一来源采购项目，建议采购人做好市场尽职调查，掌握该供应商对其他客户提供同类货物或服务的售价，以合理确定价格谈判的底线，避免被动。

合同履行完毕添购标的适用单一来源采购

实践案例

某职业技术学院新校区搬迁项目，于 2016 年 5 月通过公开招标方式采购了一批学生课桌椅，合同金额为 220 万元，该合同于当年 8 月履行完毕。2017 年该学院因增设专业扩大招生，与原供应商商议，依据原合同规定的价格和商务条件，向原供应商追加采购了一批同样规格、技术要求的课桌椅，金额为 20.5 万元，并签订了补充协议。

2017 年 9 月，该学院向财政部门申请拨付该批采购资金，财政局以本次采购没有履行政府采购程序为由，不予拨付资金，并责令其改正。

法律解析

1. 跟单采购有两种不同方式。

在《政府采购法》中，跟单采购有两种处理方式：第一种方式是采用单一来源方式添购。《政府采购法》第三十一条规定："符合下列情形之一的货物或者服务，可以依照本法采用单一来源方式采购：……（三）必须保证原有采购项目一致性或者服务配套的要求，需要继续从原供应商处添购，且添购资金总额不超过原合同采购金额百分之十的。"第二种方式是直接补签合同。《政府采购法》第四十九条规定："政府采购合同履行中，采购人需追加与合同标的相同的货物、工程或者服务的，在不改变合同其他条款的前提下，可以与供应商协商签订补充合同，但所有补充合同的采购金额不得超过原合同采购金额的百分之十。"

这两种方式有很多相同和相似之处：一是新增的订单都是从原中标或成交供应商处采购；二是新增的金额都不得超过原采购合同金额的10%；三是新增的采购资金均需通过预算管理；四是新增采购部分的合同均需依法备案和公开。由于两种跟单采购方式存在诸多相同或相似之处，容易导致实操人员对其适用情形产生困惑和迷茫，甚至认为只要跟单采购金额在10%以上，就可由采购人自行决定采用单一来源采购方式或直接补签合同。

2. 不同情形应适用不同的跟单采购方式。

研究《政府采购法》中的相关法条我们可以发现，采用"单一来源方式添购"和"直接补签合同"两种方式，分别适用于不同情形下的采购活动。主要区别有如下几点：一是发起采购的时间点不同。对于适用"直接补签合同"这种方式的采购活动，《政府采购法》第四十九条强调应在"政府采购合同履行中"；对于采用单一来源方式进行采购的项目，相关法条没有刻意强调其时间点，结合上下文，一般认为是指在原政府采购合同履行完毕之后。二是发起采购的目的不同。依据《政府采购法》第四十九条的规定，适用直接补签合同方式的采购活动，其目的是采购与原合同标的"相同的货物、工程或者服务"；而依据《政府采购法》第三十一条第三项的规定，采用单一来源方式采购的目的，是"保证原有采购项目一致性或者服务配套的要求"，需要继续从原供应商处添购相关产品。三是对于可以补充采购的标的的要求不同。如前所述，适用于直接补签合同方式的采购活动，《政府采购法》第四十九条强调采购标的必须与原合同标的相同；而采用单一来源方式采购的项目，法律没有刻板、机械地要求采购标的必须保持一致，而只要出于"保证原有采购项目一致性或者服务配套的要求"的添购活动均可。打个比方：某设备采购项目，原货物采购合同规定，供货商只需将该设备送达指定地点安装完毕即完成合同义务。在联机试运行过程中，发现须由原供货商协助提供相应服务，采购人如与原供应商补签设备试运行调试服务合同，则应当通过单一来源采购方式添购。

3. 本例采购人应履行单一来源采购程序。

综上所述，为便于区分，本书将跟单采购的两种不同情形以表格方式归纳如下：

序号	简称	采购时间	采购目的	标的要求	采购方式	适用法条
1	追加标的	合同履行中	采购与合同标的相同的货物、工程或者服务	必须与原合同标的相同	直接签订补充合同	《政府采购法》第四十九条
2	添购标的	合同履行后	须保证原有采购项目一致性或者服务配套的要求	可以与原合同的标的不一致	单一来源采购	《政府采购法》第三十一条

本案例背景资料中介绍，该学院拟增加的采购订单，系前一学年已经履行完毕的采购合同，尽管采购标的与之前的合同标的完全一致，但不属于在政府采购合同履行过程中需要追加采购标的，不能适用《政府采购法》第四十九条直接补签合同的相关规定，而应当适用《政府采购法》第三十一条第三项关于添购标的的规定，履行单一来源采购程序。

合规指引

跟单采购，视不同情形可分别采用直接签订补充合同和采用单一来源采购两种情形。采购人在实践操作中要正确区分两种情形的适用条件，否则有可能给项目顺利实施带来麻烦。

第四部分　询价

- 询价采购不得采用综合评分法
- 询价采购文件具有倾向性应当重新组织采购
- 弄虚作假谋取成交的，成交结果被撤销
- 询价采购项目最低报价相同可依据立法精神推荐成交候选人

询价采购不得采用综合评分法

实践案例

2019年12月10日，某市特殊教育学校2020年度保洁服务对外发包，承包方式为包工包料，由物业公司负责该项目的劳务支出、安全保险、劳务福利、住宿、材料、器械损耗、税收、管理费、社会保险等一切费用。保洁范围为笃行楼、学生宿舍楼、教学楼、创意坊、点烹楼、浴室、洗衣房和领操台等。

该项目采用询价方式进行采购。询价采购文件规定：本项目采用综合评分法进行评审，评审因素包括报价、公司资质、人员配置、相关业绩和服务方案等。12月16日上午9:30，该项目响应文件截止，询价小组根据询价文件确定的评审方法和标准，经综合评审后，推荐甲、乙、丙3家物业公司为排名前三的成交候选人。

成交结果公告后，乙物业公司向采购人提出质疑，称本项目采购活动违法，根据政府采购相关法律规定，询价项目应当采用最低价成交法，不得采用综合评分法进行评审。采购人回复称：对于采购文件内容的质疑，至少应当在响应文件提交截止时间前提出，现已超过质疑期限，不予受理。乙供应商不服，遂向财政部门投诉。经财政部门调查核实，本项目采购活动存在违法行为，成交结果无效，责令采购人重新开展采购活动。

法律解析

1. 服务项目不得采用询价方式进行采购。

《政府采购法》第三十二条规定:"采购的货物规格、标准统一、现货货源充足且价格变化幅度小的政府采购项目,可以依照本法采用询价方式采购。"《政府采购非招标采购方式管理办法》(财政部令第74号)第三条规定:"采购人、采购代理机构采购以下货物、工程和服务之一的,可以采用竞争性谈判、单一来源采购方式采购;采购货物的,还可以采用询价采购方式……"依据上述相关法条规定,询价方式仅适用于货物采购,且仅适用于规格标准统一、现货货源充足且价格变化幅度小的特殊货物的采购活动。

本项目属于服务类采购项目,根据相关法律规定,不得采用询价方式进行采购。

2. 询价采购不得采用综合评分法。

《政府采购法》第四十条规定:"采取询价方式采购的,应当遵循下列程序:……(四)确定成交供应商。采购人根据符合采购需求、质量和服务相等且报价最低的原则确定成交供应商,并将结果通知所有被询价的未成交的供应商。"依据《政府采购法》的规定,询价采购项目确定成交供应商的原则是"符合采购需求、质量和服务相等且报价最低",即在符合采购需求和质量服务相等(质量和服务相等,是指供应商提供的产品质量和相关服务均能满足采购文件规定的实质性要求)的前提下,报价最低的供应商应当被推荐为成交供应商。《政府采购法》的相关规定表明,询价采购项目应使用最低价成交法。

3. 成交供应商已确定,采购文件违法应重新组织采购。

《政府采购质疑和投诉办法》(财政部令第94号)第三十一条规定:"投诉人对采购文件提起的投诉事项,财政部门经查证属实的,应当认定投诉事项成立。经认定成立的投诉事项不影响采购结果的,继续开展采购活动;影响或者可能影响采购结果的,财政部门按照下列情况处理:……(二)已确定中标或者成交供应商但尚未签订政府采购合同的,认定中标或者成交结果无效,责令重新开展采购活动。"经财政部门认定,本项目采购方式和评审办法均适用错误,属采购文件内容违法且影响成交结果,该项目虽已确定成交供应商,但尚未签订合同,适用财政部令第94号第三十一条第(二)项的规定,财政部门认定成交结果无效,责令重新开展采购活动。

需要注意的是:2021年4月,财政部发布《政府采购需求管理办法》(财库〔2021〕22号),该办法第十九条第二款规定:"采购需求客观、明确且规格、标准统一的采购项目,如通用设备、物业管理等,一般采用招标或者询价方式采购,以价格作为授予合同的主要考虑因素,采用固定总价或者固定单价的定价方式。"依据这一规定,物业管理服务可以采用询价方式。

合规指引

询价采购方式只适用于规格标准统一、现货货源充足且价格变化幅度小的特殊货物的采购活动,不适用于服务类项目的采购活动;采购人使用询价方式进行采购时,应当采用最低价成交法确定成交供应商,不得采用综合评分法。

询价采购文件具有倾向性应当重新组织采购

实践案例

2019年5月,某区政府采购中心受区公安局委托就UPS等项目进行公开询价采购,询价公告上"制造商资格"写明:"所投产品(主机)品牌在国内市场占有率前5名,必须有官方认可的证明材料(以CCID为准)。"

区政府采购中心经评审公告电子公司为成交供应商以后,收到其他供应商的质疑函,质疑电子公司投标产品不符合询价公告的要求。区政府采购中心重新组织评审后,认定现代用品公司为成交单位,并同时宣布废除原来发布的成交公告。

后电子公司提交质疑书,区政府采购中心回复称,电子公司所投产品(主机)品牌在国内市场占有率未达前5名,未能满足采购文件的实质性要求,应按照无效处理。

电子公司对质疑答复不满意,向区财政局提起投诉,内容为:1.本案采购项目的采购方式为询价非竞争性谈判,区政府采购中心根据《政府采购非招标采购方式管理办法》(财政部令第74号)第三十条的规定视为竞争性谈判而按无效处理,属法律适用错误;2.区政府采购中心以电子公司所投产品(主机)品牌在国内市场占有率未达前5名为由,认定电子公司产品不符合采购要求,违反《政府采购非招标采购方式管理办法》第十条第二款规定,谈判文件、询价通知书不得要求或者标明供应商名称或者特定货物的品牌,不得含有指向特定供应商的技术、服务等条件;3.《政府采购非招标采购方式管理办法》第二十一条规定,除资格性审查认定错误和价格计算错误外，采购人或者采购代理机构不得以任何理由组织重新评审。而区政府采购中心以"供应商质疑相关内容"为由组织评审小组进行复审，程序严重违法。

区财政局认为：区政府采购中心依据《政府采购非招标采购方式管理办法》（财政部令第74号）竞争性谈判第三十条书面答复电子公司的质疑，适用法条错误；区政府采购中心询价采购项目公告中要求"所投产品（主机）品牌在国内市场占有率前5名，必须有官方认可的证明材料（以CCID为准）"违反了《政府采购法实施条例》第二十条第（四）项"以特定行政区域或者特定行业的业绩、奖项作为加分条件或者中标、成交条件"及第（六）项"限定或者指定特定的专利、商标、品牌或者供应商"的规定；区政府采购中心组织评审小组对招标项目进行复审，违反了《政府采购非招标采购方式管理办法》第二十一条的规定。责令区公安局、区政府采购中心修改采购文件后，重新开展采购活动。

后电子公司不服上述投诉处理决定，向市财政局申请行政复议，要求区政府采购中心恢复第一次发布的成交公告，恢复电子公司成为供应商。复议机关作出行政复议决定，认为：采购文件中"所投产品（主机）在国内市场占有率前5名"的条款构成以不合理的条件对供应商实行差别待遇或者歧视待遇，采购人、采购代理机构的违法行为影响了成交候选人的产生，难以认定根据该采购文件产生的成交候选人为合格成交候选人，因此区政府采购中心两次发布的成交公告均丧失合法基础，申请人（电子公司）要求变更被申请人市财政局投诉处理决定书，责令恢复第一次成交公告无事实和法律依据，维持区财政局作出的投诉处理决定。

法律解析

1. 采购文件规定的供应商资格条件必须与项目特点相匹配。

《政府采购法》第三条明确规定："政府采购应当遵循公开透明原则、公平竞争原则、公正原则和诚实信用原则。"采购文件不得有倾向性或者歧视性的内容，不得以不合理条件排斥、限制供应商参与市场竞争。《政府采购法实施条例》第二十条规定:"采购人或者采购代理机构有下列情形之一的,属于以不合理的条件对供应商实行差别待遇或者歧视待遇:……(六)限定或者指定特定的专利、商标、品牌或者供应商……"《政府采购非招标采购方式管理办法》第十条规定:"谈判文件、询价通知书应当根据采购项目的特点和采购人的实际需求制定,并经采购人书面同意。采购人应当以满足实际需求为原则,不得擅自提高经费预算和资产配置等采购标准。谈判文件、询价通知书不得要求或者标明供应商名称或者特定货物的品牌,不得含有指向特定供应商的技术、服务等条件。"

根据上述相关法律规定,采购人不得在采购公告、资格预审文件或采购文件中限定或者指定特定的专利、商标、品牌、原产地或者供应商,倾向和保护意向供应商,限制或排斥其他供应商。采购文件中规定的各项技术标准应当满足项目技术需求,保证公平竞争,不得指定、标明某一个或者某几个特定的专利、商标、品牌、设计、原产地或生产供应商,不得含有倾向或排斥潜在投标人的其他内容。如果必须引用某一品牌或生产供应商才能准确清楚地说明招标项目的技术标准和要求,则应当在引用的品牌或生产供应商名称前加上"参照或相当于"的字样,而且引用的货物品牌或生产供应商在市场上具有可选择性。

本案采购项目发布的询价公告,其中UPS产品对制造商实力中要求"所投产品(主机)品牌在国内市场占有率前5名,必须有官方认可的证明材料(以CCID)为准",该条件实质上限定了特定的UPS品牌,从而限制了潜在供应商参与采购项目、公平竞争的机会,同时又非满足采购项目实际需求所必需,故区财政局认定该内容违反法律规定。

2. 采购文件如有倾向性或者歧视性内容,应当修改采购文件后重新组织采购。

本案所涉采购项目采用询价采购方式,并非竞争性谈判,而区政府采购中心以电子公司违反《政府采购非招标采购方式管理办法》第三十条关于竞争性谈判中未实质性响应谈判文件的响应文件按无效处理,属于适用法律错误。《政府采购非招标采购方式管理办法》第二十一条规定,除资格性审查认定错误和价格计算错误外,采购人或者采购代理机构不得以任何理由重新组织评审。而本案区政府采购中心重新组织评审的理由系有供应商质疑电子公司投标产品不符合询价公告要求,不属于上述法条规定的可以重新组织评审的情形,区财政局认定区政府采购中心重新组织评审违法，亦无不当。

《政府采购质疑和投诉办法》（财政部令第94号）第三十一条规定："投诉人对采购文件提起的投诉事项，财政部门经查证属实的，应当认定投诉事项成立。经认定成立的投诉事项不影响采购结果的，继续开展采购活动；影响或者可能影响采购结果的，财政部门按照下列情况处理：……（二）已确定中标或者成交供应商但尚未签订政府采购合同的，认定中标或者成交结果无效，责令重新开展采购活动。"该办法第三十二条同时规定："投诉人对采购过程或者采购结果提起的投诉事项，财政部门经查证属实的，应当认定投诉事项成立。经认定成立的投诉事项不影响采购结果的，继续开展采购活动；影响或者可能影响采购结果的，财政部门按照下列情况处理：（二）已确定中标或者成交供应商但尚未签订政府采购合同的，认定中标或者成交结果无效。合格供应商符合法定数量时，可以从合格的中标或者成交候选人中另行确定中标或者成交供应商的，应当要求采购人依法另行确定中标、成交供应商；否则责令重新开展采购活动。"

本案采购文件具有明显倾向性，区政府采购中心重新组织评审程序违法，鉴于本案采购活动已完成，但尚未签订政府采购合同的实际情况，区财政局依据上述相关法律规定，责令市公安局、区政府采购中心修改采购文件后，重新组织采购活动，适用法律正确，处理结果适当。

合规指引

除法律法规另有特殊要求外，采购文件应给予所有潜在供应商同等的竞争机会。采购需求中的技术、服务等要求不得指向特定供应商、特定产品，不得设定与采购项目的具体特点、实际需要不相适应或与合同履行无关的资格、技术、商务条件，不得对供应商实行差别待遇或者歧视待遇，妨碍供应商参加正常的市场竞争。

采购文件如违反法律法规的强制性规定或公开、公平、公正和诚信原则，采购人应当修改采购文件后重新组织采购。

弄虚作假谋取成交的，成交结果被撤销

实践案例

2016年11月23日，A市经济和信息化委员会（以下简称采购人）委托B采购代理机构（以下简称代理机构）就扫描仪项目组织询价采购，评审结束后采购人即进行了确认，甲公司为成交供应商。乙公司对此不满并提出质疑，质疑材料中反映甲公司被B市财政部门处以禁止一年参加该市政府采购活动的行政处罚，至本项目采购活动开始时，甲公司仍在禁止期限内，要求采购人和代理机构认定其不具备合格供应商的资格条件。

采购人、代理机构讨论后作出答复：该处罚范围仅限于禁止甲公司参加B市的政府采购活动，并不适用于A市的政府采购活动。因此质疑事项不予支持，维持原有成交结果。乙公司对此答复不满意，向A市财政局提出投诉。

A市财政局前往B市调查核实，甲公司在参加该政府采购活动前半年，因虚假材料申办资质，被相关主管部门吊销了资质许可证件，在参加B市政府采购项目时该资质作为评分因素之一，甲公司为了得分，提供了伪造的资质许可证件，这也是甲公司被处罚的主要原因。A市财政局认为禁止甲公司参加政府采购活动的行政处罚有明确的适用范围，仅限于B市区域，因此乙公司的投诉缺乏事实依据，驳回其投诉。此外，鉴于甲公司不符合《政府采购法》第二十二条第一款第五项"参加政府采购活动前三年内，在经营活动中没有重大违法记录"的实情，且甲公司在响应文件中提供的"近三年无重大违法记录的书面声明"内容与事实不符，属于提供虚假材料谋取成交行为。综上，A市财政局根据《政府采购法》

第七十七条有关规定，认定甲公司成交无效。

法律解析

1. 供应商参加政府采购活动必须具备法定资格条件。

《政府采购法》第二十二条第一款规定了参加政府采购活动的供应商应当具备六个方面的基本条件，这是所有供应商参加政府采购活动的通用条件。依据该条款第五项规定，供应商参加政府采购活动前三年内，应当在经营活动中没有重大违法记录。《政府采购法》第二条第一款同时规定："在中华人民共和国境内进行的政府采购适用本法。"因此，只要是在我国境内进行的政府采购活动，供应商均须符合包括"近三年没有重大违法记录"在内的法定资格条件。

《政府采购法》虽对供应商提出一定期限内不得具有重大违法记录的资格条件，但未明确"重大违法记录"的含义。为此，2015年正式施行的《政府采购法实施条例》第十九条进一步明确了重大违法记录的含义，即"供应商因违法经营受到刑事处罚或者责令停产停业、吊销许可证或者执照、较大数额罚款等行政处罚"。

本案例中，甲公司被 B 市财政部门处以禁止一年参加该市政府采购活动，该处罚对甲公司是否构成《政府采购法实施条例》规定的"重大违法记录"尚有一定争议，但由于甲公司还涉及弄虚作假被相关主管部门吊销资质许可证件，属于《政府采购法实施条例》规定的"重大违法记录"，不具备参加政府采购活动的法定资格条件，该项目成交结果应予以撤销。

2. 财政部门作出的禁止参加政府采购活动的处罚决定，应依法作出且在全国范围内生效。

本案例中 B 市财政部门因甲公司提供虚假材料谋取中标，而作出禁止其一年内参加该市政府采购活动的行政处罚，适用法律依据恰当，但处罚决定内容有待商榷。财政部 2015 年发布的《关于规范政府采购行政处罚有关问题的通知》明确："各级人民政府财政部门依法对参加政府采购活动的供应商、采购代理机构、评审专家做出的禁止参加政府采购活动、禁止代理政府采购业务、禁止参加政府采购评审活动等行政处罚决定,要严格按照相关法律法规条款的规定进行处罚,相关行政处罚决定在全国范围内生效。"此举有利于法制的统一和贯彻执行,有助于建立统一规范、竞争有序的政府采购市场机制,推进政府采购诚信体系建设。

3. 财政等有关部门应及时将供应商的重大违法记录及其他失信记录推送上网。

信息公开是最好的监督。在政府采购领域,除《政府采购法》及其实施条例外,《财政部关于报送政府采购严重违法失信行为信息记录的通知》(财办库〔2014〕526号)和《关于进一步做好政府采购信息公开工作有关事项的通知》(财库〔2017〕86号)也要求各级财政部门应及时将投诉处理、行政处罚、重大违法记录等在指定媒体发布。2016年财政部颁布的《关于在政府采购活动中查询及使用信用记录有关问题的通知》(财库〔2016〕125号)则规定,采购人、采购代理机构须在采购文件中明确查询使用信用记录,以禁止不符合规定的失信供应商参加政府采购活动。上述几份文件互为补充,核心内容是要求有关部门及时将相应信息推送至网络媒体,便于有关人员自主查询,以打破信息孤岛,实现"一地受罚,处处受限"。

合规指引

《政府采购法》第二十二条第一款规定的资格条件是供应商参加政府采购活动必须具备的法定资格条件。因违法经营而被禁止在一定时间内参加政府采购活动的供应商,在禁止期满后可以照常参与政府采购活动,而并非永久不能参加政府采购活动。

财政部门在作出行政处罚时,应落实好《关于规范政府采购行政处罚有关问题的通知》的有关规定,及时将相关信息推送上网,实现信息公开和规范使用,助推政府采购领域社会诚信体系建设。

询价采购项目最低报价相同可依据立法精神推荐成交候选人

实践案例

2016年6月,某事业单位采用询价方式采购一批办公用品。询价通知书规定:成交供应商为一家;符合采购需求、质量和服务相等且报价最低的供应商,将被推荐为成交供应商。响应文件提交时间截止时,共有6家供应商递交了报价单。报价单拆封后,询价小组发现,供应商A与供应商B的报价相同,且均为最低价。

在编写评审报告推荐成交供应商时,询价小组就评审报告中A供应商与B供应商如何排序问题一筹莫展。

法律解析

1. 询价采购应根据"符合采购需求、质量和服务相等且报价最低"的原则确定成交供应商。

《政府采购法》第四十条第四项规定,询价项目采购人应"根据符合采购需求、质量和服务相等且报价最低的原则确定成交供应商"。在实践中,绝对意义上的"质量和服务相等"是不存在的。此处的"质量和服务相等",不是不同供应商之间的质量和服务完全等同。《政府采购法》颁布施行以后,在实践中关于"质量和服务相等"的认定一直存在争议。为此,《政府采购法实施条例》专门作了解释,该法第三十七条规定:"政府采购法第三十八条第五项、第四十条第四项所称质量和服务相等，是指供应商提供的产品质量和服务均能满足采购文件规定的实质性要求。"依据这一规定，《政府采购法》中的"质量和服务相等"，并非指绝对意义上的质量和服务等同，而是指供应商提供的产品质量和服务均能满足采购文件规定的实质性要求。

2. 相关法律未对询价采购项目报价最低相同如何确定成交供应商作出规定。

《政府采购非招标采购管理办法》（财政部令第74号）第四十八条规定："询价小组应当从质量和服务均能满足采购文件实质性响应要求的供应商中，按照报价由低到高的顺序提出3名以上成交候选人，并编写评审报告。"本案例满足采购文件实质性要求且报价最低的供应商为2家，而采购文件规定的成交供应商仅为1家，如将A、B两家供应商推荐为排名并列第一的成交候选人，则难以满足采购人确定成交候选人的需要。如需对这两家供应商进行排序，则《政府采购法》及其实施条例、财政部令第74号等相关法律中的法条又未对这一情形作出明确规定，依据现有法条的直接依据操作显然不太可能。

3. 法条没有明文规定的，可依据相关法律的立法目的或立法原则进行处理。

学界一般认为，立法永远落后于实践，在成文法国家尤其如此。在政府采购实践中，如没有可以直接适用的法条，往往须依据相关法律的立法目的、法律原则作出相应判断和处理。

《政府采购法》第一条规定："为了规范政府采购行为，提高政府采购资金的使用效益，维护国家利益和社会公共利益，保护政府采购当事人的合法权益，促进廉政建设，制定本法。"该法条开宗明义，明确了《政府采购法》的五大立法目的：①规范政府采购行为；②提高采购资金的使用效益；③维护国家利益和社会公共利益；④保护当事人合法权益；⑤促进廉政建设。处理A、B两家供应商的排序问题，也可结合上述立法目的进行考量。

分析《政府采购法》五大立法目的，我们可以发现：最为核心、最能体现规制政府采购活动特点的立法目的应该是"提高采购资金的使用效益"。结合本案例的特点来看，尽管A、B两家供应商均属于"质量和服务均能满足采购文件规定的实质性要求"的供应商，但其提供的货物的质量、供货方案和售后服务一般不可能完全一致。因此，可依据"提高采购资金的使用效益"这一立法目的，请评审小组对两个报价最低的供应商，所提供的货物技术性能参数、供货或售后服务方案等方面进行比较，推荐货物质量、供货方案和售后服务更优者为第一候选成交供应商。

合规指引

在政府采购活动中，如出现法条未涵盖的情形，可依据相关法律的立法目的、法律原则等宏观要求，对实践中的情形进行分析和判断，并作出相应处理。

3
CHAPTER

第三篇
质疑投诉案例

第一部分　询问

- 区分询问和质疑须把握关键要素
- 供应商的"质询函"是询问还是质疑

区分询问和质疑须把握关键要素

实践案例

某政府采购设备招标项目，采用综合评分法，采购人于2018年5月17日在指定媒体发布中标结果公告，甲公司被确定为中标人。2018年5月21日，未中标的乙公司向采购代理机构发来一份书面函件，咨询各评标专家对其投标文件各项评审因素的具体打分情况。

采购代理机构认为，乙公司的书面函件虽标题中注明为质疑函，但从其内容来看，只是想了解本公司的评审得分情况，并未提出相关主张或诉求，应属于《政府采购法》及其实施条例规定的询问函，且该询问事项涉及依法应保密的内容，在征得采购人同意后，决定不予答复。

2018年6月5日，在未获采购代理机构答复的情况下，乙公司向该市政府采购监管部门提起投诉。对于乙公司的投诉材料，政府采购监管部门出现了两种意见：

第一种意见认为应受理投诉。主要理由是：乙公司在规定时限内向招标代理机构发出了书面函，即构成质疑，应受理其投诉。

第二种意见认为不应受理投诉。主要理由是：乙公司向招标代理机构发函只是了解情况，未提出自身主张和诉求，即使是书面形式，其仍属于询问，而非质疑。由于未经质疑程序，对乙公司投诉不予受理，并书面告知。

法律解析

1. 判定询问与质疑不能仅凭形式。

《政府采购法》及其实施条例要求供应商应当以书面形式提出质疑，但并未限定询问必须采用书面形式。因此，供应商既可能以信函、电子邮件、传真等书面形式提出询问，也可能以电话、面谈等口头形式提出询问。实践中，也有供应商把"询问函"与"质疑函"混用。因此，仅凭是否采用书面形式，并不能判定是询问还是质疑。

2. 判定询问与质疑关键在于内容。

《政府采购法》第五十一条规定："供应商对政府采购活动事项有疑问的，可以向采购人提出询问……"第五十二条规定："供应商认为采购文件、采购过程和中标、成交结果使自己的权益受到损害的，可以在知道或者应知其权益受到损害之日起七个工作日内，以书面形式向采购人提出质疑。"从上述两个法条的规定来看，询问的目的是解决疑惑，而质疑的目的是维权。因此，区分询问还是质疑，关键在于其内容。如果供应商提交的书面函件的内容只是咨询、了解相关情况，并没有提出诉求和主张，则该函件可被认为是询问函；如果该函件有认为自身合法权益受到损害，要求采购人改正错误等方面的表述，则该函件应属于质疑函。一般情况下，质疑函中往往会含有供应商主张权利方面的内容，这点是询问函所不具备的。

3. 询问与质疑的其他区别也应关注。

除前述主要区别外，询问和质疑还存在其他区别，主要有：一是发起主体不同。从前述两个法条来看，只要对政府采购活动事项有疑问，所有供应商都可以就该事项向采购人或其代理机构提出询问；供应商认为相关事项使自己的权利受到损害的，与特定事项利害相关的供应商才能提出质疑。二是针对的事项不同。询问的内容可以是政府采购活动中的各种事项，而质疑事项仅限于采购文件、采购过程和中标成交结果。三是答复时限不同。《政府采购法实施条例》第五十二条第一款规定："采购人或者采购代理机构应当在 3 个工作日内对供应商依法提出的询问作出答复。"《政府采购法》第五十三条规定:"采购人应当在收到供应商的书面质疑后七个工作日内作出答复……"需要指出的是,本案例采购代理机构对询问函不予答复的处理方式,不符合法律规定,应当对该询问予以答复。

4. 财政部门应当书面告知供应商不受理其投诉。

本案例中,供应商乙公司虽然以书面形式向采购代理机构发出函件,但其书面函件的内容只是想了解评审打分情况,并未涉及自身主张或诉求,从该函件的内容来看,应属于询问函,不属于质疑函。《政府采购质疑和投诉办法》(财政部令第94号)第十九条第二款规定:"投诉人提起投诉应当符合下列条件:(一)提起投诉前已依法进行质疑……"根据相关法律规定,供应商在向财政部门提起投诉前,应当先经过质疑程序,否则财政部门依法应当不予受理该投诉。《政府采购质疑和投诉办法》(财政部令第94号)第二十一条规定:"财政部门收到投诉书后,应当在5个工作日内进行审查,审查后按照下列情况处理:……(二)投诉不符合本办法第十九条规定条件的,应当在3个工作日内书面告知投诉人不予受理,并说明理由……"本例供应商未经过质疑程序提出投诉,依据相关规定,财政部门应当依法作出不予受理的决定,并书面告知该供应商。

合规指引

区分询问与质疑关键不在于提出的形式,而是要看其内容。特别是在以书面形式提出时,如内容只是咨询、了解情况的,不涉及主张和诉求,则应认定为询问;如内容中有认为自身合法权益受到损害,要求采购人纠正错误等方面表述的,应认定为质疑。还应注意到,询问与质疑在发起主体、针对事项和答复时限等方面亦存在不同。

需要注意的是:采购代理机构对供应商的询问应当积极回应,即便供应商询问的事项属依法应当保密的内容,也应告知其原因和相关法律依据,而不应简单地以不予以答复的方式处理。

供应商的"质询函"是询问还是质疑

实践案例

2018年4月20日,区中心医院医疗综合楼中央空调设备采购项目挂网招标。4月26日,采购代理机构收到某机电设备有限公司书面质询函,询问如下事项:1.磁悬浮中央空调的IPLV要求在9.6以上,高于市场上绝大多数品牌的性能参数,该要求是否过于严苛? 2.本项目不允许进口产品参加投标,如投标选用的核心部件磁悬浮压缩机为国产品牌自主研发生产,拥有完全知识产权和业绩,是否优先考虑或有额外加分? 3.招标文件中关于磁悬浮主机的技术参数要求,感觉品牌倾向性很强,采购方是否可以明示必须采用某一品牌产品投标?

收到质询函后,采购代理机构经过研究对上述问题答复如下:1.本项目磁悬浮空调IPLV参数要求根据项目实际需求情况设置,不存在过于严苛现象;2.关于核心部件选用拥有完全知识产权的国产品牌是否考虑优先采购或额外加分,按照招标文件第六章中的"评标办法"执行;3.本项目无品牌倾向性,技术参数要求依据项目实际情况设置,经前期市场调研,有多家单位的产品可以满足要求。

机电设备有限公司对上述答复不满意,再次向采购代理机构提出书面质询,称采购代理机构人为抬高技术性能要求,该质询函还提供了书面材料,指出招标文件中多处技术性能参数与某国产品牌相同,涉嫌对该品牌产品具有倾向性,要求采购代理机构修改招标文件后重新招标。采购代理机构认为机电设备有限公司就同一事项多次重复质疑,口头回复称已对该事项作出过书面解释,不再另作处理。机电设备有限公司接到该回复后,遂向财政部门提出投诉,称采购代理机构未对其质疑事项进行处理,要求财政部门依法作出相应处理。

法律解析

1. 询问和质疑都是法定的救济方式。

《政府采购法》第五十一条规定:"供应商对政府采购活动事项有疑问的,可以向采购人提出询问,采购人应当及时作出答复,但答复的内容不得涉及商业秘密。"该法第五十二条同时规定:"供应商认为采购文件、采购过程和中标、成交结果使自己的权益受到损害的,可以在知道或者应知其权益受到损害之日起七个工作日内,以书面形式向采购人提出质疑。"可见,《政府采购法》赋予了供应商依法提出询问和质疑的权利,供应商参加政府采购活动后,可根据实际情况提出询问或质疑,采购人或采购代理机构都应当依法予以答复。

2. 供应商对救济术语的误用容易给处理争议带来困惑。

本案例供应商采购代理机构两次出具书面质询函,对于该函件的性质,到底应该定性为"询问函"还是"质疑函",确实容易混淆。实践中,也常有供应商把"询问函"与"质疑函"混用,给采购人或采购代理机构依法处理带来困惑。结合前述《政府采购法》第五十一条和第五十二条的相关规定来看,询问的目的是解决疑惑,而质疑的目的是维权。一般情况下,质疑函中应当含有供应商主张权利方面的内容,而询问函中则没有类似要求。

除此之外,询问和质疑在提出目的、提出时间、形式要求、答复时限、答复形式和答复对象等方面也有所不同。询问和质疑的主要区别如下表所示:

表 3-1 询问和质疑的主要区别对比表

	提出目的	提出时间	形式要求	内容	答复时限	答复形式	答复对象
询问	对政府采购活动事项有疑问	无规定	无要求	了解情况,解决疑惑	3个工作日	一般为书面形式	如不涉及对采购文件的更改,只需答复提出询问的供应商

续表

	提出目的	提出时间	形式要求	内容	答复时限	答复形式	答复对象
质疑	认为自己的权益受到损害	知道或应知权益受到损害之日起7个工作日内	书面形式	含有主张权利方面的内容	7个工作日	书面形式	通知质疑供应商和其他有关供应商

3. 本例供应商分两次提交的"质询函"性质有所不同。

如前所述，询问和质疑的关键在于供应商发函的目的和内容不同。本案例机电设备有限公司先后两次向采购代理机构发函，虽然涉及事项相同，但从其发函目的和函件内容来看，两次函件的法律性质不同：供应商第一次提交的"质询函"，其发函的目的是了解情况，解决疑惑；采购代理机构应认定该"质询函"属于询问函，并依据《政府采购法》及其实施条例的相关规定，在3个工作日内作出答复。供应商第二次提交的"质询函"，发函目的是主张权利，要求采购代理机构改正错误，应当认定其为质疑函，而且第二次提交的函件从其内容和形式来看，都符合《政府采购质疑和投诉办法》（财政部令第94号）规定的质疑函的各项要件，采购代理机构应当在收到该质疑函7个工作日内作出答复，否则应依法承担相应的法律责任。

合规指引

在政府采购实践中，由于对法律规定的不熟悉，常有供应商把"询问函""质疑函""质询函""投诉函"等术语混用，给争议处理带来一定困惑。采购人、采购代理机构和政府采购监督管理部门，应当本着实事求是的原则，区分询问、质疑和投诉，并依据法律的相关规定依法作出相应处理。

第二部分　质疑

✦ 参与政府采购活动的供应商才有权质疑投诉
✦ "自伤"式的质疑该如何处理
✦ 供应商质疑应在法定期限内提出
✦ 质疑期限的起算时间如何确定
✦ 采购代理机构不得拒收供应商在法定期限内提出的质疑
✦ 诋毁竞争对手将构成不正当竞争行为
✦ 竞争性谈判结果有误，采购人可依法维权

参与政府采购活动的供应商才有权质疑投诉

实践案例

受市中医院委托,某采购代理机构采用公开招标方式采购一批医疗设备,招标公告规定:"符合资格的供应商应在2020年9月14日起至2020年9月21日止从当地政府采购网下载招标文件。"某贸易公司于9月21日下午登录该网站下载招标文件,并组织人员对招标文件进行研究。

2020年9月28日,该贸易公司向采购人和采购代理机构提交《质疑函》,提出:"采购内容序号2遥测多参数监护仪系统项目指向G医疗仪器公司、序号3除颤监护仪项目指向S生物医疗电子公司,有明显的倾向性、排斥性。请求依法修改采购文件中的技术要求。"2020年10月11日,采购代理机构作出《质疑答复函》,答复如下:"遥测多参数监护仪系统项目技术参数中并没有★号条款参数,不存在排斥性。本次的除颤仪参数在市场上有三个以上品牌的参数能够满足,不存在以单一品牌特有的技术指标作为技术要求。"贸易公司对该质疑答复不满意,并复函称,如采购代理机构不修改招标文件,将不参加该项目投标活动。2020年10月15日投标截止时,贸易公司未递交投文件。

2020年10月25日,向市财政局递交《投诉书》,诉称招标文件违法,侵犯了其合法权益。市财政局经审理,认为贸易公司的投诉无效,不予受理。贸易公司不服,向省财政厅申请行政复议。省财政厅作出《行政复议决定书》,维持投诉处理决定。贸易公司又提起行政诉讼,请求法院撤销市财政局作出的《投诉不予受理告知书》及省财政局作出的《行政复议决定书》。

法院认为：贸易公司认为"涉案政府采购活动的采购文件表述不明确，不完整，除颤监护仪的招标参数要求存在倾向性、排斥性"遂向财政部门投诉，但贸易公司已书面宣称不参与本项目采购活动，且以实际行动表明其不参与本项目投标，并非参与其投诉项目的供应商，不符合《政府采购法》第五十二条、第五十五条及《政府采购质疑和投诉办法》（财政部令第94号）第十九条规定的提起投诉的条件，贸易公司不能以采购文件使自己的权益受到损害为由向财政部门投诉。市财政局收到贸易公司的投诉书后，书面告知了贸易公司对其投诉不予受理，并说明了理由，符合法律规定。因此，市财政局作出的《政府采购投诉不予受理告知书》，适用法律正确，程序合法。省财政厅受理贸易公司的复议申请后，根据《行政复议法》第二十八条："行政复议机关……按照下列规定作出行政复议决定：（一）具体行政行为认定事实清楚，证据确凿，适用依据正确，程序合法，内容适当的，决定维持……"的规定，作出《行政复议决定书》，维持了市财政局作出的《政府采购投诉不予受理告知书》，适用法律正确，符合法定程序。

综上，法院判决驳回贸易公司的诉讼请求。

法律解析

1. 供应商可以通过质疑、投诉实施法律救济。

《政府采购法》第五十二条规定："供应商认为采购文件、采购过程和中标、成交结果使自己的权益受到损害的，可以在知道或者应知其权益受到损害之日起七个工作日内，以书面形式向采购人提出质疑。"该法第五十五条同时规定："质疑供应商对采购人、采购代理机构的答复不满意或者采购人、采购代理机构未在规定的时间内作出答复的，可以在答复期满后十五个工作日内向同级政府采购监督管理部门投诉。"

依据上述法律规定，供应商认为政府采购活动存在违法行为侵害其合法权益的，可以向采购人提出质疑，要求采购人纠正违法行为。采购人收到质疑函后，应依法予以答复。供应商对采购人的质疑答复不满意的，可以向财政部门提出投诉，这是供应商的法定权利。

2. 参与政府采购活动的供应商方具有质疑、投诉权。

《政府采购质疑和投诉办法》（财政部令第94号）第十一条规定："提出质疑的供应商应当是参与所质疑项目采购活动的供应商。"一般情况下，如果供应商未参加采购活动，则不存在其合法权益在政府采购活动中受到损害的问题。因此，相关法律明确规定，只有参加政府采购活动的供应商，才有资格提出质疑、投诉。

3. 如何认定供应商是否参加了政府采购活动？

判断供应商是否参与了政府采购活动，是以供应商提交响应文件为准，还是以供应商获取了采购文件为准，或者是以其做出下载或购买采购文件的行为为准？目前学界尚有争议。在政府采购实践和司法实践中，大多以供应商依法获取了采购文件作为认定标准。

依据这一认定标准，如果供应商未下载采购文件，就不得对采购文件的内容提起质疑、投诉。如果供应商下载了采购文件，但未编制响应文件参与竞争活动的，仅可以依法对采购文件的内容提出质疑和投诉，但对响应文件截止时间之后的采购活动及评审结果无权提出质疑和投诉，因为之后的采购活动该供应商并未参与，这些活动不会侵害其权益。本案贸易公司已明确放弃参与本项目采购活动，尽管其下载了招标文件，但其已经以实际行动表明其不是本采购项目的供应商。因此，招标文件内容是否存在歧视性条款，也不会对贸易公司的权益造成损害。

《财政部关于加强政府采购供应商投诉受理审查工作的通知》（财库〔2007〕1号）也明文规定：财政部门经审查发现"投诉人不是参加投诉项目政府采购活动的当事人"的，应认定为无效投诉，不予受理。市财政局依据《政府采购质疑和投诉办法》及相关文件的规定，对贸易公司的投诉作出不予受理的决定。人民法院支持财政部门的决定，认为财政部门的处理决定事实清楚，适用法律正确。

4. 以"供应商获取了采购文件"作为其参加政府采购活动的判定标准值得商榷。

虽然业内大多以"供应商购买了采购文件"作为供应商参加政府采购活动的判断标准。然而，这一标准的合理性实际上存在值得商榷之处。举一个实例：如采购人在采购公告中，对采购文件下载或发售时间的规定不合法，或对供应商的资格条件设置不合法，将导致部分合法的供应商无法获取采购文件，但合法权益受到损害的该供应商则无法通过质疑、投诉等方式维护自己的合法权益，进而丧失参与政府采购合同竞争的权利。

基于"良法善治"这一基本要求，本书编者认为，对于"供应商是否参加了政府采购活动"的认定，应当区分不同的采购阶段，采用不同的评判标准。具体如下：如供应商对采购公告提出质疑，应当以其"是否合法获取了采购公告"作为判定依据；如供应商对采购文件提出质疑，则应以其"是否合法获取了采购文件"作为判定依据；如供应商对评审活动提出质疑，则应当以其"是否提交了响应文件"作为判定依据。如此，方能真正体现《政府采购法》的立法精神和公正原则。

当然，供应商在合法获取采购公告、采购文件或递交了响应文件以后，又明确提出或以实际行为表明退出采购活动的除外。因为一旦退出了采购活动，该供应商将与采购项目没有利害关系，不会对其权益造成损害。

合规指引

采购人应在招标公告中明确获取招标文件的具体时间，应明确到几点几分，以减少歧义和漏洞，防范不同的投标人对此理解不同而引起争议。《政府采购法》规定供应商可以提起质疑、投诉，但必须参加政府采购活动中的供应商才可以质疑投诉。此外，对于"供应商是否参加了政府采购活动"的认定，应当区分不同采购阶段，而采用不同的评判标准。

质疑是投诉的前置程序，供应商未先行质疑而提起投诉的，财政部门将依法不予受理。

"自伤"式的质疑该如何处理

实践案例

2018年3月，A供应商参加一个网络设备招标项目投标，有3个供应商参加本项目的竞争，开标评审后，该供应商没有被推荐为中标候选人。中标结果公告后，A供应商发现在本项目中所投设备的技术参数不符合招标文件要求，应当在符合性审查中判定为无效投标文件。按照《政府采购货物和服务招标投标管理办法》(财政部令第87号)第四十三条规定，该项目通过符合性审查的投标人不足3家，依法应当重新招标或变更为其他采购方式。如将该项目重新组织采购，A供应商还有机会再次参与投标。

因此，A供应商向采购代理机构提出质疑，称评审专家在评审过程中不认真负责，没有及时发现自己的投标文件中存在的重大问题，把无效投标文件判定为有效文件，违反了相关法律的规定，依法应当重新组织招标。关于如何处理A供应商的质疑，采购代理机构内部出现了如下几种不同意见：

第一种意见认为：供应商质疑的前提是自身权益受到损害。本案例A供应商所投设备的参数不符合招标文件规定却被判定为有效，系放任了自己的不合规行为，其权益并未受到损害。因此，A供应商不能自己质疑自己，采购代理机构应当书面告知A供应商该质疑不予受理。

第二种意见认为：相关法律没有规定供应商自己不能质疑自己。对于私权利而言，法无禁止皆可为，采购代理机构应当受理该质疑，并依法作出处理。

第三种意见认为：A供应商的质疑事项，实际上是对评审过程和结果进行质疑。该项目评审专家未严格按照招标文件的规定进行评审，放任了 A 供应商投标文件中的重大偏差，使得本该废标的采购项目得以继续进行，客观上使得 A 供应商也丧失了再次参加竞争的可能，造成了 A 供应商合法权益受到损害，采购代理机构应当依法受理该质疑事项并作出相应处理。

法律解析

1. 供应商提出质疑应当符合法定条件。

《政府采购质疑和投诉办法》（财政部令第 94 号）第十条第一款规定："供应商认为采购文件、采购过程、中标或者成交结果使自己的权益受到损害的，可以在知道或者应知其权益受到损害之日起 7 个工作日内，以书面形式向采购人、采购代理机构提出质疑。"该办法第十一条第一款同时规定："提出质疑的供应商（以下简称质疑供应商）应当是参与所质疑项目采购活动的供应商。"

结合《政府采购法》及其实施条例的相关规定，供应商提出质疑应当满足如下条件：①质疑供应商是本项目的投标人或潜在投标人，或者是参与竞争性谈判、竞争性磋商、询价、单一来源采购活动的供应商；②提出质疑的原因应当是供应商认为本项目采购文件、采购过程和招标成交结果使自己的权益受到了侵害；③质疑应当在法定期限内提出；④质疑应当以书面方式提出；⑤质疑应当向采购人或采购代理机构提出。

2. 本案例实质上不是供应商在自己质疑自己。

本案例第一种意见和第二种意见均认为供应商是在自己质疑自己，实际上，这一定性是值得商榷的。仔细推敲 A 供应商的质疑内容，我们可以发现：A 供应商质疑的是评标委员会未依法依规进行评审，导致出现了错误的评审结论，尽管评标委员会作出错误结论的对象是 A 供应商的投标文件，但并不影响 A 供应商质疑的事项是评审过程和评审结论这一事实。

3. 供应商在法定质疑期内提出的质疑均应当受理。

《政府采购质疑和投诉办法》（财政部令第 94 号）第十三条规定："采购人、采购代理机构不得拒收质疑供应商在法定质疑期内发出的质疑函，应当在收到质疑函后7个工作日内作出答复,并以书面形式通知质疑供应商和其他有关供应商。"本项目A供应商在法定期限内提出质疑,采购代理机构不得以"供应商不得自己质疑自己"等理由不受理该质疑,而应当接收A供应商的质疑函,并依法作出相应处理。

4. "放任错误"是否会造成A供应商合法权益受到损害?

结合上述分析,可以把本案例的质疑争议作如下归纳:一是A供应商系本招标项目的投标人;二是A供应商在法定期限内以书面形式向采购人提出质疑;三是A供应商质疑的内容是评标委员会的评审行为和评审结论错误;四是A供应商提出质疑的原因是认为该评审错误导致其合法权益受到损害。对照供应商提出质疑的法定条件,我们可以发现:本案例的争议焦点就在于评审错误是否导致了A供应商的权益受到损害。

认为A供应商不能提出质疑的人士大多认为:提出质疑的理由应当是他人的行为不合法或违反招标、采购文件,从而侵害到自己的合法权益,就本案而言,评标委员会"放任"了A供应商投标文件中的重大偏差,使得原本不该进入商务技术评估的投标文件进入了最后阶段的评审,这一结果表明,A供应商的合法权益不但未受侵害,反而对A供应商有利。因此,A供应商无权提出质疑。

但是,这一观点严格来说是值得商榷的。就本案例而言,如评标委员会评审正确,本项目应依据《政府采购法》第三十六条的规定废标。本项目废标后,采购人要么依法重新招标,要么依法变更采购方式。如本项目重新招标,A供应商将可以参加二次招标。而放任错误的评审结果,A供应商无疑失去了参加二次招标的机会,其合法权益无疑将受到损害。

此外,《政府采购法》第五十二条规定:"供应商认为采购文件、采购过程和中标、成交结果使自己的权益受到损害的,可以在知道或者应知其权益受到损害之日起七个工作日内,以书面形式向采购人提出质疑。"依据该法条的规定,供应商只需"认为自己的权益受到损害"即可提出质疑,而无须在确证"其权益已经受到损害"后方可提出质疑。

5. 招标失败变更为其他采购方式应符合法定要件。

《政府采购货物和服务招标投标管理办法》(财政部令第87号)第四十三条

规定:"公开招标数额标准以上的采购项目,投标截止后投标人不足3家或者通过资格审查或符合性审查的投标人不足3家的,除采购任务取消情形外,按照以下方式处理:(一)招标文件存在不合理条款或者招标程序不符合规定的,采购人、采购代理机构改正后依法重新招标;(二)招标文件没有不合理条款、招标程序符合规定,需要采用其他采购方式采购的,采购人应当依法报财政部门批准。"依据这一规定,对于投标截止后投标人不足3家,或者通过资格审查或符合性审查的投标人不足3家的招标项目来说,如变更为其他采购方式的,须同时满足如下两个条件:一是招标文件没有不合理条款、招标程序符合规定;二是需要采用其他采购方式。

也就是说,即使是招标文件没有不合理条款、招标程序均符合法律规定的招标失败项目,也并非必然可以变更采购方式,还要看对本项目而言,采用其他采购方式是否具有必要性。如该项目实施并不十分紧迫,变更为其他采购方式的需求并不迫切,一般情况下仍然适用重新招标较为妥当。结合本案例实际分析,纠正评审错误后,适用重新招标的可能性更大,A供应商参与二次投标的权利不应被非法剥夺,采购代理机构不得以"不能自己质疑自己"等理由阻碍A供应商维护自己的合法权益。

合规指引

供应商提出质疑应当满足法定的形式要件和实质要件。在某些特殊情况下,供应商也可能通过表面上的"自伤"行为来维护自己的合法权益,采购人和采购代理机构应当理性看待供应商的维权行为,协助供应商开展法律救济,维护公平公正的交易秩序。

供应商质疑应在法定期限内提出

实践案例

2019年6月,一教学设备采购项目招标,评标结果公布后,遭到了供应商K公司的质疑。K公司的质疑事由主要包括四个方面:一是在此次采购中,学生实验台材质说明描述均为某实验设备有限公司专利产品的参数,其他厂家均不能满足,违反了政府采购的相关规定;二是招标文件中对于面板的描述为某贸易有限公司生产,属于典型的指定品牌行为;三是此项目三联水嘴WRAS认证(Water Regulations Advisory Scheme)是由英国水务中心WRc—nsf管理和颁发的饮用水安全方面的认证,与我国的强制认证没关系;四是招标文件要求投标样品注明投标单位,会诱导评标委员会倾向性评标,导致评审结果有失公允。

采购代理机构在收到K公司的质疑函后,答复称K公司的质疑事项已经超过法定期限,依法不予受理。K公司对采购代理机构的质疑答复不满,又针对上述内容向当地财政部门提起了投诉。经财政部门核查认定:K公司投诉的事项均属于对招标文件的内容提起投诉,已超出法定期限,其投诉不予受理。

另,财政部门在处理该案件投诉事宜过程中,发现该项目招标文件存在指定特定品牌、性能参数指向特定供应商的产品,以及设定的技术条件与采购项目的实际需不相适应等问题,违反了《政府采购法实施条例》第二十条的规定,责令采购人废标后重新组织招标活动。

法律解析

1. 供应商针对采购文件的质疑，应当在法定期限内提出。

《政府采购法》第五十二条规定："供应商认为采购文件、采购过程和中标、成交结果使自己的权益受到损害的，可以在知道或者应知其权益受到损害之日起七个工作日内，以书面形式向采购人提出质疑。"《政府采购法实施条例》第五十三条规定："政府采购法第五十二条规定的供应商应知其权益受到损害之日，是指：（一）对可以质疑的采购文件提出质疑的，为收到采购文件之日或者采购文件公告期限届满之日；（二）对采购过程提出质疑的，为各采购程序环节结束之日；（三）对中标或者成交结果提出质疑的，为中标或者成交结果公告期限届满之日。"

本项目供应商 K 公司对采购文件的内容提出质疑，依法应当在收到采购文件之日或采购文件公告期限届满之日起 7 个工作日内提出。而 K 公司却在评审结束后才对采购文件提出质疑投诉，已经超过了提出质疑投诉的法定期限，采购代理机构对 K 供应商的质疑不予受理，当地财政部门依法驳回该供应商的投诉，其处理方式符合法律规定，并无错误。

2. 针对采购文件中的违法规定，采购人有义务进行改正。

《政府采购法》第二十二条第二款规定："采购人可以根据采购项目的特殊要求，规定供应商的特定条件，但不得以不合理的条件对供应商实行差别待遇或者歧视待遇。"《政府采购法实施条例》第二十条规定："采购人或者采购代理机构有下列情形之一的，属于以不合理的条件对供应商实行差别待遇或者歧视待遇：……（二）设定的资格、技术、商务条件与采购项目的具体特点和实际需要不相适应或者与合同履行无关；（三）采购需求中的技术、服务等要求指向特定供应商、特定产品……（六）限定或者指定特定的专利、商标、品牌或者供应商……"

本项目采购文件的规定存在指定特定品牌，性能参数指向特定供应商的产品，以及设定的技术条件与采购项目的实际需要不相适应等违法情形，无论供应商是否就此提出过质疑，无论是在招标阶段、投标阶段、评标阶段还是定标阶段发现该类问题，采购代理机构均应当立即自行开展整改，修改采购文件的要求后，重新组织招标活动，而不得因供应商质疑事项超过法定期限就拒绝改正违法行为。

3. 财政部门责令采购人重新开展采购活动的处理决定合理合法。

本项目当地财政部门在处理投诉案件时，表现出了较高的法律政策应用水平：一方面对超出法定期限的投诉事项不予受理，严格遵从了相关法律的规定，做到了有法必依，维护了法律的尊严；另一方面本着实事求是的精神，针对在处理投诉事项时发现的违法情形，责令采购人重新组织招标活动，最大限度地贯彻了《政府采购法》的立法精神，规范了政府采购秩序，维护了社会公共利益，也有效保护了当事人的合法权益。当地财政部门的这一做法，值得社会各界的赞赏，也值得政府采购监管从业人员学习。

4. 一般项目要求供应商提供样品违反法律规定。

此外，本案例采购人要求供应商提交样品的行为存在一定问题。《政府采购货物和服务招标投标管理办法》（财政部令第87号）第二十二条规定："采购人、采购代理机构一般不得要求投标人提供样品，仅凭书面方式不能准确描述采购需求或者需要对样品进行主观判断以确认是否满足采购需求等特殊情况除外。要求投标人提供样品的，应当在招标文件中明确规定样品制作的标准和要求、是否需要随样品提交相关检测报告、样品的评审方法以及评审标准。需要随样品提交检测报告的，还应当规定检测机构的要求、检测内容等。采购活动结束后，对于未中标人提供的样品，应当及时退还或者经未中标人同意后自行处理；对于中标人提供的样品，应当按照招标文件的规定进行保管、封存，并作为履约验收的参考。"

依据这一规定，对于一般项目而言，采购人不得要求供应商提供样品。如采购人要求供应商提交样品进行评审，也涉嫌违背财政部令第87号的相关规定。

合规指引

采购人在从事采购活动时，不得以不合理的条件对供应商实行差别待遇或者歧视待遇。采购文件技术、商务条件不得指向特定的供应商或特定产品,不得在采购文件中设置与采购项目的具体特点和实际需要不相适应或者与合同履行无关的资格、技术和商务条件。

采购人如发现采购文件的内容违反了法律法规的强制性规定,应该及时终止采购,修改采购文件后重新组织采购活动;供应商对采购文件、采购过程和中标、成交结果的质疑,应当把握好时间节点,不可在错过了质疑、投诉期后才提出质疑、投诉寻求法律救济,这样不利于维护自己的合法权益。

质疑期限的起算时间如何确定

实践案例

2022年6月27日，某市疾病控制中心医疗器械采购项目评审结束。6月28日，采购人确定中标人后，在省政府采购网上公告了中标结果。第二中标候选供应商A公司认为评审得分不合理侵害了自己的合法权益，于7月7日向采购人提出书面质疑。

采购人在书面答复函中称：根据《政府采购法》第五十二条规定，"供应商认为采购文件、采购过程和中标、成交结果使自己的权益受到损害的，可以在知道或者应知其权益受到损害之日起七个工作日内，以书面形式向采购人提出质疑"，该项目评审结束当日，A公司已经知道其权益受到损害，应在7月6日（含）前提出质疑，而A公司在7月7日才提出质疑，已超过法定期限，该质疑事项不予受理。

A公司认为：《政府采购法实施条例》第五十三条第三项明确规定，供应商对中标结果质疑的起算时间为中标结果公告期限届满之日，该项目中标结果公告期限为1个工作日（6月28日），6月29日为可以提出质疑的第一个工作日，由此推断7月7日尚属于法定质疑期内，采购人理应受理质疑事项并依法作出处理。7月12日A公司向市财政局投诉，请求财政局责令采购人限期改正并就质疑事项依法作出处理。

市财政局受理了该投诉后认为：根据采购项目档案资料及监控视频反映，项目评审结束的当日，采购人和采购代理机构即当场宣布了评审结果，宣布程序记录有所有供应商包括A公司的签到情况。A公司在现场也口头表达了不满，因此，6月27日应为A公司知道其权益受到损害之日，而A公司于7月7日才提出质疑，已超出法定期限。市财政局作出了驳回A公司投诉的处理决定。

法律解析

1. 质疑期限的起算时间应视质疑的具体事项进行判断。

本案例的争议点在于采购人与A公司对于质疑期限的起算时间理解不同，其争议焦点本质上是采购人和A公司之间关于质疑事项的属性理解有所不同：供应商A公司认为，自己质疑的是中标结果，应当以中标结果公告结束之日为起算点。而采购人认为，供应商A公司质疑的事项是评审得分不合理，属于采购过程，如供应商认为评审得分使其合法权益受到损害，应当以其知道评审结果时作为质疑期限的起算时间。

结合本项目供应商质疑函中的事实和主张，以及财政部门受理投诉后的核查情况，表明供应商A公司在评审结束当日即知晓了其评审得分情况。A公司如对本项目的评审结果不满意，应当在其知晓评审结果后七个工作日内提出质疑。

2. 质疑期限起算时间应从第二天开始计算。

本项目采购活动文字记录资料显示，在项目评审结束当日，采购代理机构就在现场口头宣布了评审结果，供应商到场就知晓了自己的评审得分情况，A公司也在评审结果宣布记录表上签到。此外，经调取现场监控视频显示，A公司代表也在现场口头表达了对评审结果的不满。财政部门认为，这些证明材料已经足以证明评审当日（6月27日）A公司就知晓了评审结果，且认为该评审结果有损A公司的合法权益。

《民法典》第二百零一条第一款规定，"按照年、月、日计算期间的，开始的当日不计入，从下一日开始计算"。依据这一计算规则，认定A公司针对评标结果提出质疑的期限的起算点应为6月28日（知道其权益受到损害之日），法定质疑期限应为6月28日至7月6日（七个工作日内），而并非从中标结果公告期限届满（6月28日）之日起算。故，本项目A供应商提出质疑的时间已超出法定期限，采购人依法可以不予受理。

3. "知道"与"应知"权益受损之日实践中也经常存在争议。

《政府采购法》第五十二条规定:"供应商认为采购文件、采购过程和中标、成交结果使自己的权益受到损害的,可以在知道或者应知其权益受到损害之日起七个工作日内,以书面形式向采购人提出质疑。"该法条明确,供应商可以提出质疑的期限有两种不同的计算方式:一是知道其权益受到损害之日起七个工作日内;二是应知其权益受到损害之日起七个工作日内。因此,"知道"或"应知"其权益受到损害之日,都有可能是其质疑期限的起算时间,二者可能是同一日,也可能后者要晚于前者,需要按照实际情况来确定。

对于"知道其权益受到损害之日",实践中较为容易确定,如双方当事人并无争议,一般只需确认当事人在哪天知道其权益受到损害这一事实即可。但在政府采购实践中,双方当事人之间往往会对知道权益受到损害的具体日期存在争议,为定分止争,应引入"应知其权益受到损害之日"这一概念。"应知"是一种法律上的推定,即供应商知晓采购文件、采购过程、采购结果使其合法权益受到损害的最晚时间。《政府采购法实施条例》第五十三条规定:"政府采购法第五十二条规定的供应商应知其权益受到损害之日,是指:(一)对可以质疑的采购文件提出质疑的,为收到采购文件之日或者采购文件公告期限届满之日;(二)对采购过程提出质疑的,为各采购程序环节结束之日;(三)对中标或者成交结果提出质疑的,为中标或者成交结果公告期限届满之日。"该法条按照采购文件、采购过程及采购结果三种可质疑情况,解决了"应知其权益受到损害之日"含义不清的问题,实现了政府采购质疑制度的统一和完善。

合规指引

在政府采购活动中,供应商质疑期限的起算时间应视具体事项而定,具体须依据《政府采购法》及其实施条例的有关规定而定。供应商质疑期限的起算时间又可分为"知道其权益受到损害之日"起算或"应知其权益受到损害之日"起算,对于某一特定的质疑事项来说,采购人、当事人应结合《政府采购法实施条例》第五十三条和《民法典》的相关规定确定质疑期限的起算时间,以避免片面理解和把握。

采购代理机构不得拒收供应商在法定期限内提出的质疑

实践案例

2018年9月底，某采购代理机构受某机关委托对视频会议系统设备进行公开招标。招标文件的发售时间为9月30日至10月12日，投标截止时间为10月22日。招标文件规定：供应商的注册资本金应当在500万元以上，潜在供应商对招标文件提出询问、质疑的期限为投标截止时间10日前，逾期将不予接收。

潜在供应商甲下载招标文件后，在10月15日向采购代理机构提交了一份关于注册资本金作为资格条件的书面质疑函，要求修改招标文件内容。采购代理机构以甲公司提出质疑的时间晚于招标文件规定的时间为由，拒收了质疑函。甲公司认为此举不妥，且招标文件明显违规，却以提出质疑时间过期为由搪塞拒不修正，侵害了其合法权益，投诉到该市财政局，请求判令采购活动违法。

市财政局认为：该项目招标文件规定的质疑截止时间是依据《招标投标法实施条例》第二十二条规定，属于法条适用错误，应当按照政府采购法律法规的有关规定编写招标文件、组织政府采购活动，包括接收质疑和答复。经查，甲供应商于10月9日下载招标文件，提出质疑的日期按照《政府采购法》第五十二条、《政府采购法实施条例》第五十三条有关规定计算，在有效质疑期内，采购代理机构拒收质疑函的行为不妥；且本项目招标文件把注册资本金作为资格条件，违反了《政府采购货物和服务招标投标管理办法》（财政部令第87号）第十七条的禁止性规定，具有明显的歧视性，可能影响采购结果。综上，市财政局作出"责令采购代理机构修改招标文件，并按修改后的招标文件开展采购活动"的处理决定。

法律解析

1. 本案例采购代理机构法律适用有误。

由于本项目是政府采购货物类招标项目，同时适用于《招标投标法》体系和《政府采购法》体系。根据《立法法》和《招标投标法实施条例》第八十四条的规定，当政府采购的法律行政法规对政府采购货物、服务招标投标另有规定时，从其规定。除了质疑提出期限、方式之外，政府采购的质疑答复也有别于《招标投标法》及其实施条例的规定。《政府采购法》第五十二条规定："供应商认为采购文件、采购过程和中标、成交结果使自己的权益受到损害的，可以在知道或者应知其权益受到损害之日起七个工作日内，以书面形式向采购人提出质疑。"采购代理机构按《招标投标法实施条例》第二十二条规定的提出异议截止期限来处理政府采购货物招标投标项目的质疑，属法律适用错误，导致了本案例中后续的拒收质疑的错误行为。

2. 在法定质疑期限内提出的质疑，采购人应按规定程序进行答复。

《政府采购法》第五十三条规定："采购人应当在收到供应商的书面质疑后七个工作日内作出答复，并以书面形式通知质疑供应商和其他有关供应商……"《招标投标法实施条例》第二十二条则规定："……对招标文件有异议的，应当在投标截止时间10日前提出。招标人应当自收到异议之日起3日内作出答复；作出答复前，应当暂停招标投标活动。"可以看出两法体系对于异议（质疑）的规定虽有不同，但在答复这方面均要求招标人（采购人）对于投标人（供应商）依法提出的异议（质疑）须在规定的期限内作出答复。

《政府采购质疑和投诉办法》（财政部令第94号）第十三条规定，"采购人、采购代理机构不得拒收质疑供应商在法定质疑期内发出的质疑函"。本案例中，采购代理机构依据《招标投标法》体系的相关规定，拒收供应商依法提出的质疑，违反了《政府采购法》体系的相关规定。

如供应商对采购项目逾期提出了质疑，采购人、采购代理机构可以不予受理，但处理时也应具体问题具体分析：

第一种情况：实践中供应商的质疑可能并非有效质疑，也可能是理解认知上的偏差所产生。这种情况下双方如能及时沟通，有利于提前解除供应商的疑虑、化解矛盾，避而不答或草率地拒收质疑，则可能激化供应商的猜测，激化矛盾，导致本可以避免的投诉检举。

第二种情况：供应商提出质疑的时间虽然超出了法定期限，但质疑事项属实，事实清楚、依据充分。在这种情况下，采购人、采购代理机构不应过于纠结质疑是否逾期，而应将重点放在具体的质疑事项上，有问题则改之，不能明知有问题而不做任何处理。

3. 对询问质疑逾期不答复，将承担相应的法律责任。

根据《政府采购法实施条例》第六十八条第八项的规定，"对供应商的询问、质疑逾期未作处理"，依照《政府采购法》第七十一条、第七十八条的规定追究法律责任。《政府采购法》第七十一条规定："采购人、采购代理机构有下列情形之一的，责令限期改正，给予警告，可以并处罚款，对直接负责的主管人员和其他直接责任人员，由其行政主管部门或者有关机关给予处分，并予通报……"该法第七十八条规定："采购代理机构在代理政府采购业务中有违法行为的，按照有关法律规定处以罚款，可以在一至三年内禁止其代理政府采购业务，构成犯罪的，依法追究刑事责任。"

结合政府采购法体系的相关规定，法律明确要求采购人、采购代理机构在规定的期限内对供应商的质疑作出书面答复，对于逾期未作答复的，须承担相应的法律责任，对于采购代理机构来说，甚至可能导致在一定期限内被禁止从事代理业务，采购代理机构应当引起足够重视。

合规指引

公共采购领域并行着《招标投标法》和《政府采购法》两部法律，对于异议（质疑）的规定各不相同。政府采购货物服务招标项目的质疑处理应执行政府采购法的规定，采购人、采购代理机构应当在规定的期限内对供应商的质疑作出答复，否则将承担相应的法律责任。

诋毁竞争对手将构成不正当竞争行为

实践案例

2021年5月，某采购代理机构在某市政府采购网刊登《××监狱迁建扩容工程项目靶场设备采购中标公告》，该公告称，经评标委员会依法评审并推荐，采购人确定某研究所为该项目中标人。中标公告，某设备公司向采购人和采购代理机构分别提交了《质疑函》，反映该研究所存在以下问题：（1）在参加A学院靶场项目投标中提供虚假证明材料，被认定为以虚假材料谋取中标；（2）在参加B学校射击训练馆招标项目时大量提供虚假、伪造的技术和用户证明等材料，后被取消中标资格；（3）多年无照经营，因巨额偷逃国家税收，现某市公安局已正式立案侦查；（4）设备质量和服务低劣，许多安装了的设备用户单位无法使用；（5）在招标中多次出现串标等违法行为。

接到该质疑函后，采购人以不符合资格条件为由，取消了该研究所的中标资格，并确定其他供应商为本项目中标人。某研究所认为某设备公司提出的上述内容捏造事实，构成了对其产品和信誉的恶意中伤和贬损，对其商业信誉造成了不利影响，遂以商业诋毁为由向法院起诉，要求判令某设备公司停止侵犯其商业信誉和商品信誉的违法行为，登报道歉并消除影响，赔偿其经济损失50万元。

经审理，法院确认某设备公司在质疑函中提出的内容均不属实。

法院认为：第一，某设备公司在《质疑函》中对某研究所采用了"在参加A学院靶场项目投标中提供虚假证明材料""在参加B学校射击训练馆招标项目时大量提供虚假、伪造的技术和用户证明材料""因巨额偷逃国家税收，现某市公安局已正式立案侦查""设备质量和服务低劣""在招标中多次出现串标等违法行为"等描述，但其没有提供充分有效的证据证明存在上述事实。某设备公司的上述陈述内容以恶意商业竞争为目的，其文字内容极力贬低了某研究所的商业信誉和商品声誉，客观上会造成公众的误导，依法应认定为商业诋毁，构成侵权。某设备公司应当承担及时停止侵权、赔礼道歉、消除影响并赔偿损失的民事侵权责任。

第二，在侵权责任的具体承担中，对于赔偿数额的认定，因某研究所未提交证据证明其因商业信誉受损而遭受的实际利益损失的数额，法院将综合考虑某设备公司的主观过错程度、侵权范围、侵权情节等因素，结合因其行为与某研究所由此被取消中标资格之间相互关联程度酌情确定。另，赔礼道歉以及消除影响的范围应当与被诉侵权行为所及的范围相当。鉴于本案某设备公司散布质疑函的范围仅限于特定的采购单位，影响范围有限，故应以某设备公司直接向某研究所出具书面声明以赔礼道歉、消除影响为宜。

综上，法院判决：某设备公司立即停止损害某研究所商业信誉、商品声誉的不正当竞争行为，向某研究所出具书面声明以赔礼道歉、消除影响，并赔偿某研究所经济损失5万元。

法律解析

1. 供应商对采购活动提出质疑应当提供相应的证明材料。

《政府采购法》第五十二条规定："供应商认为采购文件、采购过程和中标、成交结果使自己的权益受到损害的，可以在知道或者应知其权益受到损害之日起七个工作日内，以书面形式向采购人提出质疑。"《政府采购质疑和投诉办法》（财政部令第94号）第十二条规定："供应商提出质疑应当提交质疑函和必要的证明材料……"

《政府采购法》体系设置了质疑程序，以便于供应商与采购人快捷解决争议，实施法律救济，但供应商不得滥用质疑权。供应商提出质疑时，应当提供相应的证明材料，应当就其提出的质疑所依据的"事实"提供相关证据或者明确的证据线索，但不得以非法手段取得证明材料，不得捕风捉影、臆造夸大甚至虚构事实提出质疑，否则将构成违法。

2. 供应商不得编造虚假信息诋毁竞争对手。

《反不正当竞争法》第十一条规定："经营者不得编造、传播虚假信息或者误导性信息，损害竞争对手的商业信誉、商品声誉。"对于经营者虚构事实诋毁竞争对手的侵权行为，《民法典》第一百七十九条规定侵权人应承担停止侵害、赔偿损失、赔礼道歉、消除影响、恢复名誉等侵权责任。

本案某设备公司在没有证据和事实依据的情况下，在《质疑函》中针对某研究所的商业信誉、商品声誉作了一些负面的、贬低性的描述，客观上损害了竞争对手的商业信誉，已构成商业诋毁行为。该行为客观上导致采购人取消了某研究所的中标资格，给某研究所造成了损害，法院认定构成商业诋毁行为，并依据《民法典》第一百七十九条的规定判决某设备公司承担停止侵害、赔礼道歉、消除影响、赔偿损失等侵权责任。

3. 以不正当手段诋毁竞争对手还须承担相应行政法律责任。

《反不正当竞争法》第二十三条规定："经营者违反本法第十一条规定损害竞争对手商业信誉、商品声誉的，由监督检查部门责令停止违法行为、消除影响，处十万元以上五十万元以下的罚款；情节严重的，处五十万元以上三百万元以下的罚款。"《政府采购法》第七十七条规定："供应商有下列情形之一的，处以采购金额千分之五以上千分之十以下的罚款，列入不良行为记录名单，在一至三年内禁止参加政府采购活动，有违法所得的，并处没收违法所得，情节严重的，由工商行政管理机关吊销营业执照；构成犯罪的，依法追究刑事责任：……（二）采取不正当手段诋毁、排挤其他供应商的……"《政府采购法实施条例》第七十三条也明确规定："供应商捏造事实、提供虚假材料或者以非法手段取得证明材料进行投诉的，由财政部门列入不良行为记录名单，禁止其1至3年内参加政府采购活动。"

本案某设备公司编造虚假信息诋毁竞争对手情况属实，除了须承担相应的民事责任以外，还须承担相应的行政法律责任。依据相关法律，本案的受害人某研究所还可通过相关法律途径，要求监管部门对该设备公司处以罚款、列入不良行为记录名单等相应行政处罚。

合规指引

供应商可以对政府采购中的违法行为依法提出质疑,以维护自己的合法权益。但是,供应商在提出质疑时,应当确有证据或提出证据线索,实事求是、客观反映问题。如虚构事实、无中生有、伪造证据提出质疑,恶意诋毁其他供应商,损害竞争对手的商业信誉、商品声誉,将涉嫌构成不正当竞争行为,须承担相应的法律责任。

竞争性谈判结果有误，采购人可依法维权

实践案例

2021年7月，某市使用财政性资金采购一批垃圾清扫一体车，该项目委托当地集中采购中心采用竞争性谈判方式进行采购。至提交首次响应文件截止之日止，共有甲、乙、丙、丁、戊5家供应商提交了响应文件。

在谈判过程中，谈判小组未发现供应商提供的货物不符合要求，以谈判小组的名义向采购人推荐了甲、乙、丙3家成交候选供应商。采购人收到评审报告后，向排名第一的甲供应商发出了成交通知书，并发布了成交公告。

成交通知书发出后，采购人在签订合同前，仔细阅读了3家供应商提交的响应文件后发现，3名供应商提供的清扫一体车在动力配置方面均不符合采购文件的要求，遂向集中采购中心提出质疑。集中采购中心接到质疑函后，召集原谈判小组成员重新组织评审，发现情况属实，决定本项目竞争性谈判失败，拟重新组织竞争性谈判。

对此，甲供应商向集中采购中心提出书面质疑，质疑书称：

（1）谈判小组包括采购人代表，采购人自始至终参与整个谈判过程，且采购人已发布成交公告并发出成交通知书。依据《政府采购非招标采购方式管理办法》（财政部令第74号）第十九条第一款"采购人与成交供应商应当在成交通知书发出之日起30日内，按照采购文件确定的合同文本以及采购标的、规格型号、采购金额、采购数量、技术和服务要求等事项签订政府采购合同"之规定，采购人应当如期与之签订垃圾清扫车供货合同。

（2）《政府采购法》及其相关配套法律规范，只规定了供应商质疑投诉程序，未规定采购人可以就采购项目进行质疑投诉，采购人向集中采购中心提出质疑程序不合法。

（3）集中采购中心接到采购人的质疑后，自行组织重新评审缺乏法律依据。

法律解析

1. 采购人有权不接受错误的谈判结果。

《政府采购法实施条例》第四十一条规定："评标委员会、竞争性谈判小组或者询价小组成员应当按照客观、公正、审慎的原则，根据采购文件规定的评审程序、评审方法和评审标准进行独立评审……"

本案例谈判小组未按谈判文件中规定的评审标准进行评审，进而得出了错误的结论。虽然谈判小组成员包括采购人代表，但改变不了"评审结果错误"这一事实。在此情况下，采购人不接受谈判结果，一方面是为了维护自己的合法权益，另一方面也是为了维护采购活动的严肃性和规范性。因此，采购人的合理主张应该得到支持。

2. 采购人是否可以向集中采购中心提出异议？

在《政府采购法》及其配套法律规范中，规定了供应商可以通过质疑投诉来维护自己的合法权益，但对于采购人如何维权却语焉不详，这无疑是《政府采购法》体系的一大缺陷。本案甲供应商质疑"采购人向集中采购中心提出质疑不合法"看似有一定道理，但采购人和集中采购中心是一种法定代理关系，当代理人没有履行好法定或约定义务，进而可能对被代理人即采购人的合法权益造成损害时，根据《民法典》等法律的相关规定和立法精神，采购人无疑有权要求其法定代理人（当地集中采购中心）纠正不恰当的行为，以保护自己的合法权益。

此外，《政府采购非招标采购方式管理办法》（财政部令第74号）第三十六条第二款规定："采购人应当在收到评审报告后5个工作日内，从评审报告提出的成交候选人中，根据质量和服务均能满足采购文件实质性响应要求且最后报价最低的原则确定成交供应商，也可以书面授权谈判小组直接确定成交供应商。采购人逾期未确定成交供应商且不提出异议的，视为确定评审报告提出的最后报价最低的供应商为成交供应商。"从该法条的相关表述中可以看出，采购人有权对评审报告提出异议。依据目前的法律规定，采购人应当采用"异议"方式实施法律救济较为妥当。

3. 集中采购中心是否可以自行组织重新评审？

《政府采购非招标采购方式管理办法》（财政部令第74号）第二十一条规定："除资格性审查认定错误和价格计算错误外，采购人或者采购代理机构不得以任何理由组织重新评审……"该办法第三十七条同时规定，出现影响采购公正的违法、违规行为的，采购人或采购代理机构应当终止竞争性谈判采购活动，发布项目终止公告并说明原因，重新开展采购活动。

根据这一规定，当出现本案例介绍的"评审人员未按照采购文件载明的评审方法、评审标准进行评审"的情况时，集中采购机构可向财政部门报告，由财政部门认定采购无效，责令重新开展采购活动，并对相关责任人员给予一定处罚。

合规指引

对于采购人或采购代理机构在评审后发现竞争性谈判结果错误的处理，应注意如下几点：一是采购人有权实施法律救济。如谈判未按照采购文件规定的评审办法和评审标准进行评审，采购人有权不接受评审推荐结果，并依法实施相应的法律救济措施以纠正评审错误，救济的方式以向采购代理机构或谈判小组提出异议为宜。二是采购人应当依法依规实施法律救济。本案例集中采购中心自行组织重新评审的做法不妥，可依据相关规定，报告政府采购监管部门，由监管部门认定"采购活动无效"后，再依法重新组织采购活动。

第三部分 投诉

- 政府采购工程项目招投标监督应由谁负责
- 超过质疑范围的投诉可不予受理
- 以非法证据为依据的投诉应予驳回
- 不对中标候选供应商进行排序不合法
- 对供应商的投诉依法应作出处理
- 供应商投诉处理决定应当依法公告

政府采购工程项目招投标监督应由谁负责

实践案例

2021年，某市司法系统下属戒毒矫治所维修施工项目招标，预算金额为680万元，已获取相关批文。一份批文是招标人上级主管部门批准实施本项目的批文。该批文明确本项目招标范围包括"道路改扩建、戒毒人员A区食堂屋面改造；楼顶改造；单边走道加宽改造；楼梯围墙防护改造；凹陷部分拓展扩建；A区公共浴室、洗漱间、储藏间改造；门岗、车间维修改造"；批文明确招标方式为招标人自行组织招标；同时，批文还明确了招标过程由招标人的上级主管部门所属的生产计划处、监审处对招标过程全程监督。另一份批文是市财政部门下发的关于本项目资金来源的批文，主要内容是市财政部门下发的司法行政系统强制隔离戒毒所基本支出经费标准，并提出了一些具体执行要求。

该项目招标文件发售后，潜在投标人甲装饰装修工程公司对招标文件中的内容提出质疑，招标人答复后，甲公司对答复意见不满，遂向招投标监督管理部门提起投诉。当甲公司把投诉书送到市财政部门时，被告知该项目不属于财政部门监管，应向市发展改革部门投诉；当甲公司把投诉书送到市发展改革部门时，又被告知该项目也不是他们部门审批，且该项目的批文还明确了招标过程由招标人的上级主管部门监管，应当向招标人的上级部门投诉；甲公司把投诉书送达招标人的上级部门时，又被告知该部门不是法定的工程建设项目招投标行政监督部门，不便于受理该投诉。

就此，甲公司一筹莫展，不知该向哪个部门投诉。那么，本项目招标投标活动的法定监督管理部门是哪个呢？

法律解析

1. 本项目实质是政府采购工程项目。

本项目是由全国司法行政系统中的强制隔离戒毒所需要进行维修改造的项目，由各地司法部门上报司法部备案，由司法部汇总审核后统一报国家财政部。

《政府采购法》第二条第一款、第二款规定："在中华人民共和国境内进行的政府采购适用本法。本法所称政府采购，是指各级国家机关、事业单位和团体组织，使用财政性资金采购依法制定的集中采购目录以内的或者采购限额标准以上的货物、工程和服务的行为。"对照该法条的规定，从采购主体上看，本项目采购单位是司法系统的下属戒毒所，属于事业单位；从采购标的上看，该项目属于所在省份颁布的集中采购目录以外采购限额标准以上，且达到了公开招标的数额标准；从项目属性上看，该项目属于工程类采购项目。

综上分析，该项目属于政府采购工程项目，依法属于政府采购法管辖。

2. 政府采购工程项目招标适用《招标投标法》。

《政府采购法》第四条规定："政府采购工程进行招标投标的，适用招标投标法。"《政府采购法实施条例》第七条第一款规定："政府采购工程以及与工程建设有关的货物、服务，采用招标方式采购的，适用《中华人民共和国招标投标法》及其实施条例；采用其他方式采购的，适用政府采购法及本条例。"

依据政府采购法体系的相关规定，政府采购工程依法必须招标的规模标准，依据国家有关规定执行。根据《必须招标的工程项目规定》（国家发展改革委令第16号）第二条和第五条的规定，使用国有资金投资的工程建设项目，施工单项合同估算价达到400万元人民币以上的，属于依法必须进行招标的项目。本项目采购金额达到了公开招标的数额标准，应当依法采用公开招标的方式进行采购。结合《政府采购法》及其实施条例的相关规定，本政府采购工程项目招标投标活动，在招标流程及监管上应执行《招标投标法》的相关规定。

3. 工程项目招投标监督依据国务院相关文件分工负责。

《招标投标法》第七条规定："招标投标活动及其当事人应当接受依法实施的

监督。有关行政监督部门依法对招标投标活动实施监督，依法查处招标投标活动中的违法行为。对招标投标活动的行政监督及有关部门的具体职权划分，由国务院规定。"《国务院办公厅印发国务院有关部门实施招标投标活动行政监督的职责分工意见的通知》（国办发〔2000〕34号）明确规定："国家发展计划委员会指导和协调全国招投标工作……对于招投标过程……的监督执法，按现行的职责分工，分别由有关行政主管部门负责并受理投标人和其他利害关系人的投诉。按照这一原则，工业（含内贸）、水利、交通、铁道、民航、信息产业等行业和产业项目的招投标活动的监督执法，分别由经贸、水利、交通、铁道、民航、信息产业等行政主管部门负责；各类房屋建筑及其附属设施的建造和与其配套的线路、管道、设备的安装项目和市政工程项目的招投标活动的监督执法，由建设行政主管部门负责……"《招标投标法实施条例》第四条也明确了各有关部门对招投标活动的行政监督职责分工。本项目属于房建类项目，应由建设行政主管部门负责招投标监督，甲公司应向住建部门提起投诉。

4. 财政部门应当对本工程的项目预算和采购政策执行情况进行监督。

《政府采购法实施条例》第七条第三款规定："政府采购工程以及与工程建设有关的货物、服务，应当执行政府采购政策。"《招标投标法实施条例》第四条第三款规定："财政部门依法对实行招标投标的政府采购工程建设项目的政府采购政策执行情况实施监督。"根据上述法律规定，财政部门应当对本项目的政府采购政策执行情况进行监督。

合规指引

政府采购工程项目招标投标活动适用《招标投标法》体系的相关规定。依据国务院关于工程招标项目行政监督职能分工的相关规定，对于招投标过程（包括招标、投标、开标、评标、中标）中泄露保密资料、泄露标底、串通招标、串通投标、不合理条件限制排斥潜在投标人或投标人等违法活动的监督执法，按现行的职责分工，分别由有关行政主管部门负责，相关行政主管部门应切实履行好国务院有关文件精神，依法开展招投标监督活动，受理投标人和其他利害关系人的投诉。

超过质疑范围的投诉可不予受理

实践案例

某省政府采购中心受某医科大学委托，就旋转通风笼具采购项目进行公开招标。2018年3月16日开标后，因有效投标人不足3家而废标，并于当日发布公告，公告的内容为："本项目因有效投标人不足3家而废标，招标人将择日重新招标。"

2018年4月9日，某科技公司向省政府采购中心提交《质疑书》，提出如下质疑：1）要求公开评标委员会评委的工作单位；2）本项目共有3家投标人，应当依法开标、评标并推荐中标候选人。省政府采购中心收到该质疑书后，于2018年4月12日作出书面答复。该答复函称：供应商对采购活动的质疑时间已超出法定的质疑期限，对该质疑事项不予受理。

2018年4月16日，科技公司向省财政厅投诉称：1）申请公开评委的工作单位；2）招标文件内容不合法，要求放低招标文件的技术要求，删除其中的某5项重要技术指标；3）本项目共有3家投标人，应当依法开标、评标并推荐中标候选人；4）招标人废标后未归还科技公司的投标文件，要求省政府采购中心出示当时录像，解释扣留标书的原因，并退还科技公司的投标文件；5）评标委员会未按照招标文件的规定进行评审，在评审过程中明显袒护另一供应商；6）项目评审结束后，招标人未当场告知在现场等待评审结果的供应商废标原因，只称会在当日发布废标公告，招标程序违法。

2018年4月19日，省财政厅作出《投诉处理决定书》，就投诉事项作出处理决定：一、投诉书中所列的第1、3项诉求不符合相关法律规定，且其提出质疑的时间已超过法定期限，依法驳回其诉求；二、其余投诉事项事先未经过质疑，不符合法定程序，依法不予受理。

法律解析

1. 质疑、投诉应当在法定时限内提出。

《财政部关于做好政府采购信息公开工作的通知》（财库〔2015〕135号）规定："依法需要终止招标、竞争性谈判、竞争性磋商、询价、单一来源采购活动的，采购人或者采购代理机构应当发布项目终止公告并说明原因。"本项目某科技公司因对采购人作出的废标决定不服，认为该废标决定损害了自己的合法权益，可以依法提出质疑。

《政府采购法》第五十二条规定："供应商认为采购文件、采购过程和中标、成交结果使自己的权益受到损害的，可以在知道或者应知其权益受到损害之日起七个工作日内，以书面形式向采购人提出质疑。"本案采购人在评审结束后，已当场告知供应商会在当日发布废标公告，即供应商已于3月16日知晓采购人作出废标决定，依法应当在采购人发布废标公告之日起7个工作日内提出质疑。供应商某科技公司于4月9日才向省政府采购中心提交《质疑书》，已超过法定期限，采购人或采购代理机构对该质疑事项依法可以不予处理。本案例省政府采购中心接收了科技公司的质疑书后，作出对质疑事项不予受理的决定符合法律规定。

《政府采购法》第五十五条规定："质疑供应商对采购人、采购代理机构的答复不满意或者采购人、采购代理机构未在规定的时间内作出答复的，可以在答复期满后十五个工作日内向同级政府采购监督管理部门投诉。"《政府采购质疑和投诉办法》（财政部令第94号）第十七条规定："质疑供应商对采购人、采购代理机构的答复不满意，或者采购人、采购代理机构未在规定时间内作出答复的，可以在答复期满后15个工作日内向本办法第六条规定的财政部门提起投诉。"本案例某科技公司在收到质疑答复后第4日向当地财政部门提出投诉，投诉提起时限符合法律规定。

2. 投诉事项应不超出质疑事项范围。

《政府采购质疑和投诉办法》（财政部令第94号）第十七条规定："质疑供应商对采购人、采购代理机构的答复不满意，或者采购人、采购代理机构未在规定时间内作出答复的，可以在答复期满后15个工作日内向本办法第六条规定的财政部门提起投诉。"《政府采购法实施条例》第五十五条规定："供应商质疑、投诉应当有明确的请求和必要的证明材料。供应商投诉的事项不得超出已质疑事项的范围。"

质疑、投诉是法律赋予供应商实施救济的一种手段和方法，供应商应当依法依规使用质疑、投诉等方式维护自己的合法权益。依据相关法律规定，供应商向采购人或采购代理机构提出质疑后，如对质疑答复不满意，可依法向财政部门提起投诉。但是，供应商投诉的事项应当与已质疑事项一致，超出质疑事项的投诉事项为无效投诉事项，相关法律不予保护。

3. 超出质疑范围的投诉事项，财政部门有权不予受理。

《政府采购质疑和投诉办法》（财政部令第94号）第十九条第二款规定："投诉人提起投诉应当符合下列条件：（一）提起投诉前已依法进行质疑；（二）投诉书内容符合本办法的规定；（三）在投诉有效期限内提起投诉；（四）同一投诉事项未经财政部门投诉处理；（五）财政部规定的其他条件。"该办法第二十一条同时规定："财政部门收到投诉书后，应当在5个工作日内进行审查，审查后按照下列情况处理：……（二）投诉不符合本办法第十九条规定条件的，应当在3个工作日内书面告知投诉人不予受理，并说明理由……"

财政部令第94号第二十条规定："供应商投诉的事项不得超出已质疑事项的范围，但基于质疑答复内容提出的投诉事项除外。"依据上述法律规定，供应商投诉的事项不得超出已质疑事项的范围。供应商在提起投诉时，如投诉事项超出已质疑事项的范围，则超出质疑范围的投诉事项属于提起投诉前未依法进行质疑，该部分事项不符合投诉受理的条件，财政部门依法应当不予受理。

本案例科技公司在向省政府采购中心提交的质疑书中，仅就开标评标活动和废标公告内容提出质疑，质疑书未涉及其他内容，故省财政厅在作出的《投诉处理决定书》中，对科技公司在投诉书中提出的超过该公司针对采购项目质疑范围的事项未进行处理并无不当。

4. 采购人应当公布评委名单，但并未要求公布其工作单位。

《政府采购货物和服务招标投标管理办法》（财政部令第87号）第六十九条第二款规定："中标结果公告内容应当包括采购人及其委托的采购代理机构的名称、地址、联系方式，项目名称和项目编号，中标人名称、地址和中标金额，主要中标标的的名称、规格型号、数量、单价、服务要求，中标公告期限以及评审专家名单。"此外，《财政部关于做好政府采购信息公开工作的通知》（财库〔2015〕135号）也规定，中标、成交结果公告的内容应当包括评标委员会成员名单。

需要注意的是：相关法律只要求采购人在中标、成交结果公告中公开评委名单，但并未要求采购人公布评委的工作单位。故本案省政府采购中心未公布评委的工作单位情况并无不当。

5. 实质性响应招标文件的供应商不足3家的，应当依法废标。

《政府采购法》第三十六条规定："在招标采购中，出现下列情形之一的，应予废标：（一）符合专业条件的供应商或者对招标文件作实质响应的供应商不足三家的……"政府采购法中的废标，是指招标活动作废，需终止招标活动后重新招标。本案例中，科技公司亦认可实质性响应招标文件要求的供应商只有两家，则采购人决定废标后重新组织招标符合法律规定，无须继续进行评标并推荐中标候选人。

合规指引

供应商认为采购文件、采购过程、中标和成交结果使自己的合法权益受到损害的，应当首先向采购人或采购代理机构提出质疑。对采购人或采购代理机构的质疑答复不满意，或者采购人或采购代理机构未在规定期限内答复的，供应商可以在答复期满后15个工作日内提起投诉，投诉的事项不得超过已质疑事项的范围。

以非法证据为依据的投诉应予驳回

实践案例

某区残疾人联合会"康复设备配置采购项目"采取公开招标方式。采购结束，采购代理机构公告中标结果后，供应商某无障碍科技公司对中标人资格条件提出质疑，后因对质疑答复不满意，又向区财政局提起投诉。投诉书称，本项目中标人某康复器材公司报价高，质保年限短；其资格条件中《医疗器械经营备案凭证》营业范围不符合资格要求，且其投标文件中公司技术人员配备证明材料不足，其投标应被判定无效。

区财政局受理投诉后，经调查核实作出投诉处理决定：投诉书中所附关于对中标人投标文件中的质保年限、营业范围、技术人员配备等证明材料，投诉人无法证明其以合法方式取得，依据《政府采购质疑和投诉办法》（财政部令第94号）第二十九条的规定，驳回该投诉事项。

另，财政部门在处理该投诉时，发现本案评审专家存在评审错误，招标人在投标截止后接受投标人所递交的样品等违法行为，影响了本次招标采购的公正性。根据《政府采购法》第三十六条、第三十七条和《政府采购质疑和投诉办法》（财政部令第94号）第三十二条第二项的规定，责令某区残疾人联合会废标，并重新开展采购活动。

法律解析

1. 投诉证明材料应当依法取得。

法律证据讲求真实性、合法性和关联性，符合这"三性"的证明材料才可以作为认定案件事实并据以适用法律作出判决的依据。其中"合法性"主要强调证明材料必须由合法主体出具（如作出鉴定意见的主体必须具有相关的鉴定资格等）、必须具有合法形式（如证人证言必须证人本人签字，出具证明文件的单位必须由本单位负责人及制作证明材料的人员签名或者盖章，并加盖单位印章等）、必须具有合法的来源（如通过法律允许的途径取得证明材料）。以侵害他人合法权益或者违反法律禁止性规定的方法取得的证据，不能作为认定案件事实的依据，也就是强调证据来源必须合法。

2. "证据真实，来源合法"是质疑投诉的重要条件。

强调获取质疑、投诉证据的渠道或者方式必须符合法律要求，禁止以非法手段取得证明材料进行投诉，其目的是保障证明材料的真实性和维护政府采购主体的合法权益，体现了程序正义和实体正义，以保障他人的合法权利不至于因为证据的违法取得而受到侵害。

当前，在政府采购实践中，一些供应商可能会通过给予种种经济利益或其他好处等不正当的手段或者采取窃取、偷拍偷录等其他方式，从采购人、采购代理机构、监管部门或者评审专家那里，获得政府采购活动中依法应保密的有关信息和资料，如供应商的投标文件、应当保密的评审资料等相关内容，然后以此为证明材料，从中找出投标瑕疵或问题，从而向采购人或代理机构进行质疑投诉，这种以非法途径获取证据的行为，降低了政府采购效率，增加了监管成本，扰乱了正常的政府采购法律秩序，被现行相关法律所禁止。

3. 以非法途径获取证据的行为，不应得到承认和支持。

《政府采购质疑和投诉办法》第二十九条规定："投诉处理过程中，有下列情形之一的，财政部门应当驳回投诉：……（四）投诉人以非法手段取得证明材料。证据来源的合法性存在明显疑问，投诉人无法证明其取得方式合法的，视为以非法手段取得证明材料。"该条强调了投诉人提供的证明材料必须来源合法，如果来源不合法，其投诉将被驳回。

"以非法手段取得证明材料"是指证明材料的取得方式不合法，采取以侵害他人合法权益或者违反法律禁止性规定的方法取得证明材料。通过以上途径所获得的证据即为非法证据，对于非法证据应当予以排除。在政府采购项目的投诉处理过程中，投诉人应当证明其取得证明材料方式的合法性，如果无法证明其取得方式合法的，投诉受理部门将不予以采信。

本案投诉人某无障碍科技公司对某区残疾人联合会"康复设备配置采购项目"的投诉事项包括中标人承诺的质保年限、人员配备和中标人的营业范围等，其中大部分内容载于中标人投标文件之中，由于投标文件属于中标人的商业机密，而投诉人无法提供上述证据来源的合法性证明，被财政部门依据《政府采购质疑和投诉办法》第二十九条的规定认定为来源不合法而依法驳回投诉事项是正确的。

合规指引

供应商行使投诉权必须依法有据，不得滥用权利，不得捏造事实、伪造材料或者以非法手段取得证明材料进行投诉，否则将被驳回其投诉。对于难以通过合法途径取得证明材料的，供应商可以提供证据线索，要求财政部门予以查实处理。

财政部门对于证据来源的合法性存在明显疑问的投诉案件，应要求投诉人证明其证据的取得方式合法，否则视为以非法手段取得证明材料将驳回其投诉，并可依据《政府采购法实施条例》第七十三条的规定，对提供虚假材料、捏造事实或者以非法手段取得证明材料的投诉人依法予以相应处罚。

不对中标候选供应商进行排序不合法

实践案例

S市财政局政府采购管理办公室于2019年11月接到一起投诉：某政府采购项目中标公告后，排名第二的供应商举报排名第一的中标候选供应商公章造假。为此，该市财政局政府采购管理办公室有关人员往返省内外各地调查取证，结果证明，投诉内容子虚乌有。

为避免再遭恶意投诉，2019年年底，该市出台了新评标管理办法。该办法规定，从2020年开始，政府采购货物和服务招标项目，"不对中标候选供应商进行排序，且只推荐唯一一名中标候选供应商。如中标候选供应商放弃中标或因故不能履约，则该项目废标后重新组织招标"。该评标管理办法推出后，很多采购人向财政部门提出异议，认为这一做法剥夺了采购人从其他供应商中选择合适人选的可能，且会造成时间的延误，不利于项目的实施。

法律解析

该市"创新"的评标管理办法，主要争议点有两个：一是不再按顺序排列中标候选供应商；二是只确定唯一一名中标候选供应商，如果该供应商放弃中标或因故不能履约，则重新组织招标。细究之下，上述两点均有值得商榷之处。

1. 不对中标候选人进行排序涉嫌违法。

《政府采购货物和服务招标投标管理办法》（财政部令第87号）第五十六条

规定:"采用最低评标价法的,评标结果按投标报价由低到高顺序排列。投标报价相同的并列。投标文件满足招标文件全部实质性要求且投标报价最低的投标人为排名第一的中标候选人。"该办法第五十七条规定:"采用综合评分法的,评标结果按评审后得分由高到低顺序排列。得分相同的,按投标报价由低到高顺序排列。得分且投标报价相同的并列。投标文件满足招标文件全部实质性要求,且按照评审因素的量化指标评审得分最高的投标人为排名第一的中标候选人。"从上述两个法条的规定来看,对于政府采购货物和服务项目而言,无论是采用最低评标价法还是综合评分法的项目,评标结果均应该按序排列。

《政府采购法实施条例》第四十三条第一款规定:"采购代理机构应当自评审结束之日起2个工作日内将评审报告送交采购人。采购人应当自收到评审报告之日起5个工作日内在评审报告推荐的中标或者成交候选人中按顺序确定中标或者成交供应商。"该法条明确要求采购人应当在中标候选人中按顺序确定中标人,进一步佐证了对中标候选人进行排序的强制性和必要性。

综上,本案例所述的"不对中标候选供应商进行排序"的做法,涉嫌违背《政府采购法实施条例》和财政部令第87号的相关规定,应当予以纠正。

2. "只确定唯一一名中标候选供应商"的做法法律依据不足。

《政府采购货物和服务招标投标管理办法》(财政部令第87号)第六十八条第二款规定:"采购人应当自收到评审报告之日起5个工作日内,在评标报告确定的中标候选人名单中按顺序确定中标人……"此外,如前所述,《政府采购法实施条例》第四十三条也有类似规定。从上述法条的表述来看,评标委员会推荐的成交候选供应商的数量应当在1名以上,否则就不存在要求采购人"按顺序"定标的问题。因此,该市出台的评标办法中,规定"只确定唯一一名中标候选供应商"的做法,涉嫌违背立法本意。

《政府采购法实施条例》第四十九条规定:"中标或者成交供应商拒绝与采购人签订合同的,采购人可以按照评审报告推荐的中标或者成交候选人名单排序,确定下一候选人为中标或者成交供应商,也可以重新开展政府采购活动。"依据《政府采购法实施条例》的规定,当出现中标人拒绝与采购人签订合同的情况时,采购人可以依据项目的特点,选择依序定标,或者选择重新开展采购活动。也就是说，是否重新开展采购活动取决于采购人的价值判断。

该市的新评标办法规定，评标委员会"只推荐唯一一名中标候选供应商。如中标候选供应商放弃中标或因故不能履约，则该项目废标后重新组织招标"。这种"一刀切"的做法，剥夺了采购人依据项目实际选择依序定标的权利，有悖于《政府采购法实施条例》和财政部令第87号的规定，很可能造成采购项目实施时间的延误，同时造成社会资源的浪费，也有悖于建设节约型社会的要求。此外，重新组织招标对于善意投标人而言，由于其投标报价等商业机密都已经公开，不利于其参加第二次竞争。从这个角度上看，这一做法对善意投标人也有失公允。

3. 恶意投诉应当依法予以处理。

《政府采购质疑和投诉办法》（财政部令第94号）第三十七条规定："投诉人在全国范围12个月内三次以上投诉查无实据的，由财政部门列入不良行为记录名单。投诉人有下列行为之一的，属于虚假、恶意投诉，由财政部门列入不良行为记录名单，禁止其1至3年内参加政府采购活动：（一）捏造事实；（二）提供虚假材料；（三）以非法手段取得证明材料。证据来源的合法性存在明显疑问，投诉人无法证明其取得方式合法的，视为以非法手段取得证明材料。"

《政府采购法》第七十七条规定："供应商有下列情形之一的，处以采购金额千分之五以上千分之十以下的罚款，列入不良行为记录名单，在一至三年内禁止参加政府采购活动，有违法所得的，并处没收违法所得，情节严重的，由工商行政管理机关吊销营业执照；构成犯罪的，依法追究刑事责任：……（二）采取不正当手段诋毁、排挤其他供应商的……""采取不正当手段诋毁、排挤其他供应商"的行为本质上就是恶意投诉行为。在政府采购实践中，对于恶意投诉行为，可以依据《政府采购法》及其配套法律规范予以处理。

合规指引

对于恶意投诉的防范和处理，应当对症下药。在《政府采购法》及其配套法律规范中，对恶意投诉行为的处理已有相关规定，地方财政部门可依据法律的相关规定进行处罚，而不应为了避免出现恶意投诉而出台与上位法相违背的管理规定。

在招标采购实践中,通常应根据项目的实际情况推荐 1-3 名中标候选供应商。中标候选供应商的数量,应在招标文件中进行明确的规定。评审时,评标委员会应该按照招标文件规定的数量来推荐中标候选供应商。当第一名中标候选人放弃中标或因故不能履约时,采购人不必耗费大量的人力、物力去重新组织招标,可以依法从后续中标候选人中确定中标人,这样不会因为招标采购程序时限的制约而使项目周期无端延长。

对供应商的投诉依法应作出处理

实践案例

2019年6月27日，某区公共资源交易中心（以下简称区交易中心）发出招标公告，就某区第一中学食堂公开招租。2019年7月20日，区交易中心发出《中标公告》，公告中标人为餐饮管理公司。餐饮服务公司于2019年7月22日向区交易中心提交书面质疑函，主要内容为："根据中国国家认证认可监督管理委员会官方网站公开信息查询的资料可以得知，餐饮管理公司目前不具备ISO22000食品安全管理体系与ISO19001质量管理体系的认证资格。"

2019年7月27日，区交易中心就餐饮服务公司的质疑作出质疑答复函，主要内容为："根据评分细则中商务评定内容：'提供食品质量体系认证书、食品安全管理体系证书（ISO质量体系认证及相关食品安全证书），且证书必须在有效期内的，每提供一个得2分。满分为4分。无证、证书过期得0分。提供证书复印件，否则本项不得分。'其中并未指定认证体系必须为投标人本身所拥有的资质，评审小组认为提供了合作供应商的食品质量体系认证书、食品安全管理体系证书符合得分条件，并且该投标人同时提供了与食品质量体系认证书、食品安全管理体系证书的合作方的采购合同，因此评审小组认为餐饮管理公司符合该项目的得分条件。"

餐饮服务公司对质疑答复函不服，向某区财政局投诉。某区财政局经审查，作出投诉回复函，主要内容为："本项目不属于政府采购项目，对该项目的有关投诉不属于本部门受理范围。"餐饮服务公司不服，向市财政局提起行政复议。

市财政局认为，某区财政局作出的投诉回复函不合法。餐饮服务公司向某区财政局投诉某区第一中学食堂招标采购项目中存在的问题，某区财政局的复函只告知投诉人本项目不属于其受理范围，未告知其向有管辖权的部门提起投诉。该做法不符合《政府采购质疑和投诉办法》（财政部令第94号）第二十一条"财政部门收到投诉书后，应当在5个工作日内进行审查，审查后按照下列情况处理：……（三）投诉不属于本部门管辖的，应当在3个工作日内书面告知投诉人向有管辖权的部门提起投诉"的规定。责令撤销某区财政局作出的投诉回复函，限某区财政局对餐饮服务公司的投诉依法作出相应处理。

法律解析

1. 监管部门应当对投诉进行审查，依法决定是否受理。

行政机关作出具体行政行为须严格遵循法律的相关要求。《政府采购质疑和投诉办法》（财政部令第94号）第二十一条规定："财政部门收到投诉书后，应当在5个工作日内进行审查，审查后按照下列情况处理：（一）投诉书内容不符合本办法第十八条规定的，应当在收到投诉书5个工作日内一次性书面通知投诉人补正。补正通知应当载明需要补正的事项和合理的补正期限。未按照补正期限进行补正或者补正后仍不符合规定的，不予受理。（二）投诉不符合本办法第十九条规定条件的，应当在3个工作日内书面告知投诉人不予受理，并说明理由。（三）投诉不属于本部门管辖的，应当在3个工作日内书面告知投诉人向有管辖权的部门提起投诉。（四）投诉符合本办法第十八条、第十九条规定的，自收到投诉书之日起即为受理，并在收到投诉后8个工作日内向被投诉人和其他与投诉事项有关的当事人发出投诉答复通知书及投诉书副本。"

按照上述规定，财政部门在接到投诉书后，如认为该投诉案例不属于本部门监管的事项，应当在3个工作日内书面告知投诉人向有管辖权的部门提起投诉。案区财政局在收到餐饮服务公司的投诉后，只以《回复函》的形式告知餐饮服务公司不属于本部门管辖，未告知其向有管辖权的部门提起投诉，不符合相关法律的要求，应当予以纠正。

2. 投诉处理决定书的内容应当符合法律规定。

《政府采购质疑和投诉办法》(财政部令第 94 号)第三十三条规定:"财政部门作出处理决定,应当制作投诉处理决定书,并加盖公章。投诉处理决定书应当包括下列内容:(一)投诉人和被投诉人的姓名或者名称、通讯地址等;(二)处理决定查明的事实和相关依据,具体处理决定和法律依据;(三)告知相关当事人申请行政复议的权利、行政复议机关和行政复议申请期限,以及提起行政诉讼的权利和起诉期限;(四)作出处理决定的日期。"

依据上述规定,本案投诉事项如符合相关法律规定,财政部门在受理该投诉案件后,应当对该案件作出处理决定。处理决定书的内容必须符合财政部令第 94 号第三十三条规定的四项内容,如缺少其中一项,即该具体行政行为的法律效力值得质疑。

合规指引

财政部门收到投诉书后,应当在 5 个工作日内审查其是否符合投诉条件,并依据不同情况作出相应处理。对符合投诉条件的投诉,自财政部门收到投诉书之日起即为受理。财政部门应当自受理投诉之日起 30 个工作日内,对投诉事项作出处理决定,投诉处理决定书应当包括必备内容。

值得注意的是:《财政部办公厅关于做好政府采购网民咨询答复工作的通知》(财办库〔2020〕233 号)还要求,各级财政部门要切实提高理论政策水平和公共服务水平,建立和完善咨询答复工作机制。有关咨询专栏的开设及答复情况,将作为 2021 年度政府采购透明度评估的重要内容。

供应商投诉处理决定应当依法公告

实践案例

2022年1月，某机关委托采购代理机构以公开招标方式采购一批货物，某科技公司参加了该项目投标。经评审，该项目符合专业条件的供应商不足3家，采购人于2022年2月18日依据《政府采购法》第三十六条作出废标决定，并于同年2月26日在政府采购网予以公告。

科技公司对评审结果不满，向采购人提出质疑。后因对采购人的质疑答复不满意，又向财政部门提起投诉。2022年3月21日，市财政局作出《关于对科技公司投诉的答复》，该答复告知了该项目的废标理由，并对项目评标委员会作出的废标决定予以肯定。

科技公司对该投诉答复不满，起诉请求法院撤销投诉答复及废标决定，更正中标供应商为科技公司，责令某机关赔偿投标、质疑、投诉、起诉等损失合计530220元，要求追究某机关、采购代理机构、市财政局和评标专家的行政、刑事及赔偿责任。

经法院审理后认为：

一、依据相关法律规定，财政部门应当自受理投诉之日起30个工作日内，对投诉事项作出处理决定，并以书面形式通知投诉人、被投诉人及其他与投诉处理结果有利害关系的政府采购当事人；还应当将投诉处理结果在省级以上财政部门指定的政府采购信息发布媒体上公告。本案市财政局于2022年3月21日就科技公司的投诉作出《关于对科技公司投诉的答复》，应视为对投诉作出的处理决定。但该答复未载明投诉人享有的行政复议申请权和诉讼权利，未依法向被投诉人及其他供应商送达，未依法在省级以上财政部门指定的政府采购信息发布媒体上公告，均属违反法定程序，该行政行为依法应予撤销。

二、科技公司未就赔偿请求提供相关证据，赔偿请求应予驳回。三、关于科技公司提出撤销废标决定，更正其为中标供应商等其他请求，不属本案的审查范围，不予审查，科技公司可依法另行寻求救济途径。

综上，法院判决撤销市财政局作出《关于对科技公司投诉的答复》的行政行为，驳回科技公司的其他诉讼请求。

法律解析

1. 财政部门应当依法作出投诉处理决定，并将投诉处理结果予以公告。

《政府采购法》第五十六条规定："政府采购监督管理部门应当在收到投诉后三十个工作日内，对投诉事项作出处理决定，并以书面形式通知投诉人和与投诉事项有关的当事人。"《政府采购法实施条例》第五十八条第二款规定："财政部门对投诉事项作出的处理决定，应当在省级以上人民政府财政部门指定的媒体上公告。"

依据上述规定，财政部门作出投诉处理决定的具体行政行为，应当满足以下要求：一是必须作出书面的投诉处理决定书，其内容必须符合法定要求；二是将该处理决定书送达投诉人、被投诉人及其他与投诉处理结果有利害关系的政府采购当事人；三是应当将投诉处理结果在省级以上财政部门指定的政府采购信息发布媒体上公告。本案未依法履行公告投诉处理决定的法律程序，该行政行为应当撤销。

2. 投诉处理决定应符合法律规定。

《行政诉讼法》第七十条规定："行政行为有下列情形之一的，人民法院判决撤销或者部分撤销，并可以判决被告重新作出行政行为：（一）主要证据不足的；（二）适用法律、法规错误的；（三）违反法定程序的；（四）超越职权的；（五）滥用职权的；（六）明显不当的。"本案市财政局作出《关于对科技公司投诉的答复》的行政行为，存在程序违法行为（包括未依法送达、未依法公告），且其主要内容与相关法律规定的必备内容相比有漏项，因此，该具体行政行为依法应予撤销。此外，依据《政府采购法》等法律的相关规定，确定中标人的决定权在招标人，法院无权对此处理，法院要求科技公司另外寻求其他途径救济符合法律规定。

合规指引

受理投诉的行政监督部门应当依法作出投诉处理决定，投诉书的内容应当符合法律的相关规定，投诉处理决定应当以书面形式作出，应送达给投诉人、被投诉人等相关当事人，还须在省级以上财政部门指定的政府采购信息发布媒体上公告。

4
CHAPTER

第四篇

其他重点案例

国企采购人可参照政府采购法组织采购活动

📝 **实践案例**

2021年12月4日,某科研所(国有企业)参照采用政府采购中的竞争性磋商方式,就某火车站客服系统联合维保项目进行采购,并向电子公司、信息科技公司等三家公司发出竞争性磋商邀请函。磋商文件第二章"响应人须知"中列明:供应商须具有3年以上在同规模或同等级高铁车站客运服务信息系统和客运服务设备维护总包驻站运维的经验(须提供用户证明);评审方法:以维保技术能力、维保方案完整性、报价因素进行综合考评。2021年12月22日,经评审,电子公司总分成绩排名第一,该科研所当场宣布电子公司成交,并通知其于12月28日领取成交通知书(后因信息科技公司质疑,该成交通知书并未发放)。

2021年12月25日,信息科技公司向某科研所提出书面质疑,反映电子公司不具有相关产品知识产权,主要维保管理人员非电子公司员工,要求某科研所核实其社保证明;电子公司提供的维保业绩属于合同内质保,并无质保期外同等车站总包驻站运维经验。

2019年3月22日,某科研所向电子公司发函,称本项目采购活动存在问题,终止本次竞争性磋商。随后某科研所对该项目发布了招标公告,进行公开招标。电子公司发函通知某科研所停止侵权,要求其终止对该项目的公开招标活动,但被拒绝。后电子公司提出诉讼,请求法院判令某科研所停止重新招标的侵权行为,并与电子公司签订合同。

法院认为:某科研所作为国有企业,在选定某火车站客服系统技术服务项目的联合维保人时，套用政府采购程序中的竞争性磋商方式，应遵循公开透明原则，规范组织磋商活动。该采购活动中，某科研所邀请电子公司等三家供应商进行磋商，最终采用"以维保技术能力、维保方案完整性、报价因素进行综合考评"的综合评分办法确定电子公司为成交单位。由于某科研所在采购文件中明确注明本项目采购活动参照《政府采购法》执行，某则其质疑处理也应适用政府采购法的相关规定。但某科研所在收到供应商的书面质疑后，未作出书面答复，仅以磋商存在问题为由向电子公司等三家供应商发函单方终止了磋商活动，并另行组织公开招标活动，该程序违反政府采购的有关规定，造成电子公司的缔约合理期待落空。故对电子公司主张某科研所停止重新招标的侵权行为的诉讼请求，予以支持。

此外，由于某科研所对质疑未予审查确认，对该质疑事项是否足以影响成交结果尚无结论，项目成交通知书没有发出，尚未进入签订合同的程序阶段。故对电子公司要求判令某科研所与其直接签订合同的诉讼请求，不予支持。

综上，法院判决某科研所停止重新招标，驳回电子公司其他的诉讼请求。

法律解析

1. 非依法必须招标的项目，企业可以自主选择参照政府采购方式。

国有企业日常生产经营用的原辅材料和设施设备的采购，目前尚未纳入《招标投标法》和《政府采购法》等公共采购法律管辖。对于国有企业来说，该部分内容可自行制定相关采购管理制度，或自行决定参照《政府采购法》执行。

本项目采购人在采购文件中明确规定参照《政府采购法》的规定执行，因此采购程序（包括质疑处理）应当按照《政府采购法》的规定执行。《政府采购法》第五十二条规定："供应商认为采购文件、采购过程和中标、成交结果使自己的权益受到损害的，可以在知道或者应知其权益受到损害之日起七个工作日内，以书面形式向采购人提出质疑。"该法第五十三条同时规定："采购人应当在收到供应商的书面质疑后七个工作日内作出答复，并以书面形式通知质疑供应商和其他有关供应商，但答复的内容不得涉及商业秘密。"根据上述规定，采购人对供应商提出的质疑，有依法作出书面答复并通知其他有关供应商的义务。

2. 采购人不得擅自单方面终止采购活动。

《政府采购法实施条例》第五十四条规定："询问或者质疑事项可能影响中标、成交结果的，采购人应当暂停签订合同，已经签订合同的，应当中止履行合同。"这一规定要求采购人在出现质疑时，如质疑事项可能影响成交结果，应暂停签订合同或中止履行合同，以便对质疑事项进行调查和处理。

在采购实践中，供应商的质疑不一定属实或有法律依据，如一旦出现质疑就单方面终止采购，并重新启动采购程序，有可能导致成交候选人或成交人的合法利益受到损害，为个别供应商通过质疑方式干扰采购活动正常进行提供可乘之机。本案例某科研所在收到质疑后，并未作出书面答复就以磋商活动存在问题为由单方面终止采购活动，另行启动公开招标活动，损害了成交人电子公司的期待利益，因此法院判令某科研所停止重新招标，要求其对质疑事项进行查实后作出相应处理。

3. 国有企业可适用相关团体标准开展采购活动。

2018年，中国招标投标协会颁布《非招标方式采购代理服务规范》，该规范根据招标采购行业的实践，推出了谈判采购、询比采购、竞价采购、直接采购四种采购方式，以及框架协议采购组织形式。国有企业采购可适用该团体标准组织非招标方式采购活动。

2019年，中国物流与采购联合会颁布《国有企业采购操作规范》，国有企业采购也可适用该团体标准的相关规定实施采购活动。该团体标准已于2023年修订后重新颁布。修改后的规范推出了招标采购、询比采购、谈判采购和直接采购四组八种采购方式，国有企业课结合自身实际选择适用相应采购方式组织采购。

合规指引

目前，国有企业的非招标方式采购活动尚未纳入公共采购法律管辖，采购人可以选择适用《政府采购法》的相关规定进行操作，也可选择适用中国招标投标协会、中国物流与采购联合会等行业协会颁布的团体标准开展采购活动。如国有企业的采购人选择参照《政府采购法》的相关规定实施采购，其争议处理和法律救济等活动，也应依照《政府采购法》的相关规定进行操作。

国企采购项目招标公告的发布不受《政府采购法》制约

实践案例

某直辖市 S 区投资控股集团有限公司（以下简称集团公司）在该区投资建设一家大型企业污水处理厂。2019 年 6 月，集团公司委托当地一家招标代理机构，就该污水处理厂排水管网调查检测评估项目进行招标，合同估算金额为 183 万元。7 月 5 日，招标代理机构在"中国采购与招标网"上发布了招标公告，该项目 7 月 27 日开标评标，并依法确定中标人。

2021 年年底，集团公司分管领导离任审计。审计时发现，该项目招标公告未在当地政府采购网和工程交易网发布，认为该项目招标活动不合法，分管领导及相关工作人员对此应承担相应责任。

法律解析

1.《政府采购法》和《招标投标法》的管辖范围各有不同。

目前规制我国公共采购领域的有《政府采购法》和《招标投标法》两部法律（以下简称两法），但两法的管辖范围有明确的分工，导致有部分项目既不属于《政府采购法》管辖，也不属于《招标投标法》第三条规定的依法必须进行招标的工程建设项目，因未纳入两法的强制管辖范围之列，从而给招标采购实践带来一定困惑。

2. 该项目不属于政府采购项目。

《政府采购法》第二条第二款规定："本法所称政府采购，是指各级国家机关、事业单位和团体组织，使用财政性资金采购依法制定的集中采购目录以内的或者采购限额标准以上的货物、工程和服务的行为。"依据这一规定，纳入《政府采购法》管辖的项目，应同时具备主体性质、资金属性、项目属性和采购标的四个条件。本项目实施单位为国有企业，不属于《政府采购法》第二条规定的"国家机关、事业单位和团体组织"，一般认为其采购活动不受《政府采购法》体系的管辖，其招标公告发布行为不受《关于做好政府采购信息公开工作的通知》（财政部令第101号）和《关于做好政府采购信息公开工作的通知》（财库〔2015〕135号）的制约。

非政府采购项目在采购活动启动前无法向财政部门申领政府采购编号。根据该市相关规定，无政府采购编号的项目无法通过"市政府采购网"发布采购公告。

3. 该项目不属于《招标投标法》规定的强制招标项目。

《招标投标法》第三条第一款规定："在中华人民共和国境内进行下列工程建设项目包括项目的勘察、设计、施工、监理以及与工程建设有关的重要设备、材料等的采购，必须进行招标：……"《招标投标法实施条例》第二条指出："招标投标法第三条所称工程建设项目，是指工程以及与工程建设有关的货物、服务……所称与工程建设有关的服务，是指为完成工程所需的勘察、设计、监理等服务。"国务院法制办公室财金司等编著的《中华人民共和国招标投标法实施条例释义》对此专门作了解释："与工程建设有关的服务，是指为完成工程所需的勘察、设计、监理等服务。由于不同地区、不同行业情况各异，《条例》没有列举与工程建设有关的其他服务，如工程项目评估、融资、项目管理、工程造价、招标代理等。"[①]

《国家发展改革委办公厅关于进一步做好〈必须招标的工程项目规定〉和〈必须招标的基础设施和公用事业项目范围规定〉实施工作的通知》（发改办法规〔2020〕770号）明确规定："依法必须招标的工程建设项目范围和规模标准，应当严格执行《招标投标法》第三条和16号令、843号文规定：……对16号令第

---

① 参考：《中华人民共和国招标投标法实施条例释义》，中国计划出版社2012年版，第5页。

五条第一款第（三）项中没有明确列举规定的服务事项、843号文第二条中没有明确列举规定的项目，不得强制要求招标。"

根据《招标投标法》体系的规定和法律释义，立法者将纳入强制招标范围的"与工程建设有关的服务"项目限定于"勘察、设计、监理"三类，工程项目评估、项目管理、工程造价等工程其他相关服务类别，未被纳入依法必须进行招标的范围之列。本项目系工程设施检测评估服务项目，虽采购金额较大，但不属于依法必须进行招标的工程项目。

依据该市相关管理规定，不属于依法必须进行招标的工程项目，无法向建设主管部门申领建设工程报建编号，无报建编号的工程项目，无法通过市建委指定的工程交易网发布招标公告。

4. 该项目招标公告发布行为不违法。

《招标投标法》第十六条第一款规定："招标人采用公开招标方式的，应当发布招标公告。依法必须进行招标的项目的招标公告，应当通过国家指定的报刊、信息网络或者其他媒介发布。"根据该规定，依法必须进行招标的项目，其招标公告才须通过国家指定媒介发布；对于非依法必须招标的项目而言，其招标公告可以不在国家指定媒介发布。

综上所述，本项目不属于必须公开招标的政府采购项目，也不属于依法必须进行招标的工程建设项目，其招标公告未在当地政府采购网和工程交易网发布，不应被认定为违法行为。

合规指引

《政府采购法》和《招标投标法》的管辖范围各有不同，两部法律之间存有一定"空档"。对于非依法必须招标的项目而言，招标人选择非指定媒介发布招标公告并不违法。

交易条件应符合市场通行规则

> **实践案例**

2021年10月，省教育技术中心发布采购数码摄像机的电子反拍公告，公告中要求，为保证设备为正品行货，成交供应商提供货物时，需提供原厂货物证明及售后服务承诺函原件。

数码科技公司为成交供应商，并与省教育技术中心签订《政府采购协议供货合同》，合同约定：省教育技术中心向数码科技公司采购S品牌数码摄像机2台；产品的服务标准，与供方中国总部对外公众网站上公布的标准或消费者协会的规定相一致，若未公布标准的，依据采购文件中销售服务相关条款的标准提供服务。

2021年12月19日，数码科技公司交付了摄像机后，省教育技术中心要求其交付原厂售后服务承诺函。数码科技公司为此打电话到产品厂家设在本市的维修服务站，该公司客服代表表示产品保修只须凭产品发票及随机的保修卡就可享有一年的保修服务，不向客户开具原厂售后服务承诺函。

2021年4月10日，省教育技术中心发函催告数码科技公司在5个工作日内提供原厂售后服务承诺函，逾期则退还货物并解除供货合同。数码科技公司仍未能提供，为此省教育技术中心出具《解除合同通知函》，并拒绝付款。数码科技公司向法院起诉，要求判令省教育技术中心支付货款112768元及违约金5638.4元。

法院认为：首先，省教育技术中心的电子反拍公告要求成交供应商需提供原厂货物证明及售后服务承诺函原件,其目的是让供应商承诺提供正品行货,以保证其提供的产品能获得有效的质量保障和售后服务。但是,采购人应遵循公平、公正、诚信原则开展采购活动,对于供应商应提供的证明文件,应以市场上通行的交易规则为限,且与采购项目的实际需要相适应。采购人不能要求供应商提供不存在或客观上无法取得的书面证明,如果客观上不可能获得相应的书面文件,而供应商提供可替代的且不妨碍采购人实现合同目的的有效证明,也应接受。

其次,数码科技公司提供了其电话咨询生产厂家的客服热线电话记录,证实生产厂商不会提供"原厂售后服务承诺函"。省教育技术中心应当遵循公平、公正、诚实信用原则处理该项采购。判断的标准应为:对方提供的摄像机是否为正品行货,是否可以实现其合同目的(实现采购并能获得有效的质量保障和售后服务)。而数码科技公司已提供了完整包装的产品并承诺可在验收后开具发票,省教育技术中心可以通过验收方式核实其是否为正品行货,事后也可凭所附保修卡及发票享受售后保修服务,且该中心自己也不否认数码科技公司提供的产品为正品行货。故省教育技术中心要求数码科技公司提供产品流通市场并不通行的原厂售后服务承诺函,不符合公平、公正及诚实信用原则的要求。

由于在合同履行过程中,并没有发生省教育技术中心可据以行使约定或法定的合同解除权的事由,故该中心发出的《解除合同通知函》不具法律效力。因此,省教育技术中心以对方没有提供原厂售后服务承诺函为由拒绝履行合同义务,已构成违约,数码科技公司要求省教育技术中心继续履行合同,给付迟延履行违约金,可予以支持。

综上,法院判决省教育技术中心向数码科技公司支付货款 **70857.6 元**以及违约金 **5638.4 元**。

法律解析

1. 采购人制定的交易条件要符合通行的市场规则。

电子反拍属于国际上常用的一种采购方式,从项目性质来看,本项目属于政府采购项目,采购文件的编制应符合政府采购法律的相关要求。《政府采购法实施条例》第十五条规定:"采购人、采购代理机构应当根据政府采购政策、采购预算、采购需求编制采购文件。采购需求应当符合法律法规以及政府采购政策规定的技术、服务、安全等要求……"此外,规制我国公共采购领域的另一部法律《招标投标法》也要求招标人应根据招标项目的特点和需要编制招标文件。也就是说,依据我国现行相关法律的要求和立法精神,采购人在编制采购文件时,其要求的交易条件应符合市场通行的交易习惯和交易规则。

本案中,数码科技公司未承诺提供原厂售后服务承诺原件,双方订立的合同也没有该约定,省教育技术中心要求提供原厂售后服务承诺原件没有依据。数码科技公司提供的货物属于原厂正品行货,可以通过生产厂家官方网站身份认证、产品发票、随机的保修卡、维修证明等来证明能够实现省教育技术中心采购正品行货的合同目的,因此是否提供原厂的售后服务承诺函并无实际意义,不影响产品的售后维修以及其他相关合同目的的实现。而且,根据市场调研情况表明,生产厂家不会为某一特定的采购项目开具该承诺函,省教育技术中心的要求与履行该项目、实现合同目的没有必然的关联性、必要性和可行性。

2. 政府采购过程中以电子反拍形式形成买卖合同关系。

根据《民法典》第四百七十二条之规定:要约是希望和他人订立合同的意思表示,该意思表示应当符合下列规定:①内容具体确定;②表明经受要约人承诺,要约人即受该意思表示约束。本案系政府采购过程中以电子反拍公告形成的买卖合同,电子反拍公告属于要约邀请,数码科技公司向省教育技术中心提出报价属要约,省教育技术中心确定和数码科技公司成交属于承诺。根据《民法典》相关规定,要约以非对话方式作出的采用数据电文形式的意思表示,相对人指定特定系统接收数据电文的,该数据电文进入该特定系统时生效。数码科技公司应按照电子反拍公告要求作出响应,否则可能因重大偏差而导致其报价不被接受。但一旦其报价被接受并确定为成交供应商后,买卖合同成立,买卖双方均应当全面、诚信履行合同义务。省教育技术中心提出合同中未约定的"提供原厂承诺函"的要求,且该要求无必要性,不应得到支持。

合规指引

采购人应当根据政府采购政策、采购预算、采购需求编制采购文件。采购需求应当符合法律法规以及政府采购政策规定的技术、服务、安全等要求。采购文件中要求的交易条件应为履行采购项目、实现合同目的所必需，应当符合该类项目的通行交易习惯和交易规则，且为供应商通常可以实现的要求。交易双方一旦签订合同，应当严格按照合同的规定履行，不得在交易过程中提出超出合同范围、不切实际的交易条件和要求。

多包件采购项目废标后应视具体情形作出相应处理

实践案例

2017年12月，某中央高校在财政部门的采购计划管理系统填报一批科研仪器设备采购计划，得到（批复）备案后，委托采购代理机构采用公开招标方式进行采购，相关情况如下：

项目采购预算为350万元，共3个包件：包件一，项目名称为A设备，预算150万元；包件二，项目名称为B设备，预算110万元；包件三，项目名称为C设备，预算90万元。

经公开招标后，3个包件的采购结果如下：

包件一：共5家供应商递交投标文件，经评审，某供应商中标，中标金额130万元；

包件二：共3家供应商递交投标文件，经评审，满足采购文件实质性要求的只有2家供应商，采购人依法作废标处理。

包件三：共4家供应商递交投标文件，经评审，满足采购文件实质性要求的只有2家供应商，采购人依法作废标处理。

关于包件二、包件三废标后的处理方式，采购人内部出现两种截然相反的观点：

第一种观点：依据《中央预算单位2017—2018年政府集中采购目录及标准》规定，单项采购金额达到200万元以上，必须采用公开招标方式。本项目废标的两个包件均未达到公开招标数额标准。因此，包件二和包件三招标失败后，无须报财政部门审批同意，可自行转为竞争性谈判方式进行采购。

第二种观点：本项目的三个包件均为整体项目的组成部分，而本项目整体项目的采购预算为350万元，已超过国务院公布的公开招标的数额标准。因此，包件二和包件三招标失败后，应依据《政府采购货物和服务招标投标管理办法》（财政部令第87号）的相关规定，依法报财政部门审批同意后，才可开展竞争性谈判方式进行采购。

两种观点相持不下，一时陷入僵局。

法律解析

1. 两种观点的差异，本质上是对于"项目"的内涵理解不同。

第一种观点的本质，是把每一个包件均看成一个独立的采购单元。从《招标投标法》体系和《政府采购法》体系的相关规定来看，两部法律所称的"项目"，应是针对一个独立的合同单元（可称为最小合同单元），也就是我们通常所称的标段或包件。在招标采购实践中，对于已经划分标段、包件的项目，除有特别规定外（如《招标投标法实施条例》第三十四条第二款），法条中所称的"项目"应当作"标段"或"包件"理解；对于没有划分标段、包件的项目，法条中的"项目"作本义理解。

照此分析，本项目招标失败的包件二和包件三，因未达到公开招标数额标准，无须报财政部门审批同意，可自行决定采用竞争性谈判方式进行采购。

第二种观点的本质，是把整体项目看成一个完整的采购单元。该观点不认可把每一个标段、包件均看成一个独立的采购单元，而是把组成整体项目的所有标段、包件看成构成采购项目的一部分。本项目在填报采购计划时，该高校按照一个项目填报采购计划。因此，各个包件均系这个"项目"的组成部分，由于该整体项目已经超过了公开招标的数额标准，招标失败如不报财政部门审批，涉嫌程序违法，会给日后的政府采购专项检查或审计带来一定风险。

经过分析我们可以发现：导致出现意见分歧的主要原因，系本项目在招标采购过程中，把超过公开招标数额标准的设备采购项目，拆分成了三个均低于公开招标数额标准的包件分别进行采购。由此导致了对"采购标的数额是否超过了公开招标的数额标准"的认定出现了分歧。

2. 处理争议应当溯本求源，对症下药。

仔细分析本案例两种观点背后的逻辑和依据，各有一定道理，仅凭现有背景似乎较难判断哪种观点更为合理。因此，处理本项目的观点分歧，不妨溯本求源，从包件拆分这一源头出发，探寻该项目招标失败后更为合理的处理方式。为此，笔者建议依据项目的不同情况，分别作如下处理：

第一种情况，如三个包件属于同一个预算项目，且属于同一类别的设备。在这种情况下，采购人在首次采购时，拆分为三个包件分别进行采购的做法涉嫌不合理拆分，尽管拆分后均采用招标方式进行采购，采购过程不存在化整为零规避公开招标的可能，但招标失败后，以各个包件均未达到公开招标的数额标准为由，不经批准就自行更改采购方式，这一做法导致了"规避采购方式变更监管"的事实的产生，涉嫌利用法律漏洞规避采购监管，应属于违法行为。在该情形下，建议向财政部门申请变更采购方式，而不可未经财政部门审批，即直接开展采购活动。

第二种情况，如这三个包件属于同一个预算项目，但不属于同一品目或者同一类别的设备。在这种情况下，采购人首次采购时分为三个包件进行采购，系依据采购标的的不同特点细分为不同的包件，该包件的划分是符合采购需求的个性化特征的，不涉及不合理拆分。在该情形下，当包件二、包件三招标失败后，采购人应分析招标失败原因，采取相应措施后（包括考虑是否需要调整技术参数等），将上述两个包件分别独立重新开展采购。

合规指引

对于多包件政府采购项目，在采购过程中，应当根据各包件预算金额以及项目总预算，在项目一个或者多个包件废标后，依法确定是否需要报财政部门审批变更采购方式。

合同解除后招标代理服务费由谁支付

实践案例

2021年12月，某市机关事务局与代理机构就办公楼装修工程招标事宜签订代理合同，该合同约定：招标代理服务费由中标人承担60%，招标人承担40%。招标代理合同签订后，代理机构组织招标，建设科技集团中标。施工合同签订后，机关事务局接到上级文件，停止对机关办公场所进行豪华装修。2022年2月，机关事务局向建设科技集团发出了解除施工合同的通知。建设科技集团提起诉讼，请求法院判令机关事务局和代理机构返还招标代理服务费、招标文件费等各项费用。

本案经法院审理后认为：建设科技集团根据代理机构发布的招标文件的要求投标并中标，2022年2月，机关事务局因执行上级文件要求，单方面解除了与建设科技集团的施工合同。根据《民法典》第五百六十六条之规定，合同解除后，尚未履行的，终止履行；已经履行的，根据履行情况和合同性质，当事人可以要求恢复原状、采取其他补救措施，并有权要求赔偿损失。对建设科技集团支出的购买招标文件费、公证费、市场服务费，因属合理开支，且有相应的票据证明，予以认定。对建设科技集团支出的招标代理服务费，因招标文件明确写明招标代理服务费收取由中标人支付60%，建设科技集团按照此比例缴纳招标代理服务费38600元系投标的需要，且该费用实际发生，上述费用均应认定为建设科技集团的损失，该部分损失亦系机关事务局违约行为造成，机关事务局亦应承担相应的赔偿责任。

代理机构按照其与机关事务局签订的招标代理合同的约定完成了委托事项，其履行代理义务的行为并无过错，对上述费用不承担连带返还责任。

综上，法院判决机关事务局赔偿建设科技集团购买招标文件费、公证费、市场服务费、招标代理服务费合计 44500 元。

法律解析

1. 采购代理服务费可由中标人支付。

代理机构受采购人委托完成政府采购活动，可依法收取采购代理服务费。采购代理服务费是指代理机构接受委托，提供代理工程、货物、服务采购，编制采购文件、审查供应商资格，组织踏勘现场并答疑，组织响应文件的接收和评审，协助采购人确定成交供应商，以及提供采购前期咨询、协调合同的签订等服务收取的费用。该费用的收费标准和支付主体，应当在《代理合同》中约定。采购人与代理机构可以约定代理服务费由采购人或成交供应商支付，或者由采购人和成交供应商按一定比例分担。

代理服务费是针对代理机构提供的采购代理服务所支付的费用，其支付与否应取决于代理机构是否提供了《代理合同》所约定的服务，并使采购活动得以顺利完成。代理服务费是否支付与采购合同是否履行无关。本案中，机关事务局办公大楼装修工程招标活动已经完成，招标人与中标人签订了施工合同，双方应当按照采购文件的规定承担代理服务费，不得以施工合同被解除为理由拒绝支付代理服务费，代理机构已收取费用的也无须退还。

2. 招标人单方面解除合同应当赔偿中标人的相应损失。

《民法典》第五百六十六条规定，合同解除后，尚未履行的，终止履行；已经履行的，根据履行情况和合同性质，当事人可以请求恢复原状或者采取其他补救措施，并有权请求赔偿损失。本案中，由于招标人机关事务局因法律政策变更原因，只能解除与中标人的施工合同，机关事务局应当依据法律的规定赔偿建设科技集团的相应损失。建设科技集团在参加投标和签订合同过程中支付的购买招标文件费、公证费和市场服务费等费用，都因施工合同的解除而成为其实际损失，建设科技集团向代理机构支付的代理服务费也属于其实际损失的一部分，机关事务局应当予以赔偿。

合规指引

招标采购代理服务收费实行市场调节价。采购人在编制采购文件时，应当根据项目需求、业主要求等情况，明确代理服务费的支付主体和收费标准，以避免发生争议。

根据《民法典》的相关规定，因招标人原因导致合同解除，招标人应向中标人赔偿相应损失，包括中标人已支付的招标代理服务费。招标人在进行招标前，应确认项目已满足招标条件，避免在合同签订后因项目不具备实施条件等己方原因解除合同，导致须承担赔偿中标人相应损失的法律责任。

优先承租权须在同等条件下才享有

实践案例

2011年8月，某研究所（事业单位）与商贸公司签订《店面房承租协议》，将其位于闹市区的临街店面房出租给商贸公司使用，双方约定："租期10年，期满后同等价格商贸公司优先继续承租。"

2021年合同期满后，该研究所决定将上述房屋以招标方式公开招租，经请示市财政局同意，委托该市产权交易中心编制招标文件。2022年3月10日。某研究所书面通知商贸公司，要求其做好竞标准备。3月16日，商贸公司向某研究所提交了续租报告，愿意续租并对公开招租提出异议。3月24日，某研究所制订了房屋经营权出租方案，商贸公司的代表在方案上签字确认。3月28日，市产权交易中心发布招租公告。由于参与竞标的只有商贸公司和销售公司2家企业，市产权交易中心当场决定改用竞争性谈判方式，仍由商贸公司和销售公司以密封方式递交报价响应文件，销售公司以179万元的高报价成交。4月21日，商贸公司分别给某研究所和市产权交易中心送达了愿以179万元的同等价格继续承租的通知书，但均没有收到任何回复。商贸公司认为某研究所侵害了其优先承租权，遂提起诉讼，请求法院依法确认商贸公司对某研究所涉案临街店面房的优先承租权。

法院认为：优先承租权的行使，以同等条件为前提，根据双方的约定，原房屋租赁合同期满后，在同等条件下，某研究所继续出租房屋，商贸公司享有优先于其他承租人的承租权。某研究所为了使原房屋物权利益最大化，采取招标和竞争性谈判方式公开招租，是对其绝对物权的一种行使方式，商贸公司享有的优先承租权不能与其对抗，而只能以同等条件对抗第三人。商贸公司只有参与投标或响应竞争性谈判才有取得同等条件对抗第三人的机会，如不参与则视为其对优先承租权的放弃。

本案的同等条件，必须是同等地参与投标或竞争性活动，同等地遵循交易规则，只有在竞标结果一致时，商贸公司才能享有优先承租权。在本项目竞争性谈判过程中，商贸公司的报价低于另一家公司，已实际丧失了其优先承租权。商贸公司在其他公司被确定为成交人后再提出同等租赁条件，有悖公平原则，也有损竞争性谈判活动的严肃性，是对"同等条件"的曲解。

综上所述，商贸公司丧失了原承租店面的优先承租权，法院驳回商贸公司的诉讼请求。

法律解析

1. 优先承租权须在同等条件下才能享有。

《民法典》第七百三十四条规定了租赁期届满时，房屋承租人在同等条件下的优先承租权。本案中，商贸公司根据与某研究所的租赁合同享有优先承租权，但该约定权利不能对抗某研究所作为所有权人享有的绝对物权。某研究所采取招标、竞争性谈判方式确定承租人，则商贸公司只有在上述交易方式规定的框架内提出与其他人同等条件时，才享有约定的优先承租权。但商贸公司的报价（即提出的租金水平）低于销售公司，意味着其不满足"同等条件"的要求，不能享有优先承租权。

2. 交易活动应依法进行。

我国《政府采购法》调整的法律行为是采购行为。本案例发包人某研究所采用竞争方式确定店面承租商，该交易行为的性质属于"转让或出售标的"，而不属于"购买标的"，依法不属于《政府采购法》管辖。

本案中产权交易中心编制的招标文件规定，本项目参照政府采购法相关规定操作。该规定表明，本项目发包人主动适用《政府采购法》体系管辖。因此，在开展发包活动时，其交易程序应执行《政府采购法》的相关规定。但本项目公开招标失败后，当场改为竞争性谈判方式，与政府采购相关法律规定不符，且改用竞争性谈判方式后也未按照政府采购法的规定成立谈判小组、制定谈判文件和实际组织谈判，交易过程存在一定瑕疵。

合规指引

《民法典》规定的优先承租权前提是"同等条件下"。如房屋所有权人决定采取公开竞标的方式确定承租人并在合理期限内通知原承租人，原承租人也必须在竞标程序框架内提出与其他竞争者相同或更高的条件，如未提出，则应视为不满足"同等条件"，不能行使优先权，也不能在程序框架之外再行提出要求。

《招标投标法》和《政府采购法》对交易程序作了严格规定，意在通过程序正义保障实体正义，实现招标采购活动的公开、公平、公正。因此，交易主体必须严格按照相应的法律法规规定程序开展，不能为了提高效率、加快进度而忽略或改变必要的程序。

追加"相同标的"的货物该如何理解

实践案例

2021年8月10日，某中央预算单位发布招标公告，通过公开招标的方式，拟使用财政性资金采购一批货物，并于2021年9月16日依法签订采购合同，共6个种类的货物，每个种类的数量和单价均不一（具体见下表）。

合同清单内容					
货物名称	单位	采购数量	单价	总价
A	套	1000	¥100.00	¥100000.00
B	台	2000	¥500.00	¥1000000.00
C	件	500	¥300.00	¥150000.00
D	套	2	¥10000.00	¥20000.00
E	套	10	¥8000.00	¥80000.00
F	套	10	¥1000.00	¥10000.00
合计				¥1360000.00

在合同履行过程中，因项目客观的需要，需要额外增加10套D货物的数量，共计金额为10万元人民币，但在采购人内部产生了分歧：

第一种意见认为：D货物在原合同中已有明确的单价和数量，属于合同相同标的的货物，且增加总金额没有超过合同总金额的10%，在不改变原合同条款的前提下，可以与供应商签订补充合同，从原供应商处采购。

第二种意见认为：D货物在原合同中只采购了2套，现在要求额外增加10套，其采购金额超过了原来D货物20000元的10%，不符合《政府采购法》第四十九条可以"相同标的"的货物的10%的理解。

法律解析

对"相同标的"的理解应结合法律的立法目的。

《政府采购法》第四十九条规定："政府采购合同履行中，采购人需追加与合同标的相同的货物、工程或者服务的，在不改变合同其他条款的前提下，可以与供应商协商签订补充合同，但所有补充合同的采购金额不得超过原合同采购金额的百分之十。"从该法条的字面表述来看，第一种意见似乎可以成立。但是，如果结合经济学相关理论和政府采购法的立法目的进行综合分析，或许会有更加清晰的答案。

成本理论告诉我们：如货物的出厂价格不变，当供货数量较少时，货物的单位供货成本相对较高；当供货数量较多时，货物的单位供货成本会有所下降。本案例原合同约定D货物的采购数量仅为2套，单位供货成本相对较高，供应商通常会报出相对较高的价格。而本项目需追加的D货物的采购数量是原来的5倍，通常情况下，供应商的单位供货成本应低于原单位供货成本。因此，如按照原合同约定的单价追加货物不太合理，涉嫌违背《政府采购法》第一条规定的"提高政府采购资金的使用效益"这一立法目的。因此，本案例直接追加10套D货物的做法不妥当。

合规指引

公共采购活动是一项涉及多个领域的专业工作，从业人员需要掌握技术、经济、管理和法律政策等诸多门类的知识。在处理政府采购争议时，往往需结合经济学、管理学等学科的相关知识，对争议事项作出更为精准的判断。

附录

政府采购常用法律法规和政策性文件

中华人民共和国政府采购法

（2002年6月29日第九届全国人民代表大会常务委员会第二十八次会议通过 根据2014年8月31日第十二届全国人民代表大会常务委员会第十次会议《关于修改〈中华人民共和国保险法〉等五部法律的决定》修正）

第一章 总 则

第一条 为了规范政府采购行为，提高政府采购资金的使用效益，维护国家利益和社会公共利益，保护政府采购当事人的合法权益，促进廉政建设，制定本法。

第二条 在中华人民共和国境内进行的政府采购适用本法。

本法所称政府采购，是指各级国家机关、事业单位和团体组织，使用财政性资金采购依法制定的集中采购目录以内的或者采购限额标准以上的货物、工程和服务的行为。

政府集中采购目录和采购限额标准依照本法规定的权限制定。

本法所称采购，是指以合同方式有偿取得货物、工程和服务的行为，包括购买、租赁、委托、雇用等。

本法所称货物，是指各种形态和种类的物品，包括原材料、燃料、设备、产品等。

本法所称工程，是指建设工程，包括建筑物和构筑物的新建、改建、扩建、装修、拆除、修缮等。

本法所称服务，是指除货物和工程以外的其他政府采购对象。

第三条 政府采购应当遵循公开透明原则、公平竞争原则、公正原则和诚实信用原则。

第四条 政府采购工程进行招标投标的，适用招标投标法。

第五条 任何单位和个人不得采用任何方式，阻挠和限制供应商自由进入本地区和本行业的政府采购市场。

第六条 政府采购应当严格按照批准的预算执行。

第七条 政府采购实行集中采购和分散采购相结合。集中采购的范围由省级以上人民政府公布的集中采购目录确定。

属于中央预算的政府采购项目，其集中采购目录由国务院确定并公布；属于地方预算的政府采购项目，其集中采购目录由省、自治区、直辖市人民政府或者其授权的机构确定并公布。

纳入集中采购目录的政府采购项目，应当实行集中采购。

第八条 政府采购限额标准，属于中央预算的政府采购项目，由国务院确定并公布；属于地方预算的政府采购项目，由省、自治区、直辖市人民政府或者其授权的机构确定并公布。

第九条 政府采购应当有助于实现国家的经济和社会发展政策目标，包括保护环境，扶持不发达地区和少数民族地区，促进中小企业发展等。

第十条 政府采购应当采购本国货物、工程和服务。但有下列情形之一的除外：

（一）需要采购的货物、工程或者服务在中国境内无法获取或者无法以合理的商业条件获取的；

（二）为在中国境外使用而进行采购的；

（三）其他法律、行政法规另有规定的。

前款所称本国货物、工程和服务的界定，依照国务院有关规定执行。

第十一条 政府采购的信息应当在政府采购监督管理部门指定的媒体上及时向社会公开发布，但涉及商业秘密的除外。

第十二条 在政府采购活动中，采购人员及相关人员与供应商有利害关系的，必须回避。供应商认为采购人员及相关人员与其他供应商有利害关系的，可以申请其回避。

前款所称相关人员，包括招标采购中评标委员会的组成人员，竞争性谈判采购中谈判小组的组成人员，询价采购中询价小组的组成人员等。

第十三条 各级人民政府财政部门是负责政府采购监督管理的部门，依法履行对政府采购活动的监督管理职责。

各级人民政府其他有关部门依法履行与政府采购活动有关的监督管理职责。

第二章 政府采购当事人

第十四条 政府采购当事人是指在政府采购活动中享有权利和承担义务的各类主体，包括采购人、供应商和采购代理机构等。

第十五条 采购人是指依法进行政府采购的国家机关、事业单位、团体组织。

第十六条 集中采购机构为采购代理机构。设区的市、自治州以上人民政府根据本级政府采购项目组织集中采购的需要设立集中采购机构。

集中采购机构是非营利事业法人，根据采购人的委托办理采购事宜。

第十七条 集中采购机构进行政府采购活动，应当符合采购价格低于市场平均价格、采购效率更高、采购质量优良和服务良好的要求。

第十八条 采购人采购纳入集中采购目录的政府采购项目，必须委托集中采购机构代理采购；采购未纳入集中采购目录的政府采购项目，可以自行采购，也可以委托集中采购机构在委托的范围内代理采购。

纳入集中采购目录属于通用的政府采购项目的，应当委托集中采购机构代理采购；属于本部门、本系统有特殊要求的项目，应当实行部门集中采购；属于本单位有特殊要求的项目，经省级以上人民政府批准，可以自行采购。

第十九条 采购人可以委托集中采购机构以外的采购代理机构，在委托的范围内办理政府采购事宜。

采购人有权自行选择采购代理机构，任何单位和个人不得以任何方式为采购人指定采购代理机构。

第二十条 采购人依法委托采购代理机构办理采购事宜的，应当由采购人与采购代理机构签订委托代理协议，依法确定委托代理的事项，约定双方的权利义务。

第二十一条 供应商是指向采购人提供货物、工程或者服务的法人、其他组织或者自然人。

第二十二条 供应商参加政府采购活动应当具备下列条件：

（一）具有独立承担民事责任的能力；

（二）具有良好的商业信誉和健全的财务会计制度；

（三）具有履行合同所必需的设备和专业技术能力；

（四）有依法缴纳税收和社会保障资金的良好记录；

（五）参加政府采购活动前三年内，在经营活动中没有重大违法记录；

（六）法律、行政法规规定的其他条件。

采购人可以根据采购项目的特殊要求，规定供应商的特定条件，但不得以不合理的条件对供应商实行差别待遇或者歧视待遇。

第二十三条 采购人可以要求参加政府采购的供应商提供有关资质证明文件和业绩情况，并根据本法规定的供应商条件和采购项目对供应商的特定要求，对供应商的资格进行审查。

第二十四条 两个以上的自然人、法人或者其他组织可以组成一个联合体，以一个供应商的身份共同参加政府采购。

以联合体形式进行政府采购的，参加联合体的供应商均应当具备本法第二十二条规定的条件，并应当向采购人提交联合协议，载明联合体各方承担的工作和义务。联合体各方应当共同与采购人签订采购合同，就采购合同约定的事项对采购人承担连带责任。

第二十五条 政府采购当事人不得相互串通损害国家利益、社会公共利益和其他当事人的合法权益；不得以任何手段排斥其他供应商参与竞争。

供应商不得以向采购人、采购代理机构、评标委员会的组成人员、竞争性谈判小组的组成人员、询价小组的组成人员行贿或者采取其他不正当手段谋取中标或者成交。

采购代理机构不得以向采购人行贿或者采取其他不正当手段谋取非法利益。

第三章　政府采购方式

第二十六条　政府采购采用以下方式：

（一）公开招标；

（二）邀请招标；

（三）竞争性谈判；

（四）单一来源采购；

（五）询价；

（六）国务院政府采购监督管理部门认定的其他采购方式。

公开招标应作为政府采购的主要采购方式。

第二十七条　采购人采购货物或者服务应当采用公开招标方式的，其具体数额标准，属于中央预算的政府采购项目，由国务院规定；属于地方预算的政府采购项目，由省、自治区、直辖市人民政府规定；因特殊情况需要采用公开招标以外的采购方式的，应当在采购活动开始前获得设区的市、自治州以上人民政府采购监督管理部门的批准。

第二十八条　采购人不得将应当以公开招标方式采购的货物或者服务化整为零或者以其他任何方式规避公开招标采购。

第二十九条　符合下列情形之一的货物或者服务，可以依照本法采用邀请招标方式采购：

（一）具有特殊性，只能从有限范围的供应商处采购的；

（二）采用公开招标方式的费用占政府采购项目总价值的比例过大的。

第三十条　符合下列情形之一的货物或者服务，可以依照本法采用竞争性谈判方式采购：

（一）招标后没有供应商投标或者没有合格标的或者重新招标未能成立的；

（二）技术复杂或者性质特殊，不能确定详细规格或者具体要求的；

（三）采用招标所需时间不能满足用户紧急需要的；

（四）不能事先计算出价格总额的。

第三十一条 符合下列情形之一的货物或者服务，可以依照本法采用单一来源方式采购：

（一）只能从唯一供应商处采购的；

（二）发生了不可预见的紧急情况不能从其他供应商处采购的；

（三）必须保证原有采购项目一致性或者服务配套的要求，需要继续从原供应商处添购，且添购资金总额不超过原合同采购金额百分之十的。

第三十二条 采购的货物规格、标准统一、现货货源充足且价格变化幅度小的政府采购项目，可以依照本法采用询价方式采购。

第四章 政府采购程序

第三十三条 负有编制部门预算职责的部门在编制下一财政年度部门预算时，应当将该财政年度政府采购的项目及资金预算列出，报本级财政部门汇总。部门预算的审批，按预算管理权限和程序进行。

第三十四条 货物或者服务项目采取邀请招标方式采购的，采购人应当从符合相应资格条件的供应商中，通过随机方式选择三家以上的供应商，并向其发出投标邀请书。

第三十五条 货物和服务项目实行招标方式采购的，自招标文件开始发出之日起至投标人提交投标文件截止之日止，不得少于二十日。

第三十六条 在招标采购中，出现下列情形之一的，应予废标：

（一）符合专业条件的供应商或者对招标文件作实质响应的供应商不足三家的；

（二）出现影响采购公正的违法、违规行为的；

（三）投标人的报价均超过了采购预算，采购人不能支付的；

（四）因重大变故，采购任务取消的。

废标后，采购人应当将废标理由通知所有投标人。

第三十七条 废标后，除采购任务取消情形外，应当重新组织招标；需要采取其他方式采购的，应当在采购活动开始前获得设区的市、自治州以上人民政府采购监督管理部门或者政府有关部门批准。

第三十八条 采用竞争性谈判方式采购的,应当遵循下列程序:

(一)成立谈判小组。谈判小组由采购人的代表和有关专家共三人以上的单数组成,其中专家的人数不得少于成员总数的三分之二。

(二)制定谈判文件。谈判文件应当明确谈判程序、谈判内容、合同草案的条款以及评定成交的标准等事项。

(三)确定邀请参加谈判的供应商名单。谈判小组从符合相应资格条件的供应商名单中确定不少于三家的供应商参加谈判,并向其提供谈判文件。

(四)谈判。谈判小组所有成员集中与单一供应商分别进行谈判。在谈判中,谈判的任何一方不得透露与谈判有关的其他供应商的技术资料、价格和其他信息。谈判文件有实质性变动的,谈判小组应当以书面形式通知所有参加谈判的供应商。

(五)确定成交供应商。谈判结束后,谈判小组应当要求所有参加谈判的供应商在规定时间内进行最后报价,采购人从谈判小组提出的成交候选人中根据符合采购需求、质量和服务相等且报价最低的原则确定成交供应商,并将结果通知所有参加谈判的未成交的供应商。

第三十九条 采取单一来源方式采购的,采购人与供应商应当遵循本法规定的原则,在保证采购项目质量和双方商定合理价格的基础上进行采购。

第四十条 采取询价方式采购的,应当遵循下列程序:

(一)成立询价小组。询价小组由采购人的代表和有关专家共三人以上的单数组成,其中专家的人数不得少于成员总数的三分之二。询价小组应当对采购项目的价格构成和评定成交的标准等事项作出规定。

(二)确定被询价的供应商名单。询价小组根据采购需求,从符合相应资格条件的供应商名单中确定不少于三家的供应商,并向其发出询价通知书让其报价。

(三)询价。询价小组要求被询价的供应商一次报出不得更改的价格。

(四)确定成交供应商。采购人根据符合采购需求、质量和服务相等且报价最低的原则确定成交供应商,并将结果通知所有被询价的未成交的供应商。

第四十一条 采购人或者其委托的采购代理机构应当组织对供应商履约的验

收。大型或者复杂的政府采购项目,应当邀请国家认可的质量检测机构参加验收工作。验收方成员应当在验收书上签字,并承担相应的法律责任。

第四十二条 采购人、采购代理机构对政府采购项目每项采购活动的采购文件应当妥善保存,不得伪造、变造、隐匿或者销毁。采购文件的保存期限为从采购结束之日起至少保存十五年。

采购文件包括采购活动记录、采购预算、招标文件、投标文件、评标标准、评估报告、定标文件、合同文本、验收证明、质疑答复、投诉处理决定及其他有关文件、资料。

采购活动记录至少应当包括下列内容:

(一)采购项目类别、名称;

(二)采购项目预算、资金构成和合同价格;

(三)采购方式,采用公开招标以外的采购方式的,应当载明原因;

(四)邀请和选择供应商的条件及原因;

(五)评标标准及确定中标人的原因;

(六)废标的原因;

(七)采用招标以外采购方式的相应记载。

第五章 政府采购合同

第四十三条 政府采购合同适用合同法。采购人和供应商之间的权利和义务,应当按照平等、自愿的原则以合同方式约定。

采购人可以委托采购代理机构代表其与供应商签订政府采购合同。由采购代理机构以采购人名义签订合同的,应当提交采购人的授权委托书,作为合同附件。

第四十四条 政府采购合同应当采用书面形式。

第四十五条 国务院政府采购监督管理部门应当会同国务院有关部门,规定政府采购合同必须具备的条款。

第四十六条 采购人与中标、成交供应商应当在中标、成交通知书发出之日起三十日内,按照采购文件确定的事项签订政府采购合同。

中标、成交通知书对采购人和中标、成交供应商均具有法律效力。中标、成交通知书发出后，采购人改变中标、成交结果的，或者中标、成交供应商放弃中标、成交项目的，应当依法承担法律责任。

第四十七条 政府采购项目的采购合同自签订之日起七个工作日内，采购人应当将合同副本报同级政府采购监督管理部门和有关部门备案。

第四十八条 经采购人同意，中标、成交供应商可以依法采取分包方式履行合同。

政府采购合同分包履行的，中标、成交供应商就采购项目和分包项目向采购人负责，分包供应商就分包项目承担责任。

第四十九条 政府采购合同履行中，采购人需追加与合同标的相同的货物、工程或者服务的，在不改变合同其他条款的前提下，可以与供应商协商签订补充合同，但所有补充合同的采购金额不得超过原合同采购金额的百分之十。

第五十条 政府采购合同的双方当事人不得擅自变更、中止或者终止合同。

政府采购合同继续履行将损害国家利益和社会公共利益的，双方当事人应当变更、中止或者终止合同。有过错的一方应当承担赔偿责任，双方都有过错的，各自承担相应的责任。

第六章 质疑与投诉

第五十一条 供应商对政府采购活动事项有疑问的，可以向采购人提出询问，采购人应当及时作出答复，但答复的内容不得涉及商业秘密。

第五十二条 供应商认为采购文件、采购过程和中标、成交结果使自己的权益受到损害的，可以在知道或者应知其权益受到损害之日起七个工作日内，以书面形式向采购人提出质疑。

第五十三条 采购人应当在收到供应商的书面质疑后七个工作日内作出答复，并以书面形式通知质疑供应商和其他有关供应商，但答复的内容不得涉及商业秘密。

第五十四条 采购人委托采购代理机构采购的，供应商可以向采购代理机构提出询问或者质疑，采购代理机构应当依照本法第五十一条、第五十三条的规定就采购人委托授权范围内的事项作出答复。

第五十五条　质疑供应商对采购人、采购代理机构的答复不满意或者采购人、采购代理机构未在规定的时间内作出答复的，可以在答复期满后十五个工作日内向同级政府采购监督管理部门投诉。

第五十六条　政府采购监督管理部门应当在收到投诉后三十个工作日内，对投诉事项作出处理决定，并以书面形式通知投诉人和与投诉事项有关的当事人。

第五十七条　政府采购监督管理部门在处理投诉事项期间，可以视具体情况书面通知采购人暂停采购活动，但暂停时间最长不得超过三十日。

第五十八条　投诉人对政府采购监督管理部门的投诉处理决定不服或者政府采购监督管理部门逾期未作处理的，可以依法申请行政复议或者向人民法院提起行政诉讼。

第七章　监督检查

第五十九条　政府采购监督管理部门应当加强对政府采购活动及集中采购机构的监督检查。

监督检查的主要内容是：

（一）有关政府采购的法律、行政法规和规章的执行情况；

（二）采购范围、采购方式和采购程序的执行情况；

（三）政府采购人员的职业素质和专业技能。

第六十条　政府采购监督管理部门不得设置集中采购机构，不得参与政府采购项目的采购活动。

采购代理机构与行政机关不得存在隶属关系或者其他利益关系。

第六十一条　集中采购机构应当建立健全内部监督管理制度。采购活动的决策和执行程序应当明确，并相互监督、相互制约。经办采购的人员与负责采购合同审核、验收人员的职责权限应当明确，并相互分离。

第六十二条　集中采购机构的采购人员应当具有相关职业素质和专业技能，

符合政府采购监督管理部门规定的专业岗位任职要求。

集中采购机构对其工作人员应当加强教育和培训；对采购人员的专业水平、工作实绩和职业道德状况定期进行考核。采购人员经考核不合格的，不得继续任职。

第六十三条　政府采购项目的采购标准应当公开。

采用本法规定的采购方式的，采购人在采购活动完成后，应当将采购结果予以公布。

第六十四条　采购人必须按照本法规定的采购方式和采购程序进行采购。

任何单位和个人不得违反本法规定，要求采购人或者采购工作人员向其指定的供应商进行采购。

第六十五条　政府采购监督管理部门应当对政府采购项目的采购活动进行检查，政府采购当事人应当如实反映情况，提供有关材料。

第六十六条　政府采购监督管理部门应当对集中采购机构的采购价格、节约资金效果、服务质量、信誉状况、有无违法行为等事项进行考核，并定期如实公布考核结果。

第六十七条　依照法律、行政法规的规定对政府采购负有行政监督职责的政府有关部门，应当按照其职责分工，加强对政府采购活动的监督。

第六十八条　审计机关应当对政府采购进行审计监督。政府采购监督管理部门、政府采购各当事人有关政府采购活动，应当接受审计机关的审计监督。

第六十九条　监察机关应当加强对参与政府采购活动的国家机关、国家公务员和国家行政机关任命的其他人员实施监察。

第七十条　任何单位和个人对政府采购活动中的违法行为，有权控告和检举，有关部门、机关应当依照各自职责及时处理。

第八章　法律责任

第七十一条　采购人、采购代理机构有下列情形之一的，责令限期改正，给予警告，可以并处罚款，对直接负责的主管人员和其他直接责任人员，由其行政

主管部门或者有关机关给予处分,并予通报:

(一)应当采用公开招标方式而擅自采用其他方式采购的;

(二)擅自提高采购标准的;

(三)以不合理的条件对供应商实行差别待遇或者歧视待遇的;

(四)在招标采购过程中与投标人进行协商谈判的;

(五)中标、成交通知书发出后不与中标、成交供应商签订采购合同的;

(六)拒绝有关部门依法实施监督检查的。

第七十二条 采购人、采购代理机构及其工作人员有下列情形之一,构成犯罪的,依法追究刑事责任;尚不构成犯罪的,处以罚款,有违法所得的,并处没收违法所得,属于国家机关工作人员的,依法给予行政处分:

(一)与供应商或者采购代理机构恶意串通的;

(二)在采购过程中接受贿赂或者获取其他不正当利益的;

(三)在有关部门依法实施的监督检查中提供虚假情况的;

(四)开标前泄露标底的。

第七十三条 有前两条违法行为之一影响中标、成交结果或者可能影响中标、成交结果的,按下列情况分别处理:

(一)未确定中标、成交供应商的,终止采购活动;

(二)中标、成交供应商已经确定但采购合同尚未履行的,撤销合同,从合格的中标、成交候选人中另行确定中标、成交供应商;

(三)采购合同已经履行的,给采购人、供应商造成损失的,由责任人承担赔偿责任。

第七十四条 采购人对应当实行集中采购的政府采购项目,不委托集中采购机构实行集中采购的,由政府采购监督管理部门责令改正;拒不改正的,停止按预算向其支付资金,由其上级行政主管部门或者有关机关依法给予其直接负责的主管人员和其他直接责任人员处分。

第七十五条 采购人未依法公布政府采购项目的采购标准和采购结果的,责令改正,对直接负责的主管人员依法给予处分。

第七十六条 采购人、采购代理机构违反本法规定隐匿、销毁应当保存的采购文件或者伪造、变造采购文件的，由政府采购监督管理部门处以二万元以上十万元以下的罚款，对其直接负责的主管人员和其他直接责任人员依法给予处分；构成犯罪的，依法追究刑事责任。

第七十七条　供应商有下列情形之一的，处以采购金额千分之五以上千分之十以下的罚款，列入不良行为记录名单，在一至三年内禁止参加政府采购活动，有违法所得的，并处没收违法所得，情节严重的，由工商行政管理机关吊销营业执照；构成犯罪的，依法追究刑事责任：

（一）提供虚假材料谋取中标、成交的；

（二）采取不正当手段诋毁、排挤其他供应商的；

（三）与采购人、其他供应商或者采购代理机构恶意串通的；

（四）向采购人、采购代理机构行贿或者提供其他不正当利益的；

（五）在招标采购过程中与采购人进行协商谈判的；

（六）拒绝有关部门监督检查或者提供虚假情况的。

供应商有前款第（一）至（五）项情形之一的，中标、成交无效。

第七十八条　采购代理机构在代理政府采购业务中有违法行为的，按照有关法律规定处以罚款，可以在一至三年内禁止其代理政府采购业务，构成犯罪的，依法追究刑事责任。

第七十九条　政府采购当事人有本法第七十一条、第七十二条、第七十七条违法行为之一，给他人造成损失的，并应依照有关民事法律规定承担民事责任。

第八十条　政府采购监督管理部门的工作人员在实施监督检查中违反本法规定滥用职权，玩忽职守，徇私舞弊的，依法给予行政处分；构成犯罪的，依法追究刑事责任。

第八十一条　政府采购监督管理部门对供应商的投诉逾期未作处理的，给予直接负责的主管人员和其他直接责任人员行政处分。

第八十二条　政府采购监督管理部门对集中采购机构业绩的考核，有虚假陈述，隐瞒真实情况的，或者不作定期考核和公布考核结果的，应当及时纠正，由其上级机关或者监察机关对其负责人进行通报，并对直接负责的人员依法给予行政处分。

集中采购机构在政府采购监督管理部门考核中，虚报业绩，隐瞒真实情况的，处以二万元以上二十万元以下的罚款，并予以通报；情节严重的，取消其代理采购的资格。

第八十三条　任何单位或者个人阻挠和限制供应商进入本地区或者本行业政府采购市场的，责令限期改正；拒不改正的，由该单位、个人的上级行政主管部门或者有关机关给予单位责任人或者个人处分。

第九章　附　则

第八十四条　使用国际组织和外国政府贷款进行的政府采购，贷款方、资金提供方与中方达成的协议对采购的具体条件另有规定的，可以适用其规定，但不得损害国家利益和社会公共利益。

第八十五条　对因严重自然灾害和其他不可抗力事件所实施的紧急采购和涉及国家安全和秘密的采购，不适用本法。

第八十六条　军事采购法规由中央军事委员会另行制定。

第八十七条　本法实施的具体步骤和办法由国务院规定。

第八十八条　本法自2003年1月1日起施行。

中华人民共和国政府采购法实施条例

（2014年12月31日国务院第75次常务会议通过 2015年1月30日中华人民共和国国务院令第658号公布 自2015年3月1日起施行）

第一章 总 则

第一条 根据《中华人民共和国政府采购法》（以下简称政府采购法），制定本条例。

第二条 政府采购法第二条所称财政性资金是指纳入预算管理的资金。

以财政性资金作为还款来源的借贷资金，视同财政性资金。

国家机关、事业单位和团体组织的采购项目既使用财政性资金又使用非财政性资金的，使用财政性资金采购的部分，适用政府采购法及本条例；财政性资金与非财政性资金无法分割采购的，统一适用政府采购法及本条例。

政府采购法第二条所称服务，包括政府自身需要的服务和政府向社会公众提供的公共服务。

第三条 集中采购目录包括集中采购机构采购项目和部门集中采购项目。

技术、服务等标准统一，采购人普遍使用的项目，列为集中采购机构采购项目；采购人本部门、本系统基于业务需要有特殊要求，可以统一采购的项目，列为部门集中采购项目。

第四条 政府采购法所称集中采购，是指采购人将列入集中采购目录的项目委托集中采购机构代理采购或者进行部门集中采购的行为；所称分散采购，是指采购人将采购限额标准以上的未列入集中采购目录的项目自行采购或者委托采购代理机构代理采购的行为。

第五条 省、自治区、直辖市人民政府或者其授权的机构根据实际情况，可以确定分别适用于本行政区域省级、设区的市级、县级的集中采购目录和采购限额标准。

第六条 国务院财政部门应当根据国家的经济和社会发展政策，会同国务院有关部门制定政府采购政策，通过制定采购需求标准、预留采购份额、价格评审优惠、优先采购等措施，实现节约能源、保护环境、扶持不发达地区和少数民族地区、促进中小企业发展等目标。

第七条 政府采购工程以及与工程建设有关的货物、服务，采用招标方式采购的，适用《中华人民共和国招标投标法》及其实施条例；采用其他方式采购的，适用政府采购法及本条例。

前款所称工程，是指建设工程，包括建筑物和构筑物的新建、改建、扩建及其相关的装修、拆除、修缮等；所称与工程建设有关的货物，是指构成工程不可分割的组成部分，且为实现工程基本功能所必需的设备、材料等；所称与工程建设有关的服务，是指为完成工程所需的勘察、设计、监理等服务。

政府采购工程以及与工程建设有关的货物、服务，应当执行政府采购政策。

第八条 政府采购项目信息应当在省级以上人民政府财政部门指定的媒体上发布。采购项目预算金额达到国务院财政部门规定标准的，政府采购项目信息应当在国务院财政部门指定的媒体上发布。

第九条 在政府采购活动中，采购人员及相关人员与供应商有下列利害关系之一的，应当回避：

（一）参加采购活动前3年内与供应商存在劳动关系；

（二）参加采购活动前3年内担任供应商的董事、监事；

（三）参加采购活动前3年内是供应商的控股股东或者实际控制人；

（四）与供应商的法定代表人或者负责人有夫妻、直系血亲、三代以内旁系血亲或者近姻亲关系；

（五）与供应商有其他可能影响政府采购活动公平、公正进行的关系。

供应商认为采购人员及相关人员与其他供应商有利害关系的，可以向采购人或者采购代理机构书面提出回避申请，并说明理由。采购人或者采购代理机构应当及时询问被申请回避人员，有利害关系的被申请回避人员应当回避。

第十条 国家实行统一的政府采购电子交易平台建设标准，推动利用信息网络进行电子化政府采购活动。

第二章 政府采购当事人

第十一条 采购人在政府采购活动中应当维护国家利益和社会公共利益，公正廉洁，诚实守信，执行政府采购政策，建立政府采购内部管理制度，厉行节约，科学合理确定采购需求。

采购人不得向供应商索要或者接受其给予的赠品、回扣或者与采购无关的其他商品、服务。

第十二条 政府采购法所称采购代理机构，是指集中采购机构和集中采购机构以外的采购代理机构。

集中采购机构是设区的市级以上人民政府依法设立的非营利事业法人，是代理集中采购项目的执行机构。集中采购机构应当根据采购人委托制定集中采购项目的实施方案，明确采购规程，组织政府采购活动，不得将集中采购项目转委托。集中采购机构以外的采购代理机构，是从事采购代理业务的社会中介机构。

第十三条 采购代理机构应当建立完善的政府采购内部监督管理制度，具备开展政府采购业务所需的评审条件和设施。

采购代理机构应当提高确定采购需求，编制招标文件、谈判文件、询价通知书，拟订合同文本和优化采购程序的专业化服务水平，根据采购人委托在规定的时间内及时组织采购人与中标或者成交供应商签订政府采购合同，及时协助采购人对采购项目进行验收。

第十四条 采购代理机构不得以不正当手段获取政府采购代理业务，不得与采购人、供应商恶意串通操纵政府采购活动。

采购代理机构工作人员不得接受采购人或者供应商组织的宴请、旅游、娱乐，不得收受礼品、现金、有价证券等，不得向采购人或者供应商报销应当由个人承担的费用。

第十五条　采购人、采购代理机构应当根据政府采购政策、采购预算、采购需求编制采购文件。

采购需求应当符合法律法规以及政府采购政策规定的技术、服务、安全等要求。政府向社会公众提供的公共服务项目，应当就确定采购需求征求社会公众的意见。除因技术复杂或者性质特殊，不能确定详细规格或者具体要求外，采购需求应当完整、明确。必要时，应当就确定采购需求征求相关供应商、专家的意见。

第十六条　政府采购法第二十条规定的委托代理协议，应当明确代理采购的范围、权限和期限等具体事项。

采购人和采购代理机构应当按照委托代理协议履行各自义务，采购代理机构不得超越代理权限。

第十七条　参加政府采购活动的供应商应当具备政府采购法第二十二条第一款规定的条件，提供下列材料：

（一）法人或者其他组织的营业执照等证明文件，自然人的身份证明；

（二）财务状况报告，依法缴纳税收和社会保障资金的相关材料；

（三）具备履行合同所必需的设备和专业技术能力的证明材料；

（四）参加政府采购活动前3年内在经营活动中没有重大违法记录的书面声明；

（五）具备法律、行政法规规定的其他条件的证明材料。

采购项目有特殊要求的，供应商还应当提供其符合特殊要求的证明材料或者情况说明。

第十八条　单位负责人为同一人或者存在直接控股、管理关系的不同供应商，不得参加同一合同项下的政府采购活动。

除单一来源采购项目外，为采购项目提供整体设计、规范编制或者项目管理、监理、检测等服务的供应商，不得再参加该采购项目的其他采购活动。

第十九条　政府采购法第二十二条第一款第五项所称重大违法记录，是指供应商因违法经营受到刑事处罚或者责令停产停业、吊销许可证或者执照、较大数额罚款等行政处罚。

供应商在参加政府采购活动前3年内因违法经营被禁止在一定期限内参加政

府采购活动，期限届满的，可以参加政府采购活动。

第二十条 采购人或者采购代理机构有下列情形之一的，属于以不合理的条件对供应商实行差别待遇或者歧视待遇：

（一）就同一采购项目向供应商提供有差别的项目信息；

（二）设定的资格、技术、商务条件与采购项目的具体特点和实际需要不相适应或者与合同履行无关；

（三）采购需求中的技术、服务等要求指向特定供应商、特定产品；

（四）以特定行政区域或者特定行业的业绩、奖项作为加分条件或者中标、成交条件；

（五）对供应商采取不同的资格审查或者评审标准；

（六）限定或者指定特定的专利、商标、品牌或者供应商；

（七）非法限定供应商的所有制形式、组织形式或者所在地；

（八）以其他不合理条件限制或者排斥潜在供应商。

第二十一条 采购人或者采购代理机构对供应商进行资格预审的，资格预审公告应当在省级以上人民政府财政部门指定的媒体上发布。已进行资格预审的，评审阶段可以不再对供应商资格进行审查。资格预审合格的供应商在评审阶段资格发生变化的，应当通知采购人和采购代理机构。

资格预审公告应当包括采购人和采购项目名称、采购需求、对供应商的资格要求以及供应商提交资格预审申请文件的时间和地点。提交资格预审申请文件的时间自公告发布之日起不得少于5个工作日。

第二十二条 联合体中有同类资质的供应商按照联合体分工承担相同工作的，应当按照资质等级较低的供应商确定资质等级。

以联合体形式参加政府采购活动的，联合体各方不得再单独参加或者与其他供应商另外组成联合体参加同一合同项下的政府采购活动。

第三章 政府采购方式

第二十三条 采购人采购公开招标数额标准以上的货物或者服务，符合政府采购法第二十九条、第三十条、第三十一条、第三十二条规定情形或者有需要执行政府采购政策等特殊情况的，经设区的市级以上人民政府财政部门批准，可以依法采用公开招标以外的采购方式。

第二十四条　列入集中采购目录的项目，适合实行批量集中采购的，应当实行批量集中采购，但紧急的小额零星货物项目和有特殊要求的服务、工程项目除外。

第二十五条　政府采购工程依法不进行招标的，应当依照政府采购法和本条例规定的竞争性谈判或者单一来源采购方式采购。

第二十六条　政府采购法第三十条第三项规定的情形，应当是采购人不可预见的或者非因采购人拖延导致的；第四项规定的情形，是指因采购艺术品或者因专利、专有技术或者因服务的时间、数量事先不能确定等导致不能事先计算出价格总额。

第二十七条　政府采购法第三十一条第一项规定的情形，是指因货物或者服务使用不可替代的专利、专有技术，或者公共服务项目具有特殊要求，导致只能从某一特定供应商处采购。

第二十八条　在一个财政年度内，采购人将一个预算项目下的同一品目或者类别的货物、服务采用公开招标以外的方式多次采购，累计资金数额超过公开招标数额标准的，属于以化整为零方式规避公开招标，但项目预算调整或者经批准采用公开招标以外方式采购除外。

第四章　政府采购程序

第二十九条　采购人应当根据集中采购目录、采购限额标准和已批复的部门预算编制政府采购实施计划，报本级人民政府财政部门备案。

第三十条　采购人或者采购代理机构应当在招标文件、谈判文件、询价通知书中公开采购项目预算金额。

第三十一条　招标文件的提供期限自招标文件开始发出之日起不得少于5个工作日。

采购人或者采购代理机构可以对已发出的招标文件进行必要的澄清或者修改。澄清或者修改的内容可能影响投标文件编制的，采购人或者采购代理机构应当在投标截止时间至少15日前，以书面形式通知所有获取招标文件的潜在投标人；不足15日的，采购人或者采购代理机构应当顺延提交投标文件的截止时间。

第三十二条 采购人或者采购代理机构应当按照国务院财政部门制定的招标文件标准文本编制招标文件。

招标文件应当包括采购项目的商务条件、采购需求、投标人的资格条件、投标报价要求、评标方法、评标标准以及拟签订的合同文本等。

第三十三条 招标文件要求投标人提交投标保证金的，投标保证金不得超过采购项目预算金额的2%。投标保证金应当以支票、汇票、本票或者金融机构、担保机构出具的保函等非现金形式提交。投标人未按照招标文件要求提交投标保证金的，投标无效。

采购人或者采购代理机构应当自中标通知书发出之日起5个工作日内退还未中标供应商的投标保证金，自政府采购合同签订之日起5个工作日内退还中标供应商的投标保证金。

竞争性谈判或者询价采购中要求参加谈判或者询价的供应商提交保证金的，参照前两款的规定执行。

第三十四条 政府采购招标评标方法分为最低评标价法和综合评分法。

最低评标价法，是指投标文件满足招标文件全部实质性要求且投标报价最低的供应商为中标候选人的评标方法。综合评分法，是指投标文件满足招标文件全部实质性要求且按照评审因素的量化指标评审得分最高的供应商为中标候选人的评标方法。

技术、服务等标准统一的货物和服务项目，应当采用最低评标价法。

采用综合评分法的，评审标准中的分值设置应当与评审因素的量化指标相对应。

招标文件中没有规定的评标标准不得作为评审的依据。

第三十五条 谈判文件不能完整、明确列明采购需求，需要由供应商提供最终设计方案或者解决方案的，在谈判结束后，谈判小组应当按照少数服从多数的原则投票推荐 3 家以上供应商的设计方案或者解决方案，并要求其在规定时间内提交最后报价。

第三十六条 询价通知书应当根据采购需求确定政府采购合同条款。在询价过程中，询价小组不得改变询价通知书所确定的政府采购合同条款。

第三十七条 政府采购法第三十八条第五项、第四十条第四项所称质量和服务相等，是指供应商提供的产品质量和服务均能满足采购文件规定的实质性要求。

第三十八条 达到公开招标数额标准，符合政府采购法第三十一条第一项规定情形，只能从唯一供应商处采购的，采购人应当将采购项目信息和唯一供应商名称在省级以上人民政府财政部门指定的媒体上公示，公示期不得少于 5 个工作日。

第三十九条 除国务院财政部门规定的情形外，采购人或者采购代理机构应当从政府采购评审专家库中随机抽取评审专家。

第四十条 政府采购评审专家应当遵守评审工作纪律，不得泄露评审文件、评审情况和评审中获悉的商业秘密。

评标委员会、竞争性谈判小组或者询价小组在评审过程中发现供应商有行贿、提供虚假材料或者串通等违法行为的，应当及时向财政部门报告。

政府采购评审专家在评审过程中受到非法干预的，应当及时向财政、监察等部门举报。

第四十一条 评标委员会、竞争性谈判小组或者询价小组成员应当按照客观、公正、审慎的原则，根据采购文件规定的评审程序、评审方法和评审标准进行独立评审。采购文件内容违反国家有关强制性规定的，评标委员会、竞争性谈判小组或者询价小组应当停止评审并向采购人或者采购代理机构说明情况。

评标委员会、竞争性谈判小组或者询价小组成员应当在评审报告上签字，对自己的评审意见承担法律责任。对评审报告有异议的，应当在评审报告上签署不同意见，并说明理由，否则视为同意评审报告。

第四十二条 采购人、采购代理机构不得向评标委员会、竞争性谈判小组或者询价小组的评审专家作倾向性、误导性的解释或者说明。

第四十三条 采购代理机构应当自评审结束之日起2个工作日内将评审报告送交采购人。采购人应当自收到评审报告之日起5个工作日内在评审报告推荐的中标或者成交候选人中按顺序确定中标或者成交供应商。

采购人或者采购代理机构应当自中标、成交供应商确定之日起2个工作日内，发出中标、成交通知书，并在省级以上人民政府财政部门指定的媒体上公告中标、成交结果，招标文件、竞争性谈判文件、询价通知书随中标、成交结果同时公告。

中标、成交结果公告内容应当包括采购人和采购代理机构的名称、地址、联系方式，项目名称和项目编号，中标或者成交供应商名称、地址和中标或者成交金额，主要中标或者成交标的的名称、规格型号、数量、单价、服务要求以及评审专家名单。

第四十四条 除国务院财政部门规定的情形外，采购人、采购代理机构不得以任何理由组织重新评审。采购人、采购代理机构按照国务院财政部门的规定组织重新评审的，应当书面报告本级人民政府财政部门。

采购人或者采购代理机构不得通过对样品进行检测、对供应商进行考察等方式改变评审结果。

第四十五条 采购人或者采购代理机构应当按照政府采购合同规定的技术、服务、安全标准组织对供应商履约情况进行验收，并出具验收书。验收书应当包括每一项技术、服务、安全标准的履约情况。

政府向社会公众提供的公共服务项目，验收时应当邀请服务对象参与并出具意见，验收结果应当向社会公告。

第四十六条 政府采购法第四十二条规定的采购文件，可以用电子档案方式保存。

第五章　政府采购合同

第四十七条 国务院财政部门应当会同国务院有关部门制定政府采购合同标准文本。

第四十八条 采购文件要求中标或者成交供应商提交履约保证金的，供应商应当以支票、汇票、本票或者金融机构、担保机构出具的保函等非现金形式提交。履约保证金的数额不得超过政府采购合同金额的 10%。

第四十九条 中标或者成交供应商拒绝与采购人签订合同的，采购人可以按照评审报告推荐的中标或者成交候选人名单排序，确定下一候选人为中标或者成交供应商，也可以重新开展政府采购活动。

第五十条 采购人应当自政府采购合同签订之日起 2 个工作日内，将政府采购合同在省级以上人民政府财政部门指定的媒体上公告，但政府采购合同中涉及国家秘密、商业秘密的内容除外。

第五十一条 采购人应当按照政府采购合同规定，及时向中标或者成交供应商支付采购资金。

政府采购项目资金支付程序，按照国家有关财政资金支付管理的规定执行。

第六章 质疑与投诉

第五十二条 采购人或者采购代理机构应当在 3 个工作日内对供应商依法提出的询问作出答复。

供应商提出的询问或者质疑超出采购人对采购代理机构委托授权范围的，采购代理机构应当告知供应商向采购人提出。

政府采购评审专家应当配合采购人或者采购代理机构答复供应商的询问和质疑。

第五十三条 政府采购法第五十二条规定的供应商应知其权益受到损害之日，是指：

（一）对可以质疑的采购文件提出质疑的，为收到采购文件之日或者采购文件公告期限届满之日；

（二）对采购过程提出质疑的，为各采购程序环节结束之日；

（三）对中标或者成交结果提出质疑的，为中标或者成交结果公告期限届满之日。

第五十四条 询问或者质疑事项可能影响中标、成交结果的，采购人应当暂停签订合同，已经签订合同的，应当中止履行合同。

第五十五条 供应商质疑、投诉应当有明确的请求和必要的证明材料。供应商投诉的事项不得超出已质疑事项的范围。

第五十六条 财政部门处理投诉事项采用书面审查的方式，必要时可以进行调查取证或者组织质证。

对财政部门依法进行的调查取证，投诉人和与投诉事项有关的当事人应当如实反映情况，并提供相关材料。

第五十七条 投诉人捏造事实、提供虚假材料或者以非法手段取得证明材料进行投诉的，财政部门应当予以驳回。

财政部门受理投诉后，投诉人书面申请撤回投诉的，财政部门应当终止投诉处理程序。

第五十八条 财政部门处理投诉事项，需要检验、检测、鉴定、专家评审以及需要投诉人补正材料的，所需时间不计算在投诉处理期限内。

财政部门对投诉事项作出的处理决定，应当在省级以上人民政府财政部门指定的媒体上公告。

第七章 监督检查

第五十九条 政府采购法第六十三条所称政府采购项目的采购标准，是指项目采购所依据的经费预算标准、资产配置标准和技术、服务标准等。

第六十条 除政府采购法第六十六条规定的考核事项外，财政部门对集中采购机构的考核事项还包括：

（一）政府采购政策的执行情况；

（二）采购文件编制水平；

（三）采购方式和采购程序的执行情况；

（四）询问、质疑答复情况；

（五）内部监督管理制度建设及执行情况；

（六）省级以上人民政府财政部门规定的其他事项。

财政部门应当制定考核计划，定期对集中采购机构进行考核，考核结果有重要情况的，应当向本级人民政府报告。

第六十一条 采购人发现采购代理机构有违法行为的，应当要求其改正。采购代理机构拒不改正的，采购人应当向本级人民政府财政部门报告，财政部门应当依法处理。

采购代理机构发现采购人的采购需求存在以不合理条件对供应商实行差别待遇、歧视待遇或者其他不符合法律、法规和政府采购政策规定内容，或者发现采购人有其他违法行为的，应当建议其改正。采购人拒不改正的，采购代理机构应当向采购人的本级人民政府财政部门报告，财政部门应当依法处理。

第六十二条 省级以上人民政府财政部门应当对政府采购评审专家库实行动态管理，具体管理办法由国务院财政部门制定。

采购人或者采购代理机构应当对评审专家在政府采购活动中的职责履行情况予以记录，并及时向财政部门报告。

第六十三条 各级人民政府财政部门和其他有关部门应当加强对参加政府采购活动的供应商、采购代理机构、评审专家的监督管理，对其不良行为予以记录，并纳入统一的信用信息平台。

第六十四条 各级人民政府财政部门对政府采购活动进行监督检查，有权查阅、复制有关文件、资料，相关单位和人员应当予以配合。

第六十五条 审计机关、监察机关以及其他有关部门依法对政府采购活动实施监督，发现采购当事人有违法行为的，应当及时通报财政部门。

第八章　法律责任

第六十六条 政府采购法第七十一条规定的罚款，数额为10万元以下。

政府采购法第七十二条规定的罚款，数额为5万元以上25万元以下。

第六十七条 采购人有下列情形之一的，由财政部门责令限期改正，给予警告，对直接负责的主管人员和其他直接责任人员依法给予处分，并予以通报：

（一）未按照规定编制政府采购实施计划或者未按照规定将政府采购实施计划报本级人民政府财政部门备案；

（二）将应当进行公开招标的项目化整为零或者以其他任何方式规避公开招标；

（三）未按照规定在评标委员会、竞争性谈判小组或者询价小组推荐的中标或者成交候选人中确定中标或者成交供应商；

（四）未按照采购文件确定的事项签订政府采购合同；

（五）政府采购合同履行中追加与合同标的相同的货物、工程或者服务的采购金额超过原合同采购金额10%；

（六）擅自变更、中止或者终止政府采购合同；

（七）未按照规定公告政府采购合同；

（八）未按照规定时间将政府采购合同副本报本级人民政府财政部门和有关部门备案。

第六十八条 采购人、采购代理机构有下列情形之一的，依照政府采购法第七十一条、第七十八条的规定追究法律责任：

（一）未依照政府采购法和本条例规定的方式实施采购；

（二）未依法在指定的媒体上发布政府采购项目信息；

（三）未按照规定执行政府采购政策；

（四）违反本条例第十五条的规定导致无法组织对供应商履约情况进行验收或者国家财产遭受损失；

（五）未依法从政府采购评审专家库中抽取评审专家；

（六）非法干预采购评审活动；

（七）采用综合评分法时评审标准中的分值设置未与评审因素的量化指标相对应；

（八）对供应商的询问、质疑逾期未作处理；

（九）通过对样品进行检测、对供应商进行考察等方式改变评审结果；

（十）未按照规定组织对供应商履约情况进行验收。

第六十九条 集中采购机构有下列情形之一的，由财政部门责令限期改正，

给予警告,有违法所得的,并处没收违法所得,对直接负责的主管人员和其他直接责任人员依法给予处分,并予以通报:

(一)内部监督管理制度不健全,对依法应当分设、分离的岗位、人员未分设、分离;

(二)将集中采购项目委托其他采购代理机构采购;

(三)从事营利活动。

第七十条 采购人员与供应商有利害关系而不依法回避的,由财政部门给予警告,并处2000元以上2万元以下的罚款。

第七十一条 有政府采购法第七十一条、第七十二条规定的违法行为之一,影响或者可能影响中标、成交结果的,依照下列规定处理:

(一)未确定中标或者成交供应商的,终止本次政府采购活动,重新开展政府采购活动。

(二)已确定中标或者成交供应商但尚未签订政府采购合同的,中标或者成交结果无效,从合格的中标或者成交候选人中另行确定中标或者成交供应商;没有合格的中标或者成交候选人的,重新开展政府采购活动。

(三)政府采购合同已签订但尚未履行的,撤销合同,从合格的中标或者成交候选人中另行确定中标或者成交供应商;没有合格的中标或者成交候选人的,重新开展政府采购活动。

(四)政府采购合同已经履行,给采购人、供应商造成损失的,由责任人承担赔偿责任。

政府采购当事人有其他违反政府采购法或者本条例规定的行为,经改正后仍然影响或者可能影响中标、成交结果或者依法被认定为中标、成交无效的,依照前款规定处理。

第七十二条 供应商有下列情形之一的,依照政府采购法第七十七条第一款的规定追究法律责任:

(一)向评标委员会、竞争性谈判小组或者询价小组成员行贿或者提供其他不正当利益;

(二)中标或者成交后无正当理由拒不与采购人签订政府采购合同;

（三）未按照采购文件确定的事项签订政府采购合同；

（四）将政府采购合同转包；

（五）提供假冒伪劣产品；

（六）擅自变更、中止或者终止政府采购合同。

供应商有前款第一项规定情形的，中标、成交无效。评审阶段资格发生变化，供应商未依照本条例第二十一条的规定通知采购人和采购代理机构的，处以采购金额5‰的罚款，列入不良行为记录名单，中标、成交无效。

第七十三条　供应商捏造事实、提供虚假材料或者以非法手段取得证明材料进行投诉的，由财政部门列入不良行为记录名单，禁止其1至3年内参加政府采购活动。

第七十四条　有下列情形之一的，属于恶意串通，对供应商依照政府采购法第七十七条第一款的规定追究法律责任，对采购人、采购代理机构及其工作人员依照政府采购法第七十二条的规定追究法律责任：

（一）供应商直接或者间接从采购人或者采购代理机构处获得其他供应商的相关情况并修改其投标文件或者响应文件；

（二）供应商按照采购人或者采购代理机构的授意撤换、修改投标文件或者响应文件；

（三）供应商之间协商报价、技术方案等投标文件或者响应文件的实质性内容；

（四）属于同一集团、协会、商会等组织成员的供应商按照该组织要求协同参加政府采购活动；

（五）供应商之间事先约定由某一特定供应商中标、成交；

（六）供应商之间商定部分供应商放弃参加政府采购活动或者放弃中标、成交；

（七）供应商与采购人或者采购代理机构之间、供应商相互之间，为谋求特定供应商中标、成交或者排斥其他供应商的其他串通行为。

第七十五条　政府采购评审专家未按照采购文件规定的评审程序、评审方法和评审标准进行独立评审或者泄露评审文件、评审情况的，由财政部门给予警告，并处2000元以上2万元以下的罚款；影响中标、成交结果的，处2万元以上 5 万元以下的罚款，禁止其参加政府采购评审活动。

政府采购评审专家与供应商存在利害关系未回避的，处 2 万元以上 5 万元以下的罚款，禁止其参加政府采购评审活动。

政府采购评审专家收受采购人、采购代理机构、供应商贿赂或者获取其他不正当利益，构成犯罪的，依法追究刑事责任；尚不构成犯罪的，处 2 万元以上 5 万元以下的罚款，禁止其参加政府采购评审活动。

政府采购评审专家有上述违法行为的，其评审意见无效，不得获取评审费；有违法所得的，没收违法所得；给他人造成损失的，依法承担民事责任。

第七十六条　政府采购当事人违反政府采购法和本条例规定，给他人造成损失的，依法承担民事责任。

第七十七条　财政部门在履行政府采购监督管理职责中违反政府采购法和本条例规定，滥用职权、玩忽职守、徇私舞弊的，对直接负责的主管人员和其他直接责任人员依法给予处分；直接负责的主管人员和其他直接责任人员构成犯罪的，依法追究刑事责任。

第九章　附　则

第七十八条　财政管理实行省直接管理的县级人民政府可以根据需要并报经省级人民政府批准，行使政府采购法和本条例规定的设区的市级人民政府批准变更采购方式的职权。

第七十九条　本条例自 2015 年 3 月 1 日起施行。

政府采购货物和服务招标投标管理办法

（2017年7月11日中华人民共和国财政部令第87号公布　自2017年10月1日起施行）

第一章　总　则

第一条　为了规范政府采购当事人的采购行为，加强对政府采购货物和服务招标投标活动的监督管理，维护国家利益、社会公共利益和政府采购招标投标活动当事人的合法权益，依据《中华人民共和国政府采购法》（以下简称政府采购法）、《中华人民共和国政府采购法实施条例》（以下简称政府采购法实施条例）和其他有关法律法规规定，制定本办法。

第二条　本办法适用于在中华人民共和国境内开展政府采购货物和服务（以下简称货物服务）招标投标活动。

第三条　货物服务招标分为公开招标和邀请招标。

公开招标，是指采购人依法以招标公告的方式邀请非特定的供应商参加投标的采购方式。

邀请招标，是指采购人依法从符合相应资格条件的供应商中随机抽取3家以上供应商，并以投标邀请书的方式邀请其参加投标的采购方式。

第四条　属于地方预算的政府采购项目，省、自治区、直辖市人民政府根据实际情况，可以确定分别适用于本行政区域省级、设区的市级、县级公开招标数额标准。

第五条　采购人应当在货物服务招标投标活动中落实节约能源、保护环境、扶持不发达地区和少数民族地区、促进中小企业发展等政府采购政策。

第六条　采购人应当按照行政事业单位内部控制规范要求，建立健全本单位政府采购内部控制制度，在编制政府采购预算和实施计划、确定采购需求、组织采购活动、履约验收、答复询问质疑、配合投诉处理及监督检查等重点环节加强内部控制管理。

采购人不得向供应商索要或者接受其给予的赠品、回扣或者与采购无关的其他商品、服务。

第七条　采购人应当按照财政部制定的《政府采购品目分类目录》确定采购项目属性。按照《政府采购品目分类目录》无法确定的，按照有利于采购项目实施的原则确定。

第八条　采购人委托采购代理机构代理招标的，采购代理机构应当在采购人委托的范围内依法开展采购活动。

采购代理机构及其分支机构不得在所代理的采购项目中投标或者代理投标，不得为所代理的采购项目的投标人参加本项目提供投标咨询。

第二章　招　标

第九条　未纳入集中采购目录的政府采购项目，采购人可以自行招标，也可以委托采购代理机构在委托的范围内代理招标。

采购人自行组织开展招标活动的，应当符合下列条件：

（一）有编制招标文件、组织招标的能力和条件；

（二）有与采购项目专业性相适应的专业人员。

第十条　采购人应当对采购标的的市场技术或者服务水平、供应、价格等情况进行市场调查，根据调查情况、资产配置标准等科学、合理地确定采购需求，进行价格测算。

第十一条　采购需求应当完整、明确，包括以下内容：

（一）采购标的需实现的功能或者目标，以及为落实政府采购政策需满足的要求；

（二）采购标的需执行的国家相关标准、行业标准、地方标准或者其他标准、规范；

（三）采购标的需满足的质量、安全、技术规格、物理特性等要求；

（四）采购标的的数量、采购项目交付或者实施的时间和地点；

（五）采购标的需满足的服务标准、期限、效率等要求；

（六）采购标的的验收标准；

（七）采购标的的其他技术、服务等要求。

第十二条 采购人根据价格测算情况，可以在采购预算额度内合理设定最高限价，但不得设定最低限价。

第十三条 公开招标公告应当包括以下主要内容：

（一）采购人及其委托的采购代理机构的名称、地址和联系方法；

（二）采购项目的名称、预算金额，设定最高限价的，还应当公开最高限价；

（三）采购人的采购需求；

（四）投标人的资格要求；

（五）获取招标文件的时间期限、地点、方式及招标文件售价；

（六）公告期限；

（七）投标截止时间、开标时间及地点；

（八）采购项目联系人姓名和电话。

第十四条 采用邀请招标方式的，采购人或者采购代理机构应当通过以下方式产生符合资格条件的供应商名单，并从中随机抽取3家以上供应商向其发出投标邀请书：

（一）发布资格预审公告征集；

（二）从省级以上人民政府财政部门（以下简称财政部门）建立的供应商库中选取；

（三）采购人书面推荐。

采用前款第一项方式产生符合资格条件供应商名单的，采购人或者采购代理机构应当按照资格预审文件载明的标准和方法，对潜在投标人进行资格预审。

采用第一款第二项或者第三项方式产生符合资格条件供应商名单的，备选的符合资格条件供应商总数不得少于拟随机抽取供应商总数的两倍。

随机抽取是指通过抽签等能够保证所有符合资格条件供应商机会均等的方式选定供应商。随机抽取供应商时，应当有不少于两名采购人工作人员在场监督，并形成书面记录，随采购文件一并存档。

投标邀请书应当同时向所有受邀请的供应商发出。

第十五条 资格预审公告应当包括以下主要内容：

（一）本办法第十三条第一至四项、第六项和第八项内容；

（二）获取资格预审文件的时间期限、地点、方式；

（三）提交资格预审申请文件的截止时间、地点及资格预审日期。

第十六条 招标公告、资格预审公告的公告期限为5个工作日。公告内容应当以省级以上财政部门指定媒体发布的公告为准。公告期限自省级以上财政部门指定媒体最先发布公告之日起算。

第十七条 采购人、采购代理机构不得将投标人的注册资本、资产总额、营业收入、从业人员、利润、纳税额等规模条件作为资格要求或者评审因素，也不得通过将除进口货物以外的生产厂家授权、承诺、证明、背书等作为资格要求，对投标人实行差别待遇或者歧视待遇。

第十八条 采购人或者采购代理机构应当按照招标公告、资格预审公告或者投标邀请书规定的时间、地点提供招标文件或者资格预审文件，提供期限自招标公告、资格预审公告发布之日起计算不得少于5个工作日。提供期限届满后，获取招标文件或者资格预审文件的潜在投标人不足3家的，可以顺延提供期限，并予公告。

公开招标进行资格预审的，招标公告和资格预审公告可以合并发布，招标文件应当向所有通过资格预审的供应商提供。

第十九条 采购人或者采购代理机构应当根据采购项目的实施要求，在招标公告、资格预审公告或者投标邀请书中载明是否接受联合体投标。如未载明，不得拒绝联合体投标。

第二十条 采购人或者采购代理机构应当根据采购项目的特点和采购需求编制招标文件。招标文件应当包括以下主要内容：

（一）投标邀请；

（二）投标人须知（包括投标文件的密封、签署、盖章要求等）；

（三）投标人应当提交的资格、资信证明文件；

（四）为落实政府采购政策，采购标的需满足的要求，以及投标人须提供的证明材料；

（五）投标文件编制要求、投标报价要求和投标保证金交纳、退还方式以及不予退还投标保证金的情形；

（六）采购项目预算金额，设定最高限价的，还应当公开最高限价；

（七）采购项目的技术规格、数量、服务标准、验收等要求，包括附件、图纸等；

（八）拟签订的合同文本；

（九）货物、服务提供的时间、地点、方式；

（十）采购资金的支付方式、时间、条件；

（十一）评标方法、评标标准和投标无效情形；

（十二）投标有效期；

（十三）投标截止时间、开标时间及地点；

（十四）采购代理机构代理费用的收取标准和方式；

（十五）投标人信用信息查询渠道及截止时点、信用信息查询记录和证据留存的具体方式、信用信息的使用规则等；

（十六）省级以上财政部门规定的其他事项。

对于不允许偏离的实质性要求和条件，采购人或者采购代理机构应当在招标文件中规定，并以醒目的方式标明。

第二十一条 采购人或者采购代理机构应当根据采购项目的特点和采购需求编制资格预审文件。资格预审文件应当包括以下主要内容：

（一）资格预审邀请；

（二）申请人须知；

（三）申请人的资格要求；

（四）资格审核标准和方法；

（五）申请人应当提供的资格预审申请文件的内容和格式；

（六）提交资格预审申请文件的方式、截止时间、地点及资格审核日期；

（七）申请人信用信息查询渠道及截止时点、信用信息查询记录和证据留存的具体方式、信用信息的使用规则等内容；

（八）省级以上财政部门规定的其他事项。

资格预审文件应当免费提供。

第二十二条 采购人、采购代理机构一般不得要求投标人提供样品，仅凭书面方式不能准确描述采购需求或者需要对样品进行主观判断以确认是否满足采购需求等特殊情况除外。

要求投标人提供样品的，应当在招标文件中明确规定样品制作的标准和要求、是否需要随样品提交相关检测报告、样品的评审方法以及评审标准。需要随样品提交检测报告的，还应当规定检测机构的要求、检测内容等。

采购活动结束后，对于未中标人提供的样品，应当及时退还或者经未中标人同意后自行处理；对于中标人提供的样品，应当按照招标文件的规定进行保管、封存，并作为履约验收的参考。

第二十三条 投标有效期从提交投标文件的截止之日起算。投标文件中承诺的投标有效期应当不少于招标文件中载明的投标有效期。投标有效期内投标人撤销投标文件的，采购人或者采购代理机构可以不退还投标保证金。

第二十四条 招标文件售价应当按照弥补制作、邮寄成本的原则确定，不得以营利为目的，不得以招标采购金额作为确定招标文件售价的依据。

第二十五条 招标文件、资格预审文件的内容不得违反法律、行政法规、强制性标准、政府采购政策，或者违反公开透明、公平竞争、公正和诚实信用原则。

有前款规定情形，影响潜在投标人投标或者资格预审结果的，采购人或者采购代理机构应当修改招标文件或者资格预审文件后重新招标。

第二十六条 采购人或者采购代理机构可以在招标文件提供期限截止后，组织已获取招标文件的潜在投标人现场考察或者召开开标前答疑会。

组织现场考察或者召开答疑会的，应当在招标文件中载明，或者在招标文件提供期限截止后以书面形式通知所有获取招标文件的潜在投标人。

第二十七条　采购人或者采购代理机构可以对已发出的招标文件、资格预审文件、投标邀请书进行必要的澄清或者修改，但不得改变采购标的和资格条件。澄清或者修改应当在原公告发布媒体上发布澄清公告。澄清或者修改的内容为招标文件、资格预审文件、投标邀请书的组成部分。

澄清或者修改的内容可能影响投标文件编制的，采购人或者采购代理机构应当在投标截止时间至少15日前，以书面形式通知所有获取招标文件的潜在投标人；不足15日的，采购人或者采购代理机构应当顺延提交投标文件的截止时间。

澄清或者修改的内容可能影响资格预审申请文件编制的，采购人或者采购代理机构应当在提交资格预审申请文件截止时间至少3日前，以书面形式通知所有获取资格预审文件的潜在投标人；不足3日的，采购人或者采购代理机构应当顺延提交资格预审申请文件的截止时间。

第二十八条　投标截止时间前，采购人、采购代理机构和有关人员不得向他人透露已获取招标文件的潜在投标人的名称、数量以及可能影响公平竞争的有关招标投标的其他情况。

第二十九条　采购人、采购代理机构在发布招标公告、资格预审公告或者发出投标邀请书后，除因重大变故采购任务取消情况外，不得擅自终止招标活动。

终止招标的，采购人或者采购代理机构应当及时在原公告发布媒体上发布终止公告，以书面形式通知已经获取招标文件、资格预审文件或者被邀请的潜在投标人，并将项目实施情况和采购任务取消原因报告本级财政部门。已经收取招标文件费用或者投标保证金的，采购人或者采购代理机构应当在终止采购活动后5个工作日内，退还所收取的招标文件费用和所收取的投标保证金及其在银行产生的孳息。

第三章　投　标

第三十条　投标人，是指响应招标、参加投标竞争的法人、其他组织或者自然人。

第三十一条　采用最低评标价法的采购项目，提供相同品牌产品的不同投标人参加同一合同项下投标的，以其中通过资格审查、符合性审查且报价最低的参加评标；报价相同的，由采购人或者采购人委托评标委员会按照招标文件规定的方式确定一个参加评标的投标人，招标文件未规定的采取随机抽取方式确定，其他投标无效。

使用综合评分法的采购项目，提供相同品牌产品且通过资格审查、符合性审查的不同投标人参加同一合同项下投标的，按一家投标人计算，评审后得分最高的同品牌投标人获得中标人推荐资格；评审得分相同的，由采购人或者采购人委托评标委员会按照招标文件规定的方式确定一个投标人获得中标人推荐资格，招标文件未规定的采取随机抽取方式确定，其他同品牌投标人不作为中标候选人。

非单一产品采购项目，采购人应当根据采购项目技术构成、产品价格比重等合理确定核心产品，并在招标文件中载明。多家投标人提供的核心产品品牌相同的，按前两款规定处理。

第三十二条 投标人应当按照招标文件的要求编制投标文件。投标文件应当对招标文件提出的要求和条件作出明确响应。

第三十三条 投标人应当在招标文件要求提交投标文件的截止时间前，将投标文件密封送达投标地点。采购人或者采购代理机构收到投标文件后，应当如实记载投标文件的送达时间和密封情况，签收保存，并向投标人出具签收回执。任何单位和个人不得在开标前开启投标文件。

逾期送达或者未按照招标文件要求密封的投标文件，采购人、采购代理机构应当拒收。

第三十四条 投标人在投标截止时间前，可以对所递交的投标文件进行补充、修改或者撤回，并书面通知采购人或者采购代理机构。补充、修改的内容应当按照招标文件要求签署、盖章、密封后，作为投标文件的组成部分。

第三十五条 投标人根据招标文件的规定和采购项目的实际情况，拟在中标后将中标项目的非主体、非关键性工作分包的，应当在投标文件中载明分包承担主体，分包承担主体应当具备相应资质条件且不得再次分包。

第三十六条 投标人应当遵循公平竞争的原则，不得恶意串通，不得妨碍其他投标人的竞争行为，不得损害采购人或者其他投标人的合法权益。

在评标过程中发现投标人有上述情形的，评标委员会应当认定其投标无效，并书面报告本级财政部门。

第三十七条 有下列情形之一的，视为投标人串通投标，其投标无效：

（一）不同投标人的投标文件由同一单位或者个人编制；

（二）不同投标人委托同一单位或者个人办理投标事宜；

（三）不同投标人的投标文件载明的项目管理成员或者联系人员为同一人；

（四）不同投标人的投标文件异常一致或者投标报价呈规律性差异；

（五）不同投标人的投标文件相互混装；

（六）不同投标人的投标保证金从同一单位或者个人的账户转出。

第三十八条 投标人在投标截止时间前撤回已提交的投标文件的，采购人或者采购代理机构应当自收到投标人书面撤回通知之日起5个工作日内，退还已收取的投标保证金，但因投标人自身原因导致无法及时退还的除外。

采购人或者采购代理机构应当自中标通知书发出之日起5个工作日内退还未中标人的投标保证金，自采购合同签订之日起5个工作日内退还中标人的投标保证金或者转为中标人的履约保证金。

采购人或者采购代理机构逾期退还投标保证金的，除应当退还投标保证金本金外，还应当按中国人民银行同期贷款基准利率上浮20%后的利率支付超期资金占用费，但因投标人自身原因导致无法及时退还的除外。

第四章 开标、评标

第三十九条 开标应当在招标文件确定的提交投标文件截止时间的同一时间进行。开标地点应当为招标文件中预先确定的地点。

采购人或者采购代理机构应当对开标、评标现场活动进行全程录音录像。录音录像应当清晰可辨，音像资料作为采购文件一并存档。

第四十条 开标由采购人或者采购代理机构主持，邀请投标人参加。评标委员会成员不得参加开标活动。

第四十一条 开标时，应当由投标人或者其推选的代表检查投标文件的密封情况；经确认无误后，由采购人或者采购代理机构工作人员当众拆封，宣布投标人名称、投标价格和招标文件规定的需要宣布的其他内容。

投标人不足3家的，不得开标。

第四十二条 开标过程应当由采购人或者采购代理机构负责记录，由参加开标的各投标人代表和相关工作人员签字确认后随采购文件一并存档。

投标人代表对开标过程和开标记录有疑义，以及认为采购人、采购代理机构相关工作人员有需要回避的情形的，应当场提出询问或者回避申请。采购人、采购代理机构对投标人代表提出的询问或者回避申请应当及时处理。

投标人未参加开标的，视同认可开标结果。

第四十三条 公开招标数额标准以上的采购项目，投标截止后投标人不足3家或者通过资格审查或符合性审查的投标人不足3家的，除采购任务取消情形外，按照以下方式处理：

（一）招标文件存在不合理条款或者招标程序不符合规定的，采购人、采购代理机构改正后依法重新招标；

（二）招标文件没有不合理条款、招标程序符合规定，需要采用其他采购方式采购的，采购人应当依法报财政部门批准。

第四十四条 公开招标采购项目开标结束后，采购人或者采购代理机构应当依法对投标人的资格进行审查。

合格投标人不足3家的，不得评标。

第四十五条 采购人或者采购代理机构负责组织评标工作，并履行下列职责：

（一）核对评审专家身份和采购人代表授权函，对评审专家在政府采购活动中的职责履行情况予以记录，并及时将有关违法违规行为向财政部门报告；

（二）宣布评标纪律；

（三）公布投标人名单，告知评审专家应当回避的情形；

（四）组织评标委员会推选评标组长，采购人代表不得担任组长；

（五）在评标期间采取必要的通讯管理措施，保证评标活动不受外界干扰；

（六）根据评标委员会的要求介绍政府采购相关政策法规、招标文件；

（七）维护评标秩序，监督评标委员会依照招标文件规定的评标程序、方法

和标准进行独立评审,及时制止和纠正采购人代表、评审专家的倾向性言论或者违法违规行为;

(八)核对评标结果,有本办法第六十四条规定情形的,要求评标委员会复核或者书面说明理由,评标委员会拒绝的,应予记录并向本级财政部门报告;

(九)评审工作完成后,按照规定向评审专家支付劳务报酬和异地评审差旅费,不得向评审专家以外的其他人员支付评审劳务报酬;

(十)处理与评标有关的其他事项。

采购人可以在评标前说明项目背景和采购需求,说明内容不得含有歧视性、倾向性意见,不得超出招标文件所述范围。说明应当提交书面材料,并随采购文件一并存档。

第四十六条 评标委员会负责具体评标事务,并独立履行下列职责:

(一)审查、评价投标文件是否符合招标文件的商务、技术等实质性要求;

(二)要求投标人对投标文件有关事项作出澄清或者说明;

(三)对投标文件进行比较和评价;

(四)确定中标候选人名单,以及根据采购人委托直接确定中标人;

(五)向采购人、采购代理机构或者有关部门报告评标中发现的违法行为。

第四十七条 评标委员会由采购人代表和评审专家组成,成员人数应当为5人以上单数,其中评审专家不得少于成员总数的三分之二。

采购项目符合下列情形之一的,评标委员会成员人数应当为7人以上单数:

(一)采购预算金额在1000万元以上;

(二)技术复杂;

(三)社会影响较大。

评审专家对本单位的采购项目只能作为采购人代表参与评标,本办法第四十八条第二款规定情形除外。采购代理机构工作人员不得参加由本机构代理的政府采购项目的评标。

评标委员会成员名单在评标结果公告前应当保密。

第四十八条 采购人或者采购代理机构应当从省级以上财政部门设立的政府采购评审专家库中,通过随机方式抽取评审专家。

对技术复杂、专业性强的采购项目，通过随机方式难以确定合适评审专家的，经主管预算单位同意，采购人可以自行选定相应专业领域的评审专家。

第四十九条 评标中因评标委员会成员缺席、回避或者健康等特殊原因导致评标委员会组成不符合本办法规定的，采购人或者采购代理机构应当依法补足后继续评标。被更换的评标委员会成员所作出的评标意见无效。

无法及时补足评标委员会成员的，采购人或者采购代理机构应当停止评标活动，封存所有投标文件和开标、评标资料，依法重新组建评标委员会进行评标。原评标委员会所作出的评标意见无效。

采购人或者采购代理机构应当将变更、重新组建评标委员会的情况予以记录，并随采购文件一并存档。

第五十条 评标委员会应当对符合资格的投标人的投标文件进行符合性审查，以确定其是否满足招标文件的实质性要求。

第五十一条 对于投标文件中含义不明确、同类问题表述不一致或者有明显文字和计算错误的内容，评标委员会应当以书面形式要求投标人作出必要的澄清、说明或者补正。

投标人的澄清、说明或者补正应当采用书面形式，并加盖公章，或者由法定代表人或其授权的代表签字。投标人的澄清、说明或者补正不得超出投标文件的范围或者改变投标文件的实质性内容。

第五十二条 评标委员会应当按照招标文件中规定的评标方法和标准，对符合性审查合格的投标文件进行商务和技术评估，综合比较与评价。

第五十三条 评标方法分为最低评标价法和综合评分法。

第五十四条 最低评标价法，是指投标文件满足招标文件全部实质性要求，且投标报价最低的投标人为中标候选人的评标方法。

技术、服务等标准统一的货物服务项目，应当采用最低评标价法。

采用最低评标价法评标时，除了算术修正和落实政府采购政策需进行的价格扣除外，不能对投标人的投标价格进行任何调整。

第五十五条 综合评分法，是指投标文件满足招标文件全部实质性要求，且按照评审因素的量化指标评审得分最高的投标人为中标候选人的评标方法。

评审因素的设定应当与投标人所提供货物服务的质量相关，包括投标报价、技术或者服务水平、履约能力、售后服务等。资格条件不得作为评审因素。评审因素应当在招标文件中规定。

评审因素应当细化和量化，且与相应的商务条件和采购需求对应。商务条件和采购需求指标有区间规定的，评审因素应当量化到相应区间，并设置各区间对应的不同分值。

评标时，评标委员会各成员应当独立对每个投标人的投标文件进行评价，并汇总每个投标人的得分。

货物项目的价格分值占总分值的比重不得低于30%；服务项目的价格分值占总分值的比重不得低于10%。执行国家统一定价标准和采用固定价格采购的项目，其价格不列为评审因素。

价格分应当采用低价优先法计算，即满足招标文件要求且投标价格最低的投标报价为评标基准价，其价格分为满分。其他投标人的价格分统一按照下列公式计算：

投标报价得分 =（评标基准价 / 投标报价）× 100

评标总得分 =$F_1 \times A_1 + F_2 \times A_2 + \cdots + F_n \times A_n$

F_1、F_2……F_n 分别为各项评审因素的得分；

A_1、A_2、……A_n 分别为各项评审因素所占的权重（$A_1+A_2+\cdots+A_n=1$）。

评标过程中，不得去掉报价中的最高报价和最低报价。

因落实政府采购政策进行价格调整的，以调整后的价格计算评标基准价和投标报价。

第五十六条 采用最低评标价法的，评标结果按投标报价由低到高顺序排列。投标报价相同的并列。投标文件满足招标文件全部实质性要求且投标报价最低的投标人为排名第一的中标候选人。

第五十七条 采用综合评分法的，评标结果按评审后得分由高到低顺序排列。得分相同的，按投标报价由低到高顺序排列。得分且投标报价相同的并列。投标文件满足招标文件全部实质性要求，且按照评审因素的量化指标评审得分最高的投标人为排名第一的中标候选人。

第五十八条　评标委员会根据全体评标成员签字的原始评标记录和评标结果编写评标报告。评标报告应当包括以下内容：

（一）招标公告刊登的媒体名称、开标日期和地点；

（二）投标人名单和评标委员会成员名单；

（三）评标方法和标准；

（四）开标记录和评标情况及说明，包括无效投标人名单及原因；

（五）评标结果，确定的中标候选人名单或者经采购人委托直接确定的中标人；

（六）其他需要说明的情况，包括评标过程中投标人根据评标委员会要求进行的澄清、说明或者补正，评标委员会成员的更换等。

第五十九条　投标文件报价出现前后不一致的，除招标文件另有规定外，按照下列规定修正：

（一）投标文件中开标一览表（报价表）内容与投标文件中相应内容不一致的，以开标一览表（报价表）为准；

（二）大写金额和小写金额不一致的，以大写金额为准；

（三）单价金额小数点或者百分比有明显错位的，以开标一览表的总价为准，并修改单价；

（四）总价金额与按单价汇总金额不一致的，以单价金额计算结果为准。

同时出现两种以上不一致的，按照前款规定的顺序修正。修正后的报价按照本办法第五十一条第二款的规定经投标人确认后产生约束力，投标人不确认的，其投标无效。

第六十条　评标委员会认为投标人的报价明显低于其他通过符合性审查投标人的报价，有可能影响产品质量或者不能诚信履约的，应当要求其在评标现场合理的时间内提供书面说明，必要时提交相关证明材料；投标人不能证明其报价合理性的，评标委员会应当将其作为无效投标处理。

第六十一条　评标委员会成员对需要共同认定的事项存在争议的，应当按照少数服从多数的原则作出结论。持不同意见的评标委员会成员应当在评标报告上签署不同意见及理由，否则视为同意评标报告。

第六十二条 评标委员会及其成员不得有下列行为：

（一）确定参与评标至评标结束前私自接触投标人；

（二）接受投标人提出的与投标文件不一致的澄清或者说明，本办法第五十一条规定的情形除外；

（三）违反评标纪律发表倾向性意见或者征询采购人的倾向性意见；

（四）对需要专业判断的主观评审因素协商评分；

（五）在评标过程中擅离职守，影响评标程序正常进行的；

（六）记录、复制或者带走任何评标资料；

（七）其他不遵守评标纪律的行为。

评标委员会成员有前款第一至五项行为之一的，其评审意见无效，并不得获取评审劳务报酬和报销异地评审差旅费。

第六十三条 投标人存在下列情况之一的，投标无效：

（一）未按照招标文件的规定提交投标保证金的；

（二）投标文件未按招标文件要求签署、盖章的；

（三）不具备招标文件中规定的资格要求的；

（四）报价超过招标文件中规定的预算金额或者最高限价的；

（五）投标文件含有采购人不能接受的附加条件的；

（六）法律、法规和招标文件规定的其他无效情形。

第六十四条 评标结果汇总完成后，除下列情形外，任何人不得修改评标结果：

（一）分值汇总计算错误的；

（二）分项评分超出评分标准范围的；

（三）评标委员会成员对客观评审因素评分不一致的；

（四）经评标委员会认定评分畸高、畸低的。

评标报告签署前，经复核发现存在以上情形之一的，评标委员会应当当场修改评标结果，并在评标报告中记载；评标报告签署后，采购人或者采购代理机构发现存在以上情形之一的，应当组织原评标委员会进行重新评审，重新评审改变评标结果的，书面报告本级财政部门。

投标人对本条第一款情形提出质疑的,采购人或者采购代理机构可以组织原评标委员会进行重新评审,重新评审改变评标结果的,应当书面报告本级财政部门。

第六十五条 评标委员会发现招标文件存在歧义、重大缺陷导致评标工作无法进行,或者招标文件内容违反国家有关强制性规定的,应当停止评标工作,与采购人或者采购代理机构沟通并作书面记录。采购人或者采购代理机构确认后,应当修改招标文件,重新组织采购活动。

第六十六条 采购人、采购代理机构应当采取必要措施,保证评标在严格保密的情况下进行。除采购人代表、评标现场组织人员外,采购人的其他工作人员以及与评标工作无关的人员不得进入评标现场。

有关人员对评标情况以及在评标过程中获悉的国家秘密、商业秘密负有保密责任。

第六十七条 评标委员会或者其成员存在下列情形导致评标结果无效的,采购人、采购代理机构可以重新组建评标委员会进行评标,并书面报告本级财政部门,但采购合同已经履行的除外:

(一)评标委员会组成不符合本办法规定的;

(二)有本办法第六十二条第一至五项情形的;

(三)评标委员会及其成员独立评标受到非法干预的;

(四)有政府采购法实施条例第七十五条规定的违法行为的。

有违法违规行为的原评标委员会成员不得参加重新组建的评标委员会。

第五章 中标和合同

第六十八条 采购代理机构应当在评标结束后2个工作日内将评标报告送采购人。

采购人应当自收到评标报告之日起5个工作日内,在评标报告确定的中标候选人名单中按顺序确定中标人。中标候选人并列的,由采购人或者采购人委托评标委员会按照招标文件规定的方式确定中标人;招标文件未规定的,采取随机抽取的方式确定。

采购人自行组织招标的,应当在评标结束后5个工作日内确定中标人。

采购人在收到评标报告5个工作日内未按评标报告推荐的中标候选人顺序确定中标人,又不能说明合法理由的,视同按评标报告推荐的顺序确定排名第一的中标候选人为中标人。

第六十九条 采购人或者采购代理机构应当自中标人确定之日起2个工作日内,在省级以上财政部门指定的媒体上公告中标结果,招标文件应当随中标结果同时公告。

中标结果公告内容应当包括采购人及其委托的采购代理机构的名称、地址、联系方式,项目名称和项目编号,中标人名称、地址和中标金额,主要中标标的的名称、规格型号、数量、单价、服务要求,中标公告期限以及评审专家名单。

中标公告期限为1个工作日。

邀请招标采购人采用书面推荐方式产生符合资格条件的潜在投标人的,还应当将所有被推荐供应商名单和推荐理由随中标结果同时公告。

在公告中标结果的同时,采购人或者采购代理机构应当向中标人发出中标通知书;对未通过资格审查的投标人,应当告知其未通过的原因;采用综合评分法评审的,还应当告知未中标人本人的评审得分与排序。

第七十条 中标通知书发出后,采购人不得违法改变中标结果,中标人无正当理由不得放弃中标。

第七十一条 采购人应当自中标通知书发出之日起30日内,按照招标文件和中标人投标文件的规定,与中标人签订书面合同。所签订的合同不得对招标文件确定的事项和中标人投标文件作实质性修改。

采购人不得向中标人提出任何不合理的要求作为签订合同的条件。

第七十二条 政府采购合同应当包括采购人与中标人的名称和住所、标的、数量、质量、价款或者报酬、履行期限及地点和方式、验收要求、违约责任、解决争议的方法等内容。

第七十三条 采购人与中标人应当根据合同的约定依法履行合同义务。

政府采购合同的履行、违约责任和解决争议的方法等适用《中华人民共和国合同法》。

第七十四条 采购人应当及时对采购项目进行验收。采购人可以邀请参加本项目的其他投标人或者第三方机构参与验收。参与验收的投标人或者第三方机构的意见作为验收书的参考资料一并存档。

第七十五条 采购人应当加强对中标人的履约管理，并按照采购合同约定，及时向中标人支付采购资金。对于中标人违反采购合同约定的行为，采购人应当及时处理，依法追究其违约责任。

第七十六条 采购人、采购代理机构应当建立真实完整的招标采购档案，妥善保存每项采购活动的采购文件。

第六章　法律责任

第七十七条 采购人有下列情形之一的，由财政部门责令限期改正；情节严重的，给予警告，对直接负责的主管人员和其他直接责任人员由其行政主管部门或者有关机关依法给予处分，并予以通报；涉嫌犯罪的，移送司法机关处理：

（一）未按照本办法的规定编制采购需求的；

（二）违反本办法第六条第二款规定的；

（三）未在规定时间内确定中标人的；

（四）向中标人提出不合理要求作为签订合同条件的。

第七十八条 采购人、采购代理机构有下列情形之一的，由财政部门责令限期改正，情节严重的，给予警告，对直接负责的主管人员和其他直接责任人员，由其行政主管部门或者有关机关给予处分，并予通报；采购代理机构有违法所得的，没收违法所得，并可以处以不超过违法所得3倍、最高不超过3万元的罚款，没有违法所得的，可以处以1万元以下的罚款：

（一）违反本办法第八条第二款规定的；

（二）设定最低限价的；

（三）未按照规定进行资格预审或者资格审查的；

（四）违反本办法规定确定招标文件售价的；

（五）未按规定对开标、评标活动进行全程录音录像的；

（六）擅自终止招标活动的；

（七）未按照规定进行开标和组织评标的；

（八）未按照规定退还投标保证金的；

（九）违反本办法规定进行重新评审或者重新组建评标委员会进行评标的；

（十）开标前泄露已获取招标文件的潜在投标人的名称、数量或者其他可能影响公平竞争的有关招标投标情况的；

（十一）未妥善保存采购文件的；

（十二）其他违反本办法规定的情形。

第七十九条 有本办法第七十七条、第七十八条规定的违法行为之一，经改正后仍然影响或者可能影响中标结果的，依照政府采购法实施条例第七十一条规定处理。

第八十条 政府采购当事人违反本办法规定，给他人造成损失的，依法承担民事责任。

第八十一条 评标委员会成员有本办法第六十二条所列行为之一的，由财政部门责令限期改正；情节严重的，给予警告，并对其不良行为予以记录。

第八十二条 财政部门应当依法履行政府采购监督管理职责。财政部门及其工作人员在履行监督管理职责中存在懒政怠政、滥用职权、玩忽职守、徇私舞弊等违法违纪行为的，依照政府采购法、《中华人民共和国公务员法》、《中华人民共和国行政监察法》、政府采购法实施条例等国家有关规定追究相应责任；涉嫌犯罪的，移送司法机关处理。

第七章 附 则

第八十三条 政府采购货物服务电子招标投标、政府采购货物中的进口机电产品招标投标有关特殊事宜，由财政部另行规定。

第八十四条 本办法所称主管预算单位是指负有编制部门预算职责，向本级财政部门申报预算的国家机关、事业单位和团体组织。

第八十五条 本办法规定按日计算期间的，开始当天不计入，从次日开始计算。期限的最后一日是国家法定节假日的，顺延到节假日后的次日为期限的最后一日。

第八十六条 本办法所称的"以上"、"以下"、"内"、"以内"，包括本数；所称的"不足"，不包括本数。

第八十七条 各省、自治区、直辖市财政部门可以根据本办法制定具体实施办法。

第八十八条 本办法自 2017 年 10 月 1 日起施行。财政部 2004 年 8 月 11 日发布的《政府采购货物和服务招标投标管理办法》（财政部令第 18 号）同时废止。

政府采购非招标采购方式管理办法

（2013年12月19日中华人民共和国财政部令第74号公布　自2014年2月1日起施行）

第一章　总　则

第一条　为了规范政府采购行为，加强对采用非招标采购方式采购活动的监督管理，维护国家利益、社会公共利益和政府采购当事人的合法权益，依据《中华人民共和国政府采购法》（以下简称政府采购法）和其他法律、行政法规的有关规定，制定本办法。

第二条　采购人、采购代理机构采用非招标采购方式采购货物、工程和服务的，适用本办法。

本办法所称非招标采购方式，是指竞争性谈判、单一来源采购和询价采购方式。

竞争性谈判是指谈判小组与符合资格条件的供应商就采购货物、工程和服务事宜进行谈判，供应商按照谈判文件的要求提交响应文件和最后报价，采购人从谈判小组提出的成交候选人中确定成交供应商的采购方式。

单一来源采购是指采购人从某一特定供应商处采购货物、工程和服务的采购方式。

询价是指询价小组向符合资格条件的供应商发出采购货物询价通知书，要求供应商一次报出不得更改的价格，采购人从询价小组提出的成交候选人中确定成交供应商的采购方式。

第三条　采购人、采购代理机构采购以下货物、工程和服务之一的，可以采用竞争性谈判、单一来源采购方式采购；采购货物的，还可以采用询价采购方式：

（一）依法制定的集中采购目录以内，且未达到公开招标数额标准的货物、服务；

（二）依法制定的集中采购目录以外，采购限额标准以上，且未达到公开招标数额标准的货物、服务；

（三）达到公开招标数额标准、经批准采用非公开招标方式的货物、服务；

（四）按照招标投标法及其实施条例必须进行招标的工程建设项目以外的政府采购工程。

第二章　一般规定

第四条　达到公开招标数额标准的货物、服务采购项目，拟采用非招标采购方式的，采购人应当在采购活动开始前，报经主管预算单位同意后，向设区的市、自治州以上人民政府财政部门申请批准。

第五条　根据本办法第四条申请采用非招标采购方式采购的，采购人应当向财政部门提交以下材料并对材料的真实性负责：

（一）采购人名称、采购项目名称、项目概况等项目基本情况说明；

（二）项目预算金额、预算批复文件或者资金来源证明；

（三）拟申请采用的采购方式和理由。

第六条　采购人、采购代理机构应当按照政府采购法和本办法的规定组织开展非招标采购活动，并采取必要措施，保证评审在严格保密的情况下进行。

任何单位和个人不得非法干预、影响评审过程和结果。

第七条　竞争性谈判小组或者询价小组由采购人代表和评审专家共3人以上单数组成，其中评审专家人数不得少于竞争性谈判小组或者询价小组成员总数的2/3。采购人不得以评审专家身份参加本部门或本单位采购项目的评审。采购代理机构人员不得参加本机构代理的采购项目的评审。

达到公开招标数额标准的货物或者服务采购项目，或者达到招标规模标准的政府采购工程，竞争性谈判小组或者询价小组应当由 5 人以上单数组成。

采用竞争性谈判、询价方式采购的政府采购项目，评审专家应当从政府采购评审专家库内相关专业的专家名单中随机抽取。技术复杂、专业性强的竞争性谈判采购项目，通过随机方式难以确定合适的评审专家的，经主管预算单位同意，可以自行选定评审专家。技术复杂、专业性强的竞争性谈判采购项目，评审专家中应当包含 1 名法律专家。

第八条 竞争性谈判小组或者询价小组在采购活动过程中应当履行下列职责：

（一）确认或者制定谈判文件、询价通知书；

（二）从符合相应资格条件的供应商名单中确定不少于 3 家的供应商参加谈判或者询价；

（三）审查供应商的响应文件并作出评价；

（四）要求供应商解释或者澄清其响应文件；

（五）编写评审报告；

（六）告知采购人、采购代理机构在评审过程中发现的供应商的违法违规行为。

第九条 竞争性谈判小组或者询价小组成员应当履行下列义务：

（一）遵纪守法，客观、公正、廉洁地履行职责；

（二）根据采购文件的规定独立进行评审，对个人的评审意见承担法律责任；

（三）参与评审报告的起草；

（四）配合采购人、采购代理机构答复供应商提出的质疑；

（五）配合财政部门的投诉处理和监督检查工作。

第十条 谈判文件、询价通知书应当根据采购项目的特点和采购人的实际需求制定，并经采购人书面同意。采购人应当以满足实际需求为原则，不得擅自提高经费预算和资产配置等采购标准。

谈判文件、询价通知书不得要求或者标明供应商名称或者特定货物的品牌，不得含有指向特定供应商的技术、服务等条件。

第十一条 谈判文件、询价通知书应当包括供应商资格条件、采购邀请、采购方式、采购预算、采购需求、采购程序、价格构成或者报价要求、响应文件编制要求、提交响应文件截止时间及地点、保证金交纳数额和形式、评定成交的标准等。

谈判文件除本条第一款规定的内容外，还应当明确谈判小组根据与供应商谈判情况可能实质性变动的内容，包括采购需求中的技术、服务要求以及合同草案条款。

第十二条 采购人、采购代理机构应当通过发布公告、从省级以上财政部门建立的供应商库中随机抽取或者采购人和评审专家分别书面推荐的方式邀请不少于3家符合相应资格条件的供应商参与竞争性谈判或者询价采购活动。

符合政府采购法第二十二条第一款规定条件的供应商可以在采购活动开始前加入供应商库。财政部门不得对供应商申请入库收取任何费用，不得利用供应商库进行地区和行业封锁。

采取采购人和评审专家书面推荐方式选择供应商的，采购人和评审专家应当各自出具书面推荐意见。采购人推荐供应商的比例不得高于推荐供应商总数的50%。

第十三条 供应商应当按照谈判文件、询价通知书的要求编制响应文件，并对其提交的响应文件的真实性、合法性承担法律责任。

第十四条 采购人、采购代理机构可以要求供应商在提交响应文件截止时间之前交纳保证金。保证金应当采用支票、汇票、本票、网上银行支付或者金融机构、担保机构出具的保函等非现金形式交纳。保证金数额应当不超过采购项目预算的2%。

供应商为联合体的，可以由联合体中的一方或者多方共同交纳保证金，其交纳的保证金对联合体各方均具有约束力。

第十五条 供应商应当在谈判文件、询价通知书要求的截止时间前，将响应文件密封送达指定地点。在截止时间后送达的响应文件为无效文件，采购人、采购代理机构或者谈判小组、询价小组应当拒收。

供应商在提交询价响应文件截止时间前，可以对所提交的响应文件进行补充、修改或者撤回，并书面通知采购人、采购代理机构。补充、修改的内容作为响应文件的组成部分。补充、修改的内容与响应文件不一致的，以补充、修改的内容为准。

第十六条 谈判小组、询价小组在对响应文件的有效性、完整性和响应程度进行审查时，可以要求供应商对响应文件中含义不明确、同类问题表述不一致或者有明显文字和计算错误的内容等作出必要的澄清、说明或者更正。供应商的澄清、说明或者更正不得超出响应文件的范围或者改变响应文件的实质性内容。

谈判小组、询价小组要求供应商澄清、说明或者更正响应文件应当以书面形式作出。供应商的澄清、说明或者更正应当由法定代表人或其授权代表签字或者加盖公章。由授权代表签字的，应当附法定代表人授权书。供应商为自然人的，应当由本人签字并附身份证明。

第十七条 谈判小组、询价小组应当根据评审记录和评审结果编写评审报告，其主要内容包括：

（一）邀请供应商参加采购活动的具体方式和相关情况，以及参加采购活动的供应商名单；

（二）评审日期和地点，谈判小组、询价小组成员名单；

（三）评审情况记录和说明，包括对供应商的资格审查情况、供应商响应文件评审情况、谈判情况、报价情况等；

（四）提出的成交候选人的名单及理由。

评审报告应当由谈判小组、询价小组全体人员签字认可。谈判小组、询价小组成员对评审报告有异议的，谈判小组、询价小组按照少数服从多数的原则推荐成交候选人，采购程序继续进行。对评审报告有异议的谈判小组、询价小组成员，应当在报告上签署不同意见并说明理由，由谈判小组、询价小组书面记录相关情况。谈判小组、询价小组成员拒绝在报告上签字又不书面说明其不同意见和理由的，视为同意评审报告。

第十八条 采购人或者采购代理机构应当在成交供应商确定后2个工作日内，在省级以上财政部门指定的媒体上公告成交结果，同时向成交供应商发出成交通知书，并将竞争性谈判文件、询价通知书随成交结果同时公告。成交结果公告应当包括以下内容：

（一）采购人和采购代理机构的名称、地址和联系方式；

（二）项目名称和项目编号；

（三）成交供应商名称、地址和成交金额；

（四）主要成交标的的名称、规格型号、数量、单价、服务要求；

（五）谈判小组、询价小组成员名单及单一来源采购人员名单。

采用书面推荐供应商参加采购活动的，还应当公告采购人和评审专家的推荐意见。

第十九条 采购人与成交供应商应当在成交通知书发出之日起 30 日内，按照采购文件确定的合同文本以及采购标的、规格型号、采购金额、采购数量、技术和服务要求等事项签订政府采购合同。

采购人不得向成交供应商提出超出采购文件以外的任何要求作为签订合同的条件，不得与成交供应商订立背离采购文件确定的合同文本以及采购标的、规格型号、采购金额、采购数量、技术和服务要求等实质性内容的协议。

第二十条 采购人或者采购代理机构应当在采购活动结束后及时退还供应商的保证金，但因供应商自身原因导致无法及时退还的除外。未成交供应商的保证金应当在成交通知书发出后 5 个工作日内退还，成交供应商的保证金应当在采购合同签订后 5 个工作日内退还。

有下列情形之一的，保证金不予退还：

（一）供应商在提交响应文件截止时间后撤回响应文件的；

（二）供应商在响应文件中提供虚假材料的；

（三）除因不可抗力或谈判文件、询价通知书认可的情形以外，成交供应商不与采购人签订合同的；

（四）供应商与采购人、其他供应商或者采购代理机构恶意串通的；

（五）采购文件规定的其他情形。

第二十一条 除资格性审查认定错误和价格计算错误外，采购人或者采购代理机构不得以任何理由组织重新评审。采购人、采购代理机构发现谈判小组、询价小组未按照采购文件规定的评定成交的标准进行评审的，应当重新开展采购活动，并同时书面报告本级财政部门。

第二十二条 除不可抗力等因素外，成交通知书发出后，采购人改变成交结果，或者成交供应商拒绝签订政府采购合同的，应当承担相应的法律责任。

成交供应商拒绝签订政府采购合同的，采购人可以按照本办法第三十六条第二款、第四十九条第二款规定的原则确定其他供应商作为成交供应商并签订政府采购合同，也可以重新开展采购活动。拒绝签订政府采购合同的成交供应商不得参加对该项目重新开展的采购活动。

第二十三条 在采购活动中因重大变故，采购任务取消的，采购人或者采购代理机构应当终止采购活动，通知所有参加采购活动的供应商，并将项目实施情况和采购任务取消原因报送本级财政部门。

第二十四条 采购人或者采购代理机构应当按照采购合同规定的技术、服务等要求组织对供应商履约的验收，并出具验收书。验收书应当包括每一项技术、服务等要求的履约情况。大型或者复杂的项目，应当邀请国家认可的质量检测机构参加验收。验收方成员应当在验收书上签字，并承担相应的法律责任。

第二十五条 谈判小组、询价小组成员以及与评审工作有关的人员不得泄露评审情况以及评审过程中获悉的国家秘密、商业秘密。

第二十六条 采购人、采购代理机构应当妥善保管每项采购活动的采购文件。采购文件包括采购活动记录、采购预算、谈判文件、询价通知书、响应文件、推荐供应商的意见、评审报告、成交供应商确定文件、单一来源采购协商情况记录、合同文本、验收证明、质疑答复、投诉处理决定以及其他有关文件、资料。采购文件可以电子档案方式保存。

采购活动记录至少应当包括下列内容：

（一）采购项目类别、名称；

（二）采购项目预算、资金构成和合同价格；

（三）采购方式，采用该方式的原因及相关说明材料；

（四）选择参加采购活动的供应商的方式及原因；

（五）评定成交的标准及确定成交供应商的原因；

（六）终止采购活动的，终止的原因。

第三章 竞争性谈判

第二十七条 符合下列情形之一的采购项目，可以采用竞争性谈判方式采购：

（一）招标后没有供应商投标或者没有合格标的，或者重新招标未能成立的；

（二）技术复杂或者性质特殊，不能确定详细规格或者具体要求的；

（三）非采购人所能预见的原因或者非采购人拖延造成采用招标所需时间不能满足用户紧急需要的；

（四）因艺术品采购、专利、专有技术或者服务的时间、数量事先不能确定等原因不能事先计算出价格总额的。

公开招标的货物、服务采购项目，招标过程中提交投标文件或者经评审实质性响应招标文件要求的供应商只有两家时，采购人、采购代理机构按照本办法第四条经本级财政部门批准后可以与该两家供应商进行竞争性谈判采购，采购人、采购代理机构应当根据招标文件中的采购需求编制谈判文件，成立谈判小组，由谈判小组对谈判文件进行确认。符合本款情形的，本办法第三十三条、第三十五条中规定的供应商最低数量可以为两家。

第二十八条 符合本办法第二十七条第一款第一项情形和第二款情形，申请采用竞争性谈判采购方式时，除提交本办法第五条第一至三项规定的材料外，还应当提交下列申请材料：

（一）在省级以上财政部门指定的媒体上发布招标公告的证明材料；

（二）采购人、采购代理机构出具的对招标文件和招标过程是否有供应商质疑及质疑处理情况的说明；

（三）评标委员会或者3名以上评审专家出具的招标文件没有不合理条款的论证意见。

第二十九条 从谈判文件发出之日起至供应商提交首次响应文件截止之日止不得少于3个工作日。

提交首次响应文件截止之日前，采购人、采购代理机构或者谈判小组可以对已发出的谈判文件进行必要的澄清或者修改，澄清或者修改的内容作为谈判文件的组成部分。澄清或者修改的内容可能影响响应文件编制的，采购人、采购代理机构或者谈判小组应当在提交首次响应文件截止之日3个工作日前，以书面形式通知所有接收谈判文件的供应商，不足3个工作日的，应当顺延提交首次响应文件截止之日。

第三十条 谈判小组应当对响应文件进行评审，并根据谈判文件规定的程序、评定成交的标准等事项与实质性响应谈判文件要求的供应商进行谈判。未实质性响应谈判文件的响应文件按无效处理，谈判小组应当告知有关供应商。

第三十一条 谈判小组所有成员应当集中与单一供应商分别进行谈判，并给予所有参加谈判的供应商平等的谈判机会。

第三十二条 在谈判过程中，谈判小组可以根据谈判文件和谈判情况实质性变动采购需求中的技术、服务要求以及合同草案条款，但不得变动谈判文件中的其他内容。实质性变动的内容，须经采购人代表确认。

对谈判文件作出的实质性变动是谈判文件的有效组成部分，谈判小组应当及时以书面形式同时通知所有参加谈判的供应商。

供应商应当按照谈判文件的变动情况和谈判小组的要求重新提交响应文件，并由其法定代表人或授权代表签字或者加盖公章。由授权代表签字的，应当附法定代表人授权书。供应商为自然人的，应当由本人签字并附身份证明。

第三十三条 谈判文件能够详细列明采购标的的技术、服务要求的，谈判结束后，谈判小组应当要求所有继续参加谈判的供应商在规定时间内提交最后报价，提交最后报价的供应商不得少于3家。

谈判文件不能详细列明采购标的的技术、服务要求，需经谈判由供应商提供最终设计方案或解决方案的，谈判结束后，谈判小组应当按照少数服从多数的原则投票推荐3家以上供应商的设计方案或者解决方案，并要求其在规定时间内提交最后报价。

最后报价是供应商响应文件的有效组成部分。

第三十四条 已提交响应文件的供应商，在提交最后报价之前，可以根据谈判情况退出谈判。采购人、采购代理机构应当退还退出谈判的供应商的保证金。

第三十五条 谈判小组应当从质量和服务均能满足采购文件实质性响应要求

的供应商中,按照最后报价由低到高的顺序提出3名以上成交候选人,并编写评审报告。

第三十六条 采购代理机构应当在评审结束后2个工作日内将评审报告送采购人确认。

采购人应当在收到评审报告后5个工作日内,从评审报告提出的成交候选人中,根据质量和服务均能满足采购文件实质性响应要求且最后报价最低的原则确定成交供应商,也可以书面授权谈判小组直接确定成交供应商。采购人逾期未确定成交供应商且不提出异议的,视为确定评审报告提出的最后报价最低的供应商为成交供应商。

第三十七条 出现下列情形之一的,采购人或者采购代理机构应当终止竞争性谈判采购活动,发布项目终止公告并说明原因,重新开展采购活动:

(一)因情况变化,不再符合规定的竞争性谈判采购方式适用情形的;

(二)出现影响采购公正的违法、违规行为的;

(三)在采购过程中符合竞争要求的供应商或者报价未超过采购预算的供应商不足3家的,但本办法第二十七条第二款规定的情形除外。

第四章 单一来源采购

第三十八条 属于政府采购法第三十一条第一项情形,且达到公开招标数额的货物、服务项目,拟采用单一来源采购方式的,采购人、采购代理机构在按照本办法第四条报财政部门批准之前,应当在省级以上财政部门指定媒体上公示,并将公示情况一并报财政部门。公示期不得少于5个工作日,公示内容应当包括:

(一)采购人、采购项目名称和内容;

(二)拟采购的货物或者服务的说明;

(三)采用单一来源采购方式的原因及相关说明;

(四)拟定的唯一供应商名称、地址;

(五)专业人员对相关供应商因专利、专有技术等原因具有唯一性的具体论证意见，以及专业人员的姓名、工作单位和职称；

（六）公示的期限；

（七）采购人、采购代理机构、财政部门的联系地址、联系人和联系电话。

第三十九条 任何供应商、单位或者个人对采用单一来源采购方式公示有异议的，可以在公示期内将书面意见反馈给采购人、采购代理机构，并同时抄送相关财政部门。

第四十条 采购人、采购代理机构收到对采用单一来源采购方式公示的异议后，应当在公示期满后5个工作日内，组织补充论证，论证后认为异议成立的，应当依法采取其他采购方式；论证后认为异议不成立的，应当将异议意见、论证意见与公示情况一并报相关财政部门。

采购人、采购代理机构应当将补充论证的结论告知提出异议的供应商、单位或者个人。

第四十一条 采用单一来源采购方式采购的，采购人、采购代理机构应当组织具有相关经验的专业人员与供应商商定合理的成交价格并保证采购项目质量。

第四十二条 单一来源采购人员应当编写协商情况记录，主要内容包括：

（一）依据本办法第三十八条进行公示的，公示情况说明；

（二）协商日期和地点，采购人员名单；

（三）供应商提供的采购标的成本、同类项目合同价格以及相关专利、专有技术等情况说明；

（四）合同主要条款及价格商定情况。

协商情况记录应当由采购全体人员签字认可。对记录有异议的采购人员，应当签署不同意见并说明理由。采购人员拒绝在记录上签字又不书面说明其不同意见和理由的，视为同意。

第四十三条 出现下列情形之一的，采购人或者采购代理机构应当终止采购活动，发布项目终止公告并说明原因，重新开展采购活动：

（一）因情况变化，不再符合规定的单一来源采购方式适用情形的；

（二）出现影响采购公正的违法、违规行为的；

（三）报价超过采购预算的。

第五章 询 价

第四十四条 询价采购需求中的技术、服务等要求应当完整、明确,符合相关法律、行政法规和政府采购政策的规定。

第四十五条 从询价通知书发出之日起至供应商提交响应文件截止之日止不得少于3个工作日。

提交响应文件截止之日前,采购人、采购代理机构或者询价小组可以对已发出的询价通知书进行必要的澄清或者修改,澄清或者修改的内容作为询价通知书的组成部分。澄清或者修改的内容可能影响响应文件编制的,采购人、采购代理机构或者询价小组应当在提交响应文件截止之日3个工作日前,以书面形式通知所有接收询价通知书的供应商,不足3个工作日的,应当顺延提交响应文件截止之日。

第四十六条 询价小组在询价过程中,不得改变询价通知书所确定的技术和服务等要求、评审程序、评定成交的标准和合同文本等事项。

第四十七条 参加询价采购活动的供应商,应当按照询价通知书的规定一次报出不得更改的价格。

第四十八条 询价小组应当从质量和服务均能满足采购文件实质性响应要求的供应商中,按照报价由低到高的顺序提出3名以上成交候选人,并编写评审报告。

第四十九条 采购代理机构应当在评审结束后2个工作日内将评审报告送采购人确认。

采购人应当在收到评审报告后5个工作日内,从评审报告提出的成交候选人中,根据质量和服务均能满足采购文件实质性响应要求且报价最低的原则确定成交供应商,也可以书面授权询价小组直接确定成交供应商。采购人逾期未确定成交供应商且不提出异议的,视为确定评审报告提出的最后报价最低的供应商为成交供应商。

第五十条 出现下列情形之一的,采购人或者采购代理机构应当终止询价采购活动，发布项目终止公告并说明原因，重新开展采购活动：

（一）因情况变化，不再符合规定的询价采购方式适用情形的；

（二）出现影响采购公正的违法、违规行为的；

（三）在采购过程中符合竞争要求的供应商或者报价未超过采购预算的供应商不足3家的。

第六章　法律责任

第五十一条　采购人、采购代理机构有下列情形之一的，责令限期改正，给予警告；有关法律、行政法规规定处以罚款的，并处罚款；涉嫌犯罪的，依法移送司法机关处理：

（一）未按照本办法规定在指定媒体上发布政府采购信息的；

（二）未按照本办法规定组成谈判小组、询价小组的；

（三）在询价采购过程中与供应商进行协商谈判的；

（四）未按照政府采购法和本办法规定的程序和要求确定成交候选人的；

（五）泄露评审情况以及评审过程中获悉的国家秘密、商业秘密的。

采购代理机构有前款情形之一，情节严重的，暂停其政府采购代理机构资格3至6个月；情节特别严重或者逾期不改正的，取消其政府采购代理机构资格。

第五十二条　采购人有下列情形之一的，责令限期改正，给予警告；有关法律、行政法规规定处以罚款的，并处罚款：

（一）未按照政府采购法和本办法的规定采用非招标采购方式的；

（二）未按照政府采购法和本办法的规定确定成交供应商的；

（三）未按照采购文件确定的事项签订政府采购合同，或者与成交供应商另行订立背离合同实质性内容的协议的；

（四）未按规定将政府采购合同副本报本级财政部门备案的。

第五十三条　采购人、采购代理机构有本办法第五十一条、第五十二条规定情形之一，且情节严重或者拒不改正的，其直接负责的主管人员和其他直接责任人员属于国家机关工作人员的，由任免机关或者监察机关依法给予处分，并予通报。

第五十四条 成交供应商有下列情形之一的，责令限期改正，情节严重的，列入不良行为记录名单，在 1 至 3 年内禁止参加政府采购活动，并予以通报：

（一）未按照采购文件确定的事项签订政府采购合同，或者与采购人另行订立背离合同实质性内容的协议的；

（二）成交后无正当理由不与采购人签订合同的；

（三）拒绝履行合同义务的。

第五十五条 谈判小组、询价小组成员有下列行为之一的，责令改正，给予警告；有关法律、行政法规规定处以罚款的，并处罚款；涉嫌犯罪的，依法移送司法机关处理：

（一）收受采购人、采购代理机构、供应商、其他利害关系人的财物或者其他不正当利益的；

（二）泄露评审情况以及评审过程中获悉的国家秘密、商业秘密的；

（三）明知与供应商有利害关系而不依法回避的；

（四）在评审过程中擅离职守，影响评审程序正常进行的；

（五）在评审过程中有明显不合理或者不正当倾向性的；

（六）未按照采购文件规定的评定成交的标准进行评审的。

评审专家有前款情形之一，情节严重的，取消其政府采购评审专家资格，不得再参加任何政府采购项目的评审，并在财政部门指定的政府采购信息发布媒体上予以公告。

第五十六条 有本办法第五十一条、第五十二条、第五十五条违法行为之一，并且影响或者可能影响成交结果的，应当按照下列情形分别处理：

（一）未确定成交供应商的，终止本次采购活动，依法重新开展采购活动；

（二）已确定成交供应商但采购合同尚未履行的，撤销合同，从合格的成交候选人中另行确定成交供应商，没有合格的成交候选人的，重新开展采购活动；

（三）采购合同已经履行的，给采购人、供应商造成损失的，由责任人依法承担赔偿责任。

第五十七条 政府采购当事人违反政府采购法和本办法规定，给他人造成损失的，应当依照有关民事法律规定承担民事责任。

第五十八条 任何单位或者个人非法干预、影响评审过程或者结果的，责令改正；该单位责任人或者个人属于国家机关工作人员的，由任免机关或者监察机关依法给予处分。

第五十九条 财政部门工作人员在实施监督管理过程中违法干预采购活动或者滥用职权、玩忽职守、徇私舞弊的，依法给予处分；涉嫌犯罪的，依法移送司法机关处理。

第七章　附　则

第六十条 本办法所称主管预算单位是指负有编制部门预算职责，向同级财政部门申报预算的国家机关、事业单位和团体组织。

第六十一条 各省、自治区、直辖市人民政府财政部门可以根据本办法制定具体实施办法。

第六十二条 本办法自 2014 年 2 月 1 日起施行。

政府采购信息发布管理办法

（2019年11月27日财政部令第101号公布 自2020年3月1日起施行）

第一条 为了规范政府采购信息发布行为，提高政府采购透明度，根据《中华人民共和国政府采购法》《中华人民共和国政府采购法实施条例》等有关法律、行政法规，制定本办法。

第二条 政府采购信息发布，适用本办法。

第三条 本办法所称政府采购信息，是指依照政府采购有关法律制度规定应予公开的公开招标公告、资格预审公告、单一来源采购公示、中标（成交）结果公告、政府采购合同公告等政府采购项目信息，以及投诉处理结果、监督检查处理结果、集中采购机构考核结果等政府采购监管信息。

第四条 政府采购信息发布应当遵循格式规范统一、渠道相对集中、便于查找获得的原则。

第五条 财政部指导和协调全国政府采购信息发布工作，并依照政府采购法律、行政法规有关规定，对中央预算单位的政府采购信息发布活动进行监督管理。

地方各级人民政府财政部门（以下简称财政部门）对本级预算单位的政府采购信息发布活动进行监督管理。

第六条 财政部对中国政府采购网进行监督管理。省级（自治区、直辖市、计划单列市）财政部门对中国政府采购网省级分网进行监督管理。

第七条 政府采购信息应当按照财政部规定的格式编制。

第八条 中央预算单位政府采购信息应当在中国政府采购网发布，地方预算单位政府采购信息应当在所在行政区域的中国政府采购网省级分网发布。

除中国政府采购网及其省级分网以外，政府采购信息可以在省级以上财政部门指定的其他媒体同步发布。

第九条 财政部门、采购人和其委托的采购代理机构（以下统称发布主体）应当对其提供的政府采购信息的真实性、准确性、合法性负责。

中国政府采购网及其省级分网和省级以上财政部门指定的其他媒体（以下统称指定媒体）应当对其收到的政府采购信息发布的及时性、完整性负责。

第十条 发布主体发布政府采购信息不得有虚假和误导性陈述，不得遗漏依法必须公开的事项。

第十一条 发布主体应当确保其在不同媒体发布的同一政府采购信息内容一致。

在不同媒体发布的同一政府采购信息内容、时间不一致的，以在中国政府采购网或者其省级分网发布的信息为准。同时在中国政府采购网和省级分网发布的，以在中国政府采购网上发布的信息为准。

第十二条 指定媒体应当采取必要措施，对政府采购信息发布主体的身份进行核验。

第十三条 指定媒体应当及时发布收到的政府采购信息。

中国政府采购网或者其省级分网应当自收到政府采购信息起1个工作日内发布。

第十四条 指定媒体应当加强安全防护，确保发布的政府采购信息不被篡改、不遗漏，不得擅自删除或者修改信息内容。

第十五条 指定媒体应当向发布主体免费提供信息发布服务，不得向市场主体和社会公众收取信息查阅费用。

第十六条 采购人或者其委托的采购代理机构未依法在指定媒体上发布政府采购项目信息的，依照政府采购法实施条例第六十八条追究法律责任。

采购人或者其委托的采购代理机构存在其他违反本办法规定行为的，由县级以上财政部门依法责令限期改正，给予警告，对直接负责的主管人员和其他直接责任人员，建议其行政主管部门或者有关机关依法依规处理，并予通报。

第十七条　指定媒体违反本办法规定的，由实施指定行为的省级以上财政部门依法责令限期改正，对直接负责的主管人员和其他直接责任人员，建议其行政主管部门或者有关机关依法依规处理，并予通报。

第十八条　财政部门及其工作人员在政府采购信息发布活动中存在懒政怠政、滥用职权、玩忽职守、徇私舞弊等违法违纪行为的，依照《中华人民共和国政府采购法》《中华人民共和国公务员法》《中华人民共和国监察法》《中华人民共和国政府采购法实施条例》等国家有关规定追究相应责任；涉嫌犯罪的，依法移送有关国家机关处理。

第十九条　涉密政府采购项目信息发布，依照国家有关规定执行。

第二十条　省级财政部门可以根据本办法制定具体实施办法。

第二十一条　本办法自 2020 年 3 月 1 日起施行。财政部 2004 年 9 月 11 日颁布实施的《政府采购信息公告管理办法》（财政部令第 19 号）同时废止。

政府采购框架协议采购方式管理暂行办法

（2021年12月31日部务会议审议通过　2022年1月14日中华人民共和国财政部令第110号公布　自2022年3月1日起施行）

第一章　总　则

第一条　为了规范多频次、小额度采购活动，提高政府采购项目绩效，根据《中华人民共和国政府采购法》《中华人民共和国政府采购法实施条例》等法律法规规定，制定本办法。

第二条　本办法所称框架协议采购，是指集中采购机构或者主管预算单位对技术、服务等标准明确、统一，需要多次重复采购的货物和服务，通过公开征集程序，确定第一阶段入围供应商并订立框架协议，采购人或者服务对象按照框架协议约定规则，在入围供应商范围内确定第二阶段成交供应商并订立采购合同的采购方式。

前款所称主管预算单位是指负有编制部门预算职责，向本级财政部门申报预算的国家机关、事业单位和团体组织。

第三条　符合下列情形之一的，可以采用框架协议采购方式采购：

（一）集中采购目录以内品目，以及与之配套的必要耗材、配件等，属于小额零星采购的；

（二）集中采购目录以外，采购限额标准以上，本部门、本系统行政管理所需的法律、评估、会计、审计等鉴证咨询服务，属于小额零星采购的；

（三）集中采购目录以外，采购限额标准以上，为本部门、本系统以外的服务对象提供服务的政府购买服务项目，需要确定2家以上供应商由服务对象自主选择的；

（四）国务院财政部门规定的其他情形。

前款所称采购限额标准以上，是指同一品目或者同一类别的货物、服务年度采购预算达到采购限额标准以上。

属于本条第一款第二项情形，主管预算单位能够归集需求形成单一项目进行采购，通过签订时间、地点、数量不确定的采购合同满足需求的，不得采用框架协议采购方式。

第四条 框架协议采购包括封闭式框架协议采购和开放式框架协议采购。

封闭式框架协议采购是框架协议采购的主要形式。除法律、行政法规或者本办法另有规定外，框架协议采购应当采用封闭式框架协议采购。

第五条 集中采购目录以内品目以及与之配套的必要耗材、配件等，采用框架协议采购的，由集中采购机构负责征集程序和订立框架协议。

集中采购目录以外品目采用框架协议采购的，由主管预算单位负责征集程序和订立框架协议。其他预算单位确有需要的，经其主管预算单位批准，可以采用框架协议采购方式采购。其他预算单位采用框架协议采购方式采购的，应当遵守本办法关于主管预算单位的规定。

主管预算单位可以委托采购代理机构代理框架协议采购，采购代理机构应当在委托的范围内依法开展采购活动。

集中采购机构、主管预算单位及其委托的采购代理机构，本办法统称征集人。

第六条 框架协议采购遵循竞争择优、讲求绩效的原则，应当有明确的采购标的和定价机制，不得采用供应商符合资格条件即入围的方法。

第七条 框架协议采购应当实行电子化采购。

第八条 集中采购机构采用框架协议采购的，应当拟定采购方案，报本级财政部门审核后实施。主管预算单位采用框架协议采购的，应当在采购活动开始前将采购方案报本级财政部门备案。

第二章 一般规定

第九条 封闭式框架协议采购是指符合本办法第三条规定情形，通过公开竞争订立框架协议后，除经过框架协议约定的补充征集程序外，不得增加协议供应商的框架协议采购。

封闭式框架协议的公开征集程序，按照政府采购公开招标的规定执行，本办法另有规定的，从其规定。

第十条 开放式框架协议采购是指符合本条第二款规定情形，明确采购需求和付费标准等框架协议条件，愿意接受协议条件的供应商可以随时申请加入的框架协议采购。开放式框架协议的公开征集程序，按照本办法规定执行。

符合下列情形之一的，可以采用开放式框架协议采购：

（一）本办法第三条第一款第一项规定的情形，因执行政府采购政策不宜淘汰供应商的，或者受基础设施、行政许可、知识产权等限制，供应商数量在3家以下且不宜淘汰供应商的；

（二）本办法第三条第一款第三项规定的情形，能够确定统一付费标准，因地域等服务便利性要求，需要接纳所有愿意接受协议条件的供应商加入框架协议，以供服务对象自主选择的。

第十一条 集中采购机构或者主管预算单位应当确定框架协议采购需求。框架协议采购需求在框架协议有效期内不得变动。

确定框架协议采购需求应当开展需求调查，听取采购人、供应商和专家等意见。面向采购人和供应商开展需求调查时，应当选择具有代表性的调查对象，调查对象一般各不少于3个。

第十二条 框架协议采购需求应当符合以下规定：

（一）满足采购人和服务对象实际需要，符合市场供应状况和市场公允标准，在确保功能、性能和必要采购要求的情况下促进竞争；

（二）符合预算标准、资产配置标准等有关规定，厉行节约，不得超标准采购；

（三）按照《政府采购品目分类目录》，将采购标的细化到底级品目，并细分不同等次、规格或者标准的采购需求，合理设置采购包；

（四）货物项目应当明确货物的技术和商务要求，包括功能、性能、材料、结构、外观、安全、包装、交货期限、交货的地域范围、售后服务等；

（五）服务项目应当明确服务内容、服务标准、技术保障、服务人员组成、服务交付或者实施的地域范围，以及所涉及的货物的质量标准、服务工作量的计量方式等。

第十三条 集中采购机构或者主管预算单位应当在征集公告和征集文件中确定框架协议采购的最高限制单价。征集文件中可以明确量价关系折扣，即达到一定采购数量，价格应当按照征集文件中明确的折扣降低。在开放式框架协议中，付费标准即为最高限制单价。

最高限制单价是供应商第一阶段响应报价的最高限价。入围供应商第一阶段响应报价（有量价关系折扣的，包括量价关系折扣，以下统称协议价格）是采购人或者服务对象确定第二阶段成交供应商的最高限价。

确定最高限制单价时，有政府定价的，执行政府定价；没有政府定价的，应当通过需求调查，并根据需求标准科学确定，属于本办法第十条第二款第一项规定情形的采购项目，需要订立开放式框架协议的，与供应商协商确定。

货物项目单价按照台（套）等计量单位确定，其中包含售后服务等相关服务费用。服务项目单价按照单位采购标的价格或者人工单价等确定。服务项目所涉及的货物的费用，能够折算入服务项目单价的应当折入，需要按实结算的应当明确结算规则。

第十四条 框架协议应当包括以下内容：

（一）集中采购机构或者主管预算单位以及入围供应商的名称、地址和联系方式；

（二）采购项目名称、编号；

（三）采购需求以及最高限制单价；

（四）封闭式框架协议第一阶段的入围产品详细技术规格或者服务内容、服务标准，协议价格；

（五）入围产品升级换代规则；

（六）确定第二阶段成交供应商的方式；

（七）适用框架协议的采购人或者服务对象范围，以及履行合同的地域范围；

（八）资金支付方式、时间和条件；

（九）采购合同文本，包括根据需要约定适用的简式合同或者具有合同性质的凭单、订单；

（十）框架协议期限；

（十一）入围供应商清退和补充规则；

（十二）协议方的权利和义务；

（十三）需要约定的其他事项。

第十五条 集中采购机构或者主管预算单位应当根据工作需要和采购标的市场供应及价格变化情况，科学合理确定框架协议期限。货物项目框架协议有效期一般不超过1年，服务项目框架协议有效期一般不超过2年。

第十六条 集中采购机构或者主管预算单位应当根据框架协议约定，组织落实框架协议的履行，并履行下列职责：

（一）为第二阶段合同授予提供工作便利；

（二）对第二阶段最高限价和需求标准执行情况进行管理；

（三）对第二阶段确定成交供应商情况进行管理；

（四）根据框架协议约定，在质量不降低、价格不提高的前提下，对入围供应商因产品升级换代、用新产品替代原入围产品的情形进行审核；

（五）建立用户反馈和评价机制，接受采购人和服务对象对入围供应商履行框架协议和采购合同情况的反馈与评价，并将用户反馈和评价情况向采购人和服务对象公开，作为第二阶段直接选定成交供应商的参考；

（六）公开封闭式框架协议的第二阶段成交结果；

（七）办理入围供应商清退和补充相关事宜。

第十七条 采购人或者服务对象采购框架协议约定的货物、服务，应当将第二阶段的采购合同授予入围供应商，但是本办法第三十七条另有规定的除外。

同一框架协议采购应当使用统一的采购合同文本，采购人、服务对象和供应商不得擅自改变框架协议约定的合同实质性条款。

第十八条　货物项目框架协议的入围供应商应当为入围产品生产厂家或者生产厂家唯一授权供应商。入围供应商可以委托一家或者多家代理商，按照框架协议约定接受采购人合同授予，并履行采购合同。入围供应商应当在框架协议中提供委托协议和委托的代理商名单。

第十九条　入围供应商有下列情形之一，尚未签订框架协议的，取消其入围资格；已经签订框架协议的，解除与其签订的框架协议：

（一）恶意串通谋取入围或者合同成交的；

（二）提供虚假材料谋取入围或者合同成交的；

（三）无正当理由拒不接受合同授予的；

（四）不履行合同义务或者履行合同义务不符合约定，经采购人请求履行后仍不履行或者仍未按约定履行的；

（五）框架协议有效期内，因违法行为被禁止或限制参加政府采购活动的；

（六）框架协议约定的其他情形。

被取消入围资格或者被解除框架协议的供应商不得参加同一封闭式框架协议补充征集，或者重新申请加入同一开放式框架协议。

第二十条　封闭式框架协议入围供应商无正当理由，不得主动放弃入围资格或者退出框架协议。

开放式框架协议入围供应商可以随时申请退出框架协议。集中采购机构或者主管预算单位应当在收到退出申请2个工作日内，发布入围供应商退出公告。

第二十一条　征集人应当建立真实完整的框架协议采购档案，妥善保存每项采购活动的采购文件资料。除征集人和采购人另有约定外，合同授予的采购文件资料由采购人负责保存。

采购档案可以采用电子形式保存，电子档案和纸质档案具有同等效力。

第三章　封闭式框架协议采购

第一节　封闭式框架协议的订立

第二十二条　征集人应当发布征集公告。征集公告应当包括以下主要内容：

（一）征集人的名称、地址、联系人和联系方式；

（二）采购项目名称、编号，采购需求以及最高限制单价，适用框架协议的采购人或者服务对象范围，能预估采购数量的，还应当明确预估采购数量；

（三）供应商的资格条件；

（四）框架协议的期限；

（五）获取征集文件的时间、地点和方式；

（六）响应文件的提交方式、提交截止时间和地点，开启方式、时间和地点；

（七）公告期限；

（八）省级以上财政部门规定的其他事项。

第二十三条 征集人应当编制征集文件。征集文件应当包括以下主要内容：

（一）参加征集活动的邀请；

（二）供应商应当提交的资格材料；

（三）资格审查方法和标准；

（四）采购需求以及最高限制单价；

（五）政府采购政策要求以及政策执行措施；

（六）框架协议的期限；

（七）报价要求；

（八）确定第一阶段入围供应商的评审方法、评审标准、确定入围供应商的淘汰率或者入围供应商数量上限和响应文件无效情形；

（九）响应文件的编制要求，提交方式、提交截止时间和地点，开启方式、时间和地点，以及响应文件有效期；

（十）拟签订的框架协议文本和采购合同文本；

（十一）确定第二阶段成交供应商的方式；

（十二）采购资金的支付方式、时间和条件；

（十三）入围产品升级换代规则；

（十四）用户反馈和评价机制；

（十五）入围供应商的清退和补充规则；

（十六）供应商信用信息查询渠道及截止时点、信用信息查询记录和证据留存的具体方式、信用信息的使用规则等；

（十七）采购代理机构代理费用的收取标准和方式；

（十八）省级以上财政部门规定的其他事项。

第二十四条 供应商应当按照征集文件要求编制响应文件，对响应文件的真实性和合法性承担法律责任。

供应商响应的货物和服务的技术、商务等条件不得低于采购需求，货物原则上应当是市场上已有销售的规格型号，不得是专供政府采购的产品。对货物项目每个采购包只能用一个产品进行响应，征集文件有要求的，应当同时对产品的选配件、耗材进行报价。服务项目包含货物的，响应文件中应当列明货物清单及质量标准。

第二十五条 确定第一阶段入围供应商的评审方法包括价格优先法和质量优先法。

价格优先法是指对满足采购需求且响应报价不超过最高限制单价的货物、服务，按照响应报价从低到高排序，根据征集文件规定的淘汰率或者入围供应商数量上限，确定入围供应商的评审方法。

质量优先法是指对满足采购需求且响应报价不超过最高限制单价的货物、服务进行质量综合评分，按照质量评分从高到低排序，根据征集文件规定的淘汰率或者入围供应商数量上限，确定入围供应商的评审方法。货物项目质量因素包括采购标的的技术水平、产品配置、售后服务等，服务项目质量因素包括服务内容、服务水平、供应商的履约能力、服务经验等。质量因素中的可量化指标应当划分等次，作为评分项；质量因素中的其他指标可以作为实质性要求，不得作为评分项。

有政府定价、政府指导价的项目，以及对质量有特别要求的检测、实验等仪器设备，可以采用质量优先法，其他项目应当采用价格优先法。

第二十六条 对耗材使用量大的复印、打印、实验、医疗等仪器设备进行框架协议采购的，应当要求供应商同时对3年以上约定期限内的专用耗材进行报价。评审时应当考虑约定期限的专用耗材使用成本，修正仪器设备的响应报价或者质量评分。

征集人应当在征集文件、框架协议和采购合同中规定，入围供应商在约定期限内，应当以不高于其报价的价格向适用框架协议的采购人供应专用耗材。

第二十七条　确定第一阶段入围供应商时，提交响应文件和符合资格条件、实质性要求的供应商应当均不少于 2 家，淘汰比例一般不得低于 20%，且至少淘汰一家供应商。

采用质量优先法的检测、实验等仪器设备采购，淘汰比例不得低于 40%，且至少淘汰一家供应商。

第二十八条　入围结果公告应当包括以下主要内容：

（一）采购项目名称、编号；

（二）征集人的名称、地址、联系人和联系方式；

（三）入围供应商名称、地址及排序；

（四）最高入围价格或者最低入围分值；

（五）入围产品名称、规格型号或者主要服务内容及服务标准，入围单价；

（六）评审小组成员名单；

（七）采购代理服务收费标准及金额；

（八）公告期限；

（九）省级以上财政部门规定的其他事项。

第二十九条　集中采购机构或者主管预算单位应当在入围通知书发出之日起 30 日内和入围供应商签订框架协议，并在框架协议签订后 7 个工作日内，将框架协议副本报本级财政部门备案。

框架协议不得对征集文件确定的事项以及入围供应商的响应文件作实质性修改。

第三十条　征集人应当在框架协议签订后 3 个工作日内通过电子化采购系统将入围信息告知适用框架协议的所有采购人或者服务对象。

入围信息应当包括所有入围供应商的名称、地址、联系方式、入围产品信息和协议价格等内容。入围产品信息应当详细列明技术规格或者服务内容、服务标准等能反映产品质量特点的内容。

征集人应当确保征集文件和入围信息在整个框架协议有效期内随时可供公众

· 469 ·

查阅。

第三十一条 除剩余入围供应商不足入围供应商总数 70% 且影响框架协议执行的情形外，框架协议有效期内，征集人不得补充征集供应商。

征集人补充征集供应商的，补充征集规则应当在框架协议中约定，补充征集的条件、程序、评审方法和淘汰比例应当与初次征集相同。补充征集应当遵守原框架协议的有效期。补充征集期间，原框架协议继续履行。

第二节 采购合同的授予

第三十二条 确定第二阶段成交供应商的方式包括直接选定、二次竞价和顺序轮候。

直接选定方式是确定第二阶段成交供应商的主要方式。除征集人根据采购项目特点和提高绩效等要求，在征集文件中载明采用二次竞价或者顺序轮候方式外，确定第二阶段成交供应商应当由采购人或者服务对象依据入围产品价格、质量以及服务便利性、用户评价等因素，从第一阶段入围供应商中直接选定。

第三十三条 二次竞价方式是指以框架协议约定的入围产品、采购合同文本等为依据，以协议价格为最高限价，采购人明确第二阶段竞价需求，从入围供应商中选择所有符合竞价需求的供应商参与二次竞价，确定报价最低的为成交供应商的方式。

进行二次竞价应当给予供应商必要的响应时间。

二次竞价一般适用于采用价格优先法的采购项目。

第三十四条 顺序轮候方式是指根据征集文件中确定的轮候顺序规则，对所有入围供应商依次授予采购合同的方式。

每个入围供应商在一个顺序轮候期内，只有一次获得合同授予的机会。合同授予顺序确定后，应当书面告知所有入围供应商。除清退入围供应商和补充征集外，框架协议有效期内不得调整合同授予顺序。

顺序轮候一般适用于服务项目。

第三十五条 以二次竞价或者顺序轮候方式确定成交供应商的，征集人应当在确定成交供应商后 2 个工作日内逐笔发布成交结果公告。

成交结果单笔公告可以在省级以上财政部门指定的媒体上发布，也可以在开展框架协议采购的电子化采购系统发布,发布成交结果公告的渠道应当在征集文件或者框架协议中告知供应商。单笔公告应当包括以下主要内容:

(一)采购人的名称、地址和联系方式;

(二)框架协议采购项目名称、编号;

(三)成交供应商名称、地址和成交金额;

(四)成交标的名称、规格型号或者主要服务内容及服务标准、数量、单价;

(五)公告期限。

征集人应当在框架协议有效期满后10个工作日内发布成交结果汇总公告。汇总公告应当包括前款第一项、第二项内容和所有成交供应商的名称、地址及其成交合同总数和总金额。

第三十六条 框架协议采购应当订立固定价格合同。

根据实际采购数量和协议价格确定合同总价的,合同中应当列明实际采购数量或者计量方式,包括服务项目用于计算合同价的工日数、服务工作量等详细工作量清单。采购人应当要求供应商提供能证明其按照合同约定数量或者工作量清单履约的相关记录或者凭证,作为验收资料一并存档。

第三十七条 采购人证明能够以更低价格向非入围供应商采购相同货物,且入围供应商不同意将价格降至非入围供应商以下的,可以将合同授予非入围供应商。

采购项目适用前款规定的,征集人应当在征集文件中载明并在框架协议中约定。

采购人将合同授予非入围供应商的,应当在确定成交供应商后1个工作日内,将成交结果抄送征集人,由征集人按照单笔公告要求发布成交结果公告。采购人应当将相关证明材料和采购合同一并存档备查。

第四章 开放式框架协议采购

第三十八条 订立开放式框架协议的,征集人应当发布征集公告,邀请供应商加入框架协议。征集公告应当包括以下主要内容:

（一）本办法第二十二条第一项至四项和第二十三条第二项至三项、第十三项至十六项内容；

（二）订立开放式框架协议的邀请；

（三）供应商提交加入框架协议申请的方式、地点，以及对申请文件的要求；

（四）履行合同的地域范围、协议方的权利和义务、入围供应商的清退机制等框架协议内容；

（五）采购合同文本；

（六）付费标准，费用结算及支付方式；

（七）省级以上财政部门规定的其他事项。

第三十九条 征集公告发布后至框架协议期满前，供应商可以按照征集公告要求，随时提交加入框架协议的申请。征集人应当在收到供应商申请后7个工作日内完成审核，并将审核结果书面通知申请供应商。

第四十条 征集人应当在审核通过后2个工作日内，发布入围结果公告，公告入围供应商名称、地址、联系方式及付费标准，并动态更新入围供应商信息。

征集人应当确保征集公告和入围结果公告在整个框架协议有效期内随时可供公众查阅。

第四十一条 征集人可以根据采购项目特点，在征集公告中申明是否与供应商另行签订书面框架协议。申明不再签订书面框架协议的，发布入围结果公告，视为签订框架协议。

第四十二条 第二阶段成交供应商由采购人或者服务对象从第一阶段入围供应商中直接选定。

供应商履行合同后，依据框架协议约定的凭单、订单以及结算方式，与采购人进行费用结算。

第五章 法律责任

第四十三条 主管预算单位、采购人、采购代理机构违反本办法规定的，由财政部门责令限期改正；情节严重的，给予警告，对直接负责的主管人员和其他责任人员，由其行政主管部门或者有关机关依法给予处分，并予以通报。

第四十四条 违反本办法规定，经责令改正后仍然影响或者可能影响入围结果或者成交结果的，依照政府采购法等有关法律、行政法规处理。

第四十五条 供应商有本办法第十九条第一款第一项至三项情形之一，以及无正当理由放弃封闭式框架协议入围资格或者退出封闭式框架协议的，依照政府采购法等有关法律、行政法规追究法律责任。

第四十六条 政府采购当事人违反本办法规定，给他人造成损失的，依法承担民事责任。

第四十七条 财政部门及其工作人员在履行监督管理职责中存在滥用职权、玩忽职守、徇私舞弊等违法违纪行为的，依法追究相应责任。

第六章　附则

第四十八条 除本办法第三十五条规定外，本办法规定的公告信息，应当在省级以上财政部门指定的媒体上发布。

第四十九条 本办法规定按日计算期间的，开始当天不计入，从次日开始计算。期限的最后一日是国家法定节假日的，顺延到节假日后的次日为期限的最后一日。

第五十条 本办法所称的"以上"、"以下"、"内"、"以内"、"不少于"、"不超过"，包括本数；所称的"不足"、"低于"，不包括本数。

第五十一条 各省、自治区、直辖市财政部门可以根据本办法制定具体实施办法。

第五十二条 本办法自2022年3月1日起施行。

政府采购质疑和投诉办法

(2017年12月26日财政部令第94号公布 自2018年3月1日起施行)

第一章 总 则

第一条 为了规范政府采购质疑和投诉行为，保护参加政府采购活动当事人的合法权益，根据《中华人民共和国政府采购法》《中华人民共和国政府采购法实施条例》和其他有关法律法规规定，制定本办法。

第二条 本办法适用于政府采购质疑的提出和答复、投诉的提起和处理。

第三条 政府采购供应商（以下简称供应商）提出质疑和投诉应当坚持依法依规、诚实信用原则。

第四条 政府采购质疑答复和投诉处理应当坚持依法依规、权责对等、公平公正、简便高效原则。

第五条 采购人负责供应商质疑答复。采购人委托采购代理机构采购的，采购代理机构在委托授权范围内作出答复。

县级以上各级人民政府财政部门（以下简称财政部门）负责依法处理供应商投诉。

第六条 供应商投诉按照采购人所属预算级次，由本级财政部门处理。

跨区域联合采购项目的投诉，采购人所属预算级次相同的，由采购文件事先约定的财政部门负责处理，事先未约定的，由最先收到投诉的财政部门负责处理；采购人所属预算级次不同的，由预算级次最高的财政部门负责处理。

第七条 采购人、采购代理机构应当在采购文件中载明接收质疑函的方式、联系部门、联系电话和通讯地址等信息。

县级以上财政部门应当在省级以上财政部门指定的政府采购信息发布媒体公布受理投诉的方式、联系部门、联系电话和通讯地址等信息。

第八条 供应商可以委托代理人进行质疑和投诉。其授权委托书应当载明代理人的姓名或者名称、代理事项、具体权限、期限和相关事项。供应商为自然人的，应当由本人签字；供应商为法人或者其他组织的，应当由法定代表人、主要负责人签字或者盖章，并加盖公章。

代理人提出质疑和投诉，应当提交供应商签署的授权委托书。

第九条 以联合体形式参加政府采购活动的，其投诉应当由组成联合体的所有供应商共同提出。

第二章 质疑提出与答复

第十条 供应商认为采购文件、采购过程、中标或者成交结果使自己的权益受到损害的，可以在知道或者应知其权益受到损害之日起7个工作日内，以书面形式向采购人、采购代理机构提出质疑。

采购文件可以要求供应商在法定质疑期内一次性提出针对同一采购程序环节的质疑。

第十一条 提出质疑的供应商（以下简称质疑供应商）应当是参与所质疑项目采购活动的供应商。

潜在供应商已依法获取其可质疑的采购文件的，可以对该文件提出质疑。对采购文件提出质疑的，应当在获取采购文件或者采购文件公告期限届满之日起7个工作日内提出。

第十二条 供应商提出质疑应当提交质疑函和必要的证明材料。质疑函应当包括下列内容：

（一）供应商的姓名或者名称、地址、邮编、联系人及联系电话；

（二）质疑项目的名称、编号；

（三）具体、明确的质疑事项和与质疑事项相关的请求；

（四）事实依据；

（五）必要的法律依据；

（六）提出质疑的日期。

供应商为自然人的，应当由本人签字；供应商为法人或者其他组织的，应当由法定代表人、主要负责人，或者其授权代表签字或者盖章，并加盖公章。

第十三条　采购人、采购代理机构不得拒收质疑供应商在法定质疑期内发出的质疑函，应当在收到质疑函后7个工作日内作出答复，并以书面形式通知质疑供应商和其他有关供应商。

第十四条　供应商对评审过程、中标或者成交结果提出质疑的，采购人、采购代理机构可以组织原评标委员会、竞争性谈判小组、询价小组或者竞争性磋商小组协助答复质疑。

第十五条　质疑答复应当包括下列内容：

（一）质疑供应商的姓名或者名称；

（二）收到质疑函的日期、质疑项目名称及编号；

（三）质疑事项、质疑答复的具体内容、事实依据和法律依据；

（四）告知质疑供应商依法投诉的权利；

（五）质疑答复人名称；

（六）答复质疑的日期。

质疑答复的内容不得涉及商业秘密。

第十六条　采购人、采购代理机构认为供应商质疑不成立，或者成立但未对中标、成交结果构成影响的，继续开展采购活动；认为供应商质疑成立且影响或者可能影响中标、成交结果的，按照下列情况处理：

（一）对采购文件提出的质疑，依法通过澄清或者修改可以继续开展采购活动的，澄清或者修改采购文件后继续开展采购活动；否则应当修改采购文件后重新开展采购活动。

（二）对采购过程、中标或者成交结果提出的质疑，合格供应商符合法定数量时，可以从合格的中标或者成交候选人中另行确定中标、成交供应商的，应当依法另行确定中标、成交供应商；否则应当重新开展采购活动。

质疑答复导致中标、成交结果改变的，采购人或者采购代理机构应当将有关情况书面报告本级财政部门。

第三章 投诉提起

第十七条 质疑供应商对采购人、采购代理机构的答复不满意,或者采购人、采购代理机构未在规定时间内作出答复的,可以在答复期满后15个工作日内向本办法第六条规定的财政部门提起投诉。

第十八条 投诉人投诉时,应当提交投诉书和必要的证明材料,并按照被投诉采购人、采购代理机构(以下简称被投诉人)和与投诉事项有关的供应商数量提供投诉书的副本。投诉书应当包括下列内容:

(一)投诉人和被投诉人的姓名或者名称、通讯地址、邮编、联系人及联系电话;

(二)质疑和质疑答复情况说明及相关证明材料;

(三)具体、明确的投诉事项和与投诉事项相关的投诉请求;

(四)事实依据;

(五)法律依据;

(六)提起投诉的日期。

投诉人为自然人的,应当由本人签字;投诉人为法人或者其他组织的,应当由法定代表人、主要负责人,或者其授权代表签字或者盖章,并加盖公章。

第十九条 投诉人应当根据本办法第七条第二款规定的信息内容,并按照其规定的方式提起投诉。

投诉人提起投诉应当符合下列条件:

(一)提起投诉前已依法进行质疑;

(二)投诉书内容符合本办法的规定;

(三)在投诉有效期限内提起投诉;

(四)同一投诉事项未经财政部门投诉处理;

(五)财政部规定的其他条件。

第二十条 供应商投诉的事项不得超出已质疑事项的范围,但基于质疑答复内容提出的投诉事项除外。

第四章 投诉处理

第二十一条 财政部门收到投诉书后，应当在5个工作日内进行审查，审查后按照下列情况处理：

（一）投诉书内容不符合本办法第十八条规定的，应当在收到投诉书5个工作日内一次性书面通知投诉人补正。补正通知应当载明需要补正的事项和合理的补正期限。未按照补正期限进行补正或者补正后仍不符合规定的，不予受理。

（二）投诉不符合本办法第十九条规定条件的，应当在3个工作日内书面告知投诉人不予受理，并说明理由。

（三）投诉不属于本部门管辖的，应当在3个工作日内书面告知投诉人向有管辖权的部门提起投诉。

（四）投诉符合本办法第十八条、第十九条规定的，自收到投诉书之日起即为受理，并在收到投诉后8个工作日内向被投诉人和其他与投诉事项有关的当事人发出投诉答复通知书及投诉书副本。

第二十二条 被投诉人和其他与投诉事项有关的当事人应当在收到投诉答复通知书及投诉书副本之日起5个工作日内，以书面形式向财政部门作出说明，并提交相关证据、依据和其他有关材料。

第二十三条 财政部门处理投诉事项原则上采用书面审查的方式。财政部门认为有必要时，可以进行调查取证或者组织质证。

财政部门可以根据法律、法规规定或者职责权限，委托相关单位或者第三方开展调查取证、检验、检测、鉴定。

质证应当通知相关当事人到场，并制作质证笔录。质证笔录应当由当事人签字确认。

第二十四条 财政部门依法进行调查取证时，投诉人、被投诉人以及与投诉事项有关的单位及人员应当如实反映情况，并提供财政部门所需要的相关材料。

第二十五条 应当由投诉人承担举证责任的投诉事项，投诉人未提供相关证据、依据和其他有关材料的，视为该投诉事项不成立；被投诉人未按照投诉答复通知书要求提交相关证据、依据和其他有关材料的，视同其放弃说明权利，依法承担不利后果。

第二十六条 财政部门应当自收到投诉之日起30个工作日内，对投诉事项作出处理决定。

第二十七条 财政部门处理投诉事项，需要检验、检测、鉴定、专家评审以及需要投诉人补正材料的，所需时间不计算在投诉处理期限内。

前款所称所需时间，是指财政部门向相关单位、第三方、投诉人发出相关文书、补正通知之日至收到相关反馈文书或材料之日。

财政部门向相关单位、第三方开展检验、检测、鉴定、专家评审的，应当将所需时间告知投诉人。

第二十八条 财政部门在处理投诉事项期间，可以视具体情况书面通知采购人和采购代理机构暂停采购活动，暂停采购活动时间最长不得超过30日。

采购人和采购代理机构收到暂停采购活动通知后应当立即中止采购活动，在法定的暂停期限结束前或者财政部门发出恢复采购活动通知前，不得进行该项采购活动。

第二十九条 投诉处理过程中，有下列情形之一的，财政部门应当驳回投诉：

（一）受理后发现投诉不符合法定受理条件；

（二）投诉事项缺乏事实依据，投诉事项不成立；

（三）投诉人捏造事实或者提供虚假材料；

（四）投诉人以非法手段取得证明材料。证据来源的合法性存在明显疑问，投诉人无法证明其取得方式合法的，视为以非法手段取得证明材料。

第三十条 财政部门受理投诉后，投诉人书面申请撤回投诉的，财政部门应当终止投诉处理程序，并书面告知相关当事人。

第三十一条 投诉人对采购文件提起的投诉事项，财政部门经查证属实的，应当认定投诉事项成立。经认定成立的投诉事项不影响采购结果的，继续开展采购活动；影响或者可能影响采购结果的，财政部门按照下列情况处理：

（一）未确定中标或者成交供应商的，责令重新开展采购活动。

（二）已确定中标或者成交供应商但尚未签订政府采购合同的，认定中标或者成交结果无效，责令重新开展采购活动。

（三）政府采购合同已经签订但尚未履行的，撤销合同，责令重新开展采购活动。

（四）政府采购合同已经履行，给他人造成损失的，相关当事人可依法提起诉讼，由责任人承担赔偿责任。

第三十二条 投诉人对采购过程或者采购结果提起的投诉事项，财政部门经查证属实的，应当认定投诉事项成立。经认定成立的投诉事项不影响采购结果的，继续开展采购活动；影响或者可能影响采购结果的，财政部门按照下列情况处理：

（一）未确定中标或者成交供应商的，责令重新开展采购活动。

（二）已确定中标或者成交供应商但尚未签订政府采购合同的，认定中标或者成交结果无效。合格供应商符合法定数量时，可以从合格的中标或者成交候选人中另行确定中标或者成交供应商的，应当要求采购人依法另行确定中标、成交供应商；否则责令重新开展采购活动。

（三）政府采购合同已经签订但尚未履行的，撤销合同。合格供应商符合法定数量时，可以从合格的中标或者成交候选人中另行确定中标或者成交供应商的，应当要求采购人依法另行确定中标、成交供应商；否则责令重新开展采购活动。

（四）政府采购合同已经履行，给他人造成损失的，相关当事人可依法提起诉讼，由责任人承担赔偿责任。

投诉人对废标行为提起的投诉事项成立的，财政部门应当认定废标行为无效。

第三十三条 财政部门作出处理决定，应当制作投诉处理决定书，并加盖公章。投诉处理决定书应当包括下列内容：

（一）投诉人和被投诉人的姓名或者名称、通讯地址等；

（二）处理决定查明的事实和相关依据，具体处理决定和法律依据；

（三）告知相关当事人申请行政复议的权利、行政复议机关和行政复议申请期限，以及提起行政诉讼的权利和起诉期限；

（四）作出处理决定的日期。

第三十四条　财政部门应当将投诉处理决定书送达投诉人和与投诉事项有关的当事人，并及时将投诉处理结果在省级以上财政部门指定的政府采购信息发布媒体上公告。

投诉处理决定书的送达，参照《中华人民共和国民事诉讼法》关于送达的规定执行。

第三十五条　财政部门应当建立投诉处理档案管理制度，并配合有关部门依法进行的监督检查。

第五章　法律责任

第三十六条　采购人、采购代理机构有下列情形之一的，由财政部门责令限期改正；情节严重的，给予警告，对直接负责的主管人员和其他直接责任人员，由其行政主管部门或者有关机关给予处分，并予通报：

（一）拒收质疑供应商在法定质疑期内发出的质疑函；

（二）对质疑不予答复或者答复与事实明显不符，并不能作出合理说明；

（三）拒绝配合财政部门处理投诉事宜。

第三十七条　投诉人在全国范围12个月内三次以上投诉查无实据的，由财政部门列入不良行为记录名单。

投诉人有下列行为之一的，属于虚假、恶意投诉，由财政部门列入不良行为记录名单，禁止其1至3年内参加政府采购活动：

（一）捏造事实；

（二）提供虚假材料；

（三）以非法手段取得证明材料。证据来源的合法性存在明显疑问，投诉人无法证明其取得方式合法的，视为以非法手段取得证明材料。

第三十八条　财政部门及其工作人员在履行投诉处理职责中违反本办法规定及存在其他滥用职权、玩忽职守、徇私舞弊等违法违纪行为的，依照《中华人民共和国政府采购法》《中华人民共和国公务员法》《中华人民共和国行政监察法》《中华人民共和国政府采购法实施条例》等国家有关规定追究相应责任；涉嫌犯罪的,依法移送司法机关处理。

第六章　附　则

第三十九条　质疑函和投诉书应当使用中文。质疑函和投诉书的范本,由财政部制定。

第四十条　相关当事人提供外文书证或者外国语视听资料的,应当附有中文译本,由翻译机构盖章或者翻译人员签名。

相关当事人向财政部门提供的在中华人民共和国领域外形成的证据,应当说明来源,经所在国公证机关证明,并经中华人民共和国驻该国使领馆认证,或者履行中华人民共和国与证据所在国订立的有关条约中规定的证明手续。

相关当事人提供的在香港特别行政区、澳门特别行政区和台湾地区内形成的证据,应当履行相关的证明手续。

第四十一条　财政部门处理投诉不得向投诉人和被投诉人收取任何费用。但因处理投诉发生的第三方检验、检测、鉴定等费用,由提出申请的供应商先行垫付。投诉处理决定明确双方责任后,按照"谁过错谁负担"的原则由承担责任的一方负担;双方都有责任的,由双方合理分担。

第四十二条　本办法规定的期间开始之日,不计算在期间内。期间届满的最后一日是节假日的,以节假日后的第一日为期间届满的日期。期间不包括在途时间,质疑和投诉文书在期满前交邮的,不算过期。

本办法规定的"以上""以下"均含本数。

第四十三条　对在质疑答复和投诉处理过程中知悉的国家秘密、商业秘密、个人隐私和依法不予公开的信息,财政部门、采购人、采购代理机构等相关知情人应当保密。

第四十四条　省级财政部门可以根据本办法制定具体实施办法。

第四十五条　本办法自 2018 年 3 月 1 日起施行。财政部 2004 年 8 月 11 日发布的《政府采购供应商投诉处理办法》(财政部令第 20 号)同时废止。

政府采购竞争性磋商采购方式管理暂行办法

(2014年12月31日 财库〔2014〕214号)

第一章 总 则

第一条 为了规范政府采购行为，维护国家利益、社会公共利益和政府采购当事人的合法权益，依据《中华人民共和国政府采购法》（以下简称政府采购法）第二十六条第一款第六项规定，制定本办法。

第二条 本办法所称竞争性磋商采购方式，是指采购人、政府采购代理机构通过组建竞争性磋商小组（以下简称磋商小组）与符合条件的供应商就采购货物、工程和服务事宜进行磋商，供应商按照磋商文件的要求提交响应文件和报价，采购人从磋商小组评审后提出的候选供应商名单中确定成交供应商的采购方式。

第三条 符合下列情形的项目，可以采用竞争性磋商方式开展采购：

（一）政府购买服务项目；

（二）技术复杂或者性质特殊，不能确定详细规格或者具体要求的；

（三）因艺术品采购、专利、专有技术或者服务的时间、数量事先不能确定等原因不能事先计算出价格总额的；

（四）市场竞争不充分的科研项目，以及需要扶持的科技成果转化项目；

（五）按照招标投标法及其实施条例必须进行招标的工程建设项目以外的工程建设项目。

第二章 磋商程序

第四条 达到公开招标数额标准的货物、服务采购项目，拟采用竞争性磋商采购方式的，采购人应当在采购活动开始前，报经主管预算单位同意后，依法向设区的市、自治州以上人民政府财政部门申请批准。

第五条 采购人、采购代理机构应当按照政府采购法和本办法的规定组织开展竞争性磋商，并采取必要措施，保证磋商在严格保密的情况下进行。

任何单位和个人不得非法干预、影响磋商过程和结果。

第六条 采购人、采购代理机构应当通过发布公告、从省级以上财政部门建立的供应商库中随机抽取或者采购人和评审专家分别书面推荐的方式邀请不少于3家符合相应资格条件的供应商参与竞争性磋商采购活动。

符合政府采购法第二十二条第一款规定条件的供应商可以在采购活动开始前加入供应商库。财政部门不得对供应商申请入库收取任何费用，不得利用供应商库进行地区和行业封锁。

采取采购人和评审专家书面推荐方式选择供应商的，采购人和评审专家应当各自出具书面推荐意见。采购人推荐供应商的比例不得高于推荐供应商总数的50%。

第七条 采用公告方式邀请供应商的，采购人、采购代理机构应当在省级以上人民政府财政部门指定的政府采购信息发布媒体发布竞争性磋商公告。竞争性磋商公告应当包括以下主要内容：

（一）采购人、采购代理机构的名称、地点和联系方法；

（二）采购项目的名称、数量、简要规格描述或项目基本概况介绍；

（三）采购项目的预算；

（四）供应商资格条件；

（五）获取磋商文件的时间、地点、方式及磋商文件售价；

（六）响应文件提交的截止时间、开启时间及地点；

（七）采购项目联系人姓名和电话。

第八条 竞争性磋商文件（以下简称磋商文件）应当根据采购项目的特点和采购人的实际需求制定，并经采购人书面同意。采购人应当以满足实际需求为原则，不得擅自提高经费预算和资产配置等采购标准。

磋商文件不得要求或者标明供应商名称或者特定货物的品牌，不得含有指向特定供应商的技术、服务等条件。

第九条 磋商文件应当包括供应商资格条件、采购邀请、采购方式、采购预算、采购需求、政府采购政策要求、评审程序、评审方法、评审标准、价格构成或者报价要求、响应文件编制要求、保证金交纳数额和形式以及不予退还保证金的情形、磋商过程中可能实质性变动的内容、响应文件提交的截止时间、开启时间及地点以及合同草案条款等。

第十条 从磋商文件发出之日起至供应商提交首次响应文件截止之日止不得少于 10 日。

磋商文件售价应当按照弥补磋商文件制作成本费用的原则确定，不得以营利为目的，不得以项目预算金额作为确定磋商文件售价依据。磋商文件的发售期限自开始之日起不得少于 5 个工作日。

提交首次响应文件截止之日前，采购人、采购代理机构或者磋商小组可以对已发出的磋商文件进行必要的澄清或者修改，澄清或者修改的内容作为磋商文件的组成部分。澄清或者修改的内容可能影响响应文件编制的，采购人、采购代理机构应当在提交首次响应文件截止时间至少 5 日前，以书面形式通知所有获取磋商文件的供应商；不足 5 日的，采购人、采购代理机构应当顺延提交首次响应文件截止时间。

第十一条 供应商应当按照磋商文件的要求编制响应文件，并对其提交的响应文件的真实性、合法性承担法律责任。

第十二条 采购人、采购代理机构可以要求供应商在提交响应文件截止时间之前交纳磋商保证金。磋商保证金应当采用支票、汇票、本票或者金融机构、担保机构出具的保函等非现金形式交纳。磋商保证金数额应当不超过采购项目预算的 2%。供应商未按照磋商文件要求提交磋商保证金的，响应无效。

供应商为联合体的，可以由联合体中的一方或者多方共同交纳磋商保证金，其交纳的保证金对联合体各方均具有约束力。

第十三条 供应商应当在磋商文件要求的截止时间前,将响应文件密封送达指定地点。在截止时间后送达的响应文件为无效文件,采购人、采购代理机构或者磋商小组应当拒收。

供应商在提交响应文件截止时间前,可以对所提交的响应文件进行补充、修改或者撤回,并书面通知采购人、采购代理机构。补充、修改的内容作为响应文件的组成部分。补充、修改的内容与响应文件不一致的,以补充、修改的内容为准。

第十四条 磋商小组由采购人代表和评审专家共3人以上单数组成,其中评审专家人数不得少于磋商小组成员总数的2/3。采购人代表不得以评审专家身份参加本部门或本单位采购项目的评审。采购代理机构人员不得参加本机构代理的采购项目的评审。

采用竞争性磋商方式的政府采购项目,评审专家应当从政府采购评审专家库内相关专业的专家名单中随机抽取。符合本办法第三条第四项规定情形的项目,以及情况特殊、通过随机方式难以确定合适的评审专家的项目,经主管预算单位同意,可以自行选定评审专家。技术复杂、专业性强的采购项目,评审专家中应当包含1名法律专家。

第十五条 评审专家应当遵守评审工作纪律,不得泄露评审情况和评审中获悉的商业秘密。

磋商小组在评审过程中发现供应商有行贿、提供虚假材料或者串通等违法行为的,应当及时向财政部门报告。

评审专家在评审过程中受到非法干涉的,应当及时向财政、监察等部门举报。

第十六条 磋商小组成员应当按照客观、公正、审慎的原则,根据磋商文件规定的评审程序、评审方法和评审标准进行独立评审。未实质性响应磋商文件的响应文件按无效响应处理,磋商小组应当告知提交响应文件的供应商。

磋商文件内容违反国家有关强制性规定的,磋商小组应当停止评审并向采购人或者采购代理机构说明情况。

第十七条 采购人、采购代理机构不得向磋商小组中的评审专家作倾向性、误导性的解释或者说明。

采购人、采购代理机构可以视采购项目的具体情况，组织供应商进行现场考察或召开磋商前答疑会，但不得单独或分别组织只有一个供应商参加的现场考察和答疑会。

第十八条　磋商小组在对响应文件的有效性、完整性和响应程度进行审查时，可以要求供应商对响应文件中含义不明确、同类问题表述不一致或者有明显文字和计算错误的内容等作出必要的澄清、说明或者更正。供应商的澄清、说明或者更正不得超出响应文件的范围或者改变响应文件的实质性内容。

磋商小组要求供应商澄清、说明或者更正响应文件应当以书面形式作出。供应商的澄清、说明或者更正应当由法定代表人或其授权代表签字或者加盖公章。由授权代表签字的，应当附法定代表人授权书。供应商为自然人的，应当由本人签字并附身份证明。

第十九条　磋商小组所有成员应当集中与单一供应商分别进行磋商，并给予所有参加磋商的供应商平等的磋商机会。

第二十条　在磋商过程中，磋商小组可以根据磋商文件和磋商情况实质性变动采购需求中的技术、服务要求以及合同草案条款，但不得变动磋商文件中的其他内容。实质性变动的内容，须经采购人代表确认。

对磋商文件作出的实质性变动是磋商文件的有效组成部分，磋商小组应当及时以书面形式同时通知所有参加磋商的供应商。

供应商应当按照磋商文件的变动情况和磋商小组的要求重新提交响应文件，并由其法定代表人或授权代表签字或者加盖公章。由授权代表签字的，应当附法定代表人授权书。供应商为自然人的，应当由本人签字并附身份证明。

第二十一条　磋商文件能够详细列明采购标的的技术、服务要求的，磋商结束后，磋商小组应当要求所有实质性响应的供应商在规定时间内提交最后报价，提交最后报价的供应商不得少于3家。

磋商文件不能详细列明采购标的的技术、服务要求，需经磋商由供应商提供最终设计方案或解决方案的，磋商结束后，磋商小组应当按照少数服从多数的原则投票推荐3家以上供应商的设计方案或者解决方案，并要求其在规定时间内提交最后报价。

最后报价是供应商响应文件的有效组成部分。符合本办法第三条第四项情形的，提交最后报价的供应商可以为2家。

第二十二条 已提交响应文件的供应商，在提交最后报价之前，可以根据磋商情况退出磋商。采购人、采购代理机构应当退还退出磋商的供应商的磋商保证金。

第二十三条 经磋商确定最终采购需求和提交最后报价的供应商后，由磋商小组采用综合评分法对提交最后报价的供应商的响应文件和最后报价进行综合评分。

综合评分法，是指响应文件满足磋商文件全部实质性要求且按评审因素的量化指标评审得分最高的供应商为成交候选供应商的评审方法。

第二十四条 综合评分法评审标准中的分值设置应当与评审因素的量化指标相对应。磋商文件中没有规定的评审标准不得作为评审依据。

评审时，磋商小组各成员应当独立对每个有效响应的文件进行评价、打分，然后汇总每个供应商每项评分因素的得分。

综合评分法货物项目的价格分值占总分值的比重（即权值）为30%至60%，服务项目的价格分值占总分值的比重（即权值）为10%至30%。采购项目中含不同采购对象的，以占项目资金比例最高的采购对象确定其项目属性。符合本办法第三条第三项的规定和执行统一价格标准的项目，其价格不列为评分因素。有特殊情况需要在上述规定范围外设定价格分权重的，应当经本级人民政府财政部门审核同意。

综合评分法中的价格分统一采用低价优先法计算，即满足磋商文件要求且最后报价最低的供应商的价格为磋商基准价，其价格分为满分。其他供应商的价格分统一按照下列公式计算：

磋商报价得分＝（磋商基准价/最后磋商报价）× 价格权值 ×100

项目评审过程中，不得去掉最后报价中的最高报价和最低报价。

第二十五条 磋商小组应当根据综合评分情况，按照评审得分由高到低顺序推荐3名以上成交候选供应商，并编写评审报告。符合本办法第二十一条第三款情形的，可以推荐2家成交候选供应商。评审得分相同的，按照最后报价由低到高的顺序推荐。评审得分且最后报价相同的，按照技术指标优劣顺序推荐。

第二十六条 评审报告应当包括以下主要内容：

（一）邀请供应商参加采购活动的具体方式和相关情况；

（二）响应文件开启日期和地点；

（三）获取磋商文件的供应商名单和磋商小组成员名单；

（四）评审情况记录和说明，包括对供应商的资格审查情况、供应商响应文件评审情况、磋商情况、报价情况等；

（五）提出的成交候选供应商的排序名单及理由。

第二十七条 评审报告应当由磋商小组全体人员签字认可。磋商小组成员对评审报告有异议的，磋商小组按照少数服从多数的原则推荐成交候选供应商，采购程序继续进行。对评审报告有异议的磋商小组成员，应当在报告上签署不同意见并说明理由，由磋商小组书面记录相关情况。磋商小组成员拒绝在报告上签字又不书面说明其不同意见和理由的，视为同意评审报告。

第二十八条 采购代理机构应当在评审结束后2个工作日内将评审报告送采购人确认。

采购人应当在收到评审报告后5个工作日内，从评审报告提出的成交候选供应商中，按照排序由高到低的原则确定成交供应商，也可以书面授权磋商小组直接确定成交供应商。采购人逾期未确定成交供应商且不提出异议的，视为确定评审报告提出的排序第一的供应商为成交供应商。

第二十九条 采购人或者采购代理机构应当在成交供应商确定后2个工作日内，在省级以上财政部门指定的政府采购信息发布媒体上公告成交结果，同时向成交供应商发出成交通知书，并将磋商文件随成交结果同时公告。成交结果公告应当包括以下内容：

（一）采购人和采购代理机构的名称、地址和联系方式；

（二）项目名称和项目编号；

（三）成交供应商名称、地址和成交金额；

（四）主要成交标的的名称、规格型号、数量、单价、服务要求；

（五）磋商小组成员名单。

采用书面推荐供应商参加采购活动的，还应当公告采购人和评审专家的推荐意见。

第三十条 采购人与成交供应商应当在成交通知书发出之日起 30 日内，按照磋商文件确定的合同文本以及采购标的、规格型号、采购金额、采购数量、技术和服务要求等事项签订政府采购合同。

采购人不得向成交供应商提出超出磋商文件以外的任何要求作为签订合同的条件，不得与成交供应商订立背离磋商文件确定的合同文本以及采购标的、规格型号、采购金额、采购数量、技术和服务要求等实质性内容的协议。

第三十一条 采购人或者采购代理机构应当在采购活动结束后及时退还供应商的磋商保证金，但因供应商自身原因导致无法及时退还的除外。未成交供应商的磋商保证金应当在成交通知书发出后 5 个工作日内退还，成交供应商的磋商保证金应当在采购合同签订后 5 个工作日内退还。

有下列情形之一的，磋商保证金不予退还：

（一）供应商在提交响应文件截止时间后撤回响应文件的；

（二）供应商在响应文件中提供虚假材料的；

（三）除因不可抗力或磋商文件认可的情形以外，成交供应商不与采购人签订合同的；

（四）供应商与采购人、其他供应商或者采购代理机构恶意串通的；

（五）磋商文件规定的其他情形。

第三十二条 除资格性检查认定错误、分值汇总计算错误、分项评分超出评分标准范围、客观分评分不一致、经磋商小组一致认定评分畸高、畸低的情形外，采购人或者采购代理机构不得以任何理由组织重新评审。采购人、采购代理机构发现磋商小组未按照磋商文件规定的评审标准进行评审的，应当重新开展采购活动，并同时书面报告本级财政部门。

采购人或者采购代理机构不得通过对样品进行检测、对供应商进行考察等方式改变评审结果。

第三十三条 成交供应商拒绝签订政府采购合同的，采购人可以按照本办法

第二十八条第二款规定的原则确定其他供应商作为成交供应商并签订政府采购合同，也可以重新开展采购活动。拒绝签订政府采购合同的成交供应商不得参加对该项目重新开展的采购活动。

第三十四条 出现下列情形之一的，采购人或者采购代理机构应当终止竞争性磋商采购活动，发布项目终止公告并说明原因，重新开展采购活动：

（一）因情况变化，不再符合规定的竞争性磋商采购方式适用情形的；

（二）出现影响采购公正的违法、违规行为的；

（三）除本办法第二十一条第三款规定的情形外，在采购过程中符合要求的供应商或者报价未超过采购预算的供应商不足3家的。

第三十五条 在采购活动中因重大变故，采购任务取消的，采购人或者采购代理机构应当终止采购活动，通知所有参加采购活动的供应商，并将项目实施情况和采购任务取消原因报送本级财政部门。

第三章 附 则

第三十六条 相关法律制度对政府和社会资本合作项目采用竞争性磋商采购方式另有规定的，从其规定。

第三十七条 本办法所称主管预算单位是指负有编制部门预算职责，向同级财政部门申报预算的国家机关、事业单位和团体组织。

第三十八条 本办法自发布之日起施行。

政府采购评审专家管理办法

（2016年11月18日 财库〔2016〕198号）

第一章 总 则

第一条 为加强政府采购评审活动管理，规范政府采购评审专家（以下简称评审专家）评审行为，根据《中华人民共和国政府采购法》（以下简称《政府采购法》）、《中华人民共和国政府采购法实施条例》（以下简称《政府采购法实施条例》）等法律法规及有关规定，制定本办法。

第二条 本办法所称评审专家，是指经省级以上人民政府财政部门选聘，以独立身份参加政府采购评审，纳入评审专家库管理的人员。评审专家选聘、解聘、抽取、使用、监督管理适用本办法。

第三条 评审专家实行统一标准、管用分离、随机抽取的管理原则。

第四条 财政部负责制定全国统一的评审专家专业分类标准和评审专家库建设标准，建设管理国家评审专家库。

省级人民政府财政部门负责建设本地区评审专家库并实行动态管理，与国家评审专家库互联互通、资源共享。

各级人民政府财政部门依法履行对评审专家的监督管理职责。

第二章 评审专家选聘与解聘

第五条 省级以上人民政府财政部门通过公开征集、单位推荐和自我推荐相结合的方式选聘评审专家。

第六条 评审专家应当具备以下条件：

（一）具有良好的职业道德，廉洁自律，遵纪守法，无行贿、受贿、欺诈等不良信用记录；

（二）具有中级专业技术职称或同等专业水平且从事相关领域工作满 8 年，或者具有高级专业技术职称或同等专业水平；

（三）熟悉政府采购相关政策法规；

（四）承诺以独立身份参加评审工作，依法履行评审专家工作职责并承担相应法律责任的中国公民；

（五）不满 70 周岁，身体健康，能够承担评审工作；

（六）申请成为评审专家前三年内，无本办法第二十九条规定的不良行为记录。

对评审专家数量较少的专业，前款第（二）项、第（五）项所列条件可以适当放宽。

第七条 符合本办法第六条规定条件，自愿申请成为评审专家的人员（以下简称申请人），应当提供以下申请材料：

（一）个人简历、本人签署的申请书和承诺书；

（二）学历学位证书、专业技术职称证书或者具有同等专业水平的证明材料；

（三）证明本人身份的有效证件；

（四）本人认为需要申请回避的信息；

（五）省级以上人民政府财政部门规定的其他材料。

第八条 申请人应当根据本人专业或专长申报评审专业。

第九条 省级以上人民政府财政部门对申请人提交的申请材料、申报的评审专业和信用信息进行审核，符合条件的选聘为评审专家，纳入评审专家库管理。

第十条 评审专家工作单位、联系方式、专业技术职称、需要回避的信息等发生变化的，应当及时向相关省级以上人民政府财政部门申请变更相关信息。

第十一条 评审专家存在以下情形之一的，省级以上人民政府财政部门应当将其解聘：

（一）不符合本办法第六条规定条件；

（二）本人申请不再担任评审专家；

（三）存在本办法第二十九条规定的不良行为记录；

（四）受到刑事处罚。

第三章 评审专家抽取与使用

第十二条 采购人或者采购代理机构应当从省级以上人民政府财政部门设立的评审专家库中随机抽取评审专家。

评审专家库中相关专家数量不能保证随机抽取需要的，采购人或者采购代理机构可以推荐符合条件的人员，经审核选聘入库后再随机抽取使用。

第十三条 技术复杂、专业性强的采购项目，通过随机方式难以确定合适评审专家的，经主管预算单位同意，采购人可以自行选定相应专业领域的评审专家。

自行选定评审专家的，应当优先选择本单位以外的评审专家。

第十四条 除采用竞争性谈判、竞争性磋商方式采购，以及异地评审的项目外，采购人或者采购代理机构抽取评审专家的开始时间原则上不得早于评审活动开始前2个工作日。

第十五条 采购人或者采购代理机构应当在评审活动开始前宣布评审工作纪律，并将记载评审工作纪律的书面文件作为采购文件一并存档。

第十六条 评审专家与参加采购活动的供应商存在下列利害关系之一的，应当回避：

（一）参加采购活动前三年内，与供应商存在劳动关系，或者担任过供应商的董事、监事，或者是供应商的控股股东或实际控制人；

（二）与供应商的法定代表人或者负责人有夫妻、直系血亲、三代以内旁系血亲或者近姻亲关系；

（三）与供应商有其他可能影响政府采购活动公平、公正进行的关系。

评审专家发现本人与参加采购活动的供应商有利害关系的，应当主动提出回避。采购人或者采购代理机构发现评审专家与参加采购活动的供应商有利害关系的，应当要求其回避。

除本办法第十三条规定的情形外，评审专家对本单位的政府采购项目只能作为采购人代表参与评审活动。

各级财政部门政府采购监督管理工作人员，不得作为评审专家参与政府采购项目的评审活动。

第十七条 出现评审专家缺席、回避等情形导致评审现场专家数量不符合规定的，采购人或者采购代理机构应当及时补抽评审专家，或者经采购人主管预算单位同意自行选定补足评审专家。无法及时补足评审专家的，采购人或者采购代理机构应当立即停止评审工作，妥善保存采购文件，依法重新组建评标委员会、谈判小组、询价小组、磋商小组进行评审。

第十八条 评审专家应当严格遵守评审工作纪律，按照客观、公正、审慎的原则，根据采购文件规定的评审程序、评审方法和评审标准进行独立评审。

评审专家发现采购文件内容违反国家有关强制性规定或者采购文件存在歧义、重大缺陷导致评审工作无法进行时，应当停止评审并向采购人或者采购代理机构书面说明情况。

评审专家应当配合答复供应商的询问、质疑和投诉等事项，不得泄露评审文件、评审情况和在评审过程中获悉的商业秘密。

评审专家发现供应商具有行贿、提供虚假材料或者串通等违法行为的，应当及时向财政部门报告。

评审专家在评审过程中受到非法干预的，应当及时向财政、监察等部门举报。

第十九条 评审专家应当在评审报告上签字，对自己的评审意见承担法律责任。对需要共同认定的事项存在争议的，按照少数服从多数的原则做出结论。对评审报告有异议的，应当在评审报告上签署不同意见并说明理由，否则视为同意评审报告。

第二十条 评审专家名单在评审结果公告前应当保密。评审活动完成后，采购人或者采购代理机构应当随中标、成交结果一并公告评审专家名单，并对自行选定的评审专家做出标注。

各级财政部门、采购人和采购代理机构有关工作人员不得泄露评审专家的个人情况。

第二十一条 采购人或者采购代理机构应当于评审活动结束后5个工作日内,在政府采购信用评价系统中记录评审专家的职责履行情况。

评审专家可以在政府采购信用评价系统中查询本人职责履行情况记录,并就有关情况作出说明。

省级以上人民政府财政部门可根据评审专家履职情况等因素设置阶梯抽取概率。

第二十二条 评审专家应当于评审活动结束后5个工作日内,在政府采购信用评价系统中记录采购人或者采购代理机构的职责履行情况。

第二十三条 集中采购目录内的项目,由集中采购机构支付评审专家劳务报酬;集中采购目录外的项目,由采购人支付评审专家劳务报酬。

第二十四条 省级人民政府财政部门应当根据实际情况,制定本地区评审专家劳务报酬标准。中央预算单位参照本单位所在地或评审活动所在地标准支付评审专家劳务报酬。

第二十五条 评审专家参加异地评审的,其往返的城市间交通费、住宿费等实际发生的费用,可参照采购人执行的差旅费管理办法相应标准向采购人或集中采购机构凭据报销。

第二十六条 评审专家未完成评审工作擅自离开评审现场,或者在评审活动中有违法违规行为的,不得获取劳务报酬和报销异地评审差旅费。评审专家以外的其他人员不得获取评审劳务报酬。

第四章 评审专家监督管理

第二十七条 评审专家未按照采购文件规定的评审程序、评审方法和评审标准进行独立评审或者泄露评审文件、评审情况的,由财政部门给予警告,并处2000元以上2万元以下的罚款;影响中标、成交结果的,处2万元以上5万元以下的罚款,禁止其参加政府采购评审活动。

评审专家与供应商存在利害关系未回避的,处2万元以上5万元以下的罚款,禁止其参加政府采购评审活动。

评审专家收受采购人、采购代理机构、供应商贿赂或者获取其他不正当利益,构成犯罪的,依法追究刑事责任;尚不构成犯罪的,处 2 万元以上 5 万元以下的罚款,禁止其参加政府采购评审活动。

评审专家有上述违法行为的,其评审意见无效;有违法所得的,没收违法所得;给他人造成损失的,依法承担民事责任。

第二十八条 采购人、采购代理机构发现评审专家有违法违规行为的,应当及时向采购人本级财政部门报告。

第二十九条 申请人或评审专家有下列情形的,列入不良行为记录:

(一)未按照采购文件规定的评审程序、评审方法和评审标准进行独立评审;

(二)泄露评审文件、评审情况;

(三)与供应商存在利害关系未回避;

(四)收受采购人、采购代理机构、供应商贿赂或者获取其他不正当利益;

(五)提供虚假申请材料;

(六)拒不履行配合答复供应商询问、质疑、投诉等法定义务;

(七)以评审专家身份从事有损政府采购公信力的活动。

第三十条 采购人或者采购代理机构未按照本办法规定抽取和使用评审专家的,依照《政府采购法》及有关法律法规追究法律责任。

第三十一条 财政部门工作人员在评审专家管理工作中存在滥用职权、玩忽职守、徇私舞弊等违法违纪行为的,依照《政府采购法》《公务员法》《行政监察法》《政府采购法实施条例》等国家有关规定追究相应责任;涉嫌犯罪的,移送司法机关处理。

第五章 附 则

第三十二条 参加评审活动的采购人代表、采购人依法自行选定的评审专家管理参照本办法执行。

第三十三条 国家对评审专家抽取、选定另有规定的,从其规定。

第三十四条 各省级人民政府财政部门,可以根据本办法规定,制定具体实施办法。

第三十五条 本办法由财政部负责解释。

第三十六条 本办法自 2017 年 1 月 1 日起施行。财政部、监察部 2003 年 11 月 17 日发布的《政府采购评审专家管理办法》(财库〔2003〕119 号)同时废止。

政府采购促进中小企业发展管理办法

(2020年12月18日 财库〔2020〕46号)

第一条 为了发挥政府采购的政策功能，促进中小企业健康发展，根据《中华人民共和国政府采购法》、《中华人民共和国中小企业促进法》等有关法律法规，制定本办法。

第二条 本办法所称中小企业，是指在中华人民共和国境内依法设立，依据国务院批准的中小企业划分标准确定的中型企业、小型企业和微型企业，但与大企业的负责人为同一人，或者与大企业存在直接控股、管理关系的除外。

符合中小企业划分标准的个体工商户，在政府采购活动中视同中小企业。

第三条 采购人在政府采购活动中应当通过加强采购需求管理，落实预留采购份额、价格评审优惠、优先采购等措施，提高中小企业在政府采购中的份额，支持中小企业发展。

第四条 在政府采购活动中，供应商提供的货物、工程或者服务符合下列情形的，享受本办法规定的中小企业扶持政策：

（一）在货物采购项目中，货物由中小企业制造，即货物由中小企业生产且使用该中小企业商号或者注册商标；

（二）在工程采购项目中，工程由中小企业承建，即工程施工单位为中小企业；

（三）在服务采购项目中，服务由中小企业承接，即提供服务的人员为中小企业依照《中华人民共和国劳动合同法》订立劳动合同的从业人员。

在货物采购项目中，供应商提供的货物既有中小企业制造货物，也有大型企业制造货物的，不享受本办法规定的中小企业扶持政策。

以联合体形式参加政府采购活动，联合体各方均为中小企业的，联合体视同中小企业。其中，联合体各方均为小微企业的，联合体视同小微企业。

第五条 采购人在政府采购活动中应当合理确定采购项目的采购需求，不得以企业注册资本、资产总额、营业收入、从业人员、利润、纳税额等规模条件和财务指标作为供应商的资格要求或者评审因素，不得在企业股权结构、经营年限等方面对中小企业实行差别待遇或者歧视待遇。

第六条 主管预算单位应当组织评估本部门及所属单位政府采购项目，统筹制定面向中小企业预留采购份额的具体方案，对适宜由中小企业提供的采购项目和采购包，预留采购份额专门面向中小企业采购，并在政府采购预算中单独列示。

符合下列情形之一的，可不专门面向中小企业预留采购份额：

（一）法律法规和国家有关政策明确规定优先或者应当面向事业单位、社会组织等非企业主体采购的；

（二）因确需使用不可替代的专利、专有技术，基础设施限制，或者提供特定公共服务等原因，只能从中小企业之外的供应商处采购的；

（三）按照本办法规定预留采购份额无法确保充分供应、充分竞争，或者存在可能影响政府采购目标实现的情形；

（四）框架协议采购项目；

（五）省级以上人民政府财政部门规定的其他情形。

除上述情形外，其他均为适宜由中小企业提供的情形。

第七条 采购限额标准以上，200万元以下的货物和服务采购项目、400万元以下的工程采购项目，适宜由中小企业提供的，采购人应当专门面向中小企业采购。

第八条 超过200万元的货物和服务采购项目、超过400万元的工程采购项目中适宜由中小企业提供的，预留该部分采购项目预算总额的30%以上专门面向中小企业采购，其中预留给小微企业的比例不低于60%。预留份额通过下列措施进行：

（一）将采购项目整体或者设置采购包专门面向中小企业采购；

（二）要求供应商以联合体形式参加采购活动，且联合体中中小企业承担的部分达到一定比例；

（三）要求获得采购合同的供应商将采购项目中的一定比例分包给一家或者多家中小企业。

组成联合体或者接受分包合同的中小企业与联合体内其他企业、分包企业之间不得存在直接控股、管理关系。

第九条 对于经主管预算单位统筹后未预留份额专门面向中小企业采购的采购项目，以及预留份额项目中的非预留部分采购包，采购人、采购代理机构应当对符合本办法规定的小微企业报价给予6%—10%（工程项目为3%—5%）的扣除，用扣除后的价格参加评审。适用招标投标法的政府采购工程建设项目，采用综合评估法但未采用低价优先法计算价格分的，评标时应当在采用原报价进行评分的基础上增加其价格得分的3%—5%作为其价格分。

接受大中型企业与小微企业组成联合体或者允许大中型企业向一家或者多家小微企业分包的采购项目，对于联合协议或者分包意向协议约定小微企业的合同份额占到合同总金额30%以上的，采购人、采购代理机构应当对联合体或者大中型企业的报价给予2%—3%（工程项目为1%—2%）的扣除，用扣除后的价格参加评审。适用招标投标法的政府采购工程建设项目，采用综合评估法但未采用低价优先法计算价格分的，评标时应当在采用原报价进行评分的基础上增加其价格得分的1%—2%作为其价格分。组成联合体或者接受分包的小微企业与联合体内其他企业、分包企业之间存在直接控股、管理关系的，不享受价格扣除优惠政策。

价格扣除比例或者价格分加分比例对小型企业和微型企业同等对待，不作区分。具体采购项目的价格扣除比例或者价格分加分比例，由采购人根据采购标的相关行业平均利润率、市场竞争状况等，在本办法规定的幅度内确定。

第十条 采购人应当严格按照本办法规定和主管预算单位制定的预留采购份额具体方案开展采购活动。预留份额的采购项目或者采购包，通过发布公告方式邀请供应商后，符合资格条件的中小企业数量不足3家的，应当中止采购活动，视同未预留份额的采购项目或者采购包，按照本办法第九条有关规定重新组织采购活动。

第十一条 中小企业参加政府采购活动,应当出具本办法规定的《中小企业声明函》(附1),否则不得享受相关中小企业扶持政策。任何单位和个人不得要求供应商提供《中小企业声明函》之外的中小企业身份证明文件。

第十二条 采购项目涉及中小企业采购的,采购文件应当明确以下内容:

(一)预留份额的采购项目或者采购包,明确该项目或相关采购包专门面向中小企业采购,以及相关标的及预算金额;

(二)要求以联合体形式参加或者合同分包的,明确联合协议或者分包意向协议中中小企业合同金额应当达到的比例,并作为供应商资格条件;

(三)非预留份额的采购项目或者采购包,明确有关价格扣除比例或者价格分加分比例;

(四)规定依据本办法规定享受扶持政策获得政府采购合同的,小微企业不得将合同分包给大中型企业,中型企业不得将合同分包给大型企业;

(五)采购人认为具备相关条件的,明确对中小企业在资金支付期限、预付款比例等方面的优惠措施;

(六)明确采购标的对应的中小企业划分标准所属行业;

(七)法律法规和省级以上人民政府财政部门规定的其他事项。

第十三条 中标、成交供应商享受本办法规定的中小企业扶持政策的,采购人、采购代理机构应当随中标、成交结果公开中标、成交供应商的《中小企业声明函》。

适用招标投标法的政府采购工程建设项目,应当在公示中标候选人时公开中标候选人的《中小企业声明函》。

第十四条 对于通过预留采购项目、预留专门采购包、要求以联合体形式参加或者合同分包等措施签订的采购合同,应当明确标注本合同为中小企业预留合同。其中,要求以联合体形式参加采购活动或者合同分包的,应当将联合协议或者分包意向协议作为采购合同的组成部分。

第十五条 鼓励各地区、各部门在采购活动中允许中小企业引入信用担保手段,为中小企业在投标(响应)保证、履约保证等方面提供专业化服务。鼓励中小企业依法合规通过政府采购合同融资。

第十六条　政府采购监督检查、投诉处理及政府采购行政处罚中对中小企业的认定，由货物制造商或者工程、服务供应商注册登记所在地的县级以上人民政府中小企业主管部门负责。

中小企业主管部门应当在收到财政部门或者有关招标投标行政监督部门关于协助开展中小企业认定函后10个工作日内做出书面答复。

第十七条　各地区、各部门应当对涉及中小企业采购的预算项目实施全过程绩效管理，合理设置绩效目标和指标，落实扶持中小企业有关政策要求，定期开展绩效监控和评价，强化绩效评价结果应用。

第十八条　主管预算单位应当自2022年起向同级财政部门报告本部门上一年度面向中小企业预留份额和采购的具体情况，并在中国政府采购网公开预留项目执行情况（附2）。未达到本办法规定的预留份额比例的，应当作出说明。

第十九条　采购人未按本办法规定为中小企业预留采购份额，采购人、采购代理机构未按照本办法规定要求实施价格扣除或者价格分加分的，属于未按照规定执行政府采购政策，依照《中华人民共和国政府采购法》等国家有关规定追究法律责任。

第二十条　供应商按照本办法规定提供声明函内容不实的，属于提供虚假材料谋取中标、成交，依照《中华人民共和国政府采购法》等国家有关规定追究相应责任。

适用招标投标法的政府采购工程建设项目，投标人按照本办法规定提供声明函内容不实的，属于弄虚作假骗取中标，依照《中华人民共和国招标投标法》等国家有关规定追究相应责任。

第二十一条　财政部门、中小企业主管部门及其工作人员在履行职责中违反本办法规定及存在其他滥用职权、玩忽职守、徇私舞弊等违法违纪行为的，依照《中华人民共和国政府采购法》、《中华人民共和国公务员法》、《中华人民共和国监察法》、《中华人民共和国政府采购法实施条例》等国家有关规定追究相应责任；涉嫌犯罪的，依法移送有关国家机关处理。

第二十二条　对外援助项目、国家相关资格或者资质管理制度另有规定的项目，不适用本办法。

第二十三条 关于视同中小企业的其他主体的政府采购扶持政策，由财政部会同有关部门另行规定。

第二十四条 省级财政部门可以会同中小企业主管部门根据本办法的规定制定具体实施办法。

第二十五条 本办法自2021年1月1日起施行。《财政部 工业和信息化部关于印发〈政府采购促进中小企业发展暂行办法〉的通知》（财库〔2011〕181号）同时废止。

财政部关于做好政府采购信息公开工作的通知

（2015年7月17日　财库〔2015〕135号）

党中央有关部门，国务院各部委、各直属机构，全国人大常委会办公厅，全国政协办公厅，高法院，高检院，各民主党派中央，有关人民团体，各省、自治区、直辖市、计划单列市财政厅（局），新疆生产建设兵团财务局：

为深入贯彻落实党的十八届三中、四中全会精神，按照深化财税体制改革、实施公开透明预算制度的总体部署，根据《中华人民共和国政府采购法》、《中华人民共和国政府采购法实施条例》、《中华人民共和国政府信息公开条例》、《党政机关厉行节约反对浪费条例》等法律法规的规定，现就依法做好政府采购信息公开工作有关事项通知如下：

一、高度重视政府采购信息公开工作

公开透明是政府采购管理制度的重要原则。做好政府采购信息公开工作，既是全面深化改革、建立现代财政制度的必然要求，也是加强改进社会监督，提升政府公信力的重要举措，对于规范政府采购行为，维护政府采购活动的公开、公平和公正具有重要意义。《中华人民共和国预算法》、《中华人民共和国政府采购法实施条例》和《党政机关厉行节约反对浪费条例》从不同层面和角度提出了提高政府采购透明度、推进信息公开、加强社会监督的新要求，并确定了政府采购全过程信息公开的目标导向。各地区、各部门要依法公开政府采购项目信息，并按照财政预决算公开的要求，公布本单位政府采购预算安排及执行的总体情况，实现从采购预算到采购过程及采购结果的全过程信息公开。各地区、各部门要高度重视，充分认识政府采购信息公开工作的重要性和紧迫性，认真做好政府采信息公开工作，将政府采购活动置于阳光之下，管好"乱伸的权力之手"。

二、认真做好政府采购信息公开工作

（一）总体要求。

建立健全责任明确的工作机制、简便顺畅的操作流程和集中统一的发布渠道，确保政府采购信息发布的及时、完整、准确，实现政府采购信息的全流程公开透明。

（二）公开范围及主体。

1. 采购项目信息，包括采购项目公告、采购文件、采购项目预算金额、采购结果等信息，由采购人或者其委托的采购代理机构负责公开；

2. 监管处罚信息，包括财政部门作出的投诉、监督检查等处理决定，对集中采购机构的考核结果，以及违法失信行为记录等信息，由财政部门负责公开；

3. 法律、法规和规章规定应当公开的其他政府采购信息，由相关主体依法公开。

（三）公开渠道。

中央预算单位的政府采购信息应当在财政部指定的媒体上公开，地方预算单位的政府采购信息应当在省级（含计划单列市，下同）财政部门指定的媒体上公开。财政部指定的政府采购信息发布媒体包括中国政府采购网（www.ccgp.gov.cn）、《中国财经报》、《中国政府采购报》、《中国政府采购杂志》、《中国财政杂志》等。省级财政部门应当将中国政府采购网地方分网作为本地区指定的政府采购信息发布媒体之一。

为了便于政府采购当事人获取信息，在其他政府采购信息发布媒体公开的政府采购信息应当同时在中国政府采购网发布。对于预算金额在500万元以上的地方采购项目信息，中国政府采购网各地方分网应当通过数据接口同时推送至中央主网发布（相关标准规范和说明详见中国政府采购网）。政府采购违法失信行为信息记录应当在中国政府采购网中央主网发布。

（四）政府采购项目信息的公开要求。

1. 公开招标公告、资格预审公告。

招标公告的内容应当包括采购人和采购代理机构的名称、地址和联系方法，采购项目的名称、数量、简要规格描述或项目基本概况介绍，采购项目预算金额，采购项目需要落实的政府采购政策，投标人的资格要求，获取招标文件的时间、地点、方式及招标文件售价，投标截止时间、开标时间及地点，采购项目联系人姓名和电话。

资格预审公告的内容应当包括采购人和采购代理机构的名称、地址和联系方法；采购项目名称、数量、简要规格描述或项目基本概况介绍；采购项目预算金额；采购项目需要落实的政府采购政策；投标人的资格要求，以及审查标准、方法；获取资格预审文件的时间、地点、方式；投标人应当提供的资格预审申请文件的组成和格式；提交资格预审申请文件的截止时间及资格审查日期、地点；采购项目联系人姓名和电话。

招标公告、资格预审公告的公告期限为5个工作日。

2.竞争性谈判公告、竞争性磋商公告和询价公告。

竞争性谈判公告、竞争性磋商公告和询价公告的内容应当包括采购人和采购代理机构的名称、地址和联系方法，采购项目的名称、数量、简要规格描述或项目基本概况介绍，采购项目预算金额，采购项目需要落实的政府采购政策，对供应商的资格要求，获取谈判、磋商、询价文件的时间、地点、方式及文件售价，响应文件提交的截止时间、开启时间及地点，采购项目联系人姓名和电话。

竞争性谈判公告、竞争性磋商公告和询价公告的公告期限为3个工作日。

3.采购项目预算金额。

采购项目预算金额应当在招标公告、资格预审公告、竞争性谈判公告、竞争性磋商公告和询价公告等采购公告，以及招标文件、谈判文件、磋商文件、询价通知书等采购文件中公开。采购项目的预算金额以财政部门批复的部门预算中的政府采购预算为依据；对于部门预算批复前进行采购的项目，以预算"二上数"中的政府采购预算为依据。对于部门预算已列明具体采购项目的，按照部门预算中具体采购项目的预算金额公开；部门预算未列明采购项目的，应当根据工作实际对部门预算进行分解，按照分解后的具体采购项目预算金额公开。对于部门预算分年度安排但不宜按年度拆分的采购项目，应当公开采购项目的采购年限、概算总金额和当年安排数。

4. 中标、成交结果。

中标、成交结果公告的内容应当包括采购人和采购代理机构名称、地址、联系方式；项目名称和项目编号；中标或者成交供应商名称、地址和中标或者成交金额；主要中标或者成交标的的名称、规格型号、数量、单价、服务要求或者标的的基本概况；评审专家名单。协议供货、定点采购项目还应当公告入围价格、价格调整规则和优惠条件。采用书面推荐供应商参加采购活动的，还应当公告采购人和评审专家的推荐意见。

中标、成交结果应当自中标、成交供应商确定之日起 2 个工作日内公告，公告期限为 1 个工作日。

5. 采购文件。

招标文件、竞争性谈判文件、竞争性磋商文件和询价通知书应当随中标、成交结果同时公告。中标、成交结果公告前采购文件已公告的，不再重复公告。

6. 更正事项。

采购人或者采购代理机构对已发出的招标文件、资格预审文件，以及采用公告方式邀请供应商参与的竞争性谈判文件、竞争性磋商文件进行必要的澄清或者修改的，应当在原公告发布媒体上发布更正公告，并以书面形式通知所有获取采购文件的潜在供应商。采购信息更正公告的内容应当包括采购人和采购代理机构名称、地址、联系方式，原公告的采购项目名称及首次公告日期，更正事项、内容及日期，采购项目联系人和电话。

澄清或者修改的内容可能影响投标文件、资格预审申请文件、响应文件编制的，采购人或者采购代理机构发布澄清公告并以书面形式通知潜在供应商的时间，应当在投标截止时间至少 15 日前、提交资格预审申请文件截止时间至少 3 日前，或者提交首次响应文件截止之日 3 个工作日前；不足上述时间的，应当顺延提交投标文件、资格预审申请文件或响应文件的截止时间。

7. 采购合同。

政府采购合同应当自合同签订之日起 2 个工作日内公告。批量集中采购项目应当公告框架协议。政府采购合同中涉及国家秘密、商业秘密的部分可以不公告，但其他内容应当公告。政府采购合同涉及国家秘密的内容，由采购人依据

《保守国家秘密法》等法律制度规定确定。采购合同中涉及商业秘密的内容，由采购人依据《反不正当竞争法》、《最高人民法院关于适用〈中华人民共和国民事诉讼法〉若干问题的意见》（法发〔1992〕22号）等法律制度的规定，与供应商在合同中约定。其中，合同标的名称、规格型号、单价及合同金额等内容不得作为商业秘密。合同中涉及个人隐私的姓名、联系方式等内容，除征得权利人同意外，不得对外公告。

2015年3月1日以后签订的政府采购合同，未按要求公告的，应当于2015年10月31日以前补充公告。

8. 单一来源公示。

达到公开招标数额标准，符合《中华人民共和国政府采购法》第三十一条第一项规定情形，只能从唯一供应商处采购的，采购人、采购代理机构应当在省级以上财政部门指定媒体上进行公示。公示内容应当包括采购人、采购项目名称；拟采购的货物或者服务的说明、拟采购的货物或者服务的预算金额；采用单一来源方式的原因及相关说明；拟定的唯一供应商名称、地址；专业人员对相关供应商因专利、专有技术等原因具有唯一性的具体论证意见，以及专业人员的姓名、工作单位和职称；公示的期限；采购人、采购代理机构、财政部门的联系地址、联系人和联系电话。公示期限不得少于5个工作日。

9. 终止公告。

依法需要终止招标、竞争性谈判、竞争性磋商、询价、单一来源采购活动的，采购人或者采购代理机构应当发布项目终止公告并说明原因。

10. 政府购买公共服务项目。

对于政府向社会公众提供的公共服务项目，除按有关规定公开相关采购信息外，采购人还应当就确定采购需求在指定媒体上征求社会公众的意见，并将验收结果于验收结束之日起2个工作日内向社会公告。

（五）监管处罚信息的公开要求。

财政部门作出的投诉、监督检查等处理决定公告的内容应当包括相关当事人名称及地址、投诉涉及采购项目名称及采购日期、投诉事项或监督检查主要事项、处理依据、处理结果、执法机关名称、公告日期等。投诉或监督检查处理决定应当自完成并履行有关报审程序后 5 个工作日内公告。

财政部门对集中采购机构的考核结果公告的内容应当包括集中采购机构名称、考核内容、考核方法、考核结果、存在问题、考核单位等。考核结果应当自完成并履行有关报审程序后 5 个工作日内公告。

供应商、采购代理机构和评审专家的违法失信行为记录公告的内容应当包括当事人名称、违法失信行为的具体情形、处理依据、处理结果、处理日期、执法机关名称等。供应商、采购代理机构和评审专家的违法失信行为信息月度记录应当不晚于次月 10 日前公告。

三、工作要求

（一）加强组织领导。各级财政部门、各部门、各单位要建立政府采购信息公开工作机制，落实责任分工，切实履行政府采购信息公开的责任和义务。省级财政部门要加强对本地区政府采购信息公开工作的指导和督促，指定并管理政府采购信息公开媒体，确保政府采购信息公开工作落到实处。

（二）落实技术保障。各级财政部门要及时做好相关信息系统和网络媒体的升级改造，创新信息公开方式，完善信息公开功能，提高政府采购信息公开的自动化水平，为政府采购信息公开和社会监督创造便利条件。中国政府采购网地方分网应当在 2015 年 8 月 31 日以前完成主要技术改造工作，确保合同公开等新的信息公开要求落到实处。

（三）强化监督检查。各级财政部门要将政府采购信息公开作为监督检查的重要内容，对采购人、采购代理机构未依法发布政府采购项目信息的，要依照《中华人民共和国政府采购法》第七十一条、第七十八条和《中华人民共和国政府采购法实施条例》第六十八条等规定追究法律责任。

（四）做好跟踪回应。各地区、各部门要主动回应信息公开工作中出现的情况和问题，做好预判、预案和跟踪，主动发声，及时解惑。各政府采购信息发布媒体要以高度负责的精神做好政府采购信息公开工作，及时、完整、准确地免费刊登信息。

政府购买服务管理办法

（2020年1月3日财政部令第102号公布　自2020年3月1日起施行）

第一章　总　则

第一条　为规范政府购买服务行为，促进转变政府职能，改善公共服务供给，根据《中华人民共和国预算法》《中华人民共和国政府采购法》《中华人民共和国合同法》等法律、行政法规的规定，制定本办法。

第二条　本办法所称政府购买服务，是指各级国家机关将属于自身职责范围且适合通过市场化方式提供的服务事项，按照政府采购方式和程序，交由符合条件的服务供应商承担，并根据服务数量和质量等因素向其支付费用的行为。

第三条　政府购买服务应当遵循预算约束、以事定费、公开择优、诚实信用、讲求绩效原则。

第四条　财政部负责制定全国性政府购买服务制度，指导和监督各地区、各部门政府购买服务工作。

县级以上地方人民政府财政部门负责本行政区域政府购买服务管理。

第二章　购买主体和承接主体

第五条　各级国家机关是政府购买服务的购买主体。

第六条　依法成立的企业、社会组织（不含由财政拨款保障的群团组织），公益二类和从事生产经营活动的事业单位，农村集体经济组织，基层群众性自治组织，以及具备条件的个人可以作为政府购买服务的承接主体。

第七条　政府购买服务的承接主体应当符合政府采购法律、行政法规规定的条件。

购买主体可以结合购买服务项目的特点规定承接主体的具体条件，但不得违反政府采购法律、行政法规，以不合理的条件对承接主体实行差别待遇或者歧视待遇。

第八条　公益一类事业单位、使用事业编制且由财政拨款保障的群团组织，不作为政府购买服务的购买主体和承接主体。

第三章　购买内容和目录

第九条　政府购买服务的内容包括政府向社会公众提供的公共服务，以及政府履职所需辅助性服务。

第十条　以下各项不得纳入政府购买服务范围：

（一）不属于政府职责范围的服务事项；

（二）应当由政府直接履职的事项；

（三）政府采购法律、行政法规规定的货物和工程，以及将工程和服务打包的项目；

（四）融资行为；

（五）购买主体的人员招、聘用，以劳务派遣方式用工，以及设置公益性岗位等事项；

（六）法律、行政法规以及国务院规定的其他不得作为政府购买服务内容的事项。

第十一条　政府购买服务的具体范围和内容实行指导性目录管理，指导性目录依法予以公开。

第十二条　政府购买服务指导性目录在中央和省两级实行分级管理，财政部和省级财政部门分别制定本级政府购买服务指导性目录，各部门在本级指导性目录范围内编制本部门政府购买服务指导性目录。

省级财政部门根据本地区情况确定省以下政府购买服务指导性目录的编制方

式和程序。

第十三条 有关部门应当根据经济社会发展实际、政府职能转变和基本公共服务均等化、标准化的要求，编制、调整指导性目录。

编制、调整指导性目录应当充分征求相关部门意见，根据实际需要进行专家论证。

第十四条 纳入政府购买服务指导性目录的服务事项，已安排预算的，可以实施政府购买服务。

第四章 购买活动的实施

第十五条 政府购买服务应当突出公共性和公益性，重点考虑、优先安排与改善民生密切相关，有利于转变政府职能、提高财政资金绩效的项目。

政府购买的基本公共服务项目的服务内容、水平、流程等标准要素，应当符合国家基本公共服务标准相关要求。

第十六条 政府购买服务项目所需资金应当在相关部门预算中统筹安排，并与中期财政规划相衔接，未列入预算的项目不得实施。

购买主体在编报年度部门预算时，应当反映政府购买服务支出情况。政府购买服务支出应当符合预算管理有关规定。

第十七条 购买主体应当根据购买内容及市场状况、相关供应商服务能力和信用状况等因素，通过公平竞争择优确定承接主体。

第十八条 购买主体向个人购买服务，应当限于确实适宜实施政府购买服务并且由个人承接的情形，不得以政府购买服务名义变相用工。

第十九条 政府购买服务项目采购环节的执行和监督管理，包括集中采购目录及标准、采购政策、采购方式和程序、信息公开、质疑投诉、失信惩戒等，按照政府采购法律、行政法规和相关制度执行。

第二十条 购买主体实施政府购买服务项目绩效管理，应当开展事前绩效评估，定期对所购服务实施情况开展绩效评价，具备条件的项目可以运用第三方评价评估。

财政部门可以根据需要，对部门政府购买服务整体工作开展绩效评价，或者对部门实施的资金金额和社会影响大的政府购买服务项目开展重点绩效评价。

第二十一条　购买主体及财政部门应当将绩效评价结果作为承接主体选择、预算安排和政策调整的重要依据。

第五章　合同及履行

第二十二条　政府购买服务合同的签订、履行、变更，应当遵循《中华人民共和国合同法》的相关规定。

第二十三条　购买主体应当与确定的承接主体签订书面合同，合同约定的服务内容应当符合本办法第九条、第十条的规定。

政府购买服务合同应当明确服务的内容、期限、数量、质量、价格，资金结算方式，各方权利义务事项和违约责任等内容。

政府购买服务合同应当依法予以公告。

第二十四条　政府购买服务合同履行期限一般不超过1年；在预算保障的前提下，对于购买内容相对固定、连续性强、经费来源稳定、价格变化幅度小的政府购买服务项目，可以签订履行期限不超过3年的政府购买服务合同。

第二十五条　购买主体应当加强政府购买服务项目履约管理，开展绩效执行监控，及时掌握项目实施进度和绩效目标实现情况，督促承接主体严格履行合同，按照合同约定向承接主体支付款项。

第二十六条　承接主体应当按照合同约定提供服务，不得将服务项目转包给其他主体。

第二十七条　承接主体应当建立政府购买服务项目台账，依照有关规定或合同约定记录保存并向购买主体提供项目实施相关重要资料信息。

第二十八条　承接主体应当严格遵守相关财务规定，规范管理和使用政府购买服务项目资金。

承接主体应当配合相关部门对资金使用情况进行监督检查与绩效评价。

第二十九条　承接主体可以依法依规使用政府购买服务合同向金融机构融资。

购买主体不得以任何形式为承接主体的融资行为提供担保。

第六章 监督管理和法律责任

第三十条 有关部门应当建立健全政府购买服务监督管理机制。购买主体和承接主体应当自觉接受财政监督、审计监督、社会监督以及服务对象的监督。

第三十一条 购买主体、承接主体及其他政府购买服务参与方在政府购买服务活动中，存在违反政府采购法律法规行为的，依照政府采购法律法规予以处理处罚；存在截留、挪用和滞留资金等财政违法行为的，依照《中华人民共和国预算法》《财政违法行为处罚处分条例》等法律法规追究法律责任；涉嫌犯罪的，移送司法机关处理。

第三十二条 财政部门、购买主体及其工作人员，存在违反本办法规定的行为，以及滥用职权、玩忽职守、徇私舞弊等违法违纪行为的，按照《中华人民共和国预算法》《中华人民共和国公务员法》《中华人民共和国监察法》《财政违法行为处罚处分条例》等国家有关规定追究相应责任；涉嫌犯罪的，移送司法机关处理。

第七章 附 则

第三十三条 党的机关、政协机关、民主党派机关、承担行政职能的事业单位和使用行政编制的群团组织机关使用财政性资金购买服务的，参照本办法执行。

第三十四条 涉密政府购买服务项目的实施，按照国家有关规定执行。

第三十五条 本办法自2020年3月1日起施行。财政部、民政部、工商总局2014年12月15日颁布的《政府购买服务管理办法（暂行）》（财综〔2014〕96号）同时废止。

财政部关于进一步规范政府采购评审工作有关问题的通知

（2012年6月11日 财库〔2012〕69号）

党中央有关部门，国务院各部委、各直属机构，全国人大常委会办公厅，全国政协办公厅，高法院，高检院，有关人民团体，中央国家机关政府采购中心，中共中央直属机关采购中心，全国人大机关采购中心，中国人民银行集中采购中心，国家税务总局集中采购中心，海关总署物资装备采购中心，各省、自治区、直辖市、计划单列市财政厅（局），新疆生产建设兵团财务局：

近年来，各地区、各部门认真落实《中华人民共和国政府采购法》等法律法规，政府采购评审工作的规范化水平逐步提高，但也还存在着评审程序不够完善、工作职责不够明晰、权利义务不对称等问题，亟需进一步明确和规范。为加强评审工作管理，明确评审工作相关各方的职责，提高评审工作质量，现将有关事项通知如下：

一、依法组织政府采购评审工作

采购人和采购代理机构，评标委员会、竞争性谈判小组和询价小组（以下简称评审委员会）成员要严格遵守政府采购相关法律制度，依法履行各自职责，公正、客观、审慎地组织和参与评审工作。

评审委员会成员要依法独立评审，并对评审意见承担个人责任。评审委员会成员对需要共同认定的事项存在争议的，按照少数服从多数的原则做出结论。持不同意见的评审委员会成员应当在评审报告上签署不同意见并说明理由，否则视为同意。

采购人、采购代理机构要确保评审活动在严格保密的情况下进行。在采购结果确定前,采购人、采购代理机构对评审委员会名单负有保密责任。评审委员会成员、采购人和采购代理机构工作人员、相关监督人员等与评审工作有关的人员,对评审情况以及在评审过程中获悉的国家秘密、商业秘密负有保密责任。

采购人、采购代理机构和评审委员会在评审工作中,要依法相互监督和制约,并自觉接受各级财政部门的监督。对非法干预评审工作等违法违规行为,应当及时向财政部门报告。

二、切实履行政府采购评审职责

采购人、采购代理机构要依法细化评审工作程序,组建评审委员会,并按规定程序组织评审。要核实评审委员会成员身份,告知回避要求,宣布评审工作纪律和程序,介绍政府采购相关政策法规;要根据评审委员会的要求解释采购文件,组织供应商澄清;要对评审数据进行校对、核对,对畸高、畸低的重大差异评分可以提示评审委员会复核或书面说明理由;要对评审专家的专业技术水平、职业道德素质和评审工作等情况进行评价,并向财政部门反馈。省级以上政府集中采购机构和政府采购甲级代理机构,应当对评审工作现场进行全过程录音录像,录音录像资料作为采购项目文件随其他文件一并存档。

评审委员会成员要根据政府采购法律法规和采购文件所载明的评审方法、标准进行评审。要熟悉和理解采购文件,认真阅读所有供应商的投标或响应文件,对所有投标或响应文件逐一进行资格性、符合性检查,按采购文件规定的评审方法和标准,进行比较和评价;对供应商的价格分等客观评分项的评分应当一致,对其他需要借助专业知识评判的主观评分项,应当严格按照评分细则公正评分。

评审委员会如需要供应商对投标或响应文件有关事项作出澄清的,应当给予供应商必要的反馈时间,但澄清事项不得超出投标或响应文件的范围,不得实质性改变投标或响应文件的内容,不得通过澄清等方式对供应商实行差别对待。评审委员会要对评分汇总情况进行复核,特别是对排名第一的、报价最低的、投标或相应文件被认定为无效的情形进行重点复核,并根据评审结果推荐中标或成交候选供应商,或者根据采购人委托协议规定直接确定中标或成交供应商,起草并签署评审报告。评审委员会要在采购项目招标失败时,出具招标文件是否存在不合理条款的论证意见,要协助采购人、采购代理机构、财政部门答复质疑或处理投诉事项。

三、严肃政府采购评审工作纪律

采购人委派代表参加评审委员会的,要向采购代理机构出具授权函。除授权代表外,采购人可以委派纪检监察等相关人员进入评审现场,对评审工作实施监督,但不得超过2人。采购人需要在评审前介绍项目背景和技术需求的,应当事先提交书面介绍材料,介绍内容不得存在歧视性、倾向性意见,不得超出采购文件所述范围,书面介绍材料作为采购项目文件随其他文件一并存档。评审委员会应当推选组长,但采购人代表不得担任组长。

评审委员会成员要严格遵守评审时间,主动出具身份证明,遵守评审工作纪律和评审回避的相关规定。在评审工作开始前,将手机等通讯工具或相关电子设备交由采购人或采购代理机构统一保管,拒不上交的,采购人或采购代理机构可以拒绝其参加评审工作并向财政部门报告。

评审委员会成员和评审工作有关人员不得干预或者影响正常评审工作,不得明示或者暗示其倾向性、引导性意见,不得修改或细化采购文件确定的评审程序、评审方法、评审因素和评审标准,不得接受供应商主动提出的澄清和解释,不得征询采购人代表的倾向性意见,不得协商评分,不得记录、复制或带走任何评审资料。评审结果汇总完成后,采购人、采购代理机构和评审委员会均不得修改评审结果或者要求重新评审,但资格性检查认定错误、分值汇总计算错误、分项评分超出评分标准范围、客观分评分不一致、经评审委员会一致认定评分畸高、畸低的情形除外。出现上述除外情形的,评审委员会应当现场修改评审结果,并在评审报告中明确记载。

采购人、采购代理机构要加强评审现场管理,与评审工作无关的人员不得进入评审现场。各级财政部门对评审活动相关各方违反评审工作纪律及要求的行为,要依法严肃处理。

四、妥善处理评审中的特殊情形

财政部门要建立政府采购评审专家库资源共享机制,采购项目有特殊需要的,采购人或采购代理机构可以在异地财政部门专家库抽取专家,但应事前向本级财政部门备案。中央驻京外单位可以从所在地市级或其上一级财政部门专家库中抽取评审专家，所在地市级或其上一级财政部门应当予以配合。

评审专家库中相应专业类型专家不足的，采购人或采购代理机构应当按照不低于1∶3的比例向财政部门提供专家名单，经审核入库后随机抽取使用。出现评审专家临时缺席、回避等情形导致评审现场专家数量不符合法定标准的，采购人或采购代理机构要按照有关程序及时补抽专家，继续组织评审。如无法及时补齐专家，则要立即停止评审工作，封存采购文件和所有投标或响应文件，择期重新组建评审委员会进行评审。采购人或采购代理机构要将补抽专家或重新组建评审委员会的情况进行书面记录，随其他文件一并存档。

评审委员会发现采购文件存在歧义、重大缺陷导致评审工作无法进行，或者采购文件内容违反国家有关规定的，要停止评审工作并向采购人或采购代理机构书面说明情况，采购人或采购代理机构应当修改采购文件后重新组织采购活动；发现供应商提供虚假材料、串通等违法违规行为的，要及时向采购人或采购代理机构报告。

参与政府采购活动的供应商对评审过程或者结果提出质疑的，采购人或采购代理机构可以组织原评审委员会协助处理质疑事项，并依据评审委员会出具的意见进行答复。质疑答复导致中标或成交结果改变的，采购人或采购代理机构应当将相关情况报财政部门备案。

财政部关于政府采购竞争性磋商采购方式管理暂行办法有关问题的补充通知

(2015年6月30日　财库〔2015〕124号)

党中央有关部门,国务院各部委、各直属机构,全国人大常委会办公厅,全国政协办公厅,高法院、高检院,各民主党派中央,有关人民团体,各省、自治区、直辖市、计划单列市财政厅(局),新疆生产建设兵团财务局,各集中采购机构:

　　为了深入推进政府采购制度改革和政府购买服务工作,促进实现"物有所值"价值目标,提高政府采购效率,现就《财政部关于印发〈政府采购竞争性磋商采购方式管理暂行办法〉的通知》(财库〔2014〕214号)有关问题补充通知如下:

　　采用竞争性磋商采购方式采购的政府购买服务项目(含政府和社会资本合作项目),在采购过程中符合要求的供应商(社会资本)只有2家的,竞争性磋商采购活动可以继续进行。采购过程中符合要求的供应商(社会资本)只有1家的,采购人(项目实施机构)或者采购代理机构应当终止竞争性磋商采购活动,发布项目终止公告并说明原因,重新开展采购活动。

　　请遵照执行。

财政部关于开展政府采购意向公开工作的通知

（2020年3月2日　财库〔2020〕10号）

各中央预算单位，各省、自治区、直辖市、计划单列市财政厅（局），新疆生产建设兵团财政局：

为进一步提高政府采购透明度，优化政府采购营商环境，根据《深化政府采购制度改革方案》和《财政部关于促进政府采购公平竞争优化营商环境的通知》（财库〔2019〕38号）有关要求，现就政府采购意向公开有关工作安排通知如下：

一、高度重视采购意向公开工作

推进采购意向公开是优化政府采购营商环境的重要举措。做好采购意向公开工作有助于提高政府采购透明度，方便供应商提前了解政府采购信息，对于保障各类市场主体平等参与政府采购活动，提升采购绩效，防范抑制腐败具有重要作用。各地区、各部门要充分认识此项工作的重要意义，高度重视、精心组织，认真做好采购意向公开工作。

二、关于采购意向公开工作推进步骤

采购意向公开工作遵循"试点先行，分步实施"的原则。2020年在中央预算单位和北京市、上海市、深圳市市本级预算单位开展试点。对2020年7月1日起实施的采购项目，中央预算单位和北京市、上海市、深圳市市本级预算单位应当按规定公开采购意向。各试点地区应根据地方实际尽快推进其他各级预算单位采购意向公开。其他地区可根据地方实际确定采购意向公开时间，原则上省级预算单位2021年1月1日起实施的采购项目，省级以下各级预算单位2022年1月1日起实施的采购项目，应当按规定公开采购意向；具备条件的地区可适当提前开展采购意向公开工作。

三、关于采购意向公开的主体和渠道

采购意向由预算单位负责公开。中央预算单位的采购意向在中国政府采购网（www.ccgp.gov.cn）中央主网公开，地方预算单位的采购意向在中国政府采购网地方分网公开，采购意向也可在省级以上财政部门指定的其他媒体同步公开。主管预算单位可汇总本部门、本系统所属预算单位的采购意向集中公开，有条件的部门可在其部门门户网站同步公开本部门、本系统的采购意向。

四、关于采购意向公开的内容

采购意向按采购项目公开。除以协议供货、定点采购方式实施的小额零星采购和由集中采购机构统一组织的批量集中采购外，按项目实施的集中采购目录以内或者采购限额标准以上的货物、工程、服务采购均应当公开采购意向。

采购意向公开的内容应当包括采购项目名称、采购需求概况、预算金额、预计采购时间等，政府采购意向公开参考文本见附件。其中，采购需求概况应当包括采购标的名称，采购标的需实现的主要功能或者目标，采购标的数量，以及采购标的需满足的质量、服务、安全、时限等要求。采购意向应当尽可能清晰完整，便于供应商提前做好参与采购活动的准备。采购意向仅作为供应商了解各单位初步采购安排的参考，采购项目实际采购需求、预算金额和执行时间以预算单位最终发布的采购公告和采购文件为准。

五、关于采购意向公开的依据和时间

采购意向由预算单位定期或者不定期公开。部门预算批复前公开的采购意向，以部门预算"二上"内容为依据；部门预算批复后公开的采购意向，以部门预算为依据。预算执行中新增采购项目应当及时公开采购意向。采购意向公开时间应当尽量提前，原则上不得晚于采购活动开始前30日公开采购意向。因预算单位不可预见的原因急需开展的采购项目，可不公开采购意向。

六、工作要求

各中央预算单位要加强采购活动的计划性，按照本通知要求及时、全面公开采购意向。各中央主管预算单位应当做好统筹协调工作，及时安排部署，加强对本部门所属预算单位的督促和指导，确保所属预算单位严格按规定公开采购意

向，做到不遗漏、不延误。

各省级财政部门要根据本通知要求抓紧制定具体工作方案，对本地区采购意向公开工作进行布置，着重加强对市县级预算单位政府采购意向公开工作的指导，并在中国政府采购网地方分网设置相关专栏，确保本地区各级预算单位按要求完成采购意向公开工作。

各地区、各部门要认真总结采购意向公开工作中好的做法和经验，对推进过程中遇到的新情况、新问题，要研究完善有关举措，并及时向财政部反映。财政部将结合政府采购透明度评估工作，对采购意向公开情况进行检查并对检查结果予以通报。

特此通知。

附件：政府采购意向公开参考文本

附件：政府采购意向公开参考文本

（单位名称）_____年_____（至）_____月
政府采购意向

为便于供应商及时了解政府采购信息，根据《财政部关于开展政府采购意向公开工作的通知》（财库〔2020〕10号）等有关规定，现将（单位名称）—年—（至）—月采购意向公开如下：

序号	采购项目名称	采购需求概况	预算金额（万元）	预计采购时间（填写到月）	备注
	填写具体采购项目的名称	填写采购标的名称，采购标的需实现的主要功能或者目标，采购标的数量，以及采购标的需满足的质量、服务、安全、时限等要求	精确到万元	填写到月	其他需要说明的情况
	……				
	……				

本次公开的采购意向是本单位政府采购工作的初步安排，具体采购项目情况以相关采购公告和采购文件为准。

×× （单位名称）

年　月　日

政府采购需求管理办法

(2021年4月30日 财库〔2021〕22号)

第一章 总 则

第一条 为加强政府采购需求管理，实现政府采购项目绩效目标，根据《中华人民共和国政府采购法》和《中华人民共和国政府采购法实施条例》等有关法律法规，制定本办法。

第二条 政府采购货物、工程和服务项目的需求管理适用本办法。

第三条 本办法所称政府采购需求管理，是指采购人组织确定采购需求和编制采购实施计划，并实施相关风险控制管理的活动。

第四条 采购需求管理应当遵循科学合理、厉行节约、规范高效、权责清晰的原则。

第五条 采购人对采购需求管理负有主体责任，按照本办法的规定开展采购需求管理各项工作，对采购需求和采购实施计划的合法性、合规性、合理性负责。主管预算单位负责指导本部门采购需求管理工作。

第二章 采购需求

第六条 本办法所称采购需求，是指采购人为实现项目目标，拟采购的标的及其需要满足的技术、商务要求。

技术要求是指对采购标的的功能和质量要求，包括性能、材料、结构、外观、安全，或者服务内容和标准等。

商务要求是指取得采购标的的时间、地点、财务和服务要求，包括交付（实施）的时间（期限）和地点（范围），付款条件（进度和方式），包装和运输，售后服务，保险等。

第七条 采购需求应当符合法律法规、政府采购政策和国家有关规定，符合国家强制性标准，遵循预算、资产和财务等相关管理制度规定，符合采购项目特点和实际需要。

采购需求应当依据部门预算（工程项目概预算）确定。

第八条 确定采购需求应当明确实现项目目标的所有技术、商务要求，功能和质量指标的设置要充分考虑可能影响供应商报价和项目实施风险的因素。

第九条 采购需求应当清楚明了、表述规范、含义准确。

技术要求和商务要求应当客观，量化指标应当明确相应等次，有连续区间的按照区间划分等次。需由供应商提供设计方案、解决方案或者组织方案的采购项目，应当说明采购标的的功能、应用场景、目标等基本要求，并尽可能明确其中的客观、量化指标。

采购需求可以直接引用相关国家标准、行业标准、地方标准等标准、规范，也可以根据项目目标提出更高的技术要求。

第十条 采购人可以在确定采购需求前，通过咨询、论证、问卷调查等方式开展需求调查，了解相关产业发展、市场供给、同类采购项目历史成交信息，可能涉及的运行维护、升级更新、备品备件、耗材等后续采购，以及其他相关情况。

面向市场主体开展需求调查时，选择的调查对象一般不少于3个，并应当具有代表性。

第十一条 对于下列采购项目，应当开展需求调查：

（一）1000万元以上的货物、服务采购项目，3000万元以上的工程采购项目；

（二）涉及公共利益、社会关注度较高的采购项目，包括政府向社会公众提供的公共服务项目等；

（三）技术复杂、专业性较强的项目，包括需定制开发的信息化建设项目、采购进口产品的项目等；

（四）主管预算单位或者采购人认为需要开展需求调查的其他采购项目。

编制采购需求前一年内，采购人已就相关采购标的开展过需求调查的可以不再重复开展。

按照法律法规的规定，对采购项目开展可行性研究等前期工作，已包含本办法规定的需求调查内容的，可以不再重复调查；对在可行性研究等前期工作中未涉及的部分，应当按照本办法的规定开展需求调查。

第三章 采购实施计划

第十二条 本办法所称采购实施计划，是指采购人围绕实现采购需求，对合同的订立和管理所做的安排。

采购实施计划根据法律法规、政府采购政策和国家有关规定，结合采购需求的特点确定。

第十三条 采购实施计划主要包括以下内容：

（一）合同订立安排，包括采购项目预（概）算、最高限价，开展采购活动的时间安排，采购组织形式和委托代理安排，采购包划分与合同分包，供应商资格条件，采购方式、竞争范围和评审规则等。

（二）合同管理安排，包括合同类型、定价方式、合同文本的主要条款、履约验收方案、风险管控措施等。

第十四条 采购人应当通过确定供应商资格条件、设定评审规则等措施，落实支持创新、绿色发展、中小企业发展等政府采购政策功能。

第十五条 采购人要根据采购项目实施的要求，充分考虑采购活动所需时间和可能影响采购活动进行的因素，合理安排采购活动实施时间。

第十六条 采购人采购纳入政府集中采购目录的项目，必须委托集中采购机构采购。政府集中采购目录以外的项目可以自行采购，也可以自主选择委托集中采购机构，或者集中采购机构以外的采购代理机构采购。

第十七条 采购人要按照有利于采购项目实施的原则，明确采购包或者合同分包要求。

采购项目划分采购包的，要分别确定每个采购包的采购方式、竞争范围、评审规则和合同类型、合同文本、定价方式等相关合同订立、管理安排。

第十八条 根据采购需求特点提出的供应商资格条件，要与采购标的的功能、质量和供应商履约能力直接相关，且属于履行合同必需的条件，包括特定的专业资格或者技术资格、设备设施、业绩情况、专业人才及其管理能力等。

业绩情况作为资格条件时，要求供应商提供的同类业务合同一般不超过2个，并明确同类业务的具体范围。涉及政府采购政策支持的创新产品采购的，不得提出同类业务合同、生产台数、使用时长等业绩要求。

第十九条 采购方式、评审方法和定价方式的选择应当符合法定适用情形和采购需求特点，其中，达到公开招标数额标准，因特殊情况需要采用公开招标以外的采购方式的，应当依法获得批准。

采购需求客观、明确且规格、标准统一的采购项目，如通用设备、物业管理等，一般采用招标或者询价方式采购，以价格作为授予合同的主要考虑因素，采用固定总价或者固定单价的定价方式。

采购需求客观、明确，且技术较复杂或者专业性较强的采购项目，如大型装备、咨询服务等，一般采用招标、谈判（磋商）方式采购，通过综合性评审选择性价比最优的产品，采用固定总价或者固定单价的定价方式。

不能完全确定客观指标，需由供应商提供设计方案、解决方案或者组织方案的采购项目，如首购订购、设计服务、政府和社会资本合作等，一般采用谈判（磋商）方式采购，综合考虑以单方案报价、多方案报价以及性价比要求等因素选择评审方法，并根据实现项目目标的要求，采取固定总价或者固定单价、成本补偿、绩效激励等单一或者组合定价方式。

第二十条 除法律法规规定可以在有限范围内竞争或者只能从唯一供应商处采购的情形外，一般采用公开方式邀请供应商参与政府采购活动。

第二十一条 采用综合性评审方法的，评审因素应当按照采购需求和与实现项目目标相关的其他因素确定。

采购需求客观、明确的采购项目，采购需求中客观但不可量化的指标应当作为实质性要求，不得作为评分项；参与评分的指标应当是采购需求中的量化指标，评分项应当按照量化指标的等次，设置对应的不同分值。不能完全确定客观指标，需由供应商提供设计方案、解决方案或者组织方案的采购项目，可以结合需求调查的情况，尽可能明确不同技术路线、组织形式及相关指标的重要性和优先级，设定客观、量化的评审因素、分值和权重。价格因素应当按照相关规定确定分值和权重。

采购项目涉及后续采购的，如大型装备等，要考虑兼容性要求。可以要求供应商报出后续供应的价格，以及后续采购的可替代性、相关产品和估价，作为评审时考虑的因素。

需由供应商提供设计方案、解决方案或者组织方案，且供应商经验和能力对履约有直接影响的，如订购、设计等采购项目，可以在评审因素中适当考虑供应商的履约能力要求，并合理设置分值和权重。需由供应商提供设计方案、解决方案或者组织方案，采购人认为有必要考虑全生命周期成本的，可以明确使用年限，要求供应商报出安装调试费用、使用期间能源管理、废弃处置等全生命周期成本，作为评审时考虑的因素。

第二十二条 合同类型按照民法典规定的典型合同类别，结合采购标的的实际情况确定。

第二十三条 合同文本应当包含法定必备条款和采购需求的所有内容，包括但不限于标的名称，采购标的质量、数量（规模），履行时间（期限）、地点和方式，包装方式，价款或者报酬、付款进度安排、资金支付方式，验收、交付标准和方法，质量保修范围和保修期，违约责任与解决争议的方法等。

采购项目涉及采购标的的知识产权归属、处理的，如订购、设计、定制开发的信息化建设项目等，应当约定知识产权的归属和处理方式。采购人可以根据项目特点划分合同履行阶段，明确分期考核要求和对应的付款进度安排。对于长期运行的项目，要充分考虑成本、收益以及可能出现的重大市场风险，在合同中约定成本补偿、风险分担等事项。

合同权利义务要围绕采购需求和合同履行设置。国务院有关部门依法制定了政府采购合同标准文本的，应当使用标准文本。属于本办法第十一条规定范围的采购项目，合同文本应当经过采购人聘请的法律顾问审定。

第二十四条 履约验收方案要明确履约验收的主体、时间、方式、程序、内容和验收标准等事项。采购人、采购代理机构可以邀请参加本项目的其他供应商或者第三方专业机构及专家参与验收,相关验收意见作为验收的参考资料。政府向社会公众提供的公共服务项目,验收时应当邀请服务对象参与并出具意见,验收结果应当向社会公告。

验收内容要包括每一项技术和商务要求的履约情况,验收标准要包括所有客观、量化指标。不能明确客观标准、涉及主观判断的,可以通过在采购人、使用人中开展问卷调查等方式,转化为客观、量化的验收标准。

分期实施的采购项目,应当结合分期考核的情况,明确分期验收要求。货物类项目可以根据需要设置出厂检验、到货检验、安装调试检验、配套服务检验等多重验收环节。工程类项目的验收方案应当符合行业管理部门规定的标准、方法和内容。

履约验收方案应当在合同中约定。

第二十五条 对于本办法第十一条规定的采购项目,要研究采购过程和合同履行过程中的风险,判断风险发生的环节、可能性、影响程度和管控责任,提出有针对性的处置措施和替代方案。

采购过程和合同履行过程中的风险包括国家政策变化、实施环境变化、重大技术变化、预算项目调整、因质疑投诉影响采购进度、采购失败、不按规定签订或者履行合同、出现损害国家利益和社会公共利益情形等。

第二十六条 各级财政部门应当按照简便、必要的原则,明确报财政部门备案的采购实施计划具体内容,包括采购项目的类别、名称、采购标的、采购预算、采购数量(规模)、组织形式、采购方式、落实政府采购政策有关内容等。

第四章 风险控制

第二十七条 采购人应当将采购需求管理作为政府采购内控管理的重要内容,建立健全采购需求管理制度,加强对采购需求的形成和实现过程的内部控制和风险管理。

第二十八条 采购人可以自行组织确定采购需求和编制采购实施计划,也可以委托采购代理机构或者其他第三方机构开展。

第二十九条 采购人应当建立审查工作机制,在采购活动开始前,针对采购需求管理中的重点风险事项,对采购需求和采购实施计划进行审查,审查分为一般性审查和重点审查。

对于审查不通过的,应当修改采购需求和采购实施计划的内容并重新进行审查。

第三十条 一般性审查主要审查是否按照本办法规定的程序和内容确定采购需求、编制采购实施计划。审查内容包括,采购需求是否符合预算、资产、财务等管理制度规定;对采购方式、评审规则、合同类型、定价方式的选择是否说明适用理由;属于按规定需要报相关监管部门批准、核准的事项,是否作出相关安排;采购实施计划是否完整。

第三十一条 重点审查是在一般性审查的基础上,进行以下审查:

(一)非歧视性审查。主要审查是否指向特定供应商或者特定产品,包括资格条件设置是否合理,要求供应商提供超过2个同类业务合同的,是否具有合理性;技术要求是否指向特定的专利、商标、品牌、技术路线等;评审因素设置是否具有倾向性,将有关履约能力作为评审因素是否适当。

(二)竞争性审查。主要审查是否确保充分竞争,包括应当以公开方式邀请供应商的,是否依法采用公开竞争方式;采用单一来源采购方式的,是否符合法定情形;采购需求的内容是否完整、明确,是否考虑后续采购竞争性;评审方法、评审因素、价格权重等评审规则是否适当。

(三)采购政策审查。主要审查进口产品的采购是否必要,是否落实支持创新、绿色发展、中小企业发展等政府采购政策要求。

(四)履约风险审查。主要审查合同文本是否按规定由法律顾问审定,合同文本运用是否适当,是否围绕采购需求和合同履行设置权利义务,是否明确知识产权等方面的要求,履约验收方案是否完整、标准是否明确,风险处置措施和替代方案是否可行。

(五)采购人或者主管预算单位认为应当审查的其他内容。

第三十二条 审查工作机制成员应当包括本部门、本单位的采购、财务、业务、监督等内部机构。采购人可以根据本单位实际情况，建立相关专家和第三方机构参与审查的工作机制。

参与确定采购需求和编制采购实施计划的专家和第三方机构不得参与审查。

第三十三条　一般性审查和重点审查的具体采购项目范围，由采购人根据实际情况确定。主管预算单位可以根据本部门实际情况，确定由主管预算单位统一组织重点审查的项目类别或者金额范围。

属于本办法第十一条规定范围的采购项目，应当开展重点审查。

第三十四条　采购需求和采购实施计划的调查、确定、编制、审查等工作应当形成书面记录并存档。

采购文件应当按照审核通过的采购需求和采购实施计划编制。

第五章　监督检查与法律责任

第三十五条　财政部门应当依法加强对政府采购需求管理的监督检查，将采购人需求管理作为政府采购活动监督检查的重要内容，不定期开展监督检查工作，采购人应当如实反映情况，提供有关材料。

第三十六条　在政府采购项目投诉、举报处理和监督检查过程中，发现采购人未按本办法规定建立采购需求管理内控制度、开展采购需求调查和审查工作的，由财政部门采取约谈、书面关注等方式责令采购人整改，并告知其主管预算单位。对情节严重或者拒不改正的，将有关线索移交纪检监察、审计部门处理。

第三十七条　在政府采购项目投诉、举报处理和监督检查过程中，发现采购方式、评审规则、供应商资格条件等存在歧视性、限制性、不符合政府采购政策等问题的，依照《中华人民共和国政府采购法》等国家有关规定处理。

第三十八条　在政府采购项目投诉、举报处理和监督检查过程中，发现采购人存在无预算或者超预算采购、超标准采购、铺张浪费、未按规定编制政府采购实施计划等问题的，依照《中华人民共和国政府采购法》《中华人民共和国预算法》《财政违法行为处罚处分条例》《党政机关厉行节约反对浪费条例》等国家有关规定处理。

第六章　附　则

第三十九条　采购项目涉及国家秘密的,按照涉密政府采购有关规定执行。

第四十条　因采购人不可预见的紧急情况实施采购的,可以适当简化相关管理要求。

第四十一条　由集中采购机构组织的批量集中采购和框架协议采购的需求管理,按照有关制度规定执行。

第四十二条　各省、自治区、直辖市财政部门可以根据本办法制定具体实施办法。

第四十三条　本办法所称主管预算单位是指负有编制部门预算职责,向本级财政部门申报预算的国家机关、事业单位和团体组织。

第四十四条　本办法自 2021 年 7 月 1 日起施行。

国家发展改革委等部门关于严格执行招标投标法规制度进一步规范招标投标主体行为的若干意见

(2022年7月18日 发改法规规〔2022〕1117号)

各省、自治区、直辖市、新疆生产建设兵团发展改革委、工业和信息化主管部门、公安厅（局）、住房城乡建设厅（委、局）、交通运输厅（局、委）、水利（水务）厅（局）、农业农村厅（局、委）、商务厅（局）、审计厅（局）、广播电视局、能源局、招标投标指导协调工作牵头部门、公共资源交易平台整合工作牵头部门，各省、自治区、直辖市通信管理局，审计署各特派员办事处、国家能源局各派出机构、各地区铁路监管局、民航各地区管理局，全国公共资源交易平台、中国招标投标公共服务平台：

招标投标制度是社会主义市场经济体制的重要组成部分，对于充分发挥市场在资源配置中的决定性作用，更好发挥政府作用，深化投融资体制改革，提高国有资金使用效益，预防惩治腐败具有重要意义。近年来，各地区、各部门认真执行《招标投标法》及配套法规规章，全社会依法招标投标意识不断增强，招标投标活动不断规范，在维护国家利益、社会公共利益和招标投标活动当事人合法权益方面发挥了重要作用。但是当前招标投标市场还存在不少突出问题，招标人主体责任落实不到位，各类不合理限制和隐性壁垒尚未完全消除，规避招标、虚假招标、围标串标、有关部门及领导干部插手干预等违法行为仍然易发高发，招标代理服务水平参差不齐，一些评标专家不公正、不专业，导致部分项目中标结果不符合实际需求或者实施效果不佳，制约了招标投标制度竞争择优功能的发挥。为全面贯彻党的十九大和十九届历次全会精神，按照第十九届中央纪委第六次全会、国务院第五次廉政工作会议部署,现就严格执行招标投标法规制度、进一步规范招标投标各方主体行为提出以下意见。

一、强化招标人主体责任

(一)依法落实招标自主权。切实保障招标人在选择招标代理机构、编制招标文件、在统一的公共资源交易平台体系内选择电子交易系统和交易场所、组建评标委员会、委派代表参加评标、确定中标人、签订合同等方面依法享有的自主权。任何单位和个人不得以任何方式为招标人指定招标代理机构,不得违法限定招标人选择招标代理机构的方式,不得强制具有自行招标能力的招标人委托招标代理机构办理招标事宜。任何单位不得设定没有法律、行政法规依据的招标文件审查等前置审批或审核环节。对实行电子招标投标的项目,取消招标文件备案或者实行网上办理。

(二)严格执行强制招标制度。依法经项目审批、核准部门确定的招标范围、招标方式、招标组织形式,未经批准不得随意变更。依法必须招标项目拟不进行招标的、依法应当公开招标的项目拟邀请招标的,必须符合法律法规规定情形并履行规定程序;除涉及国家秘密或者商业秘密的外,应当在实施采购前公示具体理由和法律法规依据。不得以支解发包、化整为零、招小送大、设定不合理的暂估价或者通过虚构涉密项目、应急项目等形式规避招标;不得以战略合作、招商引资等理由搞"明招暗定""先建后招"的虚假招标;不得通过集体决策、会议纪要、函复意见、备忘录等方式将依法必须招标项目转为采用谈判、询比、竞价或者直接采购等非招标方式。对于涉及应急抢险救灾、疫情防控等紧急情况,以及重大工程建设项目经批准增加的少量建设内容,可以按照《招标投标法》第六十六条和《招标投标法实施条例》第九条规定不进行招标,同时强化项目单位在资金使用、质量安全等方面责任。不得随意改变法定招标程序;不得采用抽签、摇号、抓阄等违规方式直接选择投标人、中标候选人或中标人。除交易平台暂不具备条件等特殊情形外,依法必须招标项目应当实行全流程电子化交易。

(三)规范招标文件编制和发布。招标人应当高质量编制招标文件,鼓励通过市场调研、专家咨询论证等方式,明确招标需求,优化招标方案;对于委托招标代理机构编制的招标文件,应当认真组织审查,确保合法合规、科学合理、符合需求；对于涉及公共利益、社会关注度较高的项目，以及技术复杂、专业性强的项目，鼓励就招标文件征求社会公众或行业意见。依法必须招标项目的招标文件，应当使用国家规定的标准文本，根据项目的具体特点与实际需要编制。招标文件中资质、业绩等投标人资格条件要求和评标标准应当以符合项目具体特点和满足实际需要为限度审慎设置，不得通过设置不合理条件排斥或者限制潜在投标人。依法必须招标项目不得提出注册地址、所有制性质、市场占有率、特定行政区域或者特定行业业绩、取得非强制资质认证、设立本地分支机构、本地缴纳税收社保等要求，不得套用特定生产供应者的条件设定投标人资格、技术、商务条件。简化投标文件形式要求，一般不得将装订、纸张、明显的文字错误等列为否决投标情形。鼓励参照《公平竞争审查制度实施细则》，建立依法必须招标项目招标文件公平竞争审查机制。鼓励建立依法必须招标项目招标文件公示或公开制度。严禁设置投标报名等没有法律法规依据的前置环节。

（四）规范招标人代表条件和行为。 招标人应当选派或者委托责任心强、熟悉业务、公道正派的人员作为招标人代表参加评标，并遵守利益冲突回避原则。严禁招标人代表私下接触投标人、潜在投标人、评标专家或相关利害关系人；严禁在评标过程中发表带有倾向性、误导性的言论或者暗示性的意见建议，干扰或影响其他评标委员会成员公正独立评标。招标人代表发现其他评标委员会成员不按照招标文件规定的评标标准和方法评标的，应当及时提醒、劝阻并向有关招标投标行政监督部门（以下简称行政监督部门）报告。

（五）加强评标报告审查。 招标人应当在中标候选人公示前认真审查评标委员会提交的书面评标报告，发现异常情形的，依照法定程序进行复核，确认存在问题的，依照法定程序予以纠正。重点关注评标委员会是否按照招标文件规定的评标标准和方法进行评标；是否存在对客观评审因素评分不一致，或者评分畸高、畸低现象；是否对可能低于成本或者影响履约的异常低价投标和严重不平衡报价进行分析研判；是否依法通知投标人进行澄清、说明；是否存在随意否决投标的情况。加大评标情况公开力度，积极推进评分情况向社会公开、投标文件被否决原因向投标人公开。

（六）畅通异议渠道。 招标人是异议处理的责任主体，应当畅通异议渠道，在招标公告和公示信息中公布受理异议的联系人和联系方式，在法定时限内答复和处理异议，积极引导招标投标活动当事人和利害关系人按照法定程序维护自身权益。实行电子招标投标的，应当支持系统在线提出异议、跟踪处理进程、接收异议答复。不得故意拖延、敷衍，无故回避实质性答复，或者在作出答复前继续进行招标投标活动。

（七）落实合同履约管理责任。招标人应当高度重视合同履约管理，健全管理机制，落实管理责任。依法必须招标项目的招标人应当按照《公共资源交易领域基层政务公开标准指引》要求，及时主动公开合同订立信息，并积极推进合同履行及变更信息公开。加强对依法必须招标项目合同订立、履行及变更的行政监督，强化信用管理，防止"阴阳合同""低中高结"等违法违规行为发生，及时依法查处违法违规行为。

（八）加强招标档案管理。招标人应当按照有关规定加强招标档案管理，及时收集、整理、归档招标投标交易和合同履行过程中产生的各种文件资料和信息数据，并采取有效措施确保档案的完整和安全，不得篡改、损毁、伪造或者擅自销毁招标档案。加快推进招标档案电子化、数字化。招标人未按照规定进行归档，篡改、损毁、伪造、擅自销毁招标档案，或者在依法开展的监督检查中不如实提供招标档案的，由行政监督部门责令改正。

（九）强化内部控制管理。招标人应当建立健全招标投标事项集体研究、合法合规性审查等议事决策机制，积极发挥内部监督作用；对招标投标事项管理集中的部门和岗位实行分事行权、分岗设权、分级授权，强化内部控制。依法必须招标项目应当在组织招标前，按照权责匹配原则落实主要负责人和相关负责人。鼓励招标人建立招标项目绩效评价机制和招标采购专业化队伍，加大对招标项目管理人员的问责问效力度，将招标投标活动合法合规性、交易结果和履约绩效与履职评定、奖励惩处挂钩。

二、坚决打击遏制违法投标和不诚信履约行为

（十）严格规范投标和履约行为。投标人应当严格遵守有关法律法规和行业标准规范，依法诚信参加投标，自觉维护公平竞争秩序。不得通过受让、租借或者挂靠资质投标；不得伪造、变造资质、资格证书或者其他许可证件，提供虚假

业绩、奖项、项目负责人等材料，或者以其他方式弄虚作假投标；不得与招标人、招标代理机构或其他投标人串通投标；不得与评标委员会成员私下接触，或向招标人、招标代理机构、交易平台运行服务机构、评标委员会成员、行政监督部门人员等行贿谋取中标；不得恶意提出异议、投诉或者举报，干扰正常招标投标活动。中标人不得无正当理由不与招标人订立合同，在签订合同时向招标人提出附加条件，不按照招标文件要求提交履约保证金或履约保函，或者将中标项目转包、违法分包。

（十一）加大违法投标行为打击力度。密切关注中标率异常低、不以中标为目的投标的"陪标专业户"。重点关注投标人之间存在关联关系、不同投标人高级管理人员之间存在交叉任职、人员混用或者亲属关系、经常性"抱团"投标等围标串标高风险迹象。严厉打击操纵投标或出借资质等行为导致中标率异常高的"标王"及其背后的违法犯罪团伙。经查实存在违法行为的，行政监督部门严格依法实施行政处罚，并按照规定纳入信用记录；对其中负有责任的领导人员和直接责任人员，需要给予党纪、政务处分或组织处理的，移交有关机关、单位依规依纪依法处理；涉嫌犯罪的，及时向有关机关移送。不得以行政约谈、内部处理等代替行政处罚，不得以行政处罚代替刑事处罚。

三、加强评标专家管理

（十二）严肃评标纪律。评标专家应当认真、公正、诚实、廉洁、勤勉地履行专家职责，按时参加评标，严格遵守评标纪律。评标专家与投标人有利害关系的，应当主动提出回避；不得对其他评标委员会成员的独立评审施加不当影响；不得私下接触投标人，不得收受投标人、中介人、其他利害关系人的财物或者其他好处，不得接受任何单位或者个人明示或者暗示提出的倾向或者排斥特定投标人的要求；不得透露评标委员会成员身份和评标项目；不得透露对投标文件的评审和比较、中标候选人的推荐情况、在评标过程中知悉的国家秘密和商业秘密以及与评标有关的其他情况；不得故意拖延评标时间，或者敷衍塞责随意评标；不得在合法的评标劳务费之外额外索取、接受报酬或者其他好处；严禁组建或者加入可能影响公正评标的微信群、QQ群等网络通讯群组。招标人、招标代理机构、投标人发现评标专家有违法行为的，应当及时向行政监督部门报告。行政监督部门对评标专家违法行为应当依法严肃查处，并通报评标专家库管理单位、评标专家所在单位和入库审查单位，不得简单以暂停或者取消评标专家资格代替行政处罚；暂停或者取消评标专家资格的决定应当公开，强化社会监督；涉嫌犯罪的，及时向有关机关移送。

（十三）**提高评标质量**。评标委员会成员应当遵循公平、公正、科学、择优的原则，认真研究招标文件，根据招标文件规定的评标标准和方法，对投标文件进行系统地评审和比较。评标过程中发现问题的，应当及时向招标人提出处理建议；发现招标文件内容违反有关强制性规定或者招标文件存在歧义、重大缺陷导致评标无法进行时，应当停止评标并向招标人说明情况；发现投标文件中含义不明确、对同类问题表述不一致、有明显文字和计算错误、投标报价可能低于成本影响履约的，应当先请投标人作必要的澄清、说明，不得直接否决投标；有效投标不足三个的，应当对投标是否明显缺乏竞争和是否需要否决全部投标进行充分论证，并在评标报告中记载论证过程和结果；发现违法行为的，以及评标过程和结果受到非法影响或者干预的，应当及时向行政监督部门报告。招标人既要重视发挥评标专家的专业和经验优势，又要通过科学设置评标标准和方法，引导专家在专业技术范围内规范行使自由裁量权；根据招标项目实际需要，合理设置专家抽取专业，并保证充足的评标时间。积极探索完善智能辅助评标等机制，减轻专家不必要的工作量。鼓励有条件的地方和单位探索招标人按照工作价值灵活确定评标劳务费支付标准的新机制。

（十四）**强化评标专家动态管理**。充分依托省级人民政府组建的综合评标专家库和国务院有关部门组建的评标专家库，建立健全对评标专家的入库审查、岗前培训、继续教育、考核评价和廉洁教育等管理制度。加强专家库及评标专家信息保密管理，除依法配合有关部门调查外，任何单位和个人不得泄露相关信息。严格规范评标专家抽取工作，做到全程留痕、可追溯。评标专家库管理单位应当建立评标专家动态考核机制，将专家依法客观公正履职情况作为主要考核内容，根据考核情况及时清退不合格专家。

（十五）**严格规范和优化评标组织方式**。积极推广网络远程异地评标，打破本地评标专家"小圈子"，推动优质专家资源跨省市、跨行业互联共享。评标场所应当封闭运行，配备专门装置设备，严禁评标期间评标委员会成员与外界的一切非正常接触和联系，实现所有人员的语言、行为、活动轨迹全过程可跟踪、可回溯。有关部门应当规范隔夜评标管理，落实行政监督责任；评标场所应当为隔夜评标提供便利条件，做好配套服务保障。

四、规范招标代理服务行为

（十六）切实规范招标代理行为。招标代理机构及其从业人员应当依法依规、诚信自律经营，严禁采取行贿、提供回扣或者输送不正当利益等非法手段承揽业务；对于招标人、投标人、评标专家等提出的违法要求应当坚决抵制、及时劝阻，不得背离职业道德无原则附和；不得泄露应当保密的与招标投标活动有关的情况和资料；不得以营利为目的收取高额的招标文件等资料费用；招标代理活动结束后，及时向招标人提交全套招标档案资料，不得篡改、损毁、伪造或擅自销毁；不得与招标人、投标人、评标专家、交易平台运行服务机构等串通损害国家利益、社会公共利益和招标投标活动当事人合法权益。

（十七）加强招标代理机构及从业人员管理。行政监督部门应当加强对在本地区执业的招标代理机构及从业人员的动态监管，将招标代理行为作为"双随机、一公开"监管的重点内容，纳入跨部门联合抽查范围，对参与围标串标等扰乱市场秩序的行为严格依法实施行政处罚，并按照规定纳入信用记录。加强招标代理行业自律建设，鼓励行业协会完善招标代理服务标准规范，开展招标代理机构信用评价和从业人员专业技术能力评价，为招标人选择招标代理机构提供参考，推动提升招标代理服务能力。

五、进一步落实监督管理职责

（十八）健全监管机制。各地行政监督部门要按照职责分工，畅通投诉渠道，依法处理招标投标违法行为投诉，投诉处理结果反馈当事人的同时按规定向社会公开，接受社会监督；合理利用信访举报及时发现违法问题线索，鼓励建立内部举报人制度，对举报严重违法行为和提供重要线索的有功人员予以奖励和保护；建立投诉举报案件定期统计分析制度，聚焦突出问题，开展专项整治。积极适应招标投标全流程电子化新形势，加快推进"互联网＋监管"，充分依托行政监督平台在线获取交易信息、履行监管职责；不断探索完善智慧监管手段，及时预警、发现和查证违法行为；加强电子招标投标信息的防伪溯源监督管理，防止招标投标电子文件伪造、篡改、破坏等风险发生。健全各行政监督部门协同监管和信息共享机制，监管执法过程中涉及其他部门职责的，及时移交有关部门处理或联合处理，着力解决多头处理、职责交叉、不同行业间行政处罚裁量权标准不一致等问题，提高执法水平和效率。指导公共资源交易平台坚持公共服务定位，健全内部控制机制，切实守住廉洁和安全底线，自觉接受行政监督，并积极配合支持行政监督部门履行职责。加强对行政监督部门及其工作人员的监督约束，严禁以规范和监管之名行违规审批、插手干预、地方保护、行业垄断之实。

（十九）**加大监管力度**。各地行政监督部门要进一步深化"放管服"改革，切实将监管重心从事前审批核准向事中事后全程监管转移。全面推行"双随机、一公开"监管，提升监管主动性和覆盖面。坚决克服监管执法中的地方保护、行业保护，以零容忍态度打击招标投标违法行为，对影响恶劣的案件依法从严从重处罚并通报曝光。招标人发生违法行为的，依法严肃追究负有责任的主管人员和直接责任人员的法律责任，不得以他人插手干预招标投标活动为由减轻或免除责任。与公安机关建立有效的协调联动机制，加大对围标串标等违法犯罪行为的打击力度。加强与纪检监察机关、审计机关协作配合，按照规定做好招标投标领域违规违纪违法问题线索移交，对收到的问题线索认真核查处理。加强地方监管执法力量建设，鼓励监管体制改革创新，推动人财物更多投入到监管一线，加强监管的技术保障和资源保障。

（二十）**健全信用体系**。加快推进招标投标领域信用体系建设，构建以信用为基础、衔接标前标中标后各环节的新型监管机制。严格执行具有一定社会影响的行政处罚决定依法公开的规定，并及时推送至全国信用信息共享平台和公共资源交易平台，同步通过"信用中国"网站依法公示。坚持行政监督、社会监督和行业自律相结合，科学建立招标投标市场主体信用评价指标和标准，推动信用信息在招标投标活动中的合理规范应用。对违法失信主体依法依规实施失信惩戒，情节严重的依法实施市场禁入措施。

各地招标投标指导协调工作牵头部门和行政监督部门要进一步强化政治站位，认真履职尽责，推动招标投标法规制度切实执行，大力营造公开、公平、公正和诚实信用的市场环境。国家发展改革委会同国务院有关部门加强对各地招标投标工作的指导协调和典型经验复制推广，适时开展专项督查检查，对监管职责不履行、责任落实不到位的地方和单位，视情进行督办、通报、向有关方面提出问责建议。

本意见自 2022 年 9 月 1 日起施行，有效期至 2027 年 8 月 31 日。

图书在版编目（CIP）数据

政府采购全流程百案精析/张志军主编.—2版.—北京：中国法制出版社，2023.9
ISBN 978-7-5216-3536-2

Ⅰ.①政… Ⅱ.①张… Ⅲ.①政府采购法—案例—中国 Ⅳ.① D922.205

中国国家版本馆 CIP 数据核字（2023）第 082931 号

策划编辑：赵　燕
责任编辑：赵　燕　　　　　　　　　　　　　　封面设计：李　宁

政府采购全流程百案精析
ZHENGFU CAIGOU QUANLIUCHENG BAI AN JINGXI

主编/张志军
经销/新华书店
印刷/河北华商印刷有限公司
开本/710毫米×1000毫米　16开　　　　　印张/35　字数/548千
版次/2023年9月第2版　　　　　　　　　2023年9月第1次印刷

中国法制出版社出版
书号 ISBN 978-7-5216-3536-2　　　　　　　　定价：98.00元

北京市西城区西便门西里甲16号西便门办公区
邮政编码：100053　　　　　　　　　　　　传真：010-63141600
网址：http://www.zgfzs.com　　　　　　　编辑部电话：010-63141669
市场营销部电话：010-63141612　　　　　　印务部电话：010-63141606
（如有印装质量问题，请与本社印务部联系。）